동아출판이 만든 진짜 기출예상문제집

특급기출

중간고사

중학 영어 **3-1**

How to Study

이 책의 구성과 특징

STEP A 영역별로 교과서 핵심 내용을 학습하고, 연습 문제로 실력을 다집니다. 실전 TEST로 학교 시험에 대비합니다.

Words 만점 노트
교과서 흐름대로 핵심 어휘와 표현을 학습합니다.

Words Plus 만점 노트
대표 어휘의 영어 뜻풀이 및 다의어, 반의어
등을 학습하며 어휘를 완벽히 이해합니다.

Words 연습 문제 &
Words Plus 연습 문제
다양한 유형의 연습 문제를 통해 어휘 실력을
다집니다.

Words 실전 TEST
학교 시험 유형의 어휘 문제를 풀며
실전에 대비합니다.

Listen & Speak 핵심 노트
교과서 속 핵심 의사소통 기능을
학습하고, 시험 포인트를 확인합니다.

Listen & Speak 만점 노트
교과서 속 모든 대화문의 심층 분석을
통해 대화문을 철저히 학습합니다.

Listen & Speak 연습 문제
빈칸 채우기와 대화 순서 배열하기를
통해 교과서 속 모든 대화문을 완벽히
이해합니다.

Listen & Speak 실전 TEST
학교 시험 유형의 Listen & Speak 문제를
풀며 실전에 대비합니다. 서술형 실전 문항으로
서술형 문제까지 대비합니다.

Grammar 핵심 노트
교과서 속 핵심 문법을 명쾌한 설명과
시험 포인트로 이해하고, Quick Check로
명확히 이해했는지 점검합니다.

Grammar 연습 문제
핵심 문법별로 연습 문제를 풀며
문법의 기본을 다집니다.

Grammar 실전 TEST
학교 시험 유형의 문법 문제를 풀며
실전에 대비합니다. 서술형 실전 문항으로
서술형 문제까지 대비합니다.

Reading 만점 노트
교과서 속 읽기 지문을
심층 분석하여 시험에
나올 내용을 완벽히
이해하도록 합니다.

Reading 연습 문제
빈칸 채우기, 바른 어휘·어법 고르기, 틀린 문장
고치기, 배열로 문장 완성하기 등 다양한 형태의
연습 문제를 풀며 읽기 지문을 완벽히 이해하고,
시험에 나올 내용에 완벽히 대비합니다.

Reading 실전 TEST
학교 시험 유형의 읽기 문제를
풀며 실전에 대비합니다. 서술형
실전 문항으로 서술형 문제까지
대비합니다.

기타 지문 만점 노트 &
기타 지문 실전 TEST
학교 시험에 나올 만한 각 영역의
기타 지문들을 학습하고 실전
문제를 풀며 시험에 빈틈없이
대비합니다.

STEP B 내신 만점을 위한 고득점 TEST 구간으로, 다양한 유형과 난이도의 학교 시험에 완벽히 대비합니다.

고득점을 위한 연습 문제
• Listen & Speak 영작하기
• Reading 영작하기
영작 완성 연습 문제를 통해, 대화문과
읽기 지문을 완벽히 암기합니다.

고득점 맞기 TEST
• Words 고득점 맞기   • Listen & Speak 고득점 맞기
• Grammar 고득점 맞기   • Reading 고득점 맞기
고난도 문제를 각 영역별로 풀며 실전에 대비합니다.
수준 높은 서술형 실전 문항으로 서술·논술형 문제까지
영역별로 완벽히 대비합니다.

서술형 100% TEST
다양한 유형의 서술형 문제를
통해 학교 시험에서 비중이
확대되고 있는 서술형 평가에
철저히 대비합니다.

내신 적중 모의고사 학교 시험과 유사한 모의고사로 실전 감각을 기르며, 내신에 최종적으로 대비합니다.

[1~3회] 대표 기출로 내신 적중 모의고사
학교 시험에 자주 출제되는 대표적인 기출 유형의
모의고사를 풀며 실전에 최종적으로 대비합니다.

[4회] 고난도로 내신 적중 모의고사
학교 시험에서 변별력을 높이기 위해 출제되는
고난도 문제 유형의 모의고사를 풀며 실전에
최종적으로 대비합니다.

오답 공략
모의고사에서 틀린 문제를 표시한 후, 부족한
영역과 학습 내용을 점검하여 내신 대비를
완벽히 마무리합니다.

Contents 차례

Lesson 01   I Can't, but We Can

STEP A
Words 만점 노트 ~ 실전 TEST 8
Listen & Speak 핵심 노트 ~ 실전 TEST 13
Grammar 핵심 노트 ~ 실전 TEST 22
Reading 만점 노트 ~ 실전 TEST 30
기타 지문 만점 노트 ~ 실전 TEST 44

STEP B
Words 고득점 맞기 46
Listen & Speak 영작하기 ~ 고득점 맞기 48
Grammar 고득점 맞기 52
Reading 영작하기 ~ 고득점 맞기 55
서술형 100% TEST 60

내신 적중 모의고사
제1회 대표 기출로 내신 적중 모의고사 64
제2회 대표 기출로 내신 적중 모의고사 68
제3회 대표 기출로 내신 적중 모의고사 72
제4회 고난도로 내신 적중 모의고사 76

Lesson 02   Go Green

STEP A
Words 만점 노트 ~ 실전 TEST 82
Listen & Speak 핵심 노트 ~ 실전 TEST 87
Grammar 핵심 노트 ~ 실전 TEST 96
Reading 만점 노트 ~ 실전 TEST 104
기타 지문 만점 노트 ~ 실전 TEST 118

STEP B
Words 고득점 맞기 120
Listen & Speak 영작하기 ~ 고득점 맞기 122
Grammar 고득점 맞기 126
Reading 영작하기 ~ 고득점 맞기 129
서술형 100% TEST 134

내신 적중 모의고사	제1회 대표 기출로 내신 적중 모의고사	138
	제2회 대표 기출로 내신 적중 모의고사	142
	제3회 대표 기출로 내신 적중 모의고사	146
	제4회 고난도로 내신 적중 모의고사	150

Lesson 03   Heal the World

STEP A	Words 만점 노트 ~ 실전 TEST	156
	Listen & Speak 핵심 노트 ~ 실전 TEST	161
	Grammar 핵심 노트 ~ 실전 TEST	170
	Reading 만점 노트 ~ 실전 TEST	178
	기타 지문 만점 노트 ~ 실전 TEST	192
STEP B	Words 고득점 맞기	194
	Listen & Speak 영작하기 ~ 고득점 맞기	196
	Grammar 고득점 맞기	200
	Reading 영작하기 ~ 고득점 맞기	203
	서술형 100% TEST	208
내신 적중 모의고사	제1회 대표 기출로 내신 적중 모의고사	212
	제2회 대표 기출로 내신 적중 모의고사	216
	제3회 대표 기출로 내신 적중 모의고사	220
	제4회 고난도로 내신 적중 모의고사	224

정답 및 해설

The future belongs to those who believe in the beauty of their dreams.

- Eleanor Roosevelt -

Lesson 1

I Can't, but We Can

주요 학습 내용		
의사소통 기능	안부 묻고 답하기	A: How have you been? (어떻게 지냈니?) B: I've been good. (난 잘 지냈어.)
	기쁨 · 유감 표현하기	A: I came in first in the marathon. (나는 마라톤 경주에서 1등으로 들어왔어.) B: I'm happy to hear that. (그 말을 들으니 기쁘구나.)
언어 형식	to부정사의 의미상의 주어	It was not easy **for us** to choose the best idea. (우리는 가장 좋은 아이디어를 고르는 것이 쉽지 않았다.)
	관계대명사 what	We finally made **what** we wanted. (우리는 결국 우리가 원했던 것을 만들었다.)

학습 단계 PREVIEW					
STEP **A**	Words	Listen & Speak	Grammar	Reading	기타 지문
STEP **B**	Words	Listen & Speak	Grammar	Reading	서술형 100% TEST
내신 적중 모의고사	제 1 회	제 2 회	제 3 회	제 4 회	

 **Words**

만점 노트

Listen & Speak

□□ bad cold	독감	□□ luck	명 행운
□□ busy	형 바쁜	□□ number	명 전화번호
□□ call	통 전화하다	□□ point	명 (경기 등에서) 점수
□□ close☆	형 막상막하의, 우열을 가리기 힘든	□□ pretty☆	부 꽤, 매우
□□ competition	명 (경연) 대회, 시합	□□ project	명 프로젝트, 과제
□□ contest	명 대회, 시합	□□ score	명 (경기 등에서) 득점
□□ drop	통 떨어뜨리다, 떨어지다	□□ soon	부 곧, 머지않아
□□ get well	병이 나아지다, 몸을 회복하다	□□ still	부 여전히
□□ later	부 후에, 나중에	□□ teamwork☆	명 팀워크, 협동 작업
□□ lose	통 (시합에서) 지다 (↔ win)		

Reading

□□ base	명 (사물의) 맨 아래 부분	□□ right away	즉시, 바로
□□ by itself	스스로, 저절로	□□ role	명 역할
□□ challenge☆	명 (해 볼 만한) 과제, 도전	□□ spend☆	통 (시간을) 보내다, (돈을) 쓰다 (↔ save)
□□ creatively☆	부 창의적으로	□□ stick	명 막대기처럼 기다랗고 가는 것
□□ differently	부 다르게	□□ string	명 끈, 줄
□□ divide☆	통 나누다	□□ stuck	형 움직일 수 없는
□□ in a hurry	서둘러, 급히	□□ suddenly	부 갑자기 (= all of a sudden)
□□ in detail☆	자세히, 상세하게	□□ suggest☆	통 제안하다
□□ instead☆	부 대신에	□□ tent	명 텐트
□□ marshmallow	명 마시멜로	□□ time limit	제한 시간
□□ member	명 구성원	□□ triangle	명 삼각형
□□ mess☆	명 엉망인 상태	□□ try☆	명 시도 통 시도하다, ~하려고 애쓰다
□□ possible	형 가능한	□□ wrap	통 감다, 싸다 (= cover)
□□ relationship	명 관계		

Language Use

□□ break down	고장 나다	□□ ride	통 (말을) 타다, (탈것을) 타다
□□ expect	통 예상하다, 기대하다	□□ sudden	형 갑작스러운
□□ go on a trip	여행을 가다	□□ spread	통 퍼지다

Think and Write

□□ dialogue	명 대화 (= conversation)	□□ introduce	통 소개하다
□□ difficulty	명 어려움, 곤경	□□ reporter	명 기자, 리포터
□□ group	명 그룹, 집단	□□ turn out	~인 것으로 드러나다

연습 문제

A 다음 단어의 우리말 뜻을 쓰시오.

01 busy _____
02 score _____
03 bad cold _____
04 competition _____
05 spend _____
06 creatively _____
07 divide _____
08 mess _____
09 wrap _____
10 dialogue _____
11 sudden _____
12 difficulty _____
13 possible _____
14 spread _____
15 base _____
16 challenge _____
17 stick _____
18 suggest _____
19 contest _____
20 drop _____

B 다음 우리말에 해당하는 영어 단어를 쓰시오.

21 막상막하의 _____
22 꽤, 매우 _____
23 팀워크, 협동 작업 _____
24 대신에 _____
25 시도, 시도하다 _____
26 삼각형 _____
27 텐트 _____
28 마시멜로 _____
29 관계 _____
30 역할 _____
31 갑자기 _____
32 제한 시간 _____
33 움직일 수 없는 _____
34 (시합에서) 지다 _____
35 끈, 줄 _____
36 곧, 머지않아 _____
37 후에, 나중에 _____
38 예상하다, 기대하다 _____
39 다르게 _____
40 여전히 _____

C 다음 영어 표현을 우리말로 쓰시오.

01 in a hurry _____
02 by itself _____
03 right away _____
04 in detail _____
05 get well _____
06 turn out _____
07 break down _____
08 go on a trip _____

Words Plus
만점 노트

영어 뜻풀이

☐☐	base	(사물의) 맨 아래 부분	the bottom or lowest part of something
☐☐	challenge	(해 볼 만한) 과제, 도전	a new or difficult task that tests somebody's ability and skill
☐☐	creatively	창의적으로	in an imaginative way
☐☐	detail	세부 사항	a single piece of information or fact about something
☐☐	divide	나누다	to separate something into two or more parts or pieces
☐☐	hurry	서두름, 급함	a need to do something more quickly than usual
☐☐	instead	대신에	in the place of somebody or something
☐☐	mess	엉망인 상태	a very dirty or untidy condition
☐☐	participate	참가하다, 참여하다	to take part in an activity
☐☐	relationship	관계	the way in which two people are connected with each other
☐☐	role	역할	a part that someone or something has in an activity or situation
☐☐	shape	모양, 형태	the form or outline of an object
☐☐	stick	막대기처럼 기다랗고 가는 것	a long, thin piece of wood, metal, plastic, etc.
☐☐	string	끈, 줄	a long, thin piece of twisted thread
☐☐	stuck	움직일 수 없는	difficult or impossible to move from a position
☐☐	suggest	제안하다	to mention something as a possibility
☐☐	teamwork	팀워크, 협동 작업	the activity of working well together as a team
☐☐	tent	텐트	a shelter made of a large sheet of cloth supported by poles and ropes
☐☐	triangle	삼각형	a shape with three straight sides
☐☐	wrap	감다, 싸다	to cover something around something else

단어의 의미 관계

- **유의어**
  base = bottom (맨 아래 부분)
  divide = separate (나누다)
  wrap = cover (감다, 싸다)
  dialogue = conversation (대화)

- **반의어**
  lose (지다) ↔ win (이기다)
  spend (쓰다) ↔ save (모으다)

- **형용사 – 부사**
  different (다른) – differently (다르게)
  sudden (갑작스러운) – suddenly (갑자기)
  quick (빠른) – quickly (빨리)
  easy (쉬운) – easily (쉽게)
  creative (창의적인) – creatively (창의적으로)

다의어

- **close** 1. ⑧ 막상막하의, 우열을 가리기 힘든
  2. ⑧ 닫다, 닫히다

  1. It was a very **close** contest.
     그것은 아주 막상막하의 대회였다.
  2. Let's **close** the windows. 창문을 닫자.

- **pretty** 1. ⑨ 꽤, 매우 2. ⑧ 예쁜, 귀여운

  1. The test was **pretty** easy. 시험은 꽤 쉬웠다.
  2. I saw a **pretty** little girl in the park.
     나는 공원에서 예쁜 어린 소녀를 봤다.

- **point** 1. ⑨ (경기 등에서) 점수
  2. ⑧ (손가락 등으로) 가리키다

  1. Rachel got the most **points** in the game.
     Rachel은 그 경기에서 가장 높은 점수를 받았다.
  2. It's not polite to **point** at people.
     사람들을 손가락으로 가리키는 것은 예의 바르지 못하다.

연습 문제

A 다음 뜻풀이에 알맞은 말을 [보기]에서 골라 쓴 후, 우리말 뜻을 쓰시오.

[보기]	triangle	mess	challenge	creatively	string	stuck	teamwork	hurry

1 _____ : a shape with three straight sides: _____

2 _____ : difficult or impossible to move from a position: _____

3 _____ : a long, thin piece of twisted thread: _____

4 _____ : a very dirty or untidy condition: _____

5 _____ : the activity of working well together as a team: _____

6 _____ : a need to do something more quickly than usual: _____

7 _____ : in an imaginative way: _____

8 _____ : a new or difficult task that tests somebody's ability and skill: _____

B 다음 짝 지어진 두 단어의 관계가 같도록 빈칸에 알맞은 말을 쓰시오.

1 topic : subject = bottom : _____

2 same : different = win : _____

3 new : old = save : _____

4 different : differently = creative : _____

5 quick : quickly = sudden : _____

C 다음 빈칸에 알맞은 말을 [보기]에서 골라 쓰시오.

[보기]	instead	try	possible	role	close

1 It is _____ to get to the small town by bus.

2 If you don't have olive oil, you can use sunflower oil _____.

3 My _____ in the project is to write the script.

4 The game between Korea and Japan is going to be _____.

5 Jane passed her driving test on her first _____.

D 다음 우리말과 같도록 빈칸에 알맞은 말을 쓰시오.

1 그 기계는 저절로 작동될 것이다. → The machine will start _____ _____.

2 Tommy는 왜 서둘러서 떠났니? → Why did Tommy leave _____ _____ _____?

3 제게 모든 것을 자세히 이야기해 주세요. → Tell me about everything _____ _____.

4 동아리 회의를 바로 시작하자. → Let's start the club meeting _____ _____.

5 그 차는 1년 안에는 고장 나지 않을 거예요. → The car won't _____ _____ inside 1 year.

실전 TEST

01 다음 짝 지어진 두 단어의 관계가 나머지와 다른 것은?

① wrap – cover
② lose – win
③ close – near
④ base – bottom
⑤ divide – separate

02 다음 영어 뜻풀이가 설명하는 단어로 알맞은 것은?

a very dirty or untidy condition

① hurry
② mess
③ string
④ detail
⑤ shape

03 다음 두 문장에 공통으로 들어갈 알맞은 말을 쓰시오.

- What time does the shop _____ today?
- It was a _____ game from start to finish.

04 다음 중 밑줄 친 부분의 쓰임이 바르지 않은 것은?

① The door opens in itself.
② I hope you get well soon.
③ She finished her homework in a hurry.
④ The elevator broke down this morning.
⑤ The rumor turned out to be false.

05 다음 문장의 밑줄 친 단어와 같은 품사로 쓰인 것의 개수는?

It's important to think creatively.

ⓐ A boy suddenly appeared at the corner.
ⓑ Cats and dogs act differently.
ⓒ Yumi is warm and friendly.
ⓓ How quickly can you make some sandwiches?

① 0개
② 1개
③ 2개
④ 3개
⑤ 4개

06 다음 문장의 밑줄 친 단어와 같은 의미로 쓰인 것은?

My grandmother bought me a pretty dress.

① It's pretty cold outside.
② Your English is pretty good.
③ She's pretty upset with you.
④ We played a pretty great game tonight.
⑤ He's looking for a pretty doll for his daughter.

07 괄호 안의 우리말과 같도록 빈칸에 알맞은 말을 쓰시오.

Can you explain about the rules _____ _____?

(너는 그 규칙에 대해 자세히 설명해 줄 수 있니?)

1 안부 묻고 답하기

A: How have you been?   어떻게 지냈니?
B: I've been good.   나는 잘 지냈어.

How have you been?은 '(그동안) 어떻게 지냈니?'라는 뜻으로, 오랜만에 만난 사람에게 안부를 물을 때 사용한다. 안부를 묻는 말에 잘 지냈다고 할 때는 I've been good.. I've been great.. Pretty good.. Great. 등의 표현을 사용한다. 그럭저럭 지냈다고 할 때는 So so.를 쓰고, 그다지 잘 지내지 못했다고 할 때는 Not so good. 등으로 답한다. 대답 뒤에 구체적인 이유를 덧붙여 말하기도 한다.

e.g. • A: How have you been? (그동안) 어떻게 지냈니?
    B: I've been great. 아주 잘 지냈어.
      I've been good. 잘 지냈어.
      Pretty good. 아주 잘 지냈어.
      So so. 그럭저럭 지냈어.
      Not so good. 그다지 잘 지내지 못했어.

비교 안부를 묻는 다른 표현
• A: How's it going? / How's it everything? (요즘) 어떻게 지내니?
    B: Pretty good. / Fine. / Not so bad.
• A: How are you (doing)? (요즘) 어떻게 지내니?
    B: I'm fine. / I'm doing great. / Not so bad.   참고! Not so bad.는 '그다지 나쁘지 않았어.'라는 뜻으로, 잘 지낸다는 의미에 가까워요.

> **point**
> 시험 포인트
> 안부를 묻고 답하는 대화가 자연스러운지 파악하는 문제가 자주 출제돼요. 여러 답변 표현을 모두 익히세요.

2 기쁨 · 유감 표현하기

• A: I came in first in the marathon.   나는 마라톤 경주에서 1등으로 들어왔어.
    B: I'm happy to hear that.   그 말을 들으니 기쁘구나.

• A: I had a fight with my friend.   나는 친구와 싸웠어.
    B: I'm sorry to hear that.   그 말을 들어서 유감이야.

I'm happy to hear that.은 '그 말을 들으니 기뻐.'라는 뜻으로, 상대방이 한 말에 대해 기쁨을 표현할 때 사용한다.
I'm sorry to hear that.은 '그 말을 들어서 유감이야.'라는 뜻으로, 상대방이 한 말에 대해 유감을 표현하면서 위로할 때 쓰는 표현이다.

e.g. • A: I won the school dance contest. 나는 학교 댄스 경연 대회에서 우승했어.
    B: I'm happy to hear that. 그 말을 들으니 기뻐.
      I'm pleased to hear that.
      I'm glad to hear that.
• A: I lost my bicycle. 나는 자전거를 잃어버렸어.
    B: I'm sorry to hear that. 그 말을 들어서 유감이야.
      That's a pity. 그것 참 안됐구나.
      That's too bad. 유감이야.

> **point**
> 시험 포인트
> 상대방이 한 말에 대해 적절한 대답을 고르는 문제가 자주 출제돼요. 기쁨을 나타내는 표현과 유감을 나타내는 표현을 모두 익히세요.

Listen and Speak 1-A

교과서 12쪽

B: Amy, ❶ how have you been?

G: ❷ I've been great. ❸ How about you, Mike?

B: ❹ Not so good. I have a bad cold.

G: Oh, no! ❺ Get well soon.

B: Thanks.

Q1. Mike가 잘 지내지 못한 이유는 무엇인가요?

❶ '(그동안) 어떻게 지냈니?'라는 뜻으로, 오랜만에 만난 상대방에게 안부를 묻는 표현

❷ '잘 지냈어.'라는 뜻으로, 안부를 묻는 말에 답하는 표현

❸ '너는 어때?'라는 뜻으로 상대방에게 되묻기 위해 사용하는 표현

❹ '그다지 잘 지내지 못했어.'라는 뜻으로, 안부를 묻는 말에 답하는 표현

❺ get well: 병이 나아지다

Listen and Speak 1-B

교과서 12쪽

G: Hi, Jinsu! We're in the same class again!

B: Yeah! ❶ It's good to see you, Sora. ❷ How have you been?

G: ❸ I've been great. How about you?

B: I've been ❹ pretty busy. I have a piano competition next week.

G: Oh! ❺ I didn't know you played the piano.

B: Really? ❻ I've played the piano for 5 years.

G: You ❼ must ❽ be good at ❾ it. ❿ Good luck in your competition!

B: Thanks.

Q2. 진수는 어떤 대회에 나갈 예정인가요?

Q3. ❺를 해석해 보세요.

❶ '만나서 반가워'라는 뜻으로, 오랜만에 만났을 때 쓰는 표현

❷ 오랜만에 만난 상대방에게 안부를 묻는 표현

❸ 안부를 묻는 말에 잘 지냈다고 답하는 표현

❹ ⑤ 꽤, 매우

❺ know 뒤에 목적절을 이끄는 접속사 that이 생략됨

❻ have played는 「have + 과거분사」 형태의 현재완료 시제(계속을 나타냄)

❼ ~임에 틀림없다

❽ ~을 잘하다

❾ playing the piano를 가리킴

❿ 상대방에게 행운을 빌어 줄 때 사용하는 표현

Listen and Speak 1-C

교과서 12쪽

A: Mina, how have you been?

B: ❶ I've been good. ❷ How is everything?

A: ❸ Pretty good. My new classmates are nice. /
❹ So so. I have lots of homework.

Q4. 미나가 잘 지내는 이유는 무엇인가요?

❶ 안부를 묻는 말에 잘 지냈다고 답하는 표현

❷ '너는 어떻게 지내니?'라는 뜻으로, 안부를 묻는 표현

❸ 안부를 묻는 말에 '아주 잘 지내.'라고 답하는 표현

❹ 안부를 묻는 말에 '그냥 그래.'라고 답하는 표현

Listen and Speak 2-A

교과서 13쪽

B: Susan, you ❶ look excited. Do you have ❷ any good news?

G: Our team got an A on the science project.

B: That's great!

G: Our team had ❸ the best teamwork.

B: ❹ I'm happy to hear that.

Q5. ❹를 해석해 보세요.

❶ look + 형용사: ~해 보이다

❷ 몇몇, 약간의(명사 앞에 써서 불특정한 수나 양을 가리킨다. 의문문과 부정문에 주로 any를 사용)

❸ 가장 좋은(the + 최상급)

❹ '그 말을 들으니 기뻐.'라는 뜻으로, 상대방이 한 말에 대해 기쁨을 나타내는 표현

Listen and Speak 2-B

G: Andy, ❶ how did the basketball game go?

B: Our team ❷ lost.

G: Oh, ❸ I'm sorry to hear that.

B: It's okay. ❹ It was a great game.

G: What was the score?

B: It was ❺ 80 to 79. We lost ❻ by one point.

G: That was really ❼ close!

B: Yeah. We played really well ❽ as a team.

G: That's wonderful! I ❾ want to watch your next game.

❶ How did + 명사 + go?: ～은 어떻게 됐니?
   (과거의 일이나 진행 상황에 대해 묻는 표현)
❷ lose(시합에서 지다)의 과거형
❸ '그 말을 들어서 유감이야.'라는 뜻으로, 상대방이 한 말에 대
   해 유감을 나타냄 표현
❹ = the basketball game
❺ 80 대 79
❻ 1점 차이로
❼ ⓗ 막상막하의, 우열을 가리기 힘든
❽ ⓟ ～로서(자격이나 기능을 나타냄)
❾ want는 to부정사를 목적어로 취하는 동사

Q6. ❸을 해석해 보세요.

Q7. How many points did Andy's team score?

Listen and Speak 2-C

A: Bob, you ❶ look happy.

B: I ❷ came in first in the marathon.

A: I'm happy to hear that.

A: Ann, you look upset.

B: I ❸ had a fight with my friend.

A: I'm sorry to hear that.

❶ look + 형용사: ～해 보이다
❷ come in first: 경주에서 이기다(1등을 하다)
❸ have a fight: 싸우다

Q8. Bob은 왜 행복해 보이나요?

Q9. Ann은 왜 화가 나 보이나요?

Real Life Talk > Watch a Video

Minho: Linda! Is that you? ❶ Long time no see.

Linda: Minho! ❷ It's been a long time.

Minho: ❸ How have you been?

Linda: ❹ I've been good. ❺ How about you?

Minho: I've been really busy at school. How's your new school?

Linda: It's wonderful. I've made many new friends.

Minho: That's great! ❻ I'm happy to hear that.

Linda: Thanks. Oh! I ❼ have to go to my violin lesson now.

Minho: You ❽ still have my number, right?

Linda: Yeah. I'll call you later. Have a good day!

Minho: ❾ You, too. Bye!

❶ '오랜만이야.'라는 뜻으로, 상대방을 오랜만에 만났을 때 할 수
   있는 인사말
❷ '오랜만이야.'라는 뜻으로, 상대방을 오랜만에 만났을 때 할 수
   있는 인사말
❸ 오랜만에 만난 상대방에게 안부를 물을 때 쓰는 표현
❹ 안부를 묻는 말에 잘 지냈다고 답하는 표현
❺ '너는 어때?'라는 뜻으로 상대방에게 되묻기 위해 사용하는
   표현
❻ 상대방이 한 말에 대해 기쁨을 나타내는 표현
❼ have to + 동사원형: ～해야 한다(의무)
❽ ⓟ 여전히
❾ = 너도 좋은 하루 보내.

Q10. How has Linda been?

Q11. ❼의 표현이 포함된 문장을 해석해 보세요.

STEP A

우리말과 일치하도록 대화의 빈칸에 알맞은 말을 쓰시오.

주요 표현

 해석

1 Listen and Speak 1-A

B: Amy, _____ _____ you been?

G: I've been _____. How about you, Mike?

B: Not so good. I _____ a bad cold.

G: Oh, no! Get well soon.

B: Thanks.

교과서 12쪽

B: Amy, 어떻게 지냈니?

G: 잘 지냈어. 너는 어때, Mike?

B: 별로 안 좋아. 나는 독감에 걸렸어.

G: 오, 저런! 빨리 나으렴.

B: 고마워.

2 Listen and Speak 1-B

G: Hi, Jinsu! We're in the same class again!

B: Yeah! It's good to see you, Sora. _____ _____ _____ _____?

G: _____ _____ _____. How about you?

B: I've been pretty busy. I have a _____ _____ next week.

G: Oh! I didn't know you played the piano.

B: Really? I've played the piano for 5 years.

G: You must _____ _____ _____ it. _____ _____ in your competition!

B: Thanks.

교과서 12쪽

G: 안녕, 진수야! 우리 또 같은 반이구나!

B: 응! 만나서 반가워, 소라야. 어떻게 지냈니?

G: 잘 지냈어. 너는 어때?

B: 나는 좀 바빴어. 다음 주에 피아노 경연 대회가 있거든.

G: 오! 나는 네가 피아노를 치는지 몰랐어.

B: 정말? 나는 피아노를 5년 동안 쳤어.

G: 넌 분명 피아노를 잘 치겠구나. 경연 대회에서 행운을 빌어!

B: 고마워.

3 Listen and Speak 1-C

A: Mina, how _____ _____ _____?

B: _____ _____ good. How is everything?

A: Pretty good. My new classmates are nice. / _____ _____. I have lots of homework.

교과서 12쪽

A: 미나야, 어떻게 지냈니?

B: 잘 지냈어. 너는 어떻게 지내니?

A: 아주 좋아. 나의 새 학급 친구들이 친절해. / 그냥 그래. 나는 숙제가 많아.

4 Listen and Speak 2-A

B: Susan, you look excited. Do you _____ _____ _____ _____?

G: Our team got an A on the science project.

B: That's great!

G: Our team had the _____ _____.

B: _____ _____ to hear that.

교과서 13쪽

B: Susan, 너는 신이 나 보이네. 좋은 소식이 있니?

G: 우리 팀이 과학 프로젝트에서 A를 받았어.

B: 잘됐다!

G: 우리 팀은 팀워크가 가장 좋았어.

B: 그 말을 들으니 좋구나.

5 Listen and Speak 2-B

G: Andy, how did the basketball game go?

B: Our team lost.

G: Oh, _____ _____ _____ _____ _____.

B: It's okay. It was a great game.

G: What was the score?

B: It was 80 to 79. We _____ _____ _____ _____.

G: That was really _____!

B: Yeah. We played really well _____ _____ _____.

G: That's wonderful! I want to watch your next game.

 해석

G: Andy, 농구 경기는 어땠니?

B: 우리 팀이 졌어.

G: 오, 그 말을 들어서 유감이야.

B: 괜찮아. 정말 좋은 경기였어.

G: 점수는 어떻게 되었니?

B: 80 대 79였어. 우리는 1점 차이로 졌어.

G: 정말 막상막하였네!

B: 응. 우리는 하나의 팀으로 경기를 정말 잘했어.

G: 정말 멋지다! 나는 너희 다음번 경기를 보고 싶어.

6 Listen and Speak 2-C

A: Bob, you look happy.

B: I _____ _____ _____ in the marathon.

A: I'm _____ _____ _____ that.

A: Ann, you _____ _____.

B: I had a fight with my friend.

A: I'm _____ _____ _____ that.

A: Bob, 너 행복해 보여.

B: 나는 마라톤 경주에서 1등으로 들어왔어.

A: 그 말을 들으니 기뻐.

A: Ann, 너 화가 나 보여.

B: 나는 친구와 싸웠어.

A: 그 말을 들어서 유감이야.

7 Real Life Talk > Watch a Video

Minho: Linda! Is that you? _____ _____ _____ _____.

Linda: Minho! It's been a long time.

Minho: _____ _____ _____ _____?

Linda: I've been good. _____ _____ _____?

Minho: I've been really busy at school. How's your new school?

Linda: It's wonderful. I've _____ _____ _____ _____.

Minho: That's great! _____ _____ _____ _____ _____.

Linda: Thanks. Oh! I _____ _____ _____ to my violin lesson now.

Minho: You still have my number, right?

Linda: Yeah. I'll _____ _____ _____. _____ a good day!

Minho: You, too. Bye!

민호: Linda! 너구나? 오랜만이야.

Linda: 민호야! 오랜만이야.

민호: 어떻게 지냈니?

Linda: 잘 지냈어. 너는 어때?

민호: 나는 학교에서 정말 바빴어. 너는 새 학교가 어떠니?

Linda: 정말 좋아. 나는 새 친구들을 많이 사귀었어.

민호: 잘됐다! 그 말을 들으니 기쁘다.

Linda: 고마워. 오! 나는 지금 바이올린 수업에 가야 해.

민호: 너는 아직 내 번호를 가지고 있지, 그렇지?

Linda: 응. 내가 나중에 너에게 전화할게. 좋은 하루 보내!

민호: 너도, 안녕!

Listen & Speak

대화 순서 배열하기

자연스러운 대화가 되도록 순서를 바르게 배열하시오.

1 Listen and Speak 1-A
교과서 12쪽

ⓐ Not so good. I have a bad cold.
ⓑ Thanks.
ⓒ I've been great. How about you, Mike?
ⓓ Amy, how have you been?
ⓔ Oh, no! Get well soon.

(   ) – (   ) – (   ) – (   ) – (   )

2 Listen and Speak 1-B
교과서 12쪽

ⓐ I've been great. How about you?
ⓑ Oh! I didn't know you played the piano.
ⓒ Hi, Jinsu! We're in the same class again!
ⓓ You must be good at it. Good luck in your competition!
ⓔ Yeah! It's good to see you, Sora. How have you been?
ⓕ I've been pretty busy. I have a piano competition next week.
ⓖ Thanks.
ⓗ Really? I've played the piano for 5 years.

(ⓒ) – (   ) – (   ) – (ⓕ) – (   ) – (   ) – (ⓓ) – (   )

3 Listen and Speak 1-C
교과서 12쪽

ⓐ I've been good. How is everything?
ⓑ Pretty good. My new classmates are nice.
ⓒ Mina, how have you been?

(   ) – (   ) – (   )

4 Listen and Speak 2-A
교과서 13쪽

ⓐ Susan, you look excited. Do you have any good news?
ⓑ Our team had the best teamwork.
ⓒ Our team got an A on the science project.
ⓓ I'm happy to hear that.
ⓔ That's great!

(   ) – (ⓒ) – (ⓔ) – (   ) – (   )

5 Listen and Speak 2-B

교과서 13쪽

ⓐ It's okay. It was a great game.
ⓑ Oh, I'm sorry to hear that.
ⓒ Our team lost.
ⓓ What was the score?
ⓔ Andy, how did the basketball game go?
ⓕ That was really close!
ⓖ That's wonderful! I want to watch your next game.
ⓗ It was 80 to 79. We lost by one point.
ⓘ Yeah. We played really well as a team.

(ⓔ) – ( ) – (ⓑ) – ( ) – (ⓓ) – ( ) – ( ) – ( ) – ( )

6 Listen and Speak 2-C

교과서 13쪽

ⓐ I came in first in the marathon.
ⓑ Bob, you look happy.
ⓒ I'm happy to hear that.

( ) – ( ) – ( )

7 Real Life Talk > Watch a Video

교과서 14쪽

ⓐ How have you been?
ⓑ Minho! It's been a long time.
ⓒ I've been really busy at school. How's your new school?
ⓓ That's great! I'm happy to hear that.
ⓔ It's wonderful. I've made many new friends.
ⓕ Yeah. I'll call you later. Have a good day!
ⓖ Linda! Is that you? Long time no see.
ⓗ You still have my number, right?
ⓘ You, too. Bye!
ⓙ I've been good. How about you?
ⓚ Thanks. Oh! I have to go to my violin lesson now.

(ⓖ) – ( ) – ( ) – (ⓙ) – ( ) – (ⓔ) – ( ) – ( ) – ( ) – (ⓕ) – ( )

STEP A

01 다음 대화의 밑줄 친 부분의 의도로 가장 알맞은 것은?

A: I came in first in the marathon.
B: I'm happy to hear that.

① 당부하기　　　　② 동의하기
③ 보고하기　　　　④ 기쁨 표현하기
⑤ 안부에 답하기

[02-03] 다음 대화의 빈칸에 들어갈 말로 알맞은 것을 고르시오.

02　A: _____
　　B: I've been good. How is everything?
　　A: Pretty good. My new classes are exciting.

① Get well soon.
② Long time no see.
③ It's good to see you.
④ How have you been?
⑤ I've been pretty busy.

03　A: You look upset. What happened?
　　B: I had a fight with my friend.
　　A: _____

① That's wonderful!
② I'm sorry to hear that.
③ I'm happy to hear that.
④ Sounds great.
⑤ I haven't seen you for a long time.

04 자연스러운 대화가 되도록 (A)~(D)를 바르게 배열하시오.

(A) Oh, no! Get well soon.
(B) Amy, how have you been?
(C) Not so good. I have a bad cold.
(D) I've been great. How about you, Mike?

(　　　) – (　　　) – (　　　) – (　　　)

[05-07] 다음 대화를 읽고, 물음에 답하시오.

A: Andy, how did the basketball game go?
B: Our team lost.
A: Oh, _____＿＿ⓐ＿＿_____.
B: It's okay. It was a great game.
A: What was the score?
B: It was 80 to 79. We lost ___ⓑ___ one point.
A: That was really close!
B: Yeah. We played really well ___ⓒ___ a team.
A: That's wonderful! I want to watch your next game.

05 위 대화의 빈칸 ⓐ에 들어갈 말로 알맞은 것은?

① I've been great
② it's been a long time
③ I'm sorry to hear that
④ I'm happy to hear that
⑤ you won the basketball game

06 위 대화의 빈칸 ⓑ와 ⓒ에 들어갈 말이 순서대로 짝 지어진 것은?

① to – by　　　　② to – at
③ by – as　　　　④ by – at
⑤ for – as

020　Lesson 1　I Can't, but We Can

07 위 대화의 내용과 일치하지 <u>않는</u> 것은?

① Andy는 농구 팀에 속해 있다.

② Andy의 팀은 농구 경기에서 졌다.

③ Andy의 팀은 79점을 득점했다.

④ 두 팀의 점수 차이는 1점이었다.

⑤ Andy의 팀은 팀워크가 부족했다.

[08-09] 다음 대화를 읽고, 물음에 답하시오.

Minho: Linda! Is that you? Long time no see.

Linda: Minho! It's been a long time. (①)

Minho: How have you been?

Linda: I've been good. (②)

Minho: I've been really busy at school. How's your new school? (③)

Linda: It's wonderful. I've made many new friends. (④)

Minho: That's great! I'm happy to hear that.

Linda: Thanks. Oh! I have to go to my violin lesson now. (⑤)

Minho: You still have my number, right?

Linda: Yeah. I'll call you later.

08 위 대화의 ①~⑤ 중 주어진 문장이 들어갈 알맞은 곳은?

How about you?

①   ②   ③   ④   ⑤

09 위 대화의 내용과 일치하는 것은?

① 민호와 Linda는 처음 만났다.

② Linda는 학교생활로 바빴다.

③ Linda는 새 친구들을 많이 사귀었다.

④ 민호는 Linda의 말에 위로를 건넸다.

⑤ Linda는 바이올린 수업을 받은 후 집에 가는 길이다.

서술형

10 다음 대화의 빈칸에 알맞은 말을 괄호 안의 단어를 사용하여 쓰시오. (단, 주어와 동사를 포함한 완전한 문장으로 쓸 것)

A: Long time no see. How have you been?

B: (1) _____ (great)
   I won the school dance contest.

A: (2) _____ (happy)

11 다음 대화의 빈칸에 들어갈 알맞은 말을 [보기]에서 골라 쓰시오.

A: (1) _____

B: Not so good.

A: (2) _____

B: I broke my finger.

A: Oh, no! (3) _____

[보기] That's a pity.
       How have you been?
       How come?

12 괄호 안의 단어를 이용하여 대화의 밑줄 친 우리말을 영작하시오.

A: Susan, (1) <u>너 신나 보여.</u> Do you have any good news?

B: Our team got an A on the science project.

A: That's great!

B: (2) <u>우리 팀은 팀워크가 가장 좋았어.</u>

A: I'm glad to hear that.

(1) _____
   (look)

(2) _____
   (have, teamwork)

STEP
A

1 to부정사의 의미상의 주어

- It was not easy **for us** to choose the best idea.
  가주어 　　　 의미상의 주어 　　　 진주어
  우리는 가장 좋은 아이디어를 고르는 것이 쉽지 않았다.

- It is important **for them** to do their homework.
  가주어 　　　 의미상의 주어 　　　 진주어
  그들은 숙제를 하는 것이 중요하다.

- It is boring **for me** to watch the soccer game.
  가주어 　　　 의미상의 주어 　　　 진주어
  나는 축구 경기를 보는 것이 지루하다.

(1) 쓰임

문장의 주어와 to부정사의 주어가 일치하지 않는 경우, to부정사 앞에 「for + 목적격」 형태를 써서 to부정사를 행하는 주체를 나타내는데 이를 to부정사의 의미상의 주어라고 한다.

(2) 형태

「It is/was + 형용사 + to부정사의 의미상의 주어(for + 목적격) + to부정사 ~.」 의 형태로 자주 쓰며, 이때 It은 가주어이고 to부정사(구)는 진주어이다.

to부정사의 의미상의 주어로 「for + 목적격」 형태를 쓰는 형용사: easy, difficult, hard, interesting, possible, important, fun, dangerous 등

- It is easy **for me** to solve the problem. 나는 그 문제를 푸는 것이 쉽다.

- It was fun **for him** to swim in the sea. 그는 바다에서 수영하는 것이 재미있었다.

　[비교] to부정사의 의미상의 주어로 「of + 목적격」 형태를 쓰는 형용사: nice, kind, wise, polite, generous, foolish, brave 등

- It was *kind* **of her** to take care of my dog. 내 개를 돌봐주다니 그녀는 친절했다.

> **시험 포인트** **point**
> to부정사의 의미상의 주어를 쓸 때 목적격 앞에 for와 of를 구분해서 쓰는 문제가 자주 출제돼요. 문장에 쓰이는 형용사가 어떤 성격인지 구분할 수 있어야 해요.

* to부정사의 의미상의 주어가 일반인일 때는 의미상의 주어를 따로 쓰지 않는다.
- It is important to be honest.
  정직한 것이 중요하다.

가주어 it
- It is difficult **to solve** the problem.
  그 문제를 푸는 것은 어렵다.
  [중2 5과]

QUICK CHECK

1 다음 괄호 안에서 알맞은 것을 고르시오.

(1) It is easy (for / of) my dad to make a kite.

(2) It was foolish (for / of) me to give up the project.

(3) It was impossible (for / of) her to solve the problem within one minute.

2 다음 문장의 밑줄 친 부분이 어법상 틀렸으면 바르게 고쳐 쓰시오.

(1) It was hard for <u>my</u> to find the building. → _____

(2) It is kind of <u>yours</u> to bring the book for me. → _____

(3) It is important for <u>he</u> to finish the work. → _____

2 관계대명사 what

- We finally made **what** we wanted.
- The shop doesn't have **what** I need to buy.
- This is different from **what** I expected.

우리는 결국 우리가 원했던 것을 만들었다.

그 가게에는 내가 사야 하는 것이 없다.

이것은 내가 기대했던 것과 다르다.

(1) 의미

선행사를 포함하는 관계대명사로 명사절을 이끌며, '~하는 것'으로 해석한다. 선행사를 포함하므로 관계대명사 what 앞에는 선행사가 오지 않는다.

- You're not paying attention! Please listen to **what** I'm saying.
  너는 집중하고 있지 않구나! 내가 말하는 것을 들어 줘.
- When your mom sees **what** you did, she will be happy.
  너의 엄마가 네가 한 것을 보신다면, 기뻐하실 거야.

(2) 쓰임

what이 이끄는 절은 문장에서 주어, 목적어, 보어 역할을 한다.

- **What** she said was true. 〈주어〉 그녀가 말한 것은 사실이었다.
- Let me see **what** you bought. 〈목적어〉 네가 산 것을 나에게 보여 줘.
- This is **what** she wanted. 〈보어〉 이것이 그녀가 원했던 것이다.

한 단계 | 더!

관계대명사 what은 '~하는 것'으로 해석하고, 의문사 what은 '무엇'으로 해석한다.

- Please tell me **what** you are going to do.
  당신이 무엇을 할지 나에게 말해 주세요.

시험 포인트 **point**

관계대명사 what과 의문사 what을 구분하는 문제가 자주 출제돼요. 문장에서 what이 어떻게 쓰였는지 구분할 수 있어야 해요.

주격 관계대명사 who, which, that

- The famous cook **who** was on TV was my friend.
  텔레비전에 나온 그 유명한 요리사는 내 친구였다.
- Who ate the apple **which** was on the table?
  식탁 위에 있던 그 사과를 누가 먹었니?
  [중2 4과]

목적격 관계대명사 whom, which, that

- She is the girl **whom** Tom likes so much.
  그녀는 Tom이 아주 좋아하는 소녀이다.
- Chris found the bicycle **that** he lost yesterday.
  Chris는 어제 잃어버렸던 자전거를 찾았다.
  [중2 7과]

QUICK CHECK

1 다음 괄호 안에서 알맞은 것을 고르시오.

(1) (That / What) he wants is to take some rest.

(2) I don't believe (what / which) she said.

(3) This baseball cap is (what / when) I want to buy.

2 자연스러운 문장이 되도록 괄호 안의 말을 바르게 배열하시오.

(1) _____ is true. (what, he, from, Andrea, heard)

(2) He knows _____. (she, what, is, for, looking)

(3) This book is _____. (what, read, I, wanted, to)

G Grammar
연습 문제

1 to부정사의 의미상의 주어

A 다음 괄호 안에서 알맞은 것을 고르시오.

1 (It / That) is difficult for me to choose only one.

2 Is it possible (for / of) her to make a robot?

3 It is kind (for / of) you to help the poor children in Africa.

4 It is generous of (he / him) to say so.

5 It is strange for (she / her) to be late for school.

B 다음 문장의 빈칸에 알맞은 말을 쓰시오.

1 It was easy _____ _____ to make a cake.
(그녀가 케이크를 만드는 것은 쉽다.)

2 It is important _____ _____ to see the doctor tomorrow.
(나는 내일 의사의 진찰을 받는 것이 중요하다.)

3 It is dangerous _____ _____ to ride bicycles on the main road.
(아이들이 큰 도로에서 자전거를 타는 것은 위험하다.)

C 다음 우리말과 같도록 괄호 안의 단어들을 바르게 배열하시오.

1 일을 그만두다니 그는 어리석었다. (give up, to, his job, of, him)
→ It was stupid _____.

2 그 비밀을 유지하다니 너는 현명했다. (wise, keep, to, of, the secret, you)
→ It was _____.

3 나는 잡지를 읽는 것이 흥미롭다. (for, read, to, interesting, me, magazines)
→ It is _____.

4 그녀가 드론을 날리는 것은 쉽다. (fly, a drone, easy, for, to, her)
→ It is _____.

D 다음 우리말과 같도록 to부정사와 괄호 안의 단어들을 사용하여 영작하시오.

1 그는 그 문제를 푸는 것이 어려웠다. (it, difficult, him, solve, the problem)
→ _____

2 그 노인을 돕다니 그녀는 친절하다. (it, kind, her, help, the old man)
→ _____

3 내가 젓가락을 사용하는 것은 쉽지 않았다. (it, not, easy, me, use, chopsticks)
→ _____

2 관계대명사 what

A 자연스러운 문장이 되도록 괄호 안의 말을 바르게 배열하시오.

1 I want to buy him _____. (he, what, needs)

2 _____ was right. (what, said, my mother)

3 Show me _____. (is, your pocket, in, what)

4 I know _____. (buy, wants, to, my brother, what)

5 That is _____. (what, want, say, to, I)

B 다음 문장에서 어법상 틀린 부분을 찾아 바르게 고쳐 쓰시오.

1 That I want for lunch is a salad. _____ → _____

2 Which he needs is some sleep. _____ → _____

3 I don't understand how she said. _____ → _____

4 That's exactly if I wanted. _____ → _____

5 She didn't listen to which I said. _____ → _____

C what과 괄호 안의 단어들을 사용하여 문장을 완성하시오.

1 Please tell me _____. (know, you, her, about)

2 I can't remember _____. (she, me, gave)

3 Let me know _____. (want, you, to, eat)

4 A paper bag is _____. (Jane, now, needs)

5 That's _____. (taught, me, Mr. Smith)

D 다음 우리말과 같도록 빈칸에 알맞은 말을 쓰시오.

1 Mike는 그가 본 것을 믿을 수 없었다.
  → Mike couldn't believe _____ _____ _____.

2 그녀가 크리스마스 선물로 원하는 것은 스마트폰이다.
  → _____ _____ _____ for Christmas is a smartphone.

3 화성에 관해 네가 아는 것을 내게 말해 줘.
  → Tell me _____ _____ _____ _____.

4 이 그림은 내 여동생이 그린 것이다.
  → This drawing is _____ _____ _____ _____.

[01-02] 다음 빈칸에 들어갈 말로 알맞은 것을 고르시오.

01 It is difficult _____ to answer the question.

① of me   ② of my   ③ of mine
④ for me   ⑤ for my

02 _____ I need is a cup of water.

① What   ② Which   ③ That
④ When   ⑤ Where

[03-04] 다음 빈칸에 들어갈 말이 순서대로 짝 지어진 것을 고르시오.

03 • It is not easy _____ him to ride a bike.
       • It was foolish _____ her to forget her homework.

① of – of   ② of – for   ③ for – of
④ for – for   ⑤ for – with

04 • _____ I want to buy is a dress.
       • The dress _____ she is wearing looks expensive.

① That – that   ② That – what   ③ What – what
④ What – that   ⑤ Which – that

한 단계 더!

05 다음 중 밑줄 친 what의 쓰임이 나머지와 <u>다른</u> 하나는?

① <u>What</u> he says is not always true.
② I didn't believe <u>what</u> she said.
③ I don't know <u>what</u> his name is.
④ That's <u>what</u> he told me yesterday.
⑤ <u>What</u> I want for dinner is a sandwich.

[06-07] 다음 우리말을 바르게 영작한 것을 고르시오.

06 나는 그 이야기를 믿기가 어렵다.

① I am hard to believe the story.
② I am hard for believing the story.
③ It is hard of me to believe the story.
④ It is hard for I to believe the story.
⑤ It is hard for me to believe the story.

고난도

07 내가 원하는 것은 차가운 마실 것이다.

① I want something cold drink.
② I want what something cold to drink.
③ That I want is something cold to drink.
④ What I want is something cold to drink.
⑤ What I want was something cold to drink.

08 다음 문장의 빈칸에 들어갈 말로 알맞지 <u>않은</u> 것은?

> It is _____ of you to say so.

① kind   ② difficult   ③ nice
④ generous   ⑤ stupid

09 다음 중 밑줄 친 It의 쓰임이 나머지와 <u>다른</u> 하나는?

① <u>It</u> was hard for them to finish the work.
② <u>It</u> is easy for my dad to fix the machine.
③ <u>It</u> was raining when I listened to the music.
④ <u>It</u> is kind of him to take care of the child.
⑤ <u>It</u> is boring for her to watch the TV show.

고
난도

10 다음 중 어법상 <u>틀린</u> 문장은?

① This is what my brother is looking for.
② The result is what we expected.
③ Drawing is what I do in my free time.
④ Please tell me what you heard yesterday.
⑤ The book what I'm reading now is Mina's.

11 다음 밑줄 친 ①~⑤ 중 어법상 <u>틀린</u> 것은?

> ① It is ② important ③ for ours ④ to be polite ⑤ to others.

12 다음 빈칸에 들어갈 말로 알맞은 것을 <u>모두</u> 고르면?

> It is difficult for _____ to learn Chinese.

① me   ② my   ③ he
④ his   ⑤ them

[13-14] 다음 문장에서 어법상 <u>틀린</u> 부분을 찾아 바르게 고치시오.

13 The shop doesn't have that I need to buy.

_____ → _____

14 It is wise for you to follow his advice.

_____ → _____

15 다음 두 문장의 의미가 같도록 할 때 빈칸에 들어갈 말로 알맞은 것은?

> He has to attend the club meeting today.
> = It is necessary _____ the club meeting today.

① to attend   ② attending
③ of him attend   ④ for him to attend
⑤ for him attend

STEP A

고난도

16 다음 중 빈칸에 들어갈 말이 나머지와 <u>다른</u> 하나는?

① That's _____ I want to talk about.
② He believes _____ he wants to believe.
③ This is different from _____ I expected.
④ I met a boy _____ had blond hair.
⑤ _____ will happen at school tomorrow?

17 다음 밑줄 친 부분을 바르게 고친 것은?

It was easy <u>for his put</u> the puzzle together.

① of him to put   ② for he to put
③ of him putting   ④ for him to put
⑤ for him putting

18 다음 밑줄 친 부분을 알맞은 형태로 나타낸 것은?

It was exciting for them <u>ride</u> a boat.

① rode   ② ridden   ③ riding
④ to ride   ⑤ to riding

19 다음 중 어법상 <u>틀린</u> 문장을 <u>모두</u> 고르면?

① Did you understand what he said?
② It is nice of you to show me the way.
③ That you should do first is to clean the living room.
④ It is necessary for Mr. Brown to attend the meeting.
⑤ The movie what we watched yesterday was really moving.

신유형

20 다음 우리말과 같도록 괄호 안의 단어들을 배열하여 문장을 완성할 때, 네 번째로 오는 단어는?

네가 산 것을 내가 보게 해 줘.
(what, me, let, you, see, bought)

① let   ② what   ③ see
④ you   ⑤ bought

신유형

21 다음 빈칸에 들어갈 말이 같은 것끼리 짝 지어진 것은?

ⓐ It is honest _____ her to tell the truth.
ⓑ It is not easy _____ us to learn yoga.
ⓒ It is important _____ you to do your best.
ⓓ It was stupid _____ him to miss the chance.

① ⓐ, ⓑ   ② ⓐ, ⓒ   ③ ⓑ, ⓒ
④ ⓑ, ⓓ   ⑤ ⓒ, ⓓ

신유형

22 다음 중 밑줄 친 부분의 쓰임이 같은 것끼리 짝 지어진 것은?

ⓐ <u>What</u> I saw gave me a shock.
ⓑ She doesn't know <u>what</u> to say.
ⓒ <u>What</u> do you want for dinner?
ⓓ I found <u>what</u> Chris lost in the classroom.

① ⓐ, ⓑ   ② ⓐ, ⓑ, ⓓ   ③ ⓐ, ⓓ
④ ⓑ, ⓒ, ⓓ   ⑤ ⓒ, ⓓ

서술형

23 다음 우리말과 같도록 빈칸에 알맞은 말을 쓰시오.

(1) 그것이 정확히 내가 의미하는 것이다.

→ That's exactly _____ _____ _____.

(2) 나는 그가 내게 말한 것을 믿지 않는다.

→ I don't believe _____ _____ _____

_____.

(3) 그녀가 필요한 것은 숙면이다.

→ _____ _____ _____ is a good

night's sleep.

24 다음 문장에서 **틀린** 부분을 고쳐 올바른 문장을 쓰시오.

(1) It is important for your to keep your appointment.

→ _____

(2) It is exciting of me to live in a foreign country.

→ _____

(3) It is very kind for him to help sick people.

→ _____

25 다음 그림을 보고, 문장을 완성하시오. (단, 의미상의 주어는 대명사를 활용할 것)

(1) 　　(2)

Minho and his mom went on a trip to Jeju-do.

(1) It was hard _____ _____ _____

_____ _____ the mountain.

(2) It was fun _____ _____ _____

_____ in the sea.

26 다음 문장을 우리말로 해석하시오.

(1) Swimming is what I do in my free time.

→ _____

(2) I don't have what you're looking for.

→ _____

(3) What you told me was not true.

→ _____

27 다음 대화의 밑줄 친 우리말과 같도록 괄호 안의 단어들을 바르게 배열하여 문장을 완성하시오.

A: Wow! You prepared a surprise party for Mom.

B: Yeah. It took almost five hours.

(1) 내가 케이크를 만드는 것은 아주 어려웠어.

A: It's wonderful! (2) 엄마가 네가 한 걸 보시면, 기뻐하실 거야.

(1) _____

(to, was, very, me, make, for, a cake, difficult, it)

(2) When _____,

she will be happy. (sees, you, what, did, Mom)

28 괄호 안의 단어들을 사용하여 [보기]와 같이 It으로 시작하는 문장을 영작하시오.

[보기]　It is important for me to do my best.

(1) It _____.

(difficult, write)

(2) It _____.

(exciting, play)

(3) It _____.

(easy, wake up)

Reading

만점 노트

마시멜로 과제를 해 보세요!

Try the Marshmallow Challenge!

01 여러분은 필요해요:
스파게티 면 20개, 마시멜로 1개, 테이프 1미터, 끈 1미터

01 You need: 20 sticks of spaghetti, 1 marshmallow, 1 meter of tape, 1 meter of string
<u>셀 수 없는 명사인 spaghetti의 수량을 단위명사 stick을 이용하여 나타냄</u>

02 규칙: 각 팀은 4명입니다.

02 Rules: Each team has four people.
each(각각의)+단수 명사+단수 동사

03 반에서 가장 높은 탑을 만들어야 합니다.

03 You have to build the tallest tower in your class.
have to+동사원형: ~해야 한다(의무)   the+최상급

04 마시멜로가 꼭대기에 있어야 합니다.

04 The marshmallow must be on top.
must+동사원형: ~해야 한다(의무)

05 탑은 <u>스스로</u> 서 있어야 합니다.

05 The tower must stand by itself.
<u>스스로, 저절로</u>
must+동사원형: ~해야 한다(의무)

06 제한 시간은 15분입니다.

06 The time limit is 15 minutes.

07 이 활동은 여기에 좋아요: 관계 맺기, 문제 해결하기, 창의적으로 생각하기

07 This activity is good for: Building Relationships, Solving Problems, Thinking Creatively
= The marshmallow challenge 동명사구

08 여러분은 마시멜로 과제를 어떻게 했나요?

08 How did you do the marshmallow challenge?

09 모든 팀은 마시멜로 과제를 다르게 해요.

09 Every team does the marshmallow challenge differently.
'하다'라는 뜻의 동사 do의 3인칭 단수형
every(모든)+단수 명사+단수 동사   (부) 다르게

10 몇몇 예를 살펴봐요.

10 Let's look at some examples.
Let's+동사원형 ~.: ~ 하자.

11 어떤 예가 가장 마음에 드나요?

11 Which one do you like best?
some examples 중 하나

12 A팀
행동하기 전에 생각해라.

12 TEAM A
Think before you act.
~하기 전에(접속사)

13 우리에게는 좋은 아이디어가 많았어요.

13 We had many good ideas.

14 우리는 각 아이디어에 대해 자세히 이야기를 나눴어요.

14 We talked about each idea in detail.
each+단수 명사
talk about: ~에 대해 이야기하다

15 우리는 가장 좋은 아이디어를 고르는 것이 쉽지 않았어요.

15 It was not easy for us to choose the best idea.
가주어   to부정사의 의미상의 주어   진주어(to부정사구)

16 갑자기 선생님께서 "5분 남았어요."라고 말씀하셨어요.

16 Suddenly the teacher said, "Five minutes left."
(부) 갑자기   leave의 과거분사

17 서둘러 우리는 스파게티 면들을 테이프로 붙였어요.

17 In a hurry, we taped the sticks of spaghetti together.
(동) tape: 테이프를 감다   (부) 함께, 같이

18 그러고 나서 우리는 스파게티 면 둘레를 끈으로 감았어요.

18 Then, we wrapped the string around them.
(동) wrap: 감다, 싸다

19 The string got stuck to the tape and it was a big mess.
⑲ 테이프　탑을 만드는 전체 상황

19 끈이 테이프에 붙었고 아주 엉망진창이었어요.

20 With one second left, I put the marshmallow on top!
with + 명사 + 분사: ~한 채로, ~을 하고서(명사와 분사의 관계가 수동이면 과거분사(left) 사용)

20 1초를 남겨 놓고, 내가 마시멜로를 꼭대기에 꽂았어요!

21 TEAM B
Just do it.

21 B팀
그냥 해라.

22 We didn't spend much time on planning.
spend A on B: A를 B에 쓰다

22 우리는 계획하는 데 많은 시간을 보내지 않았어요.

23 All the members started building the tower right away.
all + 셀 수 있는 명사(복수)　start + 동명사: ~하기 시작하다

23 모든 팀원들이 바로 탑을 만들기 시작했어요.

24 Our first tower looked like a tent.
look like + 명사: ~처럼 보이다

24 우리의 첫 번째 탑은 텐트 같았어요.

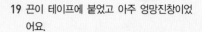

25 It wasn't very tall.
Our first tower

25 그건 그다지 높지 않았어요.

26 We tried again.
= We tried to build the tower again.

26 우리는 다시 시도했어요.

27 The next tower was tall but it couldn't stand by itself.
can't의 과거형(~할 수 없었다)

27 다음 탑은 높았지만 스스로 서 있지 못했어요.

28 After many tries, it was possible for us to build a beautiful and tall tower.
㉓ ~ 후에　　가주어　　to부정사의　진주어(to부정사구)
　　　　　　　　　　　의미상의 주어

28 많은 시도 후에 우리는 아름답고 높은 탑을 만들 수 있었어요.

29 It looked like the Leaning Tower of Pisa.
look like + 명사: ~처럼 보이다　└ 피사의 사탑
　　　made의 목적어

29 그것은 피사의 사탑 같았어요.

30 We finally made what we wanted!
⑪ 마침내, 결국　관계대명사

30 우리는 결국 우리가 원했던 것을 만들었어요!

31 TEAM C
We're one team.

31 C팀
우리는 한 팀이다.

32 We didn't try to choose the best idea.
try + to부정사: ~하려고 애쓰다

32 우리는 가장 좋은 아이디어를 고르려고 하지 않았어요.

33 Instead, we took a good idea and improved on it.
⑪ 대신에　take: 취하다, 선택하다　　　= a good idea

33 대신에, 우리는 좋은 아이디어를 골라 발전시켰어요.

34 One student said we needed a strong base.
접속사 that 생략

34 한 친구가 우리에게는 튼튼한 밑받침이 필요하다고 말했어요.

35 Another student suggested a triangle shape for the base.

35 다른 친구는 밑받침으로 삼각형 모양을 제안했어요.

36 We all agreed and divided up the roles such as time checker and tape cutter.
divide up: 분담하다, 분배하다　~과 같은

36 우리 모두는 동의했고 시간 점검하는 사람과 테이프 자르는 사람과 같이 역할을 나눴어요.

37 We worked together as a team.
㉓ ~로(서)

37 우리는 하나의 팀으로 함께 일했어요.

38 In the end, we built our tall tower!
마침내(= finally)

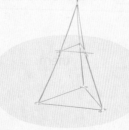

38 마침내, 우리는 높은 탑을 만들었어요!

빈칸 채우기

우리말 뜻과 일치하도록 교과서 본문의 문장을 완성하시오.

중요 문장

01 You need: 20 sticks of spaghetti, 1 marshmallow, 1 meter of tape, 1 meter of _____

01 여러분은 필요해요:
스파게티 면 20개, 마시멜로 1개, 테이프 1미터, 끈 1미터

02 _____: Each team has four people.

02 규칙: 각 팀은 4명입니다.

03 You have to build the _____ tower in your class.

03 반에서 가장 높은 탑을 만들어야 합니다.

04 The marshmallow must be _____ _____.

04 마시멜로가 꼭대기에 있어야 합니다.

05 The tower must stand _____ _____.

05 탑은 스스로 서 있어야 합니다.

06 The time _____ is 15 minutes.

06 제한 시간은 15분입니다.

07 This activity is good for: Building _____, Solving Problems, Thinking Creatively

07 이 활동은 여기에 좋아요: 관계 맺기, 문제 해결하기, 창의적으로 생각하기

08 How did you do the _____ _____?

08 여러분은 마시멜로 과제를 어떻게 했나요?

09 Every team _____ the marshmallow challenge _____.

09 모든 팀은 마시멜로 과제를 다르게 해요.

10 Let's look at some _____.

10 몇몇 예를 살펴봐요.

11 Which one do you _____ best?

11 어떤 예가 가장 마음에 드나요?

12 TEAM A
Think before you _____.

12 A팀
행동하기 전에 생각해라.

13 We had many good _____.

13 우리에게는 좋은 아이디어가 많았어요.

14 We talked about each idea _____ _____.

14 우리는 각 아이디어에 대해 자세히 이야기를 나눴어요.

15 It was not easy for us _____ _____ the best idea.

15 우리는 가장 좋은 아이디어를 고르는 것이 쉽지 않았어요.

16 _____ the teacher said, "Five minutes left."

16 갑자기 선생님께서 "5분 남았어요."라고 말씀하셨어요.

17 _____ _____ _____, we taped the sticks of spaghetti together.

17 서둘러 우리는 스파게티 면들을 테이프로 붙였어요.

18 Then, we _____ the string _____ them.

18 그리고 나서 우리는 스파게티 면 둘레를 끈으로 감았어요.

19 The string got _____ to the tape and it was a _____ _____.

20 With one second _____, I put the marshmallow on top!

21 TEAM B
Just _____ it.

22 We didn't _____ much time on _____.

23 All the members started _____ the tower _____ _____.

24 Our first tower _____ _____ a tent.

25 It wasn't very _____.

26 We tried _____.

27 The next tower was tall but it couldn't _____ _____ _____.

28 After many tries, _____ _____ _____ for us to build a beautiful and tall tower.

29 It _____ _____ the Leaning Tower of Pisa.

30 We finally made _____ _____ _____!

31 TEAM C
We're one _____.

32 We didn't try to choose _____ _____ _____.

33 _____, we took a good idea and _____ _____ it.

34 One student said we needed a _____ _____.

35 _____ student _____ a triangle shape for the base.

36 We all agreed and _____ _____ the roles such as time checker and tape cutter.

37 We worked together _____ a team.

38 _____ _____ _____, we built our tall tower!

---

19 끈이 테이프에 붙었고 아주 엉망진창이었어요.

20 1초를 남겨 놓고, 내가 마시멜로를 꼭대기에 꽂았어요!

21 B팀
그냥 해라.

22 우리는 계획하는 데 많은 시간을 보내지 않았어요.

23 모든 팀원들이 바로 탑을 만들기 시작했어요.

24 우리의 첫 번째 탑은 텐트 같았어요.

25 그건 그다지 높지 않았어요.

26 우리는 다시 시도했어요.

27 다음 탑은 높았지만 스스로 서 있지 못했어요.

28 많은 시도 후에 우리는 아름답고 높은 탑을 만들 수 있었어요.

29 그것은 피사의 사탑 같았어요.

30 우리는 결국 우리가 원했던 것을 만들었어요!

31 C팀
우리는 한 팀이다.

32 우리는 가장 좋은 아이디어를 고르려고 하지 않았어요.

33 대신에, 우리는 좋은 아이디어를 골라 발전시켰어요.

34 한 친구가 우리에게는 튼튼한 밑받침이 필요하다고 말했어요.

35 다른 친구는 밑받침으로 삼각형 모양을 제안했어요.

36 우리 모두는 동의했고 시간 점검하는 사람과 테이프 자르는 사람과 같이 역할을 나눴어요.

37 우리는 하나의 팀으로 함께 일했어요.

38 마침내, 우리는 높은 탑을 만들었어요!

바른 어휘 • 어법 고르기

글의 내용과 문장의 어법에 맞게 괄호 안에서 알맞은 어휘를 고르시오.

01 You need: 20 (sticks / stick) of spaghetti, 1 marshmallow, 1 meter of tape, 1 meter of string

02 Rules: Each team (has / have) four people.

03 You have to (build / building) the tallest tower in your class.

04 The marshmallow must (be / is) on top.

05 The tower must stand (by / in) itself.

06 The time limit (is / are) 15 minutes.

07 This activity is good for: (Building / Build) Relationships, Solving Problems, Thinking (Creative / Creatively)

08 (How / When) did you do the marshmallow challenge?

09 Every team (do / does) the marshmallow challenge (different / differently).

10 Let's (look at / look after) some examples.

11 Which one (do / does) you like best?

12 TEAM A
Think before you (act / action).

13 We had many good (idea / ideas).

14 We talked (about / to) each idea in detail.

15 It was not easy (for us / for we) to choose the best idea.

16 (Sudden / Suddenly) the teacher said, "Five minutes (leaving / left)."

17 (In a hurry / Slowly), we taped the sticks of spaghetti together.

18 Then, we (wrapped / unwrapped) the string around them.

19 The string got (stick / stuck) to the tape and it was a big mess.

20   With one second (leave / left), I put the marshmallow on top!

21   TEAM B
      Just (do / doing) it.

22   We didn't spend much time (on / from) planning.

23   All the (member / members) started building the tower right away.

24   Our first tower looked (at / like) a tent.

25   It wasn't very (tall / short).

26   We (tried / didn't try) again.

27   The next tower was tall but it (stand / couldn't stand) by itself.

28   After many tries, it was possible (for / of) us to build a beautiful and tall tower.

29   It looked (like / for) the Leaning Tower of Pisa.

30   We finally made (that / what) we wanted!

31   TEAM C
      We're one (team / teams).

32   We didn't try (to choose / choosing) the best idea.

33   (Instead / Instead of), we took a good idea and improved on it.

34   One student said we needed a strong (base / top).

35   Another student (suggested / disagreed) a triangle shape for the base.

36   We all agreed and divided up the roles such (as / for) time checker and tape cutter.

37   We worked together (as / from) a team.

38   (In the end / However), we built our tall tower!

틀린 문장 고치기

밑줄 친 부분이 내용이나 어법상 바르면 ○, 어색하면 ✕에 표시하고 고쳐 쓰시오.

01 You need: 20 <u>stick</u> of spaghetti, 1 marshmallow, 1 meter of tape, 1 meter of string. 　○ ✕

02 Rules: <u>Each teams has</u> four people. 　○ ✕

03 You <u>have to build</u> the tallest tower in your class. 　○ ✕

04 The marshmallow <u>must is</u> on top. 　○ ✕

05 The tower must stand <u>by themselves</u>. 　○ ✕

06 The time limit <u>is</u> 15 minutes. 　○ ✕

07 This activity <u>is good at</u>: Building Relationships, Solving Problems, Thinking Creatively 　○ ✕

08 <u>How did you</u> do the marshmallow challenge? 　○ ✕

09 <u>Every teams do</u> the marshmallow challenge differently. 　○ ✕

10 Let's <u>look</u> at some examples. 　○ ✕

11 <u>Which one</u> do you like best? 　○ ✕

12 TEAM A
Think before <u>you act</u>. 　○ ✕

13 We had <u>good many</u> ideas. 　○ ✕

14 We talked about <u>each ideas</u> in detail. 　○ ✕

15 It was not easy <u>of us</u> to choose the best idea. 　○ ✕

16 Suddenly the teacher said, "Five minutes <u>left</u>." 　○ ✕

17 In a hurry, we <u>taped</u> the sticks of spaghetti together. 　○ ✕

18 Then, we wrapped the string <u>them around</u>. 　○ ✕

19 The string got stuck to the tape and it was <u>a big mess</u>. 　○ ✕

20 With left one second, I put the marshmallow on top! ○ ✕

21 TEAM B
    Just do it. ○ ✕

22 We didn't spend many time on planning. ○ ✕

23 All the members started building the tower right away. ○ ✕

24 Our first tower looked a tent. ○ ✕

25 It wasn't very tall. ○ ✕

26 We tried to again. ○ ✕

27 The next tower was tall but it couldn't stand by itself. ○ ✕

28 After many tries, it was for us possible to build a beautiful and tall tower. ○ ✕

29 It looked like the Leaning Tower of Pisa. ○ ✕

30 We finally made that we wanted! ○ ✕

31 TEAM C
    We're one team. ○ ✕

32 We tried to choose the best idea. ○ ✕

33 Instead, we took a good idea and improve on it. ○ ✕

34 One student said we needed a strong base. ○ ✕

35 Another student suggested a triangle shape for the base. ○ ✕

36 We all didn't agree and divided up the roles such as time checker and tape cutter. ○ ✕

37 We worked together as a team. ○ ✕

38 In the end, we built our tall tower! ○ ✕

주어진 단어를 바르게 배열하여 문장을 쓰시오.

01 여러분은 필요해요: 스파게티 면 20개, 마시멜로 1개, 테이프 1미터, 끈 1미터
(You need: / 1 meter of / 1 meter of / 20 sticks of / 1 marshmallow, / spaghetti, / tape, / string)
→

02 규칙: 각 팀은 4명입니다. (four people / Rules: / team / has / each)
→

03 반에서 가장 높은 탑을 만들어야 합니다. (in your class / you / build / have to / the tallest tower)
→

04 마시멜로가 꼭대기에 있어야 합니다. (the marshmallow / must / on top / be)
→

05 탑은 스스로 서 있어야 합니다. (must / the tower / by itself / stand)
→

06 제한 시간은 15분입니다. (is / 15 minutes / the time limit)
→

07 이 활동은 여기에 좋아요: 관계 맺기, 문제 해결하기, 창의적으로 생각하기
(Thinking Creatively / Building Relationships, / Solving Problems, / is good for: / this activity)
→

08 여러분은 마시멜로 과제를 어떻게 했나요? (you / did / the marshmallow challenge / do / how)
→

09 모든 팀은 마시멜로 과제를 다르게 해요. (every / differently / does / team / the marshmallow challenge)
→

10 몇몇 예를 살펴봐요. (examples / some / look at / let's)
→

11 어떤 예가 가장 마음에 드나요? (you / do / which one / best / like)
→

12 TEAM A
행동하기 전에 생각해라. (think / act / before / you)
→

13 우리에게는 좋은 아이디어가 많았어요. (had / ideas / many / we / good)
→

14 우리는 각 아이디어에 대해 자세히 이야기를 나눴어요. (we / idea / in detail / each / talked about)
→

15 우리는 가장 좋은 아이디어를 고르는 것이 쉽지 않았어요. (was / for / the best idea / us / to choose / not / easy / it)
→

16 갑자기 선생님께서 "5분 남았어요."라고 말씀하셨어요. (the teacher / Five / left / suddenly / minutes / said,)
→

17 서둘러 우리는 스파게티 면들을 테이프로 붙였어요. (the sticks of / in / taped / together / a hurry, / spaghetti / we)
→

18 그리고 나서 우리는 스파게티 면 둘레를 끈으로 감았어요. (then, / around / we / wrapped / them / the string)
→

19 끈이 테이프에 붙었고 아주 엉망진창이었어요.

(got stuck / a big mess / it / the string / the tape / was / to / and)

→

20 1초를 남겨 놓고, 내가 마시멜로를 꼭대기에 꽂았어요! (with / I / on top / one second / the marshmallow / left, / put)

→

21 TEAM B

그냥 해라. (do / just / it)

→

22 우리는 계획하는 데 많은 시간을 보내지 않았어요. (much / we / on planning / time / didn't / spend)

→

23 모든 팀원들이 바로 탑을 만들기 시작했어요. (all / the tower / started / the members / building / right away)

→

24 우리의 첫 번째 탑은 텐트 같았어요. (like / a tent / our / looked / first tower)

→

25 그건 그다지 높지 않았어요. (it / very / wasn't / tall)

→

26 우리는 다시 시도했어요. (again / we / tried)

→

27 다음 탑은 높았지만 스스로 서 있지 못했어요. (but / by / it / was / couldn't / the next tower / stand / itself / tall)

→

28 많은 시도 후에 우리는 아름답고 높은 탑을 만들 수 있었어요.

(after / to build / many tries, / it / was / for / possible / a beautiful and tall tower / us)

→

29 그것은 피사의 사탑 같았어요. (like / the Leaning Tower of Pisa / looked / it)

→

30 우리는 결국 우리가 원했던 것을 만들었어요! (we / we / made / finally / what / wanted)

→

31 TEAM C

우리는 한 팀이다. (team / we're / one)

→

32 우리는 가장 좋은 아이디어를 고르려고 하지 않았어요. (the best / didn't try / we / idea / to choose)

→

33 대신에, 우리는 좋은 아이디어를 골라 발전시켰어요. (instead, / took / it / we / improved on / a good idea / and)

→

34 한 친구가 우리에게는 튼튼한 밑받침이 필요하다고 말했어요. (one / a strong base / student / we / said / needed)

→

35 다른 친구는 밑받침으로 삼각형 모양을 제안했어요. (a triangle shape / the base / student / for / another / suggested)

→

36 우리 모두는 동의했고 시간 점검하는 사람과 테이프 자르는 사람과 같이 역할을 나눴어요.

(such as / time checker / the roles / we all / and / divided up / tape cutter / agreed / and)

→

37 우리는 하나의 팀으로 함께 일했어요. (we / as / together / worked / a team)

→

38 마침내, 우리는 높은 탑을 만들었어요! (tall tower / built / our / in the end, / we)

→

[01-03] 다음 글을 읽고, 물음에 답하시오.

Try the Marshmallow Challenge!
_____ ⓐ _____ : ① 20 sticks of spaghetti
　　　　　　 1 marshmallow
　　　　　　 1 meter of tape
　　　　　　 1 meter of string
Rules:
• ② Each team have four people.
• You have to build ③ the tallest tower in your class.
• The marshmallow ④ must be on top.
• The tower must stand ⑤ by itself.
• The time limit is 15 minutes.

01 윗글의 빈칸 ⓐ에 들어갈 말로 알맞은 것은?

① Steps　　　　　　② How to
③ Questions　　　　④ You need
⑤ Time limit

02 윗글의 밑줄 친 ①～⑤ 중 어법상 틀린 것은?

①　　　②　　　③　　　④　　　⑤

03 다음 영어 뜻풀이에 해당하는 단어를 윗글에서 찾아 쓰시오.

a new or difficult task that tests somebody's ability and skill

→ _____

[04-06] 다음 글을 읽고, 물음에 답하시오.

Try the Marshmallow Challenge!
This activity ① is good for:
• Building ② Relationships
• Solving Problems
• Thinking ③ Creatively
　How did you do the marshmallow challenge?
Every team _____ ⓐ _____ the marshmallow challenge
④ differently. Let's ⑤ look at some examples. Which one do you like best?

04 윗글의 밑줄 친 ①～⑤의 우리말 뜻으로 알맞지 않은 것은?

① ～을 잘하다　　② 관계　　　③ 창의적으로
④ 다르게　　　　⑤ 살펴보다

05 윗글의 빈칸 ⓐ에 들어갈 단어의 형태로 알맞은 것은?

① do　　　② does　　　③ doing
④ to do　　⑤ done

06 윗글의 다음에 이어질 내용으로 가장 알맞은 것은?

① 마시멜로 과제의 의미
② 마시멜로 과제의 교훈
③ 마시멜로 과제의 준비물
④ 마시멜로 과제의 활동 사례
⑤ 마시멜로 과제의 성공 방법

[07-11] 다음 글을 읽고, 물음에 답하시오.

The Marshmallow Challenge by Team A

We had many good (A) idea / ideas . (①) We talked about each idea ⓐin detail. (②) It was not easy (B) for / of us to choose the best idea. (C) Sudden / Suddenly the teacher said, "Five minutes left." ⓑIn a hurry, we taped the sticks of spaghetti together. (③) The string got stuck to the tape and it was a big mess. (④) With one second left, I put the marshmallow on top! (⑤)

07 윗글의 ①~⑤ 중 주어진 문장이 들어갈 알맞은 곳은?

> Then, we wrapped the string around them.

①   ②   ③   ④   ⑤

08 윗글의 (A)~(C)에서 어법상 알맞은 말이 바르게 짝 지어진 것은?

	(A)	(B)	(C)
①	idea	for	Suddenly
②	idea	of	Sudden
③	ideas	for	Sudden
④	ideas	for	Suddenly
⑤	ideas	of	Suddenly

09 윗글의 밑줄 친 ⓐ와 ⓑ를 우리말로 해석하시오.

ⓐ _____　　ⓑ _____

10 A팀의 활동 과정을 가장 잘 보여주는 문장은?

① We are the best.
② Don't make a mess.
③ Think before you act.
④ Time is not important.
⑤ Actions speak louder than words.

11 윗글의 내용과 일치하지 <u>않는</u> 것은?

① 가장 좋은 아이디어를 고르는 것이 쉽지 않았다.
② 선생님께서 5분이 남았음을 알려 주셨다.
③ 글쓴이와 친구들은 차분히 과제를 수행했다.
④ 글쓴이와 친구들은 스파게티 면들을 테이프로 붙였다.
⑤ 글쓴이는 마시멜로를 꼭대기에 꽂았다.

[12-17] 다음 글을 읽고, 물음에 답하시오.

The Marshmallow Challenge by Team B

We didn't ⓐspend much time on ___ⓑ___ . ① All the members started building the tower right away. ② Our first tower looked like a tent. ③ It wasn't very tall. ④ The tallest tower in the world is Burj Khalifa. ⑤ We tried again. The next tower was tall ___ⓒ___ it couldn't stand by itself. After many tries, it was possible for us to build a beautiful and tall tower. It looked like the Leaning Tower of Pisa. ⓓ우리는 결국 우리가 원했던 것을 만들었다!

12 윗글의 밑줄 친 ⓐspend와 의미가 다른 것은?

① They spend their money wisely.
② How do you spend your free time?
③ I spend a lot of time with my family.
④ I want to spend the vacation in Korea.
⑤ She likes to spend all day on the beach.

13 윗글의 빈칸 ⓑ에 들어갈 말의 형태로 알맞은 것은?

① to plan　　② to plans　　③ planned
④ be planned　　⑤ planning

14 윗글의 밑줄 친 ①~⑤ 중 글의 흐름상 어색한 것은?

①   ②   ③   ④   ⑤

15 윗글의 빈칸 ⓒ에 들어갈 말로 알맞은 것은?

① if   ② before   ③ unless

④ but   ⑤ after

16 윗글의 밑줄 친 ⓓ의 우리말과 같도록 주어진 단어들을 바르게 배열하시오.

We finally _____!

(we, made, wanted, what)

17 윗글을 읽고 답할 수 있는 질문을 모두 고른 것은?

> ⓐ What did the first tower look like?
> ⓑ What did the final tower look like?
> ⓒ How tall was the final tower?
> ⓓ After they made "The next tower," why did they try again?

① ⓐ   ② ⓐ, ⓑ   ③ ⓐ, ⓑ, ⓓ

④ ⓑ, ⓒ, ⓓ   ⑤ ⓒ, ⓓ

[18-21] 다음 글을 읽고, 물음에 답하시오.

> **\<Team C\> We're one team.**
>   We didn't try to choose the best idea. ___①___, we took a good idea and improved on it. ___②___ student said we needed a strong base. ___③___ student suggested a triangle shape for the base. We all agreed and divided up the roles ___④___ time checker and tape cutter. We worked together as a team. ___⑤___, we built our tall tower!

18 윗글의 빈칸 ①~⑤에 들어갈 말로 알맞지 않은 것은?

① Instead   ② One   ③ Another

④ such as   ⑤ Suddenly

19 윗글의 밑줄 친 as와 의미가 같은 문장을 모두 고른 것은?

> ⓐ She'll soon be as tall as her mother.
> ⓑ I used the empty bottle as a vase.
> ⓒ My father is working as a teacher.
> ⓓ Their new house is as pretty as a picture.

① ⓐ, ⓑ   ② ⓑ, ⓒ   ③ ⓑ, ⓒ, ⓓ

④ ⓑ, ⓓ   ⑤ ⓒ, ⓓ

20 윗글의 내용과 일치하도록 다음 빈칸에 들어갈 말이 바르게 짝 지어진 것은?

> Team C chose _____ and improved on it. They divided up the _____ and worked together.

① a good idea – roles

② a good idea – team

③ the best idea – team

④ the best idea – roles

⑤ the best idea – shape

21 윗글의 내용과 일치하는 것은?

① C팀은 가장 좋은 아이디어를 골랐다.

② 한 친구가 튼튼한 밑받침이 필요하다고 말했다.

③ 역할을 나누지 않고 모든 것을 함께 했다.

④ C팀은 밑받침으로 사각형 모양을 선택했다.

⑤ C팀은 결국 탑을 완성하지 못했다.

서술형

22 다음 글을 읽고, 밑줄 친 ⓐ~ⓓ의 우리말 뜻을 쓰시오.

Try the Marshmallow Challenge!

Rules:
- ⓐ Each team has four people.
- You have to build the tallest tower in your class.
- The marshmallow must be ⓑ on top.
- The tower must stand ⓒ by itself.
- The ⓓ time limit is 15 minutes.

ⓐ _____   ⓑ _____

ⓒ _____   ⓓ _____

[23-24] 다음 글을 읽고, 물음에 답하시오.

　　We had many good ideas. We talked about each idea ⓐ in detail. 우리는 가장 좋은 아이디어를 고르는 것이 쉽지 않았다. Suddenly the teacher said, "Five minutes left." ⓑ Slowly, we taped the sticks of spaghetti ⓒ together. Then, we wrapped the string around them. The string ⓓ got stuck to the tape and it was ⓔ a big mess. With one second left, I put the marshmallow on top!

23 윗글의 밑줄 친 우리말과 같도록 [조건]에 맞게 영작하시오.

[조건]　1. 괄호 안의 단어를 사용할 것
　　　　2. 가주어 It을 반드시 사용할 것
　　　　3. 총 11단어로 문장을 완성할 것

→ _____

(easy, choose)

24 윗글의 ⓐ~ⓔ 중 글의 흐름상 어색한 부분을 찾아 기호를 쓰고 바르게 고쳐 쓰시오.

(　　) → _____

[25-27] 다음 글을 읽고, 주어진 질문에 완전한 영어 문장으로 답하시오.

The Marshmallow Challenge by Team B

　　We didn't spend much time on planning. All the members started building the tower right away. Our first tower looked like a tent. It wasn't very tall. We tried again. The next tower was tall but it couldn't stand by itself. After many tries, it was possible for us to build a beautiful and tall tower. It looked like the Leaning Tower of Pisa. We finally made what we wanted!

25 Instead of spending much time on planning, what did Team B do?

→ _____

26 What did Team B's first tower look like?

→ _____

27 What did Team B's final tower look like?

→ _____

28 다음 글을 읽고, 괄호 안의 단어들을 바르게 배열하여 완전한 문장으로 쓰시오.

　　We didn't try to choose the best idea. Instead, we took a good idea and improved on it. One student said we needed a strong base. Another student suggested a triangle shape for the base. (all, we, and, divided up, such as, the roles, agreed, time checker and tape cutter) We worked together as a team. In the end, we built our tall tower!

→ _____

_____

After You Read_B

Team A,
You had many good ideas! You built the tower ❶ in a hurry, but everyone worked ❷ hard. Nice work!

Team B,
❸ It was wonderful that you tried many times. ❹ I'm sure you learned from your mistakes. Finally, you built a beautiful and tall tower. Good job!

Team C,
You chose a good idea and improved on it. Also, I was impressed ❺ that everyone had a role. Your tall tower ❻ looked strong.

A팀에게,
여러분에게는 좋은 아이디어가 많았네요! 탑을 급히 만들기는 했지만, 모두가 열심히 했어요. 잘했어요!

B팀에게,
여러분이 많은 시도를 한 것은 훌륭해요. 나는 여러분이 실수를 통해 배웠을 거라고 확신해요. 마침내 여러분은 아름답고 높은 탑을 만들었어요. 잘했어요!

C팀에게,
여러분은 좋은 아이디어를 골라 그것을 발전시켰어요. 또한 나는 모두가 역할이 있었다는 것에 감명 받았어요. 여러분의 높은 탑은 튼튼해 보였어요.

❶ 서둘러, 급히   ❷ ⑤ 열심히
❸ It은 가주어, that이 이끄는 절(that you tried many times)이 진주어
❹ I'm sure 뒤에 목적절(you learned from your mistakes)을 이끄는 접속사 that이 생략됨
❺ 접속사 that이 이끄는 절(that everyone had a role)이 was impressed의 목적어 역할
❻ look + 형용사: ~해 보이다

Think and Write_Step 2

My Best Group Project
  My best group project was ❶ making a video ❷ to introduce our school. The name of our group was 'The Stars' and we had four members. First, we wrote a dialogue together. Then, we divided up the roles. I took the role of reporter. ❸ It was difficult for us to set the meeting time. But our video ❹ turned out to be great! I learned ❺ that ❻ many heads are better than one.

나의 최고의 모둠 과제
  내 최고의 모둠 과제는 우리 학교를 소개하는 영상 만들기였다. 우리 모둠의 이름은 The Stars였고 모둠원은 4명이었다. 먼저 우리는 함께 대화문을 썼다. 다음으로 우리는 역할을 나누었다. 나는 리포터 역할을 맡았다. 우리는 만나는 시간을 정하는 것이 어려웠다. 하지만 우리 영상은 훌륭하게 만들어졌다! 나는 여러 사람이 한 사람보다 낫다는 것을 배웠다.

❶ 문장의 보어 역할을 하는 동명사구   ❷ 앞의 명사(a video)를 수식하는 형용사적 용법의 to부정사
❸ It은 가주어, to부정사구인 to set the meeting time이 진주어, for us는 to부정사구의 의미상의 주어
❹ turn out: ~인 것으로 드러나다
❺ 목적절을 이끄는 접속사 that
❻ Two heads are better than one.(백지장도 맞들면 낫다.)이라는 속담을 변형한 문장

Project_Step 2

In Korea, ❶ it is natural for us to ask someone's age. But in western cultures, ❷ asking someone their age ❸ is ❹ rude. So ❺ be careful ❻ when you travel.

한국에서 우리는 누군가의 나이를 묻는 것이 자연스럽다. 하지만 서양 문화에서, 누군가에게 나이를 묻는 것은 무례하다. 그러므로 여행할 때 조심해라.

❶ it은 가주어, to부정사구인 to ask someone's age가 진주어, for us는 to부정사구의 의미상의 주어
❷ 문장의 주어로 쓰인 동명사구   ❸ 동명사(구)가 문장의 주어로 오면 단수 취급하여 단수 동사 사용
❹ ⑧ 무례한, 예의 없는   ❺ 동사원형으로 시작하는 명령문으로, be는 be동사의 원형 형태
❻ '~할 때'라는 의미의 시간의 접속사

실전 TEST

[01-03] 다음 글을 읽고, 물음에 답하시오.

Team A,

You had many good ideas! You built the tower ⓐ in a hurry, but everyone worked ① hard. Nice work!

Team B,

② That was wonderful that you tried many times. ③ I'm sure you learned from your mistakes. Finally, you built a beautiful and tall tower. Good job!

Team C,

You chose a good idea and improved on it. Also, I was impressed ④ that everyone had a role. Your tall tower ⑤ looked strongly.

01 윗글의 밑줄 친 ⓐ의 우리말 뜻을 쓰시오.

_____

02 윗글의 밑줄 친 ①~⑤ 중 어법상 틀린 것의 개수는?

① 1개 　　② 2개 　　③ 3개

④ 4개 　　⑤ 5개

03 윗글의 내용과 일치하지 않는 것은?

① A팀에게는 아이디어가 많았다.
② B팀은 한 번의 시도로 탑을 완성했다.
③ B팀은 아름답고 높은 탑을 만들었다.
④ C팀은 역할을 나누었다.
⑤ C팀의 탑은 튼튼해 보였다.

[04-05] 다음 글을 읽고, 물음에 답하시오

My Best Group Project

My best group project was making a video to introduce our school. (①) The name of our group was 'The Stars' and we had four members. (②) First, we wrote a dialogue together. (③) Then, we divided up the roles. (④) It was difficult for us to set the meeting time. (⑤) But our video turned out to be great! I learned that many heads are better than one.

04 윗글의 ①~⑤ 중 주어진 문장이 들어갈 가장 알맞은 곳은?

I took the role of reporter.

① 　　② 　　③ 　　④ 　　⑤

05 윗글을 읽고 답할 수 없는 질문은?

① What was the name of the group?
② How many members were there in the group?
③ What did they do first?
④ When did they meet?
⑤ What did the writer learn from the project?

서술형
06 다음 글을 읽고, 밑줄 친 우리말을 [조건]에 맞게 영작하시오.

[조건] 1. 괄호 안의 단어를 사용할 것
　　　2. 가주어 it, 진주어 to부정사구, to부정사의 의미상의 주어를 포함할 것

한국에서 우리는 누군가의 나이를 묻는 것이 자연스럽다. But in western cultures, asking someone their age is rude. So be careful when you travel.

→ In Korea, _____.

(natural)

Words
고득점 맞기

01 다음 중 단어의 품사가 나머지와 다른 하나는?

① easily　　② sudden　　③ instead

④ happily　　⑤ creatively

02 다음 영어 뜻풀이가 설명하는 단어를 주어진 철자로 시작하여 쓰시오.

a shape with three straight sides

→ t_____

03 주어진 문장의 밑줄 친 단어와 같은 의미로 쓰인 것은?

It was a very close game from start to finish.

① Tom and John are close friends.

② The two teams played a close match.

③ Would you close the windows?

④ What time do you close today?

⑤ Close the door when you leave.

04 다음 밑줄 친 부분의 우리말 뜻이 어색한 것은?

① I think it's possible to get tickets for the concert.
(가능한)

② The restaurant has pretty good food.
(꽤, 매우)

③ Let's divide this cake into three.
(나누다)

④ My feet were stuck in the mud.
(부러진)

⑤ I have a good relationship with my classmates.
(관계)

05 괄호 안의 우리말과 같도록 빈칸에 알맞은 말을 쓰시오.

I think the family left home _____
_____ _____.

(내 생각엔 그 가족이 서둘러 집을 떠난 것 같아.)

06 다음 빈칸에 들어갈 말을 [보기]에서 골라 쓰시오.

[보기]　score　base　spend　role

(1) Mr. Brown wants to _____ more time with his family.

(2) What was the final _____ of today's game?

(3) He played the _____ of a king in ancient Egypt.

07 다음 단어의 영어 뜻풀이가 알맞지 않은 것은?

① creatively: in an imaginative way

② mess: a very dirty or untidy condition

③ participate: to take part in an activity

④ shape: the form or outline of an object

⑤ string: a long, thin piece of wood, metal, plastic, etc.

08 다음 밑줄 친 부분의 쓰임이 알맞지 않은 것은?

① You have a 50-minute time limit for the test.

② When he pressed the button, the door opened by itself.

③ I'll call him back right away.

④ I hope you will get well soon.

⑤ Can you tell me about the news from detail?

09 다음 중 두 단어의 관계가 같은 것끼리 모두 짝 지어진 것은?

> ⓐ base – bottom ⓑ divide – separate
> ⓒ lose – win ⓓ wrap – cover
> ⓔ spend – save ⓕ impossible – possible

① ⓐ, ⓑ, ⓒ
② ⓐ, ⓒ, ⓔ
③ ⓑ, ⓓ
④ ⓒ, ⓔ
⑤ ⓒ, ⓔ, ⓕ

10 다음 빈칸에 공통으로 들어갈 말로 알맞은 것은?

> • Why don't you _____ to exercise regularly?
> • It seems difficult, but I'll give it a _____.

① try
② call
③ drop
④ mess
⑤ luck

11 다음 밑줄 친 단어와 바꿔 쓸 수 있는 것은?

> I look forward to continuing our <u>dialogue</u>.

① role
② detail
③ cultural
④ spend
⑤ conversation

12 다음 밑줄 친 단어의 쓰임이 알맞지 <u>않은</u> 것은?

① Let's start the work <u>quickly</u>.
② Can you speak more <u>slowly</u>?
③ We need to think <u>different</u> about the problem.
④ <u>Creative</u> thinking is important in science.
⑤ Please be <u>careful</u> with the glass.

13 다음 빈칸에 들어갈 말이 순서대로 짝 지어진 것은?

> • The bus broke _____ in the middle of the road.
> • The news from Emma turned _____ to be true.

① out – off
② off – out
③ down – off
④ out – out
⑤ down – out

14 다음 (A), (B), (C)에서 알맞은 것을 각각 골라 쓰시오.

> • Brian's family is going on a (A) trip / travel to Germany this summer.
> • Our group had the best (B) teamwork / competition. We worked really well together.
> • We need to (C) wrap / divide up the work equally.

(A) _____
(B) _____
(C) _____

15 다음 중 주어진 영어 뜻풀이에 해당하는 단어가 쓰인 것은?

> to mention something as a possibility

① The kitchen is in a big mess.
② Making a drone is a challenging task for me.
③ Can you suggest a good place for a picnic?
④ We have to wrap these Christmas presents.
⑤ There were no comedy movies at the cinema, so they watched an action movie instead.

우리말과 일치하도록 대화를 바르게 영작하시오.

1 Listen and Speak 1-A

B: _____

G: _____

B: _____

G: _____

B: _____

해석

교과서 12쪽

B: Amy, 어떻게 지냈니?

G: 잘 지냈어. 너는 어때, Mike?

B: 별로 안 좋아. 나는 독감에 걸렸어.

G: 오, 저런! 빨리 나으렴.

B: 고마워.

2 Listen and Speak 1-B

G: _____

B: _____

G: _____

B: _____

G: _____

B: _____

G: _____

B: _____

교과서 12쪽

G: 안녕, 진수야! 우리 또 같은 반이구나!

B: 응! 만나서 반가워, 소라야. 어떻게 지냈니?

G: 잘 지냈어. 너는 어때?

B: 나는 좀 바빴어. 다음 주에 피아노 경연 대회가 있거든.

G: 오! 나는 네가 피아노를 치는지 몰랐어.

B: 정말? 나는 피아노를 5년 동안 쳤어.

G: 넌 분명 피아노를 잘 치겠구나. 경연 대회에서 행운을 빌어!

B: 고마워.

3 Listen and Speak 1-C

A: _____

B: _____

A: _____

교과서 12쪽

A: 미나야, 어떻게 지냈니?

B: 잘 지냈어. 너는 어떻게 지내니?

A: 아주 좋아. 나의 새 학급 친구들이 친절해. / 그냥 그래. 나는 숙제가 많아.

4 Listen and Speak 2-A

B: _____

G: _____

B: _____

G: _____

B: _____

교과서 13쪽

B: Susan, 너 신이 나 보이네. 좋은 소식이 있니?

G: 우리 팀이 과학 프로젝트에서 A를 받았어.

B: 잘됐다!

G: 우리 팀은 팀워크가 가장 좋았어.

B: 그 말을 들으니 좋구나.

5 Listen and Speak 2-B

G: _____

B: _____

G: _____

B: _____

G: _____

B: _____

G: _____

B: _____

G: _____

해석

G: Andy, 농구 경기는 어땠니?

B: 우리 팀이 졌어.

G: 오, 그 말을 들어서 유감이야.

B: 괜찮아. 정말 좋은 경기였어.

G: 점수는 어떻게 되었니?

B: 80 대 79였어. 우리는 1점 차이로 졌어.

G: 정말 막상막하였네!

B: 응. 우리는 하나의 팀으로 경기를 정말 잘했어.

G: 정말 멋지다! 나는 너희 다음번 경기를 보고 싶어.

6 Listen and Speak 2-C

A: _____

B: _____

A: _____

A: _____

B: _____

A: _____

A: Bob, 너 행복해 보여.

B: 나는 마라톤 경주에서 1등으로 들어왔어.

A: 그 말을 들으니 기뻐.

A: Ann, 너 화가 나 보여.

B: 나는 친구와 싸웠어.

A: 그 말을 들어서 유감이야.

7 Real Life Talk > Watch a Video

Minho: _____

Linda: _____

Minho: _____

Linda: _____

Minho: _____

Linda: _____

Minho: _____

Linda: _____

Minho: _____

Linda: _____

Minho: _____

민호: Linda! 너구나? 오랜만이야.

Linda: 민호야! 오랜만이야.

민호: 어떻게 지냈니?

Linda: 잘 지냈어. 너는 어때?

민호: 나는 학교에서 정말 바빴어. 너는 새 학교가 어떠니?

Linda: 정말 좋아. 나는 새 친구들을 많이 사귀었어.

민호: 잘됐다! 그 말을 들으니 기쁘다.

Linda: 고마워. 오! 나는 지금 바이올린 수업에 가야 해.

민호: 너 아직 내 번호를 가지고 있지, 그렇지?

Linda: 응. 내가 나중에 너에게 전화할게. 좋은 하루 보내!

민호: 너도. 안녕!

STEP B

01 다음 대화의 빈칸에 들어갈 말로 알맞지 <u>않은</u> 것은?

> A: Amy, how have you been?
> B: _____ How about you, Mike?
> A: Not so good. I have a bad cold.
> B: Oh, no! Get well soon.
> A: Thanks.

① Not so bad.　　　　② Pretty good.
③ I've been good.　　　④ I've been great.
⑤ It's been a long time.

02 다음 대화의 밑줄 친 부분의 의도로 알맞은 것은?

> A: Jane, you look upset. What happened?
> B: I dropped my new smartphone.
> A: <u>I'm sorry to hear that.</u>

① asking for help　　　② finding a person
③ greeting someone　　④ introducing a place
⑤ responding to bad news

03 다음 중 짝 지어진 대화가 어색한 것은?

① A: Mina, how have you been?
　 B: I've been good.
② A: Bob, you look happy.
　 B: I came in first in the marathon.
③ A: I had a fight with my friend.
　 B: That's too bad.
④ A: How is everything?
　 B: Pretty good. My new classmates are nice.
⑤ A: My grandmother is sick. She's in the hospital.
　 B: I'm happy to hear that.

04 다음 대화의 빈칸 ①~⑤에 들어갈 말로 알맞지 <u>않은</u> 것은?

> A: Susan, you look ___①___. Do you have any good news?
> B: Our team ___②___ an A on the science project.
> A: That's ___③___!
> B: Our team had the best ___④___.
> A: I'm ___⑤___ to hear that.

① upset　　　② got　　　③ great
④ teamwork　⑤ happy

[05-06] 다음 대화를 읽고, 물음에 답하시오.

> Sora: Hi, Jinsu! We're in the same class again!
> Jinsu: Yeah! It's good to see you, Sora. How have you been?
> Sora: I've been great. How about you?
> Jinsu: I've been pretty busy. I have a piano competition next week.
> Sora: Oh! I didn't know you played the piano.
> Jinsu: Really? I've played the piano for 5 years.
> Sora: You ⓐ<u>must</u> be good at it. Good luck in your competition!
> Jinsu: Thanks.

05 위 대화의 밑줄 친 ⓐmust와 쓰임이 같은 것은?

① Amy looks tired. She <u>must</u> get some sleep.
② You <u>must</u> not show this letter to others.
③ We <u>must</u> fix the broken chair.
④ Sam <u>must</u> be nearly 90 years old now.
⑤ I <u>must</u> finish the project by tomorrow.

06 위 대화의 내용과 일치하지 <u>않는</u> 것을 <u>모두</u> 고르면?

① Sora and Jinsu are in the same class.
② Jinsu has been very busy recently because he is in the 3rd grade.
③ Sora knows Jinsu plays the piano pretty well.
④ Jinsu has played the piano for 5 years.
⑤ Sora wishes Jinsu good luck in the competition.

07 다음 대화의 밑줄 친 말과 바꿔 쓸 수 있는 표현을 2개 쓰시오.

> A: How have you been?
> B: I've been great.
> A: How was your vacation?
> B: Wonderful. I joined a ski camp.
> A: That's great. I'm glad to hear that.

(1) _____

(2) _____

[08-10] 다음 대화를 읽고, 물음에 답하시오.

> Minho: Linda! Is that you? 오랜만이야.
> Linda: Minho! It's been a long time.
> Minho: (1) _____
> Linda: I've been good. How about you?
> Minho: I've been really busy at school.
>   (2) _____
> Linda: It's wonderful. I've made many new friends.
> Minho: That's great! (3) _____
> Linda: Thanks. Oh! I have to go to my violin lesson now.
> Minho: You still have my number, right?
> Linda: Yeah. I'll call you later. Have a good day!
> Minho: You, too. Bye!

08 위 대화의 밑줄 친 우리말을 영작하시오. (단, 4단어로 쓸 것)

→ _____

09 위 대화의 빈칸에 알맞은 말을 [보기]에서 골라 쓰시오.

> [보기] Where are you going?
> I'm sorry to hear that.
> I'm happy to hear that.
> How's your new school?
> How have you been?

(1) _____

(2) _____

(3) _____

10 다음 질문에 대한 답을 주어진 [조건]에 맞게 영어로 답하시오.

> [조건] 1. 철자와 어법에 주의할 것
> 2. 주어와 동사를 포함한 완전한 문장으로 답할 것

Q: What does Linda have to do right after the conversation?

A: _____

[11-12] 다음 대화를 읽고, 물음에 답하시오.

> G: Andy, how did the basketball game go?
> B: Our team lost.
> G: Oh, I'm sorry to hear that.
> B: It's okay. It was a great game.
> G: What was the score?
> B: It was 80 to 79. We lost _____ⓐ_____ one point.
> G: That was really close!
> B: Yeah. We played really well _____ⓑ_____ a team.
> G: That's wonderful!

11 위 대화의 빈칸 ⓐ와 ⓑ에 알맞은 말을 쓰시오.

ⓐ _____

ⓑ _____

12 다음 질문에 대한 답을 주어진 [조건]에 맞게 영어로 답하시오.

> [조건] 1. 철자와 어법에 주의할 것
> 2. 주어와 동사를 포함한 완전한 문장으로 답할 것

Q: Why does the girl think the game was really close?

A: _____

01 다음 중 어법상 올바른 문장은?

① It is important of me to exercise regularly.
② It's fun for my to watch the Olympic Games.
③ That's hard for her to wash a big dog.
④ It was easy for his to cook camping food.
⑤ It was exciting for him to fish in the lake.

02 다음 빈칸에 들어갈 말로 알맞지 <u>않은</u> 것을 <u>모두</u> 고르면?

- It was _____ of him to help the old man.
- It was _____ of her to hold the door.

① kind   ② nice   ③ generous
④ easy   ⑤ important

03 다음 대화의 밑줄 친 ①~⑤ 중 어법상 <u>틀린</u> 것은?

A: ①What should I wear for my job interview?
B: ②How about your white shirt and the black pants ③that match it?
A: That's exactly ④that I'm thinking of. Thank you.
B: You're ⑤welcome. Good luck!

04 다음 우리말을 영어로 옮길 때 빈칸에 들어가지 <u>않는</u> 단어는?

그녀가 그 문제를 혼자서 푸는 것은 어렵다.
→ It is _____ _____ _____ _____ the problem by herself.

① to   ② of   ③ her
④ difficult   ⑤ solve

05 다음 밑줄 친 부분을 어법상 바르게 고친 것 중 <u>틀린</u> 것은?

① It was polite <u>to say thank you of her.</u>
    (→ of her to say thank you)
② It's easy <u>of him</u> to make a paper flower.
    (→ for him)
③ It's dangerous <u>for their</u> to play with fire.
    (→ for they)
④ It was stupid <u>for you</u> to believe him again.
    (→ of you)
⑤ It was <u>of you rude</u> to point at the lady.
    (→ rude of you)

06 다음 중 어법상 <u>틀린</u> 문장은?

① The hat is not what I'm looking for.
② I can't believe what she told me.
③ Look at the roses what I planted.
④ This is different from what I expected.
⑤ What is in your pocket?

07 다음 중 어법상 <u>틀린</u> 것끼리 바르게 짝 지어진 것은?

ⓐ Show me what is in your bag.
ⓑ I don't like the thing what he has done.
ⓒ The store doesn't have what I want.
ⓓ That we saw gave us a shock.

① ⓐ, ⓑ   ② ⓑ, ⓒ
③ ⓑ, ⓓ   ④ ⓒ, ⓓ
⑤ ⓑ, ⓒ, ⓓ

08 다음 우리말을 영어로 바르게 옮긴 것은?

① 그렇게 말하다니 그는 매우 현명하네요.

→ It is very wise for him to say so.

② 그가 약속을 지키는 것은 중요하다.

→ It is important for him keep his appointment.

③ 우리가 요가를 배우는 것은 쉽지 않다.

→ It is not easy for us to learn yoga.

④ 내가 이 퍼즐을 푸는 것은 어렵다.

→ That is hard for me to solve this puzzle.

⑤ 그들은 보트를 타는 것이 신이 났다.

→ It was exciting for they to ride in a boat.

고
난도
09 다음 대화의 밑줄 친 ①~⑤ 중 관계대명사 What은?

A: ①What can I do for you?

B: I'm looking for a bag for my son.

A: The bags are here. ②What color does he like?

B: He likes purple. ③What he buys is always purple.

A: ④What about this one? It has side pockets.

B: Oh, that looks great. ⑤What's the price?

A: It's 50,000 won.

10 다음 중 빈칸에 for를 쓸 수 없는 문장은?

① It is difficult _____ her to set up a tent alone.

② It is wonderful _____ me to travel to other countries.

③ It is fun _____ them to play musical instruments.

④ It was careless _____ him to break the window.

⑤ It is interesting _____ Jessica to learn a new language.

11 다음 중 빈칸에 what(What)을 쓸 수 없는 문장은?

① Do _____ you want to do.

② _____ I need most is your advice.

③ Be satisfied with _____ you have.

④ I have a pen _____ was made in Italy.

⑤ Please listen to _____ she is saying.

12 다음 우리말을 영어로 바르게 옮긴 것은?

나는 만화책을 읽는 것이 즐겁다.

① To read comic books is for fun.

② I am fun to read comic books.

③ I am fun for me to read comic books.

④ It is fun of me to read comic books.

⑤ It is fun for me to read comic books.

신
유형
13 다음 중 어법상 옳은 문장의 개수는?

ⓐ The shop has what I'm looking for.

ⓑ I believe everything what you said.

ⓒ What she did surprised everybody.

ⓓ I remember what I saw last night.

① 0개　　　② 1개　　　③ 2개

④ 3개　　　⑤ 4개

신
유형
14 다음 문장의 빈칸에 들어갈 말이 바르게 연결되지 않은 것은?

네가 밤에 늦게 나가는 것은 위험하다.

→ It is ___①___ ___②___ ___③___ ___④___ ___⑤___ out late at night.

① dangerous　　② for　　　③ your

④ to　　　　　⑤ go

서술형

15 다음 우리말과 같도록 괄호 안의 말과 to부정사를 이용하여 문장을 완성하시오.

(1) Jim은 공원에서 드론을 날리는 것이 재미있다.

→ It _____ in the park.

(interesting, fly a drone)

(2) 우리는 Ben의 생일 파티를 준비하는 것이 신이 난다.

→ It _____.

(exciting, prepare)

(3) Ella를 도와주다니 너는 친절하구나.

→ It _____.

(kind, help)

16 다음 우리말과 같도록 괄호 안의 단어들을 순서대로 배열하여 문장을 쓰시오.

(1) 내가 가장 필요한 것은 너의 도움이다.

→ _____

(most, what, need, your, help, is, I)

(2) 나는 Sam에게서 들은 것을 믿을 수가 없다.

→ _____

(believe, Sam, from, can't, I, heard, I, what)

(3) 나에게 네가 정원에서 찾은 것을 보여 줘.

→ _____

(what, garden, me, you, show, in, the, found)

고난도

17 다음 질문에 대한 자신의 답을 주어진 [조건]에 맞게 쓰시오.

[조건]   1. 관계대명사 what을 포함할 것
         2. 주어와 동사를 포함한 완전한 문장으로 쓸 것

(1) What do you have in your pocket now?

→ _____

(2) What do you need now?

→ _____

고난도

18 자신의 입장에서 다음 표에 ✔표를 한 후, 주어진 [조건]에 맞게 문장을 쓰시오.

[조건]   1. 가주어 It과 to부정사를 쓸 것
         2. to부정사의 의미상의 주어를 쓸 것
         3. 완전한 문장으로 쓸 것

	interesting	boring	exciting
(1) to swim in the sea			
(2) to fish in a lake			
(3) to learn new things			

(1) _____

(2) _____

(3) _____

고난도

19 다음 대화의 내용을 요약한 문장을 [조건]에 맞게 완성하시오.

[조건]   1. 관계대명사 what을 쓸 것
         2. 대화의 내용을 이용할 것

(1) **Sora:** Did you understand what I said?

Minsu: Yes, I got it.

→ Minsu understood _____.

(2) **Ann:** What did you buy?

Tom: A soccer ball. It's for my sister.

→ A soccer ball is _____.

(3) **Nick:** What do you want to buy at the mall?

Bora: I want to buy a pair of glasses.

→ _____ at the mall

is a pair of glasses.

다음 우리말과 일치하도록 각 문장을 바르게 영작하시오.

01
_____
여러분은 필요해요: 스파게티 면 20개, 마시멜로 1개, 테이프 1미터, 끈 1미터

02
_____
규칙: 각 팀은 4명입니다.

03
_____
반에서 가장 높은 탑을 만들어야 합니다.

04
_____
마시멜로가 꼭대기에 있어야 합니다.

05
_____
탑은 스스로 서 있어야 합니다.

06
_____
제한 시간은 15분입니다.

07
_____
이 활동은 여기에 좋아요: 관계 맺기, 문제 해결하기, 창의적으로 생각하기

08
_____
여러분은 마시멜로 과제를 어떻게 했나요?

09
_____
☆ 모든 팀은 마시멜로 과제를 다르게 해요.

10
_____
몇몇 예를 살펴봐요.

11
_____
어떤 예가 가장 마음에 드나요?

Team A

12
_____
행동하기 전에 생각해라.

13
_____
우리에게는 좋은 아이디어가 많았어요.

14
_____
우리는 각 아이디어에 대해 자세히 이야기를 나눴어요.

15
_____
☆ 우리는 가장 좋은 아이디어를 고르는 것이 쉽지 않았어요.

16
_____
갑자기 선생님께서 "5분 남았어요."라고 말씀하셨어요.

17
_____
서둘러 우리는 스파게티 면들을 테이프로 붙였어요.

18
_____
그러고 나서 우리는 스파게티 면 둘레를 끈으로 감았어요.

19

_____

☆ 끈이 테이프에 붙었고 아주 엉망진창이었어요.

20

_____

1초를 남겨 놓고, 내가 마시멜로를 꼭대기에 꽂았어요!

Team B

21

_____

그냥 해라.

22

_____

☆ 우리는 계획하는 데 많은 시간을 보내지 않았어요.

23

_____

모든 팀원들이 바로 탑을 만들기 시작했어요.

24

_____

우리의 첫 번째 탑은 텐트 같았어요.

25

_____

그건 그다지 높지 않았어요.

26

_____

우리는 다시 시도했어요.

27

_____

다음 탑은 높았지만 스스로 서 있지 못했어요.

28

_____

☆ 많은 시도 후에 우리는 아름답고 높은 탑을 만들 수 있었어요.

29

_____

그것은 피사의 사탑 같았어요.

30

_____

☆ 우리는 결국 우리가 원했던 것을 만들었어요!

Team C

31

_____

우리는 한 팀이다.

32

_____

우리는 가장 좋은 아이디어를 고르려고 하지 않았어요.

33

_____

☆ 대신에, 우리는 좋은 아이디어를 골라 발전시켰어요.

34

_____

한 친구가 우리에게는 튼튼한 밑받침이 필요하다고 말했어요.

35

_____

다른 친구는 밑받침으로 삼각형 모양을 제안했어요.

36

_____

우리 모두는 동의했고 시간 점검하는 사람과 테이프 자르는 사람과 같이 역할을 나눴어요.

37

_____

☆ 우리는 하나의 팀으로 함께 일했어요.

38

_____

마침내, 우리는 높은 탑을 만들었어요!

고득점 맞기

[01-03] 다음 글을 읽고, 물음에 답하시오.

> **Try the Marshmallow Challenge!**
>
> Rules:
> - ①Each team has four people.
> - You have to build ②tallest tower in your class.
> - The marshmallow ③must be on top.
> - ⓐ탑은 스스로 서 있어야 합니다.
> - The time limit is 15 minutes.
>
> This activity ④is good for:
> - Building Relationships
> - Solving Problems
> - Thinking ⑤Creative

01 윗글의 밑줄 친 ①~⑤ 중 어법상 틀린 것을 모두 고르면?

① ② ③ ④ ⑤

02 윗글의 밑줄 친 ⓐ의 우리말을 영어로 바르게 옮긴 것은?

① The tower itself has to stand.
② The tower can stand by itself.
③ The tower must itself stand.
④ The tower must stand by itself.
⑤ The tower has to stand by yourself.

03 윗글을 읽고 알 수 없는 것을 모두 고르면?

① 과제의 이름
② 과제의 준비물
③ 과제의 규칙
④ 과제의 제한 시간
⑤ 탑의 최소 높이

[04-06] 다음 글을 읽고, 물음에 답하시오.

> **Team A**
>
> We had many good ____ⓐ____. We talked about each idea in detail. It was not easy for us to choose the best idea. Suddenly the teacher said, "Five minutes left." In a hurry, we taped the sticks of spaghetti together. Then, we wrapped the string around them. The string got stuck to the tape and it was a big mess. ⓑWith one second left, I put the marshmallow on top!

04 윗글의 빈칸 ⓐ에 들어갈 말로 알맞은 것은?

① ideas
② members
③ tapes
④ towers
⑤ teachers

05 윗글의 밑줄 친 ⓑWith와 의미가 같은 것은?

① He lives with his parents.
② She sat there with her eyes closed.
③ I met a girl with curly hair in the park.
④ Do you want to go to the theater with me?
⑤ My math teacher is the man with short hair.

06 윗글의 내용과 일치하는 것은?

① A팀은 여러 아이디어를 시도해 다양한 탑을 만들었다.
② A팀은 5분 만에 탑을 완성했다.
③ 선생님은 5분마다 남은 시간을 알려 주셨다.
④ A팀은 스파게티 면들을 끈으로 감은 후 그 위에 테이프를 붙였다.
⑤ A팀의 탑은 결국 무너졌다.

[07-09] 다음 글을 읽고, 물음에 답하시오.

Team B

ⓐWe didn't spend much time on planning. (①) ⓑOur first tower looked like a tent. It wasn't very tall. (②) We tried again. The next tower was tall but it couldn't stand by itself. (③) After many tries, ⓒit was possible for us to build a beautiful and tall tower. (④) ⓓIt looked like the Leaning Tower of Pisa. (⑤) ⓔWe finally made that we wanted!

07 윗글의 ①~⑤ 중 주어진 문장이 들어갈 알맞은 곳은?

> All the members started building the tower right away.

①   ②   ③   ④   ⑤

08 윗글을 읽고 답할 수 있는 질문을 <u>모두</u> 고르면?

① Who was the leader of the team B?
② How long did it take to make the first tower?
③ What was the problem with the second tower?
④ How tall was their final tower?
⑤ What did the final tower look like?

09 윗글의 밑줄 친 ⓐ~ⓔ 중 어법상 <u>틀린</u> 것은?

① ⓐ   ② ⓑ   ③ ⓒ   ④ ⓓ   ⑤ ⓔ

[10-12] 다음 글을 읽고, 물음에 답하시오.

Team C

(A) One student said we needed a strong base.
(B) We didn't try to choose the best idea.
(C) Another student suggested a triangle shape for the base.
(D) Instead, we took a good idea and improved on it. We all agreed and divided up the roles such _____ⓐ_____ time checker and tape cutter. We worked together _____ⓑ_____ a team. In the end, we built our tall tower!

10 자연스러운 글이 되도록 윗글의 (A)~(D)를 바르게 배열한 것은?

① (A) – (B) – (D) – (C)   ② (B) – (C) – (D) – (A)
③ (B) – (D) – (A) – (C)   ④ (C) – (B) – (D) – (A)
⑤ (D) – (B) – (A) – (C)

11 윗글의 빈칸 ⓐ와 ⓑ에 공통으로 들어갈 말을 한 단어로 쓰시오.

→ _____

12 윗글의 내용과 일치하는 것은?

① Team C chose the best idea.
② Team C didn't divide up the roles.
③ The base of the tower was a triangle shape.
④ The tower wasn't tall.
⑤ The tower couldn't stand by itself.

서술형

[13-14] 다음 글을 읽고, 물음에 답하시오.

Team A

We had many good ideas. We talked about each idea in detail. It was not easy for us to choose the best idea. Suddenly the teacher said, "Five minutes left." In a hurry, we taped the sticks of spaghetti together. Then, we wrapped the string around them. The string got stuck to the tape and it was a big mess. With one second left, I put the marshmallow on top!

Team B

We didn't spend much time on planning. All the members started building the tower right away. Our first tower looked like a tent. It wasn't very tall. We tried again. The next tower was tall but it couldn't stand by itself. After many tries, it was possible for us to build a beautiful and tall tower. It looked like the Leaning Tower of Pisa. We finally made what we wanted!

고/난도
13 윗글을 아래와 같이 요약할 때 빈칸에 알맞은 말을 윗글에서 찾아 쓰시오.

It was not easy _____ Team A _____ _____ _____ _____ _____. They talked about each idea in detail, so they didn't have enough time. They had to build the tower _____ _____ _____.

Team B _____ _____ _____ _____ on planning, and tried many times to build a tower. Their first tower looked _____ _____ _____ and their final tower looked _____ _____ _____ _____ _____ _____.

고/난도
14 주어진 질문에 완전한 영어 문장으로 답하시오.

(1) What did Team A talk about in detail?

→ _____

(2) What was the problem with Team B's second tower?

→ _____

[15-16] 다음 글을 읽고, 물음에 답하시오.

Team C

We didn't try to choose the best idea. Instead, we took a good idea and improved on it. One student said we needed a strong base. Another student suggested a triangle shape for the base. We all agreed and divided up the roles such as time checker and tape cutter. (1) 우리는 하나의 팀으로 함께 일했다. (2) 마침내, 우리는 높은 탑을 만들었다!

15 윗글의 밑줄 친 문장을 우리말로 해석하시오.

→ _____

고/난도
16 윗글의 밑줄 친 우리말과 같도록 괄호 안의 단어들을 활용하여 [조건]에 맞게 쓰시오.

[조건] 1. 각각 주어와 동사를 포함하는 완전한 문장으로 쓸 것
2. 필요한 경우 주어진 단어의 형태를 변형할 것
3. 대소문자를 구별하고 문장 부호를 정확히 쓸 것

(1) _____
(work)

(2) _____
(end, build, our)

서술형 100% TEST

01 다음 빈칸에 알맞은 단어를 [조건]에 맞게 쓰시오.

He always solves math problems _____.

[조건] 1. The word starts with c.
2. The word has 10 letters.
3. The word means "in an imaginative way."

STEP B

02 주어진 문장을 읽고 [조건]에 맞게 문장을 자유롭게 영작하시오.

[조건] 1. close를 반드시 포함하고 주어진 문장의 close와 같은 의미로 쓸 것
2. 주어와 동사를 포함한 완전한 문장으로 쓸 것

The game was really close.

→ _____

03 다음 대화의 밑줄 친 우리말을 영어로 쓰시오.

A: (1) 어떻게 지냈니?
B: I've been great.
A: How was your vacation?
B: Wonderful. I took a trip to China.
A: That's great. (2) 그 말을 들으니 기쁘구나.

(1) _____
(2) _____

[04-05] 다음 대화를 읽고, 물음에 답하시오.

Minho: Linda! Is that you? (1) _____
Linda: Minho! It's been a long time
Minho: How have you been?
Linda: I've been good. (2) _____
Minho: I've been really busy at school. How's your new school?
Linda: It's wonderful. I've made many new friends.
Minho: That's great! (3) _____
Linda: Thanks. Oh, I have to go to my violin lesson now.
Minho: You still have my number, right?
Linda: Yeah. I'll call you later. Have a good day!
Minho: You, too. Bye!

04 위 대화의 빈칸에 알맞은 말을 [보기]에서 골라 쓰시오.

[보기] • Not so good.
• How about you?
• I'm happy to hear that.
• That's too bad.
• Long time no see.

(1) _____
(2) _____
(3) _____

05 주어진 질문에 완전한 영어 문장으로 답하시오.

(1) How has Linda been?
→ _____

(2) How's her new school?
→ _____

06 다음 Andy가 쓴 일기의 내용과 일치하도록 주어진 대화를 완성하시오.

> I met Jane yesterday. She asked about the result of the basketball game. I said we lost by one point. She felt sorry for that. But that's okay. It was a great game.

▼

Jane: Andy, how did the basketball game go?
Andy: Our team lost.
Jane: Oh, (1) _____.
Andy: It's okay. It was a great game.
Jane: What was the score?
Andy: It was 80 to 79.
　　　 (2) _____.

[07-08] 다음 질문에 대한 답을 [조건]에 맞게 쓰시오.

07 You meet your friend whom you haven't seen for a while. What will you say to your friend?

[조건]　1. How ~?로 물을 것
　　　　2. 완전한 문장으로 쓸 것

→ _____

08 Your friend tells you that she passed the dance audition. What will you say to your friend?

[조건]　1. I'm ~.으로 말할 것
　　　　2. 완전한 문장으로 쓸 것

→ _____

09 다음 그림을 보고, [조건]에 맞게 대화를 완성하시오.

[조건]　1. 괄호 안의 말을 이용할 것
　　　　2. 과거시제로 쓸 것

(1) Ann

(have a fight)

A: Ann, you look upset.
B: _____
A: I'm sorry to hear that.

(2)

Jim　　　　　(buy)

A: Jim, you look happy.
B: _____
A: I'm happy to hear that.

10 다음 [보기]와 같이 문장을 바꿔 쓰시오.

[보기]　She can't jump rope 100 times in 1 minute.
　　　　→ It is impossible for her to jump rope 100 times in 1 minute.

(1) He can eat 5 cookies at a time.
　　→ It is possible _____.
(2) We can't stand on our heads for 20 minutes.
　　→ It is impossible _____.

STEP B 서술형 100% TEST **061**

11 다음 우리말과 같도록 문장을 완성하시오.

(1) 그가 말한 것이 옳았다.

→ _____ _____ _____ was right.

(2) 그녀는 그녀가 본 것을 믿을 수 없었다.

→ She couldn't believe _____ _____

_____.

(3) 이것은 내가 기대했던 것과 다르다.

→ This is different from _____ _____

_____.

12 주어진 [조건]에 맞게 문장을 완성하시오.

> [조건] 1. 앞뒤 문맥상 의미가 통하도록 쓸 것
>
> 2. to부정사와 to부정사의 의미상의 주어를 반드시 포함할 것
>
> 3. 철자와 어법에 주의할 것

(1) It is difficult _____.

(2) It was easy _____.

(3) It is kind _____.

[13-15] 다음 글을 읽고, 물음에 답하시오.

The Marshmallow Challenge by Team A

We had many good ideas. We talked about each idea in detail. It was not easy for us to choose the best idea. Suddenly the teacher said, "Five minutes left." In a hurry, we taped the sticks of spaghetti together. Then, we wrapped the string around them. 끈이 테이프에 붙었고 아주 엉망진창이었다. With one second left, I put the marshmallow on top!

13 다음 질문에 완전한 영어 문장으로 답하시오.

(1) What did Team A do at first?

→ _____

(2) What was not easy for Team A?

→ _____

14 윗글의 밑줄 친 우리말과 같도록 괄호 안의 단어들을 사용하여 영어로 쓰시오.

(stuck, it, a big mess)

→ _____

15 윗글의 내용과 일치하도록 다음 대화를 완성하시오.

Teacher: What was difficult when you did the marshmallow challenge?

Team A: It was _____ _____ _____

_____ _____ _____

_____ _____.

Teacher: What did you do with the marshmallow?

Team A: With one second left, one of us _____

_____ _____ _____ _____!

[16-18] 다음 글을 읽고, 물음에 답하시오.

The Marshmallow Challenge by Team B

We didn't spend much time on planning. All the members started building the tower right away. Our first tower looked like a tent. It wasn't very tall. We tried again. The next tower was tall but it couldn't stand by itself. <u>많은 시도 후에, 우리는 아름답고 높은 탑을 만드는 것이 가능했다.</u> It looked like the Leaning Tower of Pisa. We finally made what we wanted!

---

16 윗글의 밑줄 친 우리말을 주어진 [조건]에 맞게 영어로 쓰시오.

> [조건]   1. 전치사 after로 문장을 시작할 것
>   2. 가주어 it을 사용할 것
>   3. 총 15단어로 문장을 완성할 것
>   4. 대소문자를 구별하고 문장 부호를 정확히 쓸 것

→ _____

_____

17 다음 질문에 완전한 영어 문장으로 답하시오.

(1) What did Team B's first tower look like?

→ _____

(2) What was the problem with the first tower?

→ _____

18 윗글의 내용과 일치하도록 다음 대화를 완성하시오.

> A: Our second tower was tall, but it had a problem.
> B: Oh, what was it?
> A: _____

19 다음 글을 읽고, (1)과 (2)의 괄호 안의 단어들을 바르게 배열하여 완전한 문장으로 쓰시오.

> [조건]   • 대소문자를 구별하고 문장 부호를 정확히 쓸 것

(1) (idea, we, choose, the, best, try, didn't, to) Instead, we took a good idea and improved on it. One student said we needed a strong base. (2) (suggested, a, for, shape, another, triangle, the base, student) We all agreed and divided up the roles such as time checker and tape cutter. We worked together as a team. In the end, we built our tall tower!

(1) _____

(2) _____

고/난도

20 다음 질문에 대한 자신의 답을 주어진 [조건]에 맞게 쓰시오.

> [조건]   1. 철자와 어법에 주의할 것
>   2. 반드시 완전한 영어 문장으로 답할 것
>   3. 대소문자를 구별하고 문장 부호를 정확히 쓸 것

(1) What was your best group project?

→ _____

(2) What was not easy for you when you did the project?

→ _____

(3) What was interesting for you when you did the project?

→ _____

(4) How was your teamwork?

→ _____

01 다음 단어의 영어 뜻풀이가 알맞지 <u>않은</u> 것은? [3점]

① creatively: in an imaginative way

② stuck: easy to move from a position

③ triangle: a shape with three straight sides

④ base: the bottom or lowest part of something

⑤ wrap: to cover something around something else

02 다음 중 밑줄 친 단어가 서로 <u>다른</u> 의미로 쓰인 것은? [4점]

① I want to <u>wrap</u> the present.

   Will you <u>wrap</u> the food for freezing?

② It was a very <u>close</u> game.

   Mike is a very <u>close</u> friend.

③ Do you need to <u>improve</u> your English?

   I want to <u>improve</u> my ability to remember.

④ How long do you <u>spend</u> on your homework?

   I want to <u>spend</u> the day with my family.

⑤ It was her third <u>try</u>, but she failed.

   Don't give up. Just give it a <u>try</u>.

03 다음 빈칸에 들어가지 <u>않는</u> 단어는? [4점]

- Yumi and I are best friends, but we are _____ from each other.
- It's already 7:30. I should eat breakfast _____.
- The bus broke down _____ this morning, and I was late for school.
- Minsu is good at math. He always solves the math problems _____.

① easy ② easily ③ quickly

④ suddenly ⑤ different

04 다음 빈칸에 공통으로 들어갈 말로 알맞은 것은? [3점]

- I know about the accident _____ detail.
- Why are you _____ a hurry?

① at ② by ③ in ④ for ⑤ with

05 다음 대화의 빈칸에 들어갈 수 있는 것을 <u>모두</u> 고른 것은? [4점]

A: Mina, how have you been?

B: _____ My new classmates are nice.

ⓐ I've been good.	ⓑ Terrible.
ⓒ Pretty good.	ⓓ Great.
ⓔ Not so good.	ⓕ So so.

① ⓐ, ⓑ ② ⓐ, ⓒ, ⓓ ③ ⓑ, ⓔ

④ ⓑ, ⓔ, ⓕ ⑤ ⓒ, ⓓ, ⓕ

06 다음 대화의 내용과 일치하지 <u>않는</u> 것은? [4점]

A: Andy, how did the basketball game go?

B: Our team lost, Sora.

A: Oh, I'm sorry to hear that.

B: It's okay. It was a great game.

A: What was the score?

B: It was 80 to 79. We lost by one point.

A: That was really close!

B: Yeah. We played really well as a team.

A: That's wonderful! I want to watch your next game.

① Andy's team lost the basketball game.

② Andy thinks the basketball game was a great game.

③ The basketball game was really close.

④ Andy's team had a problem with teamwork.

⑤ Sora wants to watch Andy's next game.

07 다음 중 짝 지어진 대화가 <u>어색한</u> 것은? [4점]

① A: Amy, how have you been?

B: I've been great! How about you?

② A: I bought a new bike.

B: That's too bad.

③ A: Tom, you look happy.

B: I won the school dance competition.

④ A: I dropped my new smartphone.

B: I'm sorry to hear that.

⑤ A: Our team got an A on the science project.

B: That's great!

[08-10] 다음 대화를 읽고, 물음에 답하시오.

Minho: Linda! Is that you? Long time no see.

Linda: Minho! ①<u>It's been a long time.</u>

Minho: How have you been?

Linda: I've been good. ②<u>How do you do that?</u>

Minho: I've been really busy at school. How's your new school?

Linda: ③<u>It's wonderful.</u> I've made many new friends.

Minho: That's great! I'm happy to hear that.

Linda: Thanks. Oh! I have to go to my violin lesson now.

Minho: You still have my number, right?

Linda: Yeah. ④<u>I'll call you later.</u> Have a good day!

Minho: ⑤<u>You, too.</u> Bye!

08 위 대화의 밑줄 친 ①~⑤ 중 대화의 흐름상 <u>어색한</u> 것은? [4점]

①   ②   ③   ④   ⑤

09 위 대화를 읽고 추론할 수 있는 것은? [4점]

① Minho and Linda were best friends.

② Minho is busy after school.

③ Linda likes her new school.

④ Linda is really good at playing the violin.

⑤ Minho likes his school life.

서술형 1

10 다음 질문에 대한 답을 완전한 영어 문장으로 쓰시오. [4점]

> Where does Linda have to go?

→ _____

서술형 2

11 주어진 [조건]에 맞게 다음 대화를 완성하시오. [각 3점]

[조건]   1. Jane과 Bob에게 할 수 있는 말을 각각 쓸 것
         2. [보기]에서 단어를 하나씩 골라 사용할 것

[보기]   angry   happy   disappointed   sorry

(1) A: Jane, you look worried. What's wrong?

B: I lost my dog.

A: _____

(2) A: Bob, you look excited. Do you have any good news?

B: Yes, I came in first in the marathon.

A: _____

12 자연스러운 대화가 되도록 순서대로 배열한 것은? [4점]

(A) I've been great.

(B) How have you been?

(C) Wonderful. I joined a ski camp.

(D) That's great. I'm happy to hear that.

(E) How was your vacation?

① (A) – (B) – (D) – (C) – (E)

② (A) – (C) – (B) – (D) – (E)

③ (B) – (A) – (E) – (C) – (D)

④ (B) – (A) – (E) – (D) – (C)

⑤ (D) – (A) – (E) – (B) – (C)

13 다음 문장의 빈칸에 들어갈 말이 순서대로 짝 지어진 것은? [4점]

> • It is kind _____ you to help me.
> • It is important _____ them to do their homework.
> • It is easy _____ my mom to make a cake.

① for – for – for   ② for – of – of

③ for – of – for   ④ of – of – of

⑤ of – for – for

서술형 **3**

14 [조건]에 맞게 다음 대화를 완성하시오. [3점]

> [조건] 1. 관계대명사 what을 사용할 것
>   2. 괄호 안의 단어를 사용할 것

> Kate: Mike, do you understand _____ _____ _____ ? (saying)
> Mike: I'm not sure. Could you explain again?
> Kate: Sure.

15 다음 우리말과 같도록 괄호 안의 단어들을 순서대로 배열 할 때, 다섯 번째로 오는 단어는? [3점]

> 그는 바다에서 수영하는 것이 재미있었다.
> (it, him, swim, to, fun, was, for) in the sea.

① swim   ② to   ③ fun

④ him   ⑤ for

16 다음 빈칸에 들어갈 말이 순서대로 짝 지어진 것은? [3점]

> • It is exciting for me _____ the soccer game.
> • It is generous _____ to visit here.

① watch – for you   ② watch – of you

③ watching – for you   ④ to watch – for you

⑤ to watch – of you

17 다음 중 어법상 옳은 문장은? [4점]

① Let me see you bought.

② You have that I'm looking for.

③ I can't believe what Mark told me.

④ This is different from which I expected.

⑤ Tell me something what you know about him.

서술형 **4**

18 다음 우리말과 같도록 괄호 안의 단어들을 사용하여 문장 을 완성하시오. [4점]

> 우리는 그 퀴즈를 5분 안에 푸는 것이 불가능했다.

→ _____
  in 5 minutes. (it, impossible, to)

[19-22] 다음 글을 읽고, 물음에 답하시오.

> **The Marshmallow Challenge by Team A**
>
> We had many good ideas. We talked about each idea in detail. (A)(choose, was, it, easy, for, to, not, us, the, idea, best) Suddenly the teacher said, "Five minutes left." In a hurry, we taped the sticks of spaghetti together. Then, we wrapped the string around them. The string got stuck to the tape and it was _____(B)_____. With one second ⓐ<u>left</u>, I put the marshmallow on top!
>
> **The Marshmallow Challenge by Team B**
>
> We didn't spend much time on ⓑ<u>planning</u>. All the members started ⓒ<u>building</u> the tower right away. Our first tower looked like a tent. It wasn't very tall. We tried again. (C)다음 탑은 높았지만 그것은 스스로 서 있지 못했다. After many tries, it was possible for us ⓓ<u>build</u> a beautiful and tall tower. It looked like the Leaning Tower of Pisa. We finally made ⓔ<u>that</u> we wanted!

서술형 **5**

19 윗글 (A)의 괄호 안의 단어들을 바르게 배열하여 문장을 완성하시오. [4점]

> [조건] 1. 괄호 안의 단어를 모두 사용할 것
>
> 2. 대소문자를 구별하고 문장 부호를 정확히 쓸 것

→ _____

20 윗글의 빈칸 (B)에 들어갈 말로 알맞은 것은? [3점]

① a difficult role　　② a big mess

③ an easy work　　④ a great team

⑤ a big project

21 윗글의 밑줄 친 ⓐ~ⓔ 중 어법상 틀린 것을 모두 고른 것은? [4점]

① ⓐ, ⓑ　　② ⓐ, ⓑ, ⓒ　　③ ⓐ, ⓓ

④ ⓒ, ⓓ, ⓔ　　⑤ ⓓ, ⓔ

서술형 **6**

22 윗글의 밑줄 친 (C)의 우리말을 영작하시오. [5점]

→ _____

[23-24] 다음 글을 읽고, 물음에 답하시오.

> **The Marshmallow Challenge by Team C**
>
> 　We didn't ①try to choose the best idea. ②Instead, we ＿＿＿(A)＿＿＿ and improved on it. One student said we needed a ③strong base. Another student ④suggested a triangle shape for the base. We all agreed and ＿＿＿(B)＿＿＿ such as time checker and tape cutter. We ＿＿＿(C)＿＿＿ as a team. ⑤In the end, we built our tall tower!

서술형 **7**

23 윗글의 빈칸 (A)~(C)에 들어갈 알맞은 말을 쓰시오. [각 2점]

> [조건] 1. [보기]에서 알맞은 표현을 고를 것
>
> 2. 필요시 동사의 형태를 알맞게 변형할 것

> [보기]　work together
>
> 　　　　divide up the roles
>
> 　　　　take a good idea

(A) _____

(B) _____

(C) _____

24 윗글의 밑줄 친 ①~⑤의 우리말 뜻이 알맞지 않은 것은? [3점]

① ~하려고 노력하다　　② 대신에

③ 튼튼한 밑받침　　④ 제안했다

⑤ 그럼에도 불구하고

서술형 **8**

25 다음 글을 읽고, 어법상 틀린 부분을 두 개 찾아 바르게 고쳐 쓰시오. [각 3점]

> 　In Korea, it is natural of us to ask someone's age. But in western cultures, asking someone their age are rude. So be careful when you travel.

(1) _____ → _____

(2) _____ → _____

01 다음 빈칸에 공통으로 들어갈 말로 알맞은 것은? [3점]

> • Ms. White bought her daughter a _____ doll.
> • The concert was _____ good.

① big   ② pretty   ③ really

④ close   ⑤ beautiful

02 다음 영어 뜻풀이의 빈칸에 들어갈 말로 알맞은 것은? [3점]

> challenge: a new or _____ task that tests somebody's ability and skill

① easy   ② common   ③ difficult

④ possible   ⑤ sudden

03 다음 밑줄 친 부분의 우리말 뜻이 알맞지 않은 것은? [4점]

① The machine will stop by itself. (저절로)

② Let's start the meeting right away. (즉시)

③ How shall we divide up the work? (나누다)

④ I hope you get well soon. (잘하다)

⑤ When did your old computer break down? (고장 나다)

서술형 1
04 괄호 안의 단어를 이용하여 대화의 빈칸을 완성하시오. [4점]

> A: Susan, you look excited. Do you have any good news?
> B: Our team got an A on the science project.
> A: That's great!
> B: Our team had the best teamwork.
> A: _____ (happy)

[05-07] 다음 대화를 읽고, 물음에 답하시오.

> A: Hi, Jinsu! We're in the same class again! (①)
> B: Yeah! It's good to see you, Sora. (②)
> A: I've been great. How about you?
> B: I've been pretty busy. I have a piano competition next week. (③)
> A: Oh! I didn't know you played the piano. (④)
> B: Really? I've played the piano for 5 years. (⑤)
> A: You must be good at it. Good luck in your competition!
> B: Thanks.

05 위 대화의 ①~⑤ 중 주어진 문장이 들어갈 알맞은 곳은? [4점]

> How have you been?

①   ②   ③   ④   ⑤

서술형 2
06 위 대화의 내용과 일치하도록 소라의 일기를 완성하시오. [각 2점]

> Tuesday, March 2nd
>   Today was the first day of the school year.
>   I met Jinsu after a long vacation. We are (1) _____ again. Jinsu has (2) _____ next week. I wished him (3) _____.

07 위 대화를 통해 알 수 없는 것은? [4점]

① 두 사람은 같은 반이었던 적이 있다.

② 진수는 소라를 만나서 반갑다.

③ 진수는 피아노 경연 대회 준비로 바쁘다.

④ 소라는 진수가 피아노를 치는지 몰랐다.

⑤ 진수는 피아노 경연 대회에서 상을 탄 적이 있다.

08 다음 빈칸에 들어갈 말로 알맞은 것은? [3점]

> The shop doesn't have _____ I want to buy.

① what   ② who   ③ which
④ that   ⑤ whom

09 다음 빈칸에 들어갈 말로 알맞지 <u>않은</u> 것은? [4점]

> It was _____ of her to do such a thing.

① kind   ② wise
③ careless   ④ foolish
⑤ important

10 다음 빈칸에 들어갈 말이 <u>다른</u> 하나는? [4점]

① _____ he said proved false.
② I'll do _____ I can do for you.
③ I know _____ he did yesterday.
④ _____ you are saying is hurting me.
⑤ She likes the hat _____ she bought yesterday.

서술형 3

11 다음 중 어법상 틀린 문장을 <u>모두</u> 골라 기호를 쓰고 문장을
고쳐 쓰시오. [5점]

> ⓐ It is dangerous for you to travel alone.
> ⓑ It was kind for him to help them.
> ⓒ It is difficult for him to learn Chinese.
> ⓓ It is not easy of Amy to stay up late at night.
> ⓔ It is interesting for them watch movies.

(   ) → _____
(   ) → _____
(   ) → _____

[12-14] 다음 글을 읽고, 물음에 답하시오.

> **Try the Marshmallow Challenge!**
> Rules:
> • Each team (A) has / have four people.
> • You have to build ①the tallest tower in your class.
> • The marshmallow must (B) be / is ②on top.
> • The tower must stand ③by itself.
> • The ④time limit is 15 minutes.
>
> This activity is good for:
> • Building Relationships
> • Solving Problems
> • ⑤Thinking Creatively
>
> How did you do the marshmallow challenge? Every team does the marshmallow challenge (C) different / differently. Let's look at some examples. Which one do you like best?

12 윗글의 (A), (B), (C)에 알맞은 말이 바르게 짝 지어진 것은?
[4점]

	(A)	(B)	(C)
①	has	be	different
②	has	be	differently
③	has	is	different
④	have	be	differently
⑤	have	is	different

13 윗글의 밑줄 친 ①~⑤ 중 우리말 뜻이 알맞지 <u>않은</u> 것은?
[3점]

① 가장 높은 탑   ② 꼭대기에
③ 본질적으로   ④ 제한 시간
⑤ 창의적으로 생각하기

서술형 4

14 윗글 뒤에 이어질 내용을 우리말로 쓰시오. [4점]

→ _____

모의고사

[15-20] 다음 글을 읽고, 물음에 답하시오.

Team A

①We had many good ideas. ②We talked about each idea in detail. ③It was not easy of us to choose the best idea. Suddenly the teacher said, "Five minutes left." ④In a hurry, we taped the sticks of spaghetti together. ⑤Then, we wrapped the string around them. The string got stuck to the tape and it was a big mess. With one second left, I put the marshmallow on top.

Team B

We didn't spend much time on planning. All the members started building the tower right away. Our first tower looked ____ⓐ____ a tent. It wasn't very tall. We tried again. The next tower was tall but it couldn't stand by itself. After many tries, it was possible for us to build a beautiful and tall tower. It looked ____ⓑ____ the Leaning Tower of Pisa. ⓒWe finally made what we wanted!

서술형**5**

15 윗글의 밑줄 친 ①~⑤ 중 어법상 틀린 문장을 골라 번호를 쓰고 문장을 고쳐 쓰시오. [4점]

(   ) → _____

16 윗글의 빈칸 ⓐ와 ⓑ에 공통으로 들어갈 말로 알맞은 것은? [3점]

① for   ② with   ③ like

④ after   ⑤ up to

서술형**6**

17 윗글의 밑줄 친 ⓒ를 우리말로 해석하시오. [4점]

→ _____

서술형**7**

18 다음 질문에 대한 답을 완전한 영어 문장으로 쓰시오. [4점]

> What was the problem with team B's first tower?

→ _____

19 윗글의 내용과 일치하는 것은? [4점]

① Team A didn't have any good ideas.
② Team A did the challenge in a hurry.
③ Team A couldn't put the marshmallow on top.
④ Team B spent much time on planning.
⑤ Team B's second tower was what they wanted.

서술형**8**

20 윗글의 Team A와 Team B의 활동 과정을 가장 잘 보여 주는 각 팀의 모토를 [보기]에서 골라 쓰시오. [각 3점]

> [보기] • We are one team.
> • Time is gold.
> • Just do it.
> • Two heads are better than one.
> • Think before you act.

(1) Team A: _____

(2) Team B: _____

[21-22] 다음 글을 읽고, 물음에 답하시오.

> **Team C**
>
> We didn't try ____ⓐ____ the best idea. Instead, we took a good idea and ____ⓑ____ on it. One student said we needed a strong base. Another student suggested a triangle shape for the base. We all agreed and divided up the roles ____ⓒ____ time checker and tape cutter. We worked together ____ⓓ____ a team. ____ⓔ____, we built our tall tower!

21 윗글의 빈칸 ⓐ~ⓔ에 들어갈 말로 알맞지 <u>않은</u> 것은? [3점]

① ⓐ: to choose　　　② ⓑ: improved

③ ⓒ: such　　　④ ⓓ: as

⑤ ⓔ: In the end

22 윗글을 읽고 답할 수 있는 질문은? [4점]

① What was Team C's best idea?

② How tall was Team C's tower?

③ What shape was suggested for the base?

④ What problems did Team C have?

⑤ What role did the writer take?

[23-24] 다음 글을 읽고, 물음에 답하시오.

> **My Best Group Project**
>
> My best group project was making a video to introduce our school. The name of our group was 'The Stars' and we had four members. First, we wrote a dialogue together. Then, we divided up the roles. I took the role of reporter. ____ⓐ____ was difficult for us to set the meeting time. But our video turned out to be great! I learned ____ⓑ____ many heads are better than one.

23 윗글의 빈칸 ⓐ와 ⓑ에 알맞은 말이 순서대로 짝 지어진 것은? [4점]

① It – what　　　② It – that

③ That – what　　　④ This – that

⑤ That – which

24 윗글의 모둠 과제에 대한 내용과 일치하지 <u>않는</u> 것은? [4점]

① 학교를 소개하는 영상을 만드는 것이 과제였다.

② 모둠의 이름은 The Stars였고, 모둠원은 4명이었다.

③ 먼저 모둠원이 함께 대화문을 썼다.

④ 글쓴이의 역할은 리포터였다.

⑤ 만날 시간을 정하기가 어려워서 좋은 영상을 만들지 못했다.

25 다음 글의 내용과 일치하는 것은? [5점]

> Team A,
>
> You had many good ideas! You built the tower in a hurry, but everyone worked hard. Nice work!
>
> Team B,
>
> It was wonderful that you tried many times. I'm sure you learned from your mistakes. Finally, you built a beautiful and tall tower. Good job!
>
> Team C,
>
> You chose a good idea and improved on it. Also, I was impressed that everyone had a role. Your tall tower looked strong.

① Team A couldn't think of any good ideas.

② Team A built the tower very slowly.

③ It was possible for Team B to build a beautiful and tall tower.

④ Team C chose the best idea to make the best tower.

⑤ Team C worked together without roles.

01 다음 밑줄 친 단어의 쓰임이 알맞지 <u>않은</u> 것은? [3점]

① He is a <u>careful</u> person.

② I can <u>easily</u> finish it tomorrow.

③ We are <u>different</u> from each other.

④ The accident happened so <u>sudden</u>.

⑤ The news spread <u>quickly</u> through the town.

02 다음 빈칸에 들어갈 수 있는 단어를 <u>모두</u> 고른 것은? [4점]

> • She tied a _____ around the boxes.
>
> • The final _____ was 75 to 70.
>
> • My _____ in the project is to make a presentation.

ⓐ base	ⓑ stick	ⓒ score
ⓓ mess	ⓔ role	ⓕ string

① ⓐ, ⓑ, ⓒ   ② ⓐ, ⓒ, ⓔ   ③ ⓑ, ⓒ, ⓔ

④ ⓒ, ⓓ, ⓕ   ⑤ ⓒ, ⓔ, ⓕ

03 다음 빈칸에 들어갈 말이 순서대로 짝 지어진 것은? [3점]

> • My car broke _____ on the way home.
>
> • The cleaner will start working _____ itself.

① down – in   ② down – by   ③ up – in

④ up – by   ⑤ away – at

04 다음 대화의 빈칸 어디에도 들어갈 수 <u>없는</u> 것은? [3점]

> A: Mina, how have you been?
>
> B: _____ How about you, Mike?
>
> A: _____ I have a bad cold.

① Terrible.   ② Pretty good.

③ Not so good.   ④ I've been good.

⑤ Long time no see.

05 다음 중 짝 지어진 대화가 <u>어색한</u> 것은? [4점]

① A: Kelly, how is everything?

　B: Pretty good. My new classmates are nice.

② A: Bob, how have you been?

　B: I've been pretty busy at school.

③ A: You look excited. Do you have any good news?

　B: Our team got an A on the art project.

④ A: I joined a ski camp over the vacation.

　B: That's a pity! I'm happy to hear that.

⑤ A: I'm so sad. I dropped my new smartphone.

　B: Oh, no! I'm sorry to hear that.

서술형 1

06 다음 대화의 빈칸에 알맞은 말을 [보기]에서 골라 쓰시오. [각 2점]

> A: Andy, how did the basketball game go?
>
> B: Our team lost.
>
> A: Oh, (1) _____
>
> B: It's okay. It was a great game.
>
> A: (2) _____
>
> B: It was 80 to 79. We lost by one point.
>
> A: (3) _____
>
> B: Yeah. We played really well as a team.

> [보기]　• I'm pleased to hear that.
>
> 　　　• How do you play it?
>
> 　　　• That was really close!
>
> 　　　• I'm sorry to hear that.
>
> 　　　• What was the score?

07 다음 대화의 빈칸에 들어갈 말로 알맞은 것은? [3점]

> A: Ann, you look _____. What's wrong?
>
> B: I had a fight with my friend.
>
> A: I'm sorry to hear that.

① happy   ② surprised   ③ healthy

④ upset   ⑤ excited

[08-09] 다음 대화를 읽고 물음에 답하시오.

Minho: Linda! Is that you? Long time no see.
Linda: Minho! It's been a long time.
Minho: _____ (A) _____
Linda: I've been good. How about you?
Minho: I've been really busy at school. How's your new school?
Linda: It's wonderful. I've made many new friends.
Minho: That's great! _____ (B) _____
Linda: Thanks. Oh! I have to go to my violin lesson now.
Minho: You still have my number, right?
Linda: Yeah. I'll call you later. Have a good day!
Minho: You, too. Bye!

서술형2

08 위 대화의 빈칸 (A)와 (B)에 알맞은 문장을 괄호 안의 단어를 사용하여 쓰시오. [각 2점]

(A) _____ (have)
(B) _____ (happy)

서술형3

09 위 대화의 내용과 일치하도록 빈칸에 알맞은 말을 쓰시오. [각 2점]

> Minho and Linda haven't seen each other for a long time. Linda has been good. She has made (1) _____. Minho has been (2) _____. They said good-bye because Linda (3) _____. She will (4) _____ later.

10 다음 중 어법상 옳은 문장은? [3점]

① It is difficult for he to learn yoga.
② It is easy for me to make a cake.
③ It is important Ann to finish the project.
④ It is kind for you to lend me your book.
⑤ It is dangerous for us swimming in the sea.

11 다음 중 밑줄 친 what의 쓰임이 같은 것끼리 짝 지어진 것은? [4점]

> ⓐ Is this what you want to buy?
> ⓑ I'm not sure what she will say about it.
> ⓒ It will be harder than what you expect.
> ⓓ Can you guess what the smell is?
> ⓔ Mike didn't finish what he had to do.

① ⓐ, ⓑ, ⓒ   ② ⓐ, ⓒ, ⓔ
③ ⓑ, ⓒ, ⓓ   ④ ⓑ, ⓓ, ⓔ
⑤ ⓒ, ⓓ, ⓔ

서술형4

12 주어진 [조건]에 맞게 대화를 완성하시오. [4점]

> [조건]　1. what을 사용할 것
> 　　　　2. 괄호 안의 단어를 이용하되, 필요시 단어의 형태를 바꿀 것
> 　　　　3. 3단어로 쓸 것

A: Can you believe _____ to us?
　　　　　　　　　　　　(say)
B: No. I think he lied to us.

서술형5

13 주어진 [조건]에 맞게 각 문장을 완성하시오. [각 3점]

> [조건]　1. 앞뒤 문맥상 의미가 통하도록 쓸 것
> 　　　　2. to부정사와 to부정사의 의미상의 주어를 쓸 것
> 　　　　3. 문법 구조를 정확하게 쓸 것

(1) It is exciting _____.
(2) It is kind _____.

[14-16] 다음 글을 읽고, 물음에 답하시오.

Try the Marshmallow Challenge

You need: 20 sticks of spaghetti
1 marshmallow
1 meter of tape
1 meter of string

Rules:
• Each team has four people.
• (A) (have to, the, tower, in your class, build, you, tallest)
• The marshmallow must be on top.
• The tower must stand by itself.
• The time limit is 15 minutes.

This activity is good for:
Building Relationships
Solving Problems
Thinking _____ⓐ_____

---

14 윗글의 빈칸 ⓐ에 들어갈 말로 알맞은 것은? [3점]

① create   ② creator   ③ creative
④ creation   ⑤ creatively

15 윗글을 읽고 Marshmallow Challenge에 대한 다음 학생들의 질문에 답할 수 <u>없는</u> 것은? [4점]

① Sujin: What do I need for the activity?
② Yuna: How many people do we need in a team?
③ Eric: What is the time limit for the activity?
④ Tim: How can I make the tower stand by itself?
⑤ Amy: What is the activity good for?

서술형6

16 윗글의 (A)의 괄호 안의 말을 바르게 배열하여 문장을 완성하시오. [4점]

→ _____

[17-18] 다음 글을 읽고, 물음에 답하시오.

Team A

We had many good ideas. We talked about each idea _____ⓐ_____ detail. (A)It was not easy for us to choose the best idea. Suddenly the teacher said, "Five minutes left." _____ⓑ_____ a hurry, we taped the sticks of spaghetti together. Then, we wrapped the string around them. The string got stuck to the tape and it was a big mess. _____ⓒ_____ one second left, I put the marshmallow on top!

---

17 윗글의 빈칸 ⓐ~ⓒ에 들어갈 말이 순서대로 짝 지어진 것은? [3점]

① in – For – In   ② in – In – At
③ in – In – With   ④ at – In – With
⑤ at – For – With

서술형7

18 윗글의 밑줄 친 문장 (A)를 우리말로 해석하시오. [3점]

→ _____

[19-21] 다음 글을 읽고, 물음에 답하시오.

Team B

We didn't spend much time on planning. All the members started building the tower (A)|right away / right now|. Our first tower looked like a tent. It wasn't very tall. We tried again. The next tower was tall but it couldn't stand by itself. After many tries, it was possible (B)|of us / for us| to build a beautiful and tall tower. It looked like the Leaning Tower of Pisa. We finally made (C)|which / what| we wanted!

---

19 윗글의 (A), (B), (C)에 알맞은 말이 바르게 짝 지어진 것은? [3점]

	(A)	(B)	(C)
①	right away	− of us	− which
②	right away	− for us	− which
③	right away	− for us	− what
④	right now	− of us	− which
⑤	right now	− for us	− what

20 윗글의 내용과 일치하는 것은? [4점]

① Team B had lots of time to plan the tower.
② Team B's first tower was tall enough.
③ Team B's second tower looked like a tent.
④ Team B's second tower was what they wanted.
⑤ Team B tried many times to build a tower.

서술형 8

21 B팀의 활동에 관한 선생님의 피드백을 완성하시오. (단, 윗글에서 사용된 단어를 활용할 것) [각 2점]

Team B,
　It was wonderful that you (1) ＿＿＿＿＿＿＿
many times. Finally, you (2) ＿＿＿＿＿＿＿ a
beautiful and tall tower. It (3) ＿＿＿＿＿＿＿
the Leaning Tower of Pisa. Good job!

[22-24] 다음 글을 읽고, 물음에 답하시오.

Team C
　We didn't try to choose the best idea. Instead, we took a good idea and improved on it. ＿＿ⓐ＿＿ student said we needed a strong base. ＿＿ⓑ＿＿ student suggested a triangle shape for the base. We all agreed and divided up the roles such as time checker and tape cutter. We worked together ⓒas a team. In the end, we built our tall tower!

22 윗글의 빈칸 ⓐ와 ⓑ에 들어갈 말이 바르게 짝 지어진 것은? [3점]

① One – Another　　　② Another – One
③ One – The other　　④ The other – Others
⑤ Others – Another

23 윗글의 밑줄 친 ⓒas와 쓰임이 같은 것은? [4점]

① You can do as you like.
② She is as tall as her sister.
③ Country life isn't always as peaceful as you think.
④ I ran fast as I got up late this morning.
⑤ He is doing a great job as class president.

서술형 9

24 다음 질문에 대한 답을 완전한 영어 문장으로 쓰시오. [4점]

What did Team C do instead of choosing the best idea?

→ ＿＿＿＿＿＿＿＿＿＿＿＿＿＿＿＿＿＿

25 다음 글을 읽고 답할 수 있는 질문을 모두 고르면? [4점]

My Best Group Project
　My best group project was making a video to introduce our school. The name of our group was 'The Stars' and we had four members. First, we wrote a dialogue together. Then, we divided up the roles. I took the role of reporter. It was difficult for us to set the meeting time. But our video turned out to be great! I learned that many heads are better than one.

① Why did they name their group 'The Stars'?
② What did they do after they wrote a dialogue?
③ What was each member's role?
④ How many times did they meet for the project?
⑤ What did the writer learn from the project?

01 주어진 단어의 영어 뜻풀이에 해당하지 <u>않는</u> 것은? [3점]

> divide   mess   challenge   role

① a very dirty or untidy condition
② to cover something around something else
③ to separate something into two or more parts or pieces
④ a new or difficult task that tests somebody's ability and skill
⑤ a part that someone or something has in an activity or situation

02 [보기]의 단어 중 빈칸에 두 번 들어가는 단어를 <u>모두</u> 고르면? [4점]

> [보기] ⓐ try   ⓑ close   ⓒ wrap
> ⓓ stuck   ⓔ suggest   ⓕ spend

- I want to _____ a lot of time with my family.
- The wheels were _____ in the mud.
- Why don't we _____ the new Italian dish?
- The match was 75 to 74. It was really _____.
- The weather is so nice. I _____ that we go on a picnic.
- How much did you _____ for her present?
- Could you _____ the windows, please?

① ⓐ, ⓑ   ② ⓑ, ⓓ   ③ ⓑ, ⓕ
④ ⓒ, ⓔ   ⑤ ⓒ, ⓕ

서술형**1**

03 [보기]에서 알맞은 단어를 골라 빈칸에 쓰시오. (필요시 단어의 형태를 바꿀 것) [각 2점]

> [보기] easy   quick   different   sudden

(1) He always thinks _____ from the way that I think.
(2) This machine is surprisingly _____ to use. You just press this button.
(3) _____, all the lights went out and we tried to find some candles.

서술형**2**

04 다음 글의 내용과 일치하도록 대화를 완성하시오. [각 2점]

> Bora and Giho met and said hello to each other. Bora has been great. Giho has not been so good. He lost his dog. Bora felt sorry for him.

A: Bora, how have you been?
B: (1) _____
   How about you, Giho?
A: (2) _____
B: How come?
A: I lost my dog.
B: Oh, no! (3) _____

[05-06] 다음 대화를 읽고, 물음에 답하시오.

A: Hi, Jinsu! We're in the same class again!
B: Yeah! It's good to see you, Sora. _____
A: I've been great. How about you?
B: I've been pretty busy. I have a piano competition next week.
A: Oh! I didn't know you played the piano.
B: Really? I've played the piano for 5 years.
A: You must be good at it. Good luck in your competition!
B: Thanks.

서술형**3**

05 위 대화의 빈칸에 들어갈 말을 네 단어로 쓰시오. [3점]

→ _____

06 Which question can you answer? [3점]

① What grade are Jinsu and Sora in?
② How long have they known each other?
③ What is Sora doing these days?
④ How does Jinsu feel about the competition?
⑤ For how long has Jinsu played the piano?

[07-08] 다음 대화를 읽고, 물음에 답하시오.

> A: Andy, how did the basketball game go?
> (A) It's okay. It was a great game.
> (B) Oh, I'm sorry to hear that.
> (C) It was 80 to 79. We lost by one point.
> (D) Our team lost.
> (E) What was the score?
> A: That was really close!
> B: Yeah. We played really well as a team.
> A: That's wonderful! I want to watch your next game.

07 자연스러운 대화가 되도록 (A)~(E)를 배열한 것은? [3점]

① (A)–(C)–(D)–(B)–(E)　② (B)–(A)–(E)–(C)–(D)
③ (D)–(B)–(A)–(E)–(C)　④ (D)–(B)–(E)–(C)–(A)
⑤ (E)–(C)–(D)–(B)–(A)

서술형4

08 위 대화의 내용과 일치하도록 빈칸에 알맞은 말을 쓰시오.
[4점]

> Although Andy's team lost the _____
> _____ by _____ _____, he feels good.
> He thinks the game was _____ because his
> team played really well _____ _____
> _____.

서술형5

09 주어진 [조건]에 맞게 대화를 완성하시오. [각 2점]

> [조건]　1. 괄호 안의 단어를 사용할 것
> 　　　　2. 완전한 문장으로 쓸 것

> A: Linda! Is that you? Long time no see.
> B: Minho! (1) _____ (been, long)
> A: How have you been?
> B: I've been good. (2) _____ (about)
> A: I've been really busy at school. How's your
>   new school?
> B: It's wonderful. I've made many new friends.
> A: That's great! (3) _____ (happy)

10 다음 중 어법상 옳은 문장의 개수는? [3점]

> • The shop had what I wanted.
> • Listen carefully to that I'm saying.
> • Please show me what you have.
> • Tell us which you know about the accident.
> • What makes me angry is her rudeness.

① 없음　　　　② 1개　　　　③ 2개
④ 3개　　　　⑤ 4개

11 다음 빈칸에 들어갈 말이 <u>다른</u> 하나는? [3점]

① It is boring _____ me to read science books.
② It was hard _____ him to bake cookies.
③ It is easy _____ her to solve the problem.
④ It is foolish _____ me to forget your birthday.
⑤ It is important _____ me to do my homework.

12 다음 밑줄 친 부분의 쓰임이 나머지와 <u>다른</u> 하나는? [3점]

① I wonder <u>what</u> that sound is.
② I don't believe <u>what</u> she told me.
③ This book is not <u>what</u> I want to read.
④ <u>What</u> we need now is to take some rest.
⑤ My grandmother loved <u>what</u> I cooked for her.

13 다음 우리말을 바르게 영작한 것은? [3점]

① 네가 Mike에게 들었던 것은 사실이다.
　→ Which you heard from Mike is true.
② 이것은 내가 기대했던 것과 다르다.
　→ This is different what I expected.
③ 그는 말을 타는 것이 재미있었다.
　→ That was fun for him to ride a horse.
④ 우리는 다른 사람의 나이를 묻는 것이 자연스럽다.
　→ It is natural for us to ask someone's age.
⑤ 그녀가 매일 6시에 일어나는 것은 불가능하다.
　→ It is impossible of her to get up at 6 every day.

서술형 6

14 주어진 [조건]에 맞게 각 문장을 완성하시오. [각 2점]

> [조건] 1. 표의 정보를 모두 이용할 것
> 2. 각 문장은 It으로 시작할 것
> 3. to부정사와 to부정사의 의미상의 주어를 포함할 것

Name	What they did	How they felt
(1) Danny	ride a bike	difficult
(2) Chris	read a book	interesting
(3) Julie	take pictures	exciting

Danny, Chris and Julie went on a picnic last Sunday.

(1) _____

(2) _____

(3) _____

[15-16] 다음 글을 읽고, 물음에 답하시오.

Try the Marshmallow Challenge

Rules:
- ①Each team have four people.
- ②You have to build the tallest tower in your class.
- ③The marshmallow must be on top.
- ④The tower must stand by themselves.
- ⑤The time limit is 15 minutes.

15 윗글에 제시된 마시멜로 과제의 규칙을 잘 이해한 사람은? [4점]

① Junha: I need four groups to do the activity.

② Jenny: The tower should be taller than any other tower in my class.

③ Sue: I have more than 15 minutes for making the tower.

④ Amy: I can use the marshmallow for the base of the tower.

⑤ Mike: I should lean the tower against something.

서술형 7

16 윗글의 밑줄 친 ①~⑤ 중 어법상 틀린 문장을 두 개 골라 번호를 쓰고 문장을 고쳐 쓰시오. [4점]

(　　) → _____

(　　) → _____

[17-18] 다음 글을 읽고, 물음에 답하시오.

The Marshmallow Challenge by Team A

We had many good ideas. We talked about each idea ①at detail. It was not easy for us to choose the best idea. ②Sudden the teacher said, "Five minutes left." ③On a hurry, we taped ④the stick of spaghetti together. Then, we wrapped the string around them. The string got stuck to the tape and it was a big mess. With one second ⑤leave, I put the marshmallow on top!

17 윗글의 밑줄 친 ①~⑤를 바르게 고치지 못한 것은? [3점]

① in detail　　② Suddenly　　③ In a hurry

④ the sticks　　⑤ leaving

서술형 8

18 윗글의 내용과 일치하도록 윗글의 글쓴이(B)가 한 인터뷰 대화를 완성하시오. [각 2점]

A: How was the challenge?

B: I enjoyed it a lot. My team had many

　(1) _____.

A: What was your team's best idea?

B: Well, we couldn't choose one.

　It (2) _____.

A: Did you have any other difficulties?

B: We used string and tape and they got stuck together. It was (3) _____.

A: Oh! Were you able to finish the challenge?

B: Yes. We finished it in time!

[19-24] 다음 글을 읽고, 물음에 답하시오.

The Marshmallow Challenge by Team B

ⓐWe didn't spend much time on planning. ⓑAll the members started building the tower right away. (①) Our first tower looked like a tent. It wasn't very tall. We tried again. The next tower was tall but it couldn't stand by itself. (②) ⓒAfter many tries, it was possible for us build a beautiful and tall tower. It looked like the Leaning Tower of Pisa. (A)우리는 마침내 우리가 원했던 것을 만들었다!

The Marshmallow Challenge by Team C

We didn't try to choose the best idea. ⓓInstead, we took a good idea and improved on it. (③) One student said we needed a strong base. (④) ⓔWe all agreed and divide up the roles such as time checker and tape cutter. (⑤) We worked together as a team. In the end, we built our tall tower!

19 윗글의 ①~⑤ 중 주어진 문장이 들어갈 알맞은 곳은? [3점]

Another student suggested a triangle shape for the base.

①   ②   ③   ④   ⑤

20 윗글의 밑줄 친 ⓐ~ⓔ 중 어법상 틀린 것끼리 짝 지어진 것은? [3점]

① ⓐ, ⓑ   ② ⓑ, ⓒ   ③ ⓑ, ⓓ
④ ⓒ, ⓓ   ⑤ ⓒ, ⓔ

21 Which one is true? [4점]

① Team B had many good plans.
② Team B's second tower was successful.
③ Team B didn't give up building a tower.
④ Team C was not able to make a tall tower.
⑤ Team C chose the best idea for their tower.

22 윗글의 C팀의 모토로 가장 알맞은 것은? [3점]

① Think fast, act slow.   ② We are one team.
③ The faster, the better.   ④ Don't think, just do.
⑤ Act with kindness.

서술형 **9**

23 윗글의 밑줄 친 (A)의 우리말을 영작하시오. [4점]

[조건]   1. 관계대명사 what을 사용할 것
        2. 대소문자를 구별하고 문장 부호를 정확히 쓸 것

→ _____

서술형 **10**

24 윗글을 읽고 답할 수 있는 질문을 모두 골라 완전한 문장으로 답하시오. [4점]

ⓐ What problem did Team B's first tower have?
ⓑ What was the shape of Team B's second tower?
ⓒ What problem did Team B's second tower have?
ⓓ How long did it take for Team C to build the tower?

(   ) → _____
(   ) → _____

서술형 **11**

25 ⓐ와 ⓑ에서 각각 단어를 하나씩 골라 [보기]와 같이 문장을 쓰시오. [각 3점]

[조건]   1. (1)은 ⓐ에서 고른 단어로 문장을 쓸 것
        2. (2)는 ⓑ에서 고른 단어로 문장을 쓸 것
        3. 가주어 it과 to부정사의 의미상의 주어를 포함할 것

ⓐ possible	ⓑ kind
interesting	wise
impossible	foolish

[보기]   It was possible for me to swim in the sea.

(1) _____
(2) _____

● 틀린 문항을 표시해 보세요.

● 부족한 영역을 점검해 보고 어떻게 더 학습할지 학습 계획을 적어 보세요.

〈제1회〉 대표 기출로 내신 **적중** 모의고사　　　총점 _____ / 100

문항	영역	문항	영역	문항	영역
01	p.10(W)	10	p.15(L&S)	19	pp.30-31(R)
02	p.8(W)	11	p.15(L&S)	20	pp.30-31(R)
03	p.10(W)	12	p.13(L&S)	21	pp.30-31(R)
04	p.8(W)	13	p.22(G)	22	pp.30-31(R)
05	p.13(L&S)	14	p.23(G)	23	pp.30-31(R)
06	p.15(L&S)	15	p.22(G)	24	pp.30-31(R)
07	p.13(L&S)	16	p.22(G)	25	p.44(M)
08	p.15(L&S)	17	p.23(G)		
09	p.15(L&S)	18	p.22(G)		

오답 공략
부족한 영역
학습 계획

〈제2회〉 대표 기출로 내신 **적중** 모의고사　　　총점 _____ / 100

문항	영역	문항	영역	문항	영역
01	p.10(W)	10	p.23(G)	19	pp.30-31(R)
02	p.10(W)	11	p.22(G)	20	pp.30-31(R)
03	p.8(W)	12	pp.30-31(R)	21	pp.30-31(R)
04	p.14(L&S)	13	pp.30-31(R)	22	pp.30-31(R)
05	p.14(L&S)	14	pp.30-31(R)	23	p.44(M)
06	p.14(L&S)	15	pp.30-31(R)	24	p.44(M)
07	p.14(L&S)	16	pp.30-31(R)	25	p.44(M)
08	p.23(G)	17	pp.30-31(R)		
09	p.22(G)	18	pp.30-31(R)		

오답 공략
부족한 영역
학습 계획

〈제3회〉 대표 기출로 내신 **적중** 모의고사　　　총점 _____ / 100

문항	영역	문항	영역	문항	영역
01	p.10(W)	10	p.22(G)	19	pp.30-31(R)
02	p.8(W)	11	p.23(G)	20	pp.30-31(R)
03	p.8(W)	12	p.23(G)	21	pp.30-31(R)
04	p.13(L&S)	13	p.22(G)	22	pp.30-31(R)
05	p.13(L&S)	14	pp.30-31(R)	23	pp.30-31(R)
06	p.15(L&S)	15	pp.30-31(R)	24	pp.30-31(R)
07	p.15(L&S)	16	pp.30-31(R)	25	p.44(M)
08	p.15(L&S)	17	pp.30-31(R)		
09	p.15(L&S)	18	pp.30-31(R)		

오답 공략
부족한 영역
학습 계획

〈제4회〉 고난도로 내신 **적중** 모의고사　　　총점 _____ / 100

문항	영역	문항	영역	문항	영역
01	p.10(W)	10	p.23(G)	19	pp.30-31(R)
02	p.8(W)	11	p.22(G)	20	pp.30-31(R)
03	p.10(W)	12	p.23(G)	21	pp.30-31(R)
04	p.13(L&S)	13	pp.22~23(G)	22	pp.30-31(R)
05	p.14(L&S)	14	p.22(G)	23	pp.30-31(R)
06	p.14(L&S)	15	pp.30-31(R)	24	pp.30-31(R)
07	p.15(L&S)	16	pp.30-31(R)	25	p.22(G)
08	p.15(L&S)	17	pp.30-31(R)		
09	p.15(L&S)	18	pp.30-31(R)		

오답 공략
부족한 영역
학습 계획

Go Green

의사소통 기능	걱정 표현하기	A: **I'm worried about** global warming. (나는 지구 온난화가 걱정돼.) B: Me, too. It's terrible. (나도 그래. 그건 심해.)
	방법 묻기	A: **Do you know how to** do a team project well? (너는 팀 프로젝트를 잘 하는 방법을 아니?) B: Yes. You need to listen carefully to others' opinions. (응. 너는 다른 사람들의 의견을 잘 들어야 해.)
언어 형식	수 일치	About **a third of the bee population dies** every year. (벌 개체 수의 약 3분의 1 정도가 매년 죽는다.)
	조동사가 포함된 수동태	Honey from ancient Egypt **can be eaten** today. (고대 이집트 때의 꿀은 오늘날에도 먹을 수 있다.)

주요
학습 내용

학습 단계
PREVIEW

STEP **A**	Words	Listen & Speak	Grammar	Reading	기타 지문
STEP **B**	Words	Listen & Speak	Grammar	Reading	서술형 100% TEST
내신 적중 모의고사	제 **1** 회	제 **2** 회	제 **3** 회	제 **4** 회	

Words

만점 노트

Listen & Speak

□□ article	명 (신문 등의) 기사	□□ planet	명 행성, 지구
□□ because of	~ 때문에	□□ polar bear	북극곰
□□ break one's leg	다리가 부러지다	□□ pollution☆	명 오염
□□ brush one's teeth	양치질을 하다, 이를 닦다	□□ prevent☆	동 막다, 예방하다
□□ cause☆	동 ~을 야기하다, ~을 일으키다	□□ reduce☆	동 줄이다, 축소하다 (↔ increase)
□□ disappear☆	동 사라지다, 없어지다 (↔ appear)	□□ simple	형 간단한
□□ global warming	지구 온난화	□□ slow down	(속도 · 진행을) 늦추다
□□ in danger	위험에 처한	□□ take action	조치를 취하다, 행동에 옮기다
□□ less	형 더 적은 (little의 비교급) (↔ more)	□□ terrible	형 심한, 지독한 (= awful)
□□ look up	~을 찾아보다	□□ text	동 문자를 보내다
□□ melt☆	동 녹다, 녹이다 (↔ freeze)	□□ text neck	거북목 증후군
□□ movement	명 (조직적으로 벌이는) 운동, 움직임	□□ turn off	(전기 · 가스 · 수도 등을) 끄다 (↔ turn on)
□□ participate in☆	~에 참여하다 (= take part in)	□□ yellow dust	황사

Reading

□□ ancient	형 고대의	□□ plant	동 (식물을) 심다 명 식물
□□ bring	동 가져오다, 초래하다	□□ pollen	명 꽃가루, 화분
□□ chemical☆	명 화학 물질, 화학 제품(약품)	□□ pollination	명 수분 (작용)
□□ climate	명 기후	□□ population☆	명 인구, 개체 수
□□ climate change☆	기후 변화	□□ process	명 과정
□□ conditions	명 (복수형으로) 환경, 상황	□□ produce☆	동 생산하다, (식물이 열매 등을) 맺다
□□ crop☆	명 작물, 농작물	□□ provide	동 제공하다, 주다
□□ environment	명 환경	□□ reason☆	명 이유, 사유
□□ extremely☆	부 극단적으로, 극도로	□□ seed	명 씨, 씨앗
□□ harmful☆	형 해로운	□□ such as	~과 같은
□□ helpful	형 도움이 되는	□□ survive☆	동 살아남다, 생존하다
□□ insect	명 곤충	□□ truly	부 정말로, 진심으로 (= really)
□□ last	동 오래가다, 지속되다	□□ unhealthy	형 (건강에) 해로운, 유해한 (↔ healthy)
□□ let ~ down	~를 실망시키다		

Language Use

□□ anywhere	부 어디든지, 어디에서(도)	□□ quarter☆	명 4분의 1
□□ deliver	동 배달하다	□□ serve	동 (음식을) 제공하다, 차려 주다
□□ half	명 반, 절반	□□ skip	동 거르다, 건너뛰다
□□ hero	명 영웅	□□ spill	동 쏟다, 흘리다

Think and Write • Project

□□ break down	분해되다	□□ survey	동 (설문) 조사하다 명 (설문) 조사
□□ green	형 환경 보호의, 환경 친화적인		

Words

연습 문제

A 다음 단어의 우리말 뜻을 쓰시오.

01 disappear _____
02 prevent _____
03 movement _____
04 environment _____
05 ancient _____
06 extremely _____
07 pollination _____
08 last _____
09 produce _____
10 anywhere _____
11 spill _____
12 survey _____
13 text neck _____
14 chemical _____
15 population _____
16 pollen _____
17 conditions _____
18 process _____
19 unhealthy _____
20 cause _____

B 다음 우리말에 해당하는 영어 단어를 쓰시오.

21 살아남다, 생존하다 _____
22 4분의 1 _____
23 도움이 되는 _____
24 씨, 씨앗 _____
25 북극곰 _____
26 황사 _____
27 거르다, 건너뛰다 _____
28 문자를 보내다 _____
29 심한, 지독한 _____
30 제공하다, 주다 _____
31 (식물을) 심다, 식물 _____
32 이유, 사유 _____
33 녹다, 녹이다 _____
34 작물, 농작물 _____
35 기후 변화 _____
36 해로운 _____
37 더 적은 _____
38 줄이다, 축소하다 _____
39 오염 _____
40 배달하다 _____

C 다음 영어 표현의 우리말 뜻을 쓰시오.

01 take action _____
02 in danger _____
03 slow down _____
04 break one's leg _____
05 such as _____
06 look up _____
07 let ~ down _____
08 participate in _____

Words Plus
만점 노트

영어 뜻풀이

☐☐ ancient	고대의	coming from long ago in the past
☐☐ cause	~을 야기하다, ~을 일으키다	to make something happen
☐☐ climate	기후	the usual weather conditions in a particular area
☐☐ conditions	(복수형으로) 환경, 상황	the situation in which someone or something lives, works, etc.
☐☐ crop	작물, 농작물	a plant or plant product that is grown by farmers
☐☐ extremely	극단적으로, 극도로	to a very great degree
☐☐ global	세계적인, 지구의	involving the entire world
☐☐ harmful	해로운	causing damage or harm
☐☐ honey	꿀	a sweet sticky substance produced by bees and used as food
☐☐ insect	곤충	a small animal that has six legs, and sometimes wings
☐☐ melt	녹다, 녹이다	to become liquid as a result of heating
☐☐ pollen	꽃가루, 화분	a fine powder produced by flowers that is needed to make seeds
☐☐ pollination	수분 (작용)	the transfer of pollen from one flower to another to produce seeds
☐☐ population	인구, 개체 수	a group of people or animals of a particular kind that live in a place
☐☐ process	과정	a series of things that are done in order to achieve a particular result
☐☐ produce	생산하다, (식물이 열매 등을) 맺다	to make or create something by a natural process
☐☐ provide	제공하다, 주다	to give something to somebody
☐☐ seed	씨, 씨앗	a small object produced by a plant from which a new plant can grow
☐☐ survive	살아남다, 생존하다	to remain alive

단어의 의미 관계

- **유의어**
  terrible = awful (심한, 지독한)
  helpful = useful (도움이 되는, 유용한)
  truly = really (정말로)
  participate in = take part in (~에 참여하다)

- **반의어**
  appear (나타나다) ↔ disappear (사라지다)
  melt (녹다, 녹이다) ↔ freeze (얼다, 얼리다)
  healthy (건강에 좋은) ↔ unhealthy (건강에 해로운)
  reduce (줄이다) ↔ increase (증가시키다)

- **명사 – 형용사(명사+ful)**
  help (도움) – helpful (도움이 되는)
  use (사용) – useful (유용한)
  care (주의) – careful (주의 깊은, 조심하는)
  harm (해) – harmful (해로운)

다의어

- **cause** 1. 통 ~을 야기하다 2. 명 원인
  1. The typhoon **caused** huge damage.
     태풍이 엄청난 피해를 야기했다.
  2. What is the **cause** of the accident?
     그 사건의 원인은 무엇인가요?

- **chemical** 1. 명 화학 물질, 화학 제품 2. 형 화학의, 화학적인
  1. Farmers use **chemicals** to kill insects.
     농부들은 곤충을 죽이기 위해 화학 제품을 사용한다.
  2. A **chemical** change produces a new substance.
     화학적 변화는 새로운 물질을 만든다.

- **last** 1. 통 오래가다, 지속되다 2. 형 마지막의, 끝의
  3. 형 지난, 최근의
  1. This weather won't **last**. 이 날씨는 오래가지 못할 것이다.
  2. This is the **last** concert of this season.
     이것은 이 계절의 마지막 음악회다.
  3. I saw him **last** night. 나는 지난밤에 그를 봤다.

Words Plus
연습 문제

A 다음 뜻풀이에 알맞은 말을 [보기]에서 골라 쓴 후, 우리말 뜻을 쓰시오.

[보기]	melt	pollen	survive	ancient	provide	global	climate	crop

1 _____ : to remain alive : _____
2 _____ : involving the entire world : _____
3 _____ : to give something to somebody : _____
4 _____ : coming from long ago in the past : _____
5 _____ : to become liquid as a result of heating : _____
6 _____ : a plant or plant product that is grown by farmers : _____
7 _____ : the usual weather conditions in a particular area : _____
8 _____ : a fine powder produced by flowers that is needed to make seeds : _____

B 다음 짝 지어진 두 단어의 관계가 같도록 빈칸에 알맞은 말을 쓰시오.

1 care : careful = harm : _____
2 healthy : unhealthy = appear : _____
3 helpful : useful = really : _____
4 earth : planet = bee : _____
5 terrible : awful = participate in : _____

C 다음 빈칸에 알맞은 말을 [보기]에서 골라 쓰시오.

[보기]	spill	prevent	extremely	population	produce

1 The factories _____ 100 cars per hour.
2 Taking care of the kids is _____ tiring.
3 Did you _____ the water over the carpet?
4 The police work hard to _____ crime.
5 The world's _____ is increasing every day.

D 다음 우리말과 같도록 빈칸에 알맞은 말을 쓰시오.

1 속도를 줄여! 너는 너무 빠르게 운전하고 있어! → _____ _____! You're driving too fast!
2 내 아이들은 나를 결코 실망시키지 않을 것이다. → My children would never _____ me _____.
3 우리는 위험에 처한 동물들을 보호하려고 노력해야 한다. → We must try to protect animals _____ _____.
4 그는 힙합 댄스 대회에 참가할 것이다. → He will _____ _____ a hip-hop dance contest.
5 정부는 대기 오염을 줄이기 위해 조치를 취해야 한다.
　　→ The government must _____ _____ to reduce air pollution.

W Words
실전 TEST

01 다음 짝 지어진 두 단어의 관계가 나머지와 <u>다른</u> 것은?

① melt – freeze   ② terrible – awful

③ reduce – increase   ④ healthy – unhealthy

⑤ appear – disappear

02 다음 영어 뜻풀이에 알맞은 단어는?

a group of people or animals of a particular kind that live in a place

① pollen   ② global   ③ conditions

④ population   ⑤ environment

03 다음 빈칸에 들어갈 단어로 알맞은 것은?

Looking at a computer monitor for a long time can be _____ to the eyes.

① helpful   ② harmful   ③ healthy

④ ancient   ⑤ chemical

04 다음 중 밑줄 친 부분의 우리말 뜻이 알맞지 <u>않은</u> 것은?

① I felt my life was <u>in danger</u>. (위험에 처한)

② I told her to <u>look up</u> the word in the dictionary. (찾아보다)

③ Could you <u>slow down</u>, please? You're walking too fast. (속도를 늦추다)

④ We have to <u>take action</u> to save the Earth. (조치를 취하다)

⑤ Don't worry. He won't <u>let us down</u>. (~을 내리다)

05 다음 밑줄 친 단어와 같은 의미로 쓰인 것은?

This good weather won't <u>last</u> until the weekend.

① When did you see him <u>last</u>?

② The wall painting will <u>last</u> a long time.

③ Did you see the news on TV <u>last</u> night?

④ He changed his mind at the <u>last</u> moment.

⑤ The <u>last</u> five years have been very difficult for him.

06 다음 빈칸에 들어갈 단어로 알맞지 <u>않은</u> 것은?

• Mina didn't call or ___①___ me all day.

• He should drive ___②___ and walk more often.

• These plants cannot ___③___ in very cold weather.

• Sow the ___④___ in spring, and harvest the crops in fall.

• Oh, no! I just ___⑤___ my milk on the floor.

① text   ② less   ③ survive

④ pollen   ⑤ spilled

07 괄호 안의 우리말과 같도록 빈칸에 알맞은 말을 쓰시오.

Bees help produce many crops _____ _____ apples and strawberries.

(벌은 사과와 딸기 같은 많은 농작물을 생산하는 데 도움이 된다.)

1 걱정 표현하기

A: **I'm worried about** global warming.
B: Me, too. It's terrible.

나는 지구 온난화가 걱정돼.
나도 그래. 그건 심해.

I'm worried about ~.은 '나는 ~이 걱정돼.'라는 뜻으로 걱정하거나 염려하는 것을 말할 때 사용하는 표현이다. about 뒤에는 걱정하는 대상이나 내용을 명사(구)나 동명사(구)로 나타낸다.

e.g.
- **I'm worried about** our health. 나는 우리 건강이 걱정돼.
  I'm concerned about our health.
  I'm anxious about our health.
  I'm worried about taking the science test. 나는 과학 시험을 보는 것이 걱정돼.

2 방법 묻기

A: **Do you know how to** do a team project well?
B: Yes. You need to listen carefully to others' opinions.

너는 팀 프로젝트를 잘 하는 방법을 아니?
응. 너는 다른 사람들의 의견을 잘 들어야 해.

'너는 ~하는 방법을 아니?' 또는 '너는 ~을 어떻게 하는지 아니?'라는 뜻으로 상대방에게 어떤 방법을 물을 때 「Do you know how to+동사원형 ~?」을 사용할 수 있다.
방법을 알고 있어 이를 설명해 줄 때는 「Yes(Sure). You(We) need to+동사원형 ~.」이나 「You can ~ by+동사원형-ing.」 등으로 말한다.
방법을 모를 때는 I'm sorry, I don't know. 또는 Well, I'm not sure. 등으로 말한다.

e.g.
- A: **Do you know how to** slow down global warming?
  너는 지구 온난화를 늦추는 방법을 아니?
  Can you tell me how to slow down global warming?
  나에게 지구 온난화를 늦추는 방법을 말해 줄래?
  Can you explain how to slow down global warming? 지구 온난화를 늦추는 방법을 설명해 줄래?
  How can I slow down global warming? 내가 어떻게 지구 온난화를 늦출 수 있을까?
  주의! 의문사로 시작하는 질문에는 Yes/No로 대답하지 않아요.
- B: Yes. You need to save energy. 응. 너는 에너지를 절약해야 해.
  Sure. You can start by saving energy. 물론이야. 너는 에너지를 절약함으로써 시작할 수 있어.
  I'm sorry, I don't know. 미안하지만, 난 모르겠어.
  Well, I'm not sure. 음, 잘 모르겠어.

L&S

Listen & Speak
만점 노트

대화문 해석 보기 >> 90~91쪽

주요 표현
구문 해설

Listen and Speak 1-A

교과서 30쪽

B: Jane, ❶ what's the matter?

G: My brother ❷ broke his leg.

B: Oh, ❸ I'm sorry to hear that.

G: ❹ I'm worried about him.

B: ❺ Don't worry. He'll be okay.

❶ '무슨 일 있니?'라는 의미로 걱정의 원인을 묻는 표현

❷ break one's leg: 다리가 부러지다

❸ 유감을 나타내는 표현

❹ I'm worried about ~.은 '나는 ~이 걱정돼.'라는 뜻으로, 걱정을 나타내는 표현

❺ '걱정하지 마.'라는 의미로 위로하는 표현

Q1. Why is Jane worried about her brother? → Because _____.

Listen and Speak 1-B

교과서 30쪽

G: ❶ Are you ready for our soccer game today, Sam?

B: Kathy, ❷ didn't you see the news?

G: ❸ No, I didn't. What did ❹ it say?

B: The ❺ yellow dust is terrible today.

G: Oh, no. Yellow dust ❻ can cause many health problems.

B: Yeah, ❼ I'm worried about our health.

G: We can play another day.

B: ❽ You're right. I'll ❾ text the other team members ❿ right now.

G: Great idea.

❶ be ready for: ~할 준비가 되다

❷ 「Didn't+주어+동사원형 ~?」은 '~하지 않았니?'라는 의미의 부정의문문

❸ 부정의문문에 답할 때 답하는 내용이 긍정이면 Yes로 답하고, 부정이면 No로 답한다.

❹ it은 the news를 가리키고, say는 '(신문 등에) ~라고 하다, 나와 있다'라는 뜻이다.

❺ 황사

❻ '~할 수 있다'라는 뜻의 가능성을 나타내는 조동사

❼ 걱정을 나타내는 표현

❽ 상대방의 말에 동의하는 표현

❾ ⑧ 문자를 보내다

❿ 지금 당장

Q2. Sam이 전한 뉴스는 무엇인가요?

Q3. Are they going to play soccer today?

Listen and Speak 1-C

교과서 30쪽

A: I'm worried about global warming.

B: ❶ Me, too. ❷ It's terrible.

A: ❸ What can we do to help?

B: We can use ❹ less plastic.

❶ '나도 그래.'라는 의미로 상대방의 말에 동의하는 표현

❷ = global warming

❸ 우리가 무엇을 할 수 있을까?

❹ 더 적은, 덜(↔ more)

Q4. 지구 온난화를 줄이기 위한 방법으로 B가 말한 것은 무엇인가요?

Listen and Speak 2-A

교과서 31쪽

B: My neck ❶ hurts.

G: ❷ Be careful ❸ not to get text neck.

B: ❹ Do you know how to prevent it?

G: Yes. You ❺ need to stretch your neck often.

B: Okay, ❻ I will. Thanks.

❶ 아프다

❷ '조심해'라는 뜻의 경고하는 표현

❸ not+to부정사: to부정사의 부정

❹ 「Do you know how to+동사원형 ~?」은 '너는 ~하는 방법을 아니?'라는 뜻으로, 방법을 묻는 표현

❺ need to+동사원형: ~해야 한다, ~할 필요가 있다

❻ I will 뒤에 stretch my neck often이 생략

Q5. ❹를 해석해 보세요.

Listen and Speak 2-B

교과서 31쪽

G: Jinsu, ❶ did you know that polar bears are ❷ in danger?

B: Yes. I ❸ read about ❹ it in an article. ❺ It's because of global warming.

G: Right. Their homes are ❻ melting away and their food is ❼ disappearing.

B: We ❽ should do something about it.

G: ❾ Do you know how to slow down global warming?

B: Well, we can start ❿ by saving energy.

G: Right. We ⓫ need to ⓬ turn off the lights ⓭ when we leave the room.

B: That's a good idea.

❶ 「Did you know that+주어+동사 ~?」는 '너는 ~을 알고 있었니?'라는 뜻의 표현
❷ 위험에 처한
❸ read의 과거형
❹ = polar bears are in danger
❺ 그것은 ~ 때문이다.
❻ melt away: 녹아 없어지다
❼ disappear: 사라지다 (↔ appear 나타나다)
❽ '~해야 한다'라는 뜻의 조동사
❾ 방법을 묻는 표현
❿ by+동명사: ~함으로써
⓫ need to+동사원형: ~해야 한다, ~할 필요가 있다
⓬ (전기·수도 등을) 끄다 (↔ turn on 켜다)
⓭ '~할 때'라는 뜻의 시간의 접속사

Q6. What is happening to polar bears?

Q7. 에너지를 절약하는 방법으로 언급된 것은 무엇인가요?

Listen and Speak 2-C

교과서 31쪽

A: ❶ Can I ask you something?

B: Of course. What is ❷ it?

A: Do you know how to do a team project well?

B: Yes. You ❸ need to listen carefully to ❹ others' opinions.

❶ 내가 뭐 좀 물어봐도 될까?
❷ '묻는 것'을 가리킨다.
❸ need to+동사원형: ~해야 한다, ~할 필요가 있다
❹ = other people's

Q8. A가 알고 싶어 하는 것은 무엇인가요?

Real Life Talk > Watch a Video

교과서 32쪽

Minho: Linda, did you see the TV program, *The Sick Planet*?

Linda: Yes, I did. ❶ I'm worried about ❷ our planet.

Minho: ❸ Me, too. We should ❹ take action ❺ to save the Earth.

Linda: You're right. Hey! ❻ Why don't we ❼ participate in Earth Hour?

Minho: Earth Hour? What's that?

Linda: It's a world ❽ movement for the environment.

Minho: Sounds great! ❾ Do you know how to ❿ take part in ⓫ it?

Linda: Sure. We turn off our lights together for an hour.

Minho: That's so simple! So, when do we do ⓬ it?

Linda: I'm not sure. It's different every year.

Minho: Let's ⓭ look it up on the Internet.

❶ 걱정을 나타내는 표현
❷ = 우리 지구
❸ 상대방의 말에 동의하는 표현
❹ 조치를 취하다
❺ '~하기 위해'라는 뜻의 목적을 나타내는 to부정사
❻ 「Why don't we+동사원형 ~?」은 '우리 ~하는 게 어때?'라는 의미로 제안하는 표현
❼ participate in: ~에 참여하다 (= take part in)
❽ (조직적으로 벌이는) 운동
❾ 방법을 묻는 표현
❿ take part in: ~에 참여하다 (= participate in)
⓫ = Earth Hour
⓬ = Earth Hour
⓭ look up: ~을 찾아보다
목적어가 대명사(it)일 경우 look과 up 사이에 쓴다.

Q9. Linda가 말한 두 번째 문장(❶+❷)을 해석해 보세요.

Q10. Explain how to take part in Earth Hour.

빈칸 채우기

우리말과 일치하도록 대화의 빈칸에 알맞은 말을 쓰시오.

주요 표현

1 Listen and Speak 1-A

B: Jane, what's _____ _____?
G: My brother _____ _____ _____.
B: Oh, I'm sorry to hear that.
G: I'm _____ _____ him.
B: Don't worry. He'll be okay.

해석 · 교과서 30쪽

B: Jane, 무슨 일 있니?
G: 내 남동생이 다리가 부러졌어.
B: 오, 그 말을 들으니 유감이구나.
G: 나는 동생이 걱정돼.
B: 걱정하지 마. 그는 괜찮을 거야.

2 Listen and Speak 1-B

G: _____ _____ _____ _____ our soccer game today, Sam?
B: Kathy, didn't you see the news?
G: No, I didn't. What did it say?
B: The _____ _____ is terrible today.
G: Oh, no. Yellow dust can cause many health problems.
B: Yeah, _____ _____ _____ our health.
G: We can play _____ _____.
B: You're right. I'll text the other team members right now.
G: Great idea.

교과서 30쪽

G: 오늘 축구 경기를 할 준비가 됐니, Sam?
B: Kathy, 뉴스 못 봤니?
G: 응, 못 봤어. 뉴스에서 뭐라고 했는데?
B: 오늘 황사가 심하대.
G: 오, 안 돼. 황사는 많은 건강상의 문제를 일으킬 수 있어.
B: 응, 나는 우리의 건강이 걱정돼.
G: 우리는 다른 날 경기를 하면 돼.
B: 맞아. 내가 당장 다른 팀원들에게 문자를 보낼게.
G: 좋은 생각이야.

3 Listen and Speak 1-C

A: _____ _____ _____ global warming.
B: Me, too. It's terrible.
A: _____ _____ _____ _____ to help?
B: We can _____ _____ _____.

교과서 30쪽

A: 나는 지구 온난화가 걱정돼.
B: 나도 그래. 그건 심해.
A: 우리가 돕기 위해 무엇을 할 수 있을까?
B: 우리는 플라스틱을 덜 사용할 수 있어.

4 Listen and Speak 2-A

B: My neck hurts.
G: _____ _____ not to get text neck.
B: _____ _____ _____ _____ _____ prevent it?
G: Yes. You _____ _____ stretch your neck often.
B: Okay, I will. Thanks.

교과서 31쪽

B: 목이 아파.
G: 거북목 증후군이 생기지 않도록 조심해.
B: 너는 그걸 예방하는 방법을 아니?
G: 응. 너는 목을 자주 스트레칭해야 해.
B: 응, 그럴게. 고마워.

5 Listen and Speak 2-B

교과서 31쪽

G: Jinsu, did you know that polar bears are _____ _____?

B: Yes. I read about it in an article. _____ _____ _____ global warming.

G: Right. Their homes are melting away and their food is disappearing.

B: We should do something about it.

G: _____ _____ _____ _____ _____ slow down global warming?

B: Well, we can start _____ _____ energy.

G: Right. We need to _____ _____ _____ _____ when we leave the room.

B: That's a good idea.

해석

G: 진수야, 너는 북극곰이 위험에 처해 있다는 걸 알고 있었니?

B: 응. 난 기사에서 그것에 관해 읽었어. 그건 지구 온난화 때문이야.

G: 맞아. 그들의 서식지는 녹아 없어지고 있고 그들의 먹이는 사라지고 있어.

B: 우리는 그것과 관련해 뭔가를 해야 해.

G: 너는 지구 온난화를 늦추는 방법을 아니?

B: 음, 우리는 에너지를 절약함으로써 시작할 수 있어.

G: 맞아. 우리는 방에서 나갈 때 불을 꺼야 해.

B: 좋은 생각이야.

6 Listen and Speak 2-C

교과서 31쪽

A: Can I ask you something?

B: Of course. What is it?

A: _____ _____ _____ _____ _____ do a team project well?

B: Yes. You need to _____ _____ _____ _____ _____.

A: 뭐 좀 물어봐도 될까?

B: 물론이지. 뭔데?

A: 너는 팀 프로젝트를 잘 하는 방법을 아니?

B: 응. 너는 다른 사람들의 의견을 잘 들어야 해.

7 Real Life Talk > Watch a Video

교과서 32쪽

Minho: Linda, did you see the TV program, *The Sick Planet*?

Linda: Yes, I did. _____ _____ _____ our planet.

Minho: Me, too. We should _____ _____ to save the Earth.

Linda: You're right. Hey! _____ _____ _____ participate in Earth Hour?

Minho: Earth Hour? What's that?

Linda: It's a world movement for the environment.

Minho: Sounds great! _____ _____ _____ _____ _____ take part in it?

Linda: Sure. We turn off our lights together for an hour.

Minho: That's so simple! So, when do we do it?

Linda: I'm _____ _____. It's different every year.

Minho: Let's _____ it _____ on the Internet.

민호: Linda, 너는 '병든 행성'이라는 TV 프로그램을 봤니?

Linda: 응. 봤어. 나는 우리 지구가 걱정돼.

민호: 나도. 우리는 지구를 구하기 위해 조치를 취해야 해.

Linda: 맞아. 얘! 우리 Earth Hour에 참여하는 게 어때?

민호: Earth Hour? 그게 뭐야?

Linda: 그건 환경을 위한 세계적인 운동이야.

민호: 좋을 것 같아! 너는 그것에 참여하는 방법을 아니?

Linda: 물론이야. 한 시간 동안 함께 전등을 끄는 거야.

민호: 정말 간단하네! 그러면 언제 그것을 하는 거니?

Linda: 잘 모르겠어. 그건 매년 달라.

민호: 인터넷에서 찾아보자.

Listen & Speak

대화 순서 배열하기

자연스러운 대화가 되도록 순서를 바르게 배열하시오.

1 Listen and Speak 1-A
교과서 30쪽

ⓐ Oh, I'm sorry to hear that.
ⓑ My brother broke his leg.
ⓒ I'm worried about him.
ⓓ Don't worry. He'll be okay.
ⓔ Jane, what's the matter?

( ) – ( ) – ( ) – ( ) – ( )

2 Listen and Speak 1-B
교과서 30쪽

ⓐ Are you ready for our soccer game today, Sam?
ⓑ Yeah, I'm worried about our health.
ⓒ You're right. I'll text the other team members right now.
ⓓ Oh, no. Yellow dust can cause many health problems.
ⓔ The yellow dust is terrible today.
ⓕ Kathy, didn't you see the news?
ⓖ No, I didn't. What did it say?
ⓗ Great idea.
ⓘ We can play another day.

(ⓐ) – ( ) – ( ) – ( ) – ( ) – ( ) – ( ) – ( ) – (ⓗ)

3 Listen and Speak 1-C
교과서 30쪽

ⓐ We can use less plastic.
ⓑ Me, too. It's terrible.
ⓒ I'm worried about global warming.
ⓓ What can we do to help?

( ) – ( ) – ( ) – ( )

4 Listen and Speak 2-A
교과서 31쪽

ⓐ Okay, I will. Thanks.
ⓑ My neck hurts.
ⓒ Do you know how to prevent it?
ⓓ Yes. You need to stretch your neck often.
ⓔ Be careful not to get text neck.

( ) – ( ) – ( ) – ( ) – ( )

5 Listen and Speak 2-B

교과서 31쪽

ⓐ Do you know how to slow down global warming?
ⓑ Right. Their homes are melting away and their food is disappearing.
ⓒ Well, we can start by saving energy.
ⓓ Right. We need to turn off the lights when we leave the room.
ⓔ Jinsu, did you know that polar bears are in danger?
ⓕ That's a good idea.
ⓖ Yes. I read about it in an article. It's because of global warming.
ⓗ We should do something about it.

(ⓔ) – ( ) – ( ) – ( ) – (ⓐ) – ( ) – ( ) – ( )

6 Listen and Speak 2-C

교과서 31쪽

ⓐ Do you know how to do a team project well?
ⓑ Can I ask you something?
ⓒ Yes. You need to listen carefully to others' opinions.
ⓓ Of course. What is it?

( ) – ( ) – ( ) – ( )

7 Real Life Talk > Watch a Video

교과서 32쪽

ⓐ You're right. Hey! Why don't we participate in Earth Hour?
ⓑ Linda, did you see the TV program, *The Sick Planet*?
ⓒ Sounds great! Do you know how to take part in it?
ⓓ Yes, I did. I'm worried about our planet.
ⓔ I'm not sure. It's different every year.
ⓕ Me, too. We should take action to save the Earth.
ⓖ Earth Hour? What's that?
ⓗ Let's look it up on the Internet.
ⓘ It's a world movement for the environment.
ⓙ Sure. We turn off our lights together for an hour.
ⓚ That's so simple! So, when do we do it?

(ⓑ) – ( ) – ( ) – ( ) – ( ) – ( ) – ( ) – ( ) – ( ) – ( ) – ( )

STEP A

01 다음 대화의 밑줄 친 부분의 의도로 알맞은 것은?

A: I'm worried about global warming.
B: Me, too. It's terrible.

① 관심 묻기　　　② 걱정 표현하기
③ 방법 묻기　　　④ 기대 표현하기
⑤ 조언 구하기

02 다음 대화의 빈칸에 들어갈 말로 알맞은 것은?

A: Do you know _____ to reduce water pollution?
B: Yes. We need to use less shampoo.

① who　　　② how　　　③ why
④ when　　　⑤ where

03 다음 대화의 밑줄 친 우리말을 영어로 옮길 때 사용하지 않는 단어는?

A: 나는 사라지는 벌들이 걱정돼.
B: Me, too. It's terrible.

① that　　　② bees　　　③ about
④ worried　　　⑤ disappearing

04 다음 대화의 흐름상 어색한 문장은?

A: ① My neck hurts.
B: ② Be careful not to get text neck.
A: ③ Do you know how to prevent it?
B: ④ Yes. You need to use your smartphone often.
A: ⑤ Okay, I will. Thanks.

05 자연스러운 대화가 되도록 (A)~(D)를 바르게 배열한 것은?

(A) What can we do to help?
(B) Me, too. It's terrible.
(C) We can donate money to them.
(D) I'm concerned about hungry children in Africa.

① (A) – (C) – (D) – (B)　　② (A) – (D) – (B) – (C)
③ (C) – (A) – (D) – (B)　　④ (D) – (B) – (A) – (C)
⑤ (D) – (C) – (A) – (B)

[06-07] 다음 대화를 읽고, 물음에 답하시오.

Minho: Linda, did you see the TV program, *The Sick Planet*?
Linda: Yes. I did. I'm worried about our planet.
Minho: Me, too. We should take action to save the Earth.
Linda: You're right. Hey! Why don't we participate in Earth Hour?
Minho: Earth Hour? What's that? (①)
Linda: It's a world movement for the environment. (②)
Minho: Sounds great! (③)
Linda: Sure. We turn off our lights together for an hour. (④)
Minho: That's so simple! So, when do we do it?
Linda: I'm not sure. It's different every year. (⑤)
Minho: Let's look it up on the Internet.

06 위 대화의 ①~⑤ 중 주어진 말이 들어갈 알맞은 곳은?

Do you know how to take part in it?

①　　　②　　　③　　　④　　　⑤

07 위 대화의 내용과 일치하지 <u>않는</u> 것은?

① 두 사람은 지구를 걱정하고 있다.
② Linda는 Earth Hour에 참여할 것을 제안했다.
③ Earth Hour는 환경을 위한 세계적인 운동이다.
④ 1시간 동안 전등을 끔으로써 Earth Hour에 참여할 수 있다.
⑤ Earth Hour의 날짜는 매년 같다.

08 다음 대화의 빈칸에 들어갈 말로 알맞지 <u>않은</u> 것을 <u>모두</u> 고르면?

A: _____
B: Sure. You need to turn off the water when you brush your teeth.

① How can I save water?
② Do you know why should we save water?
③ Do you know how to save water?
④ Can you explain how to save water?
⑤ Can you tell me how to save water?

09 다음 대화의 빈칸에 알맞은 말이 되도록 괄호 안의 단어들을 배열할 때 다섯 번째로 오는 단어는?

A: Can I ask you something?
B: Of course. What is it?
A: _____?
(you, to, a team project, how, do, know, well, do)
B: Yes. You need to listen carefully to others' opinions.

① how   ② to   ③ do
④ know   ⑤ well

10 다음 괄호 안의 단어들을 사용하여 대화의 밑줄 친 우리말을 영어로 옮겨 쓰시오.

A: <u>너는 이 기계를 작동시키는 방법을 아니?</u>
B: Yes. You just need to press this button.

→ _____
(how, start, machine)

11 다음 괄호 안의 말을 바르게 배열하여 대화의 빈칸에 알맞은 말을 쓰시오.

A: _____
(the singing contest, about, I'm, worried)
B: Don't worry. You will do well.

12 다음 대화의 빈칸에 알맞은 말을 [보기]에서 골라 쓰시오.

[보기]
• I'm sorry to hear that. Why are they in danger?
• We need to turn off the lights when we leave the room.
• Did you know that polar bears are in danger?
• I don't know what is happening to them.
• Do you know how to slow down global warming?

A: (1) _____
B: Yes. I read about it in an article. It's because of global warming.
A: Right. Their homes are melting away and their food is disappearing.
B: We should do something about it.
A: (2) _____
B: Well, we can start by saving energy.
A: Right. (3) _____
B: That's a good idea.

G Grammar
핵심 노트

1 「부분/전체 표현+of+명사」 주어의 수 일치

- About a third of the bee population **dies** every year.   벌 개체 수의 약 3분의 1 정도가 매년 죽는다.
- Half of the money **was** stolen.   그 돈의 절반을 도둑맞았다.
- 20 percent of the students **skip** breakfast.   학생들의 20퍼센트가 아침을 거른다.

(1) 동사의 형태는 주어의 인칭과 수에 따라 결정된다. 주어가 단수인 경우 동사의 단수형을 쓰고, 주어가 복수인 경우 동사의 복수형을 쓴다.
- Honey **is** a truly wonderful food. 꿀은 정말 굉장한 음식이다.
- Bees **are** very helpful to humans. 벌은 인간에게 매우 도움이 된다.

(2) 주어가 「half/all/most/some/분수/퍼센트+of+명사」의 형태인 경우, 동사는 of 뒤의 명사의 수에 일치시킨다. 즉, of 뒤의 명사가 단수 명사이면 동사의 단수형을 쓰고, 복수 명사이면 동사의 복수형을 쓴다.
- Half of the people **have** pets. 그 사람들의 절반이 애완동물을 기른다.
- About one-third of the milk **was** spilled. 우유의 약 3분의 1 정도가 쏟아졌다.
  > 주의! 셀 수 없는 명사는 단수형으로만 쓰며 뒤에 오는 동사도 단수형으로 써요.
- A quarter of the money **was** spent on books. 그 돈의 4분의 1이 책에 쓰였다.
- 30 percent of the students **speak** Chinese.
  그 학생들의 30퍼센트가 중국어를 말한다.

> 비교 「one of+복수 명사」가 주어인 경우, one에 맞춰 동사의 단수형을 쓴다.
> - One of the reasons **is** climate change.
>   그 이유들 중 하나는 기후 변화이다.

시험 포인트 point
다양한 형태의 주어와 동사의 수 일치를 묻는 문제가 출제돼요. 동사의 형태가 결정되는 여러 가지 경우를 명확히 기억하세요.

*분수를 영어로 표현할 때 분자는 기수(one, two...)로, 분모는 서수(first, second...)로 쓴다. 분자가 1보다 큰 경우 분모인 서수에 -s를 붙인다.
1/3 = one-third 또는 a third
2/3 = two-thirds
3/5 = three-fifths

QUICK CHECK

1 다음 괄호 안에서 알맞은 것을 고르시오.
  (1) All of the guests (has / have) arrived.
  (2) Two-thirds of the country (is / are) covered with forest.
  (3) Half of the pie (was / were) eaten by Kevin.

2 다음 문장의 밑줄 친 부분이 어법상 틀렸으면 바르게 고쳐 쓰시오.
  (1) Some of his family members was not happy. → _____
  (2) One of the students were late for class. → _____
  (3) 40 percent of the people spends most of their money on food. → _____

2 조동사가 포함된 수동태

- Honey from ancient Egypt **can be eaten** today.
  └ can be + 과거분사: ~되어질 수 있다
- This homework **must be finished** by tomorrow.
  └ must be + 과거분사: ~되어져야 한다
- The hero **will be remembered** forever.
  └ will be + 과거분사: ~되어질 것이다

고대 이집트 때의 꿀은 오늘날에도 먹을 수 있다.

이 숙제는 내일까지 끝내야 한다.

그 영웅은 영원히 기억될 것이다.

(1) 의미와 형태

조동사가 포함된 수동태는 「조동사 + be + 과거분사」의 형태로 나타내며, 수동의 의미에 조동사의 의미를 더해 해석한다.

- Please wait. Your dish **will be served** soon.

  기다려 주세요. 당신의 요리가 곧 나올 거예요.

- This letter **must be delivered** by tomorrow.

  이 편지는 내일까지 배달되어야 한다.

- This cheese **should be sold** by May 31st.

  이 치즈는 5월 31일까지 팔려야 한다.

- This book **will be loved** by many teens.

  이 책은 많은 10대들에게 사랑 받을 것이다.

- The use of harmful chemicals on crops **must be stopped**.

  농작물에 해로운 화학 물질의 사용은 중단되어야 한다.

> **시험 포인트** **point**
>
> 능동태 문장을 수동태로 바꿔 쓰거나 수동태 문장의 올바른 어순을 묻는 문제가 자주 출제돼요.

> **수동태: be동사 + 과거분사**
>
> · The Beatles **were loved** by many people.
>
> The Beatles는 많은 사람들에게 사랑 받았다.
>
> [중2 3과]

(2) 부정형

조동사 뒤에 부정어 not을 써서 「조동사 + not + be + 과거분사」의 형태로 쓴다.

- These crops **cannot be produced** by themselves.

  이 농작물들은 스스로 생산될 수 없다.

- The letter **must not be sent** to the wrong address.

  그 편지는 잘못된 주소로 보내져서는 안 된다.

QUICK CHECK

1 괄호 안의 단어들을 바르게 배열하여 빈칸에 쓰시오.

(1) The camera _____ in water. (be, can, used)

(2) The book _____ by tomorrow. (returned, be, should)

(3) A decision _____ until the next morning. (not, made, will, be)

2 괄호 안의 단어들을 이용하여 빈칸을 완성하시오.

(1) A lot of information _____ to you. (will, give)

(2) Your skin _____ from the sun. (must, protect)

(3) The soup _____ in 3 minutes. (can, cook)

1 「부분/전체 표현+of+명사」 주어의 수 일치

A 다음 빈칸에 알맞은 be동사를 쓰시오. (현재시제로 쓸 것)

1 All of the students _____ proud of their school.

2 Half of the money _____ yours.

3 Three-fourths of my books _____ novels.

4 Most of the river _____ polluted.

5 One of my friends _____ from Australia.

B 괄호 안에 주어진 동사를 활용하여 문장을 완성하시오. (현재시제로 쓸 것)

1 Half of the students _____ yoga classes twice a week. (take)

2 Around 50 percent of the girls _____ under the age of 15. (be)

3 Some of these stars _____ their own planets. (have)

4 A quarter of his free time _____ spent playing games. (be)

C 다음 문장의 밑줄 친 부분이 어법상 틀렸으면 바르게 고쳐 쓰시오.

1 A quarter of the pizza were eaten by Megan. → _____

2 All of the children loves the animation. → _____

3 Two-thirds of the floor were covered with dirty water. → _____

D 다음 우리말과 같도록 괄호 안의 말을 바르게 배열하여 문장을 쓰시오.

1 그 학생들 중 절반이 아프리카의 어린이들을 돕고 싶어 한다.
→ _____
(want, in Africa, the students, help, of, half, children, to)

2 그 학생들의 70퍼센트가 이 아이디어를 마음에 들어한다.
→ _____
(of, idea, 70, the students, like, percent, this)

3 그 돈의 일부가 가난한 사람들을 돕는 데 사용되었다.
→ _____
(some, help, was, the money, of, to, spent, the poor)

4 내 친구들 중 한 명은 그녀 자신의 컵을 가지고 다닌다.
→ _____
(of, cup, own, her, one, carries, my friends)

2 조동사가 포함된 수동태

A 다음 능동태 문장을 수동태 문장으로 바꿔 쓰시오.

1 Every visitor can use this phone.

→ _____

2 My grandfather will build a new house.

→ _____

3 Children cannot open the door easily.

→ _____

4 Jason must send the letter to this address.

→ _____

B 다음 문장에서 어법상 <u>틀린</u> 부분을 바르게 고쳐 문장을 다시 쓰시오.

1 The wall must is painted by next week.

→ _____

2 This plate can be breaking easily.

→ _____

3 The pizza will deliver to you at 7 p.m.

→ _____

4 The same mistake should be not made again.

→ _____

C 다음 괄호 안의 말을 바르게 배열하여 문장을 쓰시오.

1 _____

(cleaned, every day, must, the classroom, be)

2 _____

(be, by children, not, the box, opened, should)

3 _____

(can, in the country, seen, be, a lot of stars)

D 다음 우리말과 같도록 괄호 안의 말을 이용하여 문장을 쓰시오.

1 이 문제는 해결되어야 한다. (must, solve)

→ _____

2 영어는 Brian에 의해 가르쳐질 것이다. (will, teach)

→ _____

3 그 재킷은 찬물에서 세탁될 수 있다. (can, wash)

→ _____

Grammar
실전 TEST

[01-02] 다음 빈칸에 들어갈 말로 알맞은 것을 고르시오.

01 This room _____ later.

① will clean   ② will is cleaned

③ will be cleaned   ④ will be cleaning

⑤ will be going to cleaned

02 Some of the books _____ really interesting.

① be   ② is   ③ are

④ was   ⑤ been

03 다음 문장을 수동태로 바꿔 쓸 때, 여섯 번째로 오는 단어는?

We can deliver every kind of food.

① be   ② by   ③ can

④ food   ⑤ delivered

[04-05] 다음 우리말을 영어로 바르게 옮긴 것을 고르시오.

04 그 일은 내일까지 완료될 수 없다.

① The work can be finish by tomorrow.

② The work cannot finish by tomorrow.

③ The work is cannot finished by tomorrow.

④ The work cannot be finished by tomorrow.

⑤ The work can be not finished by tomorrow.

05 그 집의 4분의 3이 지어졌다.

① Third-four of the house was built.

② Three-four of the house were built.

③ Three-fourths of the house was built.

④ Three-fourth of the house was built.

⑤ Third-fourths of the house were built.

06 다음 빈칸에 is가 들어갈 수 <u>없는</u> 것은?

① One of my friends _____ from Mexico.

② One-third of the land _____ used to grow tomatoes.

③ Two-thirds of the area _____ under water.

④ Some of the children in Africa _____ still hungry.

⑤ Half of the money _____ in the bank.

07 다음 중 not이 들어가기에 알맞은 곳은?

Robots (①) will (②) be (③) used (④) in everyday life (⑤).

08 다음 괄호 안의 단어를 이용하여 빈칸에 알맞은 말을 쓰시오.

The answers must _____ _____ in English. (write)

09 다음 문장을 수동태 문장으로 바르게 바꾼 것은?

> She will sing the song in the school festival.

① The school festival will sing her by the song.

② The song will sing in the school festival by her.

③ The song will be sung in the school festival by her.

④ The school festival will be sung the song by her.

⑤ She will be sung by the song in the school festival.

[10-11] 다음 중 어법상 틀린 문장을 고르시오.

10 ① Half of the story is not true.

② Two-thirds of the earth are covered with water.

③ 60 percent of the club members like the project.

④ Most of the students don't agree with the new plan.

⑤ Some of the sentences are missing from the letter.

11 ① The door must be locked at 6 p.m.

② The dish can be cooked in 15 minutes.

③ The books will be not sent to the children.

④ A decision cannot be made right now.

⑤ Strawberries can be made into jam.

12 다음 문장을 수동태로 바꿔 쓸 때 어법상 <u>틀린</u> 것은?

> Parents cannot bring children under seven to the concert.
> → ①Children under seven ②cannot ③being ④brought to the concert ⑤by parents.

13 다음 빈칸에 are가 들어갈 수 있는 문장의 개수는?

- Most of us _____ worried about the test.
- 40 percent of the people _____ from Italy.
- One of the apples _____ green.
- A quarter of the cake _____ on Jane's dish.
- Half of the information _____ new to them.

① 1개   ② 2개   ③ 3개

④ 4개   ⑤ 5개

14 다음 빈칸에 들어갈 수 있는 것을 <u>모두</u> 고르면?

> Most of the rooms _____ an ocean view.

① have   ② has   ③ had

④ was had   ⑤ were had

15 다음 밑줄 친 부분을 고친 것 중 어법상 <u>틀린</u> 것은?

① One of us <u>have</u> to do the job. → has

② The hero will <u>remember</u> forever.

   → be remembered

③ All the lights should <u>are</u> turned off. → be

④ The nuts <u>should be not</u> eaten in large amounts.

   → not should be

⑤ About 90% of the students in the school <u>uses</u> a smartphone. → use

16 다음 빈칸에 공통으로 들어갈 말로 알맞은 것은?

> • Some of the information _____ not true.
> • One of the coldest places on earth _____ melting away.

① be   ② is   ③ are
④ were   ⑤ been

[17-19] 다음 빈칸에 알맞은 말이 순서대로 짝 지어진 것을 고르시오.

17 • The door _____(A)_____ at all times.
     • Her new novel _____(B)_____ soon.

       (A)   (B)
① should close   – will publish
② should be close   – will be publish
③ should closed   – will be published
④ should be closed – will published
⑤ should be closed – will be published

18 • Half of them ____(A)____ women.
     • Most of the students ____(B)____ me.
     • One of them ____(C)____ just a little boy.

   (A)   (B)   (C)   (A)   (B)   (C)
① is   – know   – is   ② are – know   – is
③ is   – knows – are   ④ are – knows – are
⑤ are – knows – is

19 • Two-fifths of the houses ____(A)____ more than three rooms.
     • Half of us ____(B)____ enough time to watch a movie.
     • 10 percent of the customers ____(C)____ their shopping bags.

   (A)   (B)   (C)   (A)   (B)   (C)
① has   – has   – has   ② has   – has   – have
③ have – has   – has   ④ have – have – has
⑤ have – have – have

20 고난도 신유형 다음 빈칸에 들어갈 말로 알맞지 <u>않은</u> 것은?

> • All of my friends ____①____ to eat pizza.
> • Some of the animals ____②____ missing.
> • More than half of the cake ____③____ left.
> • A quarter of the water ____④____ spilled.
> • One of the flowers ____⑤____ my favorite.

① like   ② are   ③ was
④ were   ⑤ is

● 서술형 ●

21 괄호 안의 단어를 이용해 문장을 완성하시오.

- Around half of the students _____ under the age of 17. (be)
- Two-thirds of the land _____ _____ with forest. (cover)
- 60 percent of the people _____ most of their money on food. (spend)

22 다음 문장을 주어진 말로 시작하는 문장으로 바꿔 쓰시오.

(1) Little children will love this book.

→ This book _____.

(2) I cannot carry these boxes and books.

→ These boxes and books _____.

(3) We should plant 20 trees on April 5th.

→ 20 trees _____.

23 다음 그림을 보고, [조건]에 맞게 문장을 완성하시오.

[조건] 1. (1)은 분수, (2)는 부분을 나타내는 표현을 사용할 것
2. 두 문장 모두 현재시제로 쓸 것

(1) 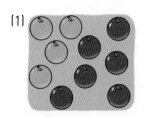 (2)

(1) _____ of the apples _____ green.

(2) _____ of the hamburger _____ left.

24 다음 괄호 안의 말을 이용하여 그림 속 남자의 말을 완성하시오.

(1)　　　　　　　　　(2)

(1) Please wait. Your dish _____ soon. (will, serve)

(2) This letter _____ by tomorrow. (must, deliver)

25 다음 우리말과 같도록 [보기]에서 알맞은 말을 골라 문장을 완성하시오.

[보기]　three-fifths　　third-fives
　　　　was　　　were　　　over
　　　　under　　　people　　　the age of 70

그 사람들의 5분의 3은 70세가 넘었다.

→ _____

26 다음 우리말과 같도록 [조건]에 맞게 영작하시오.

[조건] 1. 수동태 문장으로 쓸 것
2. 괄호 안의 말을 이용할 것

(1) 이 노래는 많은 사람들에게 사랑받을 것이다.

→ _____
(will, love, many people)

(2) 그 병은 네가 그것을 재활용하기 전에 씻겨져야 한다.

→ _____
(should, wash, before, recycle)

사라지는 벌들	**Disappearing Bees**

01 꿀벌들은 모두 어디로 갔을까?

01 Where have all the honey bees gone?
의문사(Where)+have+주어(all the honey bees)+과거분사(gone) ~? (현재완료 의문문)

02 요즘 꿀벌을 보는 것은 정말 어렵다.

02 It is really hard to see them these days.
가주어　　　　진주어

03 벌들이 사라지고 있다!

03 The bees are disappearing!
be동사의 현재형+동사원형-ing (현재진행형)

04 벌 개체 수의 약 3분의 1 정도가 매년 죽는다.

04 About a third of the bee population dies every year.
주어 (분수+of+명사구)　　　　　동사

05 이것은 벌들에게 나쁜 소식이지만, 사람들에게는 훨씬 더 나쁜 소식이다.

05 This is bad news for bees, but it's even worse news for people.
└── 앞 문장을 가리킴 ──┘　　㉮ 훨씬　　└ bad의 비교급
　　　　　　　　　　　　　　(비교급 수식)

06 벌은 인간에게 매우 도움이 된다.

06 Bees are very helpful to humans.
㉮ ~에게

07 첫째, 벌은 우리에게 꿀을 준다.

07 First, bees give us honey.
give+간접목적어+직접목적어 〈4형식〉
= give+직접목적어+to+간접목적어 〈3형식〉 (give honey to us)

08 꿀은 정말 굉장한 음식이다.

08 Honey is a truly wonderful food.
= really

09 그것은 건강에 좋고 맛이 좋다.

be good for: ~에 좋다　　　　　주어가 It이므로 단수 동사를 씀
09 It is good for our health and tastes great.
앞 문장의 honey를 가리킴　　　　　taste+형용사(보어): ~한 맛이 나다

10 꿀은 거의 영원히 상하지 않을 수 있다.

10 Honey can last almost forever.
㉮ (좋은 상태로) 지속되다, 상하지 않다

11 실제로, 고대 이집트 때의 꿀은 오늘날에도 먹을 수 있다!

11 In fact, honey from ancient Egypt can be eaten today!
조동사+be+과거분사 (조동사가 포함된 수동태)

12 둘째, 벌은 사과와 딸기 같은 많은 농작물을 생산하는 데 도움이 된다.

12 Second, bees help produce many crops such as apples and strawberries.
help(+to)+동사원형: ~하는 것을 돕다　　└ ~과 같은
(help 뒤에 오는 to부정사의 to는 보통 생략됨)

13 이 농작물들은 스스로 생산될 수 없다.

앞 문장의 many crops such as apples and strawberries를 가리킴
13 These crops cannot be produced by themselves.
조동사+not+be+과거분사　　by oneself: 스스로
(조동사가 포함된 수동태)

14 그것들은 벌의 도움이 필요하다.

14 They need the help of bees.

15 벌은 수분 과정에서 도움을 준다.

15 Bees help in the process of pollination.
㉲ 수분 (작용)

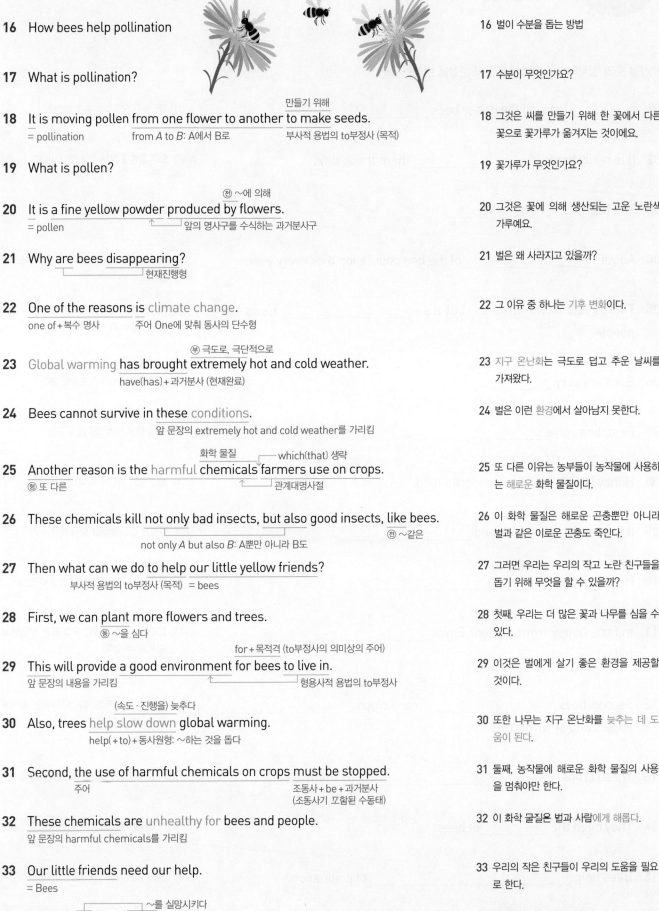

16 How bees help pollination

16 벌이 수분을 돕는 방법

17 What is pollination?

17 수분이 무엇인가요?

18 It is moving pollen from one flower to another to make seeds.
= pollination   from *A* to *B*: A에서 B로   만들기 위해 / 부사적 용법의 to부정사 (목적)

18 그것은 씨를 만들기 위해 한 꽃에서 다른 꽃으로 꽃가루가 옮겨지는 것이에요.

19 What is pollen?

19 꽃가루가 무엇인가요?

20 It is a fine yellow powder produced by flowers.
= pollen   전 ~에 의해 / 앞의 명사구를 수식하는 과거분사구

20 그것은 꽃에 의해 생산되는 고운 노란색 가루예요.

21 Why are bees disappearing?
현재진행형

21 벌은 왜 사라지고 있을까?

22 One of the reasons is climate change.
one of+복수 명사   주어 One에 맞춰 동사의 단수형

22 그 이유 중 하나는 기후 변화이다.

23 Global warming has brought extremely hot and cold weather.
have(has)+과거분사 (현재완료)   ⊕ 극도로, 극단적으로

23 지구 온난화는 극도로 덥고 추운 날씨를 가져왔다.

24 Bees cannot survive in these conditions.
앞 문장의 extremely hot and cold weather를 가리킴

24 벌은 이런 환경에서 살아남지 못한다.

25 Another reason is the harmful chemicals farmers use on crops.
ᆼ 또 다른   화학 물질 / which(that) 생략 / 관계대명사절

25 또 다른 이유는 농부들이 농작물에 사용하는 해로운 화학 물질이다.

26 These chemicals kill not only bad insects, but also good insects, like bees.
not only *A* but also *B*: A뿐만 아니라 B도   전 ~같은

26 이 화학 물질은 해로운 곤충뿐만 아니라 벌과 같은 이로운 곤충도 죽인다.

27 Then what can we do to help our little yellow friends?
부사적 용법의 to부정사 (목적)   = bees

27 그러면 우리는 우리의 작고 노란 친구들을 돕기 위해 무엇을 할 수 있을까?

28 First, we can plant more flowers and trees.
ᆼ ~을 심다

28 첫째, 우리는 더 많은 꽃과 나무를 심을 수 있다.

29 This will provide a good environment for bees to live in.
앞 문장의 내용을 가리킴   for+목적격 (to부정사의 의미상의 주어) / 형용사적 용법의 to부정사

29 이것은 벌에게 살기 좋은 환경을 제공할 것이다.

30 Also, trees help slow down global warming.
(속도·진행을) 늦추다   help(+to)+동사원형: ~하는 것을 돕다

30 또한 나무는 지구 온난화를 늦추는 데 도움이 된다.

31 Second, the use of harmful chemicals on crops must be stopped.
주어   조동사+be+과거분사 (조동사가 포함된 수동태)

31 둘째, 농작물에 해로운 화학 물질의 사용을 멈춰야만 한다.

32 These chemicals are unhealthy for bees and people.
앞 문장의 harmful chemicals를 가리킴

32 이 화학 물질은 벌과 사람에게 해롭다.

33 Our little friends need our help.
= Bees

33 우리의 작은 친구들이 우리의 도움을 필요로 한다.

34 Let's not let them down!
Let's not+동사원형 ~: ~하지 말자.   ~를 실망시키다

34 그들을 실망시키지 말자!

우리말 뜻과 일치하도록 교과서 본문의 문장을 완성하시오.

중요 문장

01 _____ have all the honey bees _____?

01 꿀벌들은 모두 어디로 갔을까?

02 It is really hard _____ _____ them these days.

02 요즘 꿀벌을 보는 것은 정말 어렵다.

03 The bees _____ _____!

03 벌들이 사라지고 있다!

04 About _____ _____ of the bee population dies every year.

04 벌 개체 수의 약 3분의 1 정도가 매년 죽는다.

05 This is bad news for bees, but it's _____ _____ news for people.

05 이것은 벌들에게 나쁜 소식이지만, 사람들에게는 훨씬 더 나쁜 소식이다.

06 Bees are very _____ _____ _____.

06 벌은 인간에게 매우 도움이 된다.

07 First, bees give _____ _____.

07 첫째, 벌은 우리에게 꿀을 준다.

08 Honey is a _____ wonderful food.

08 꿀은 정말 굉장한 음식이다.

09 It is good for our health and _____ _____.

09 그것은 건강에 좋고 맛이 좋다.

10 Honey can _____ _____ _____.

10 꿀은 거의 영원히 상하지 않을 수 있다.

11 In fact, honey from ancient Egypt _____ _____ _____ today!

11 실제로, 고대 이집트 때의 꿀은 오늘날에도 먹을 수 있다!

12 Second, bees _____ _____ many crops _____ _____ apples and strawberries.

12 둘째, 벌은 사과와 딸기 같은 많은 농작물을 생산하는 데 도움이 된다.

13 These crops _____ _____ _____ by themselves.

13 이 농작물들은 스스로 생산될 수 없다.

14 They need the _____ of bees.

14 그것들은 벌의 도움이 필요하다.

15 Bees help _____ _____ _____ of pollination.

15 벌은 수분 과정에서 도움을 준다.

16 _____ bees help pollination

16 벌이 수분을 돕는 방법

17 What is _____?

17 수분이 무엇인가요?

18 It is moving pollen _____ one flower _____ another to make seeds.

18 그것은 씨를 만들기 위해 한 꽃에서 다른 꽃으로 꽃가루가 옮겨지는 것이에요.

19 What is _____?

19 꽃가루가 무엇인가요?

20 It is a _____ _____ _____ produced by flowers.

20 그것은 꽃에 의해 생산되는 고운 노란색 가루예요.

21 _____ are bees disappearing?

21 벌은 왜 사라지고 있을까?

22 One of the reasons is _____ _____.

22 그 이유 중 하나는 기후 변화이다.

23 _____ _____ has brought extremely hot and cold weather.

23 지구 온난화는 극도로 덥고 추운 날씨를 가져왔다.

24 Bees cannot survive in these _____.

24 벌은 이런 환경에서 살아남지 못한다.

25 Another reason is the _____ _____ farmers use on crops.

25 또 다른 이유는 농부들이 농작물에 사용하는 해로운 화학 물질이다.

26 These chemicals kill _____ _____ bad insects, _____ _____ good insects, like bees.

26 이 화학 물질은 해로운 곤충뿐만 아니라 벌과 같은 이로운 곤충도 죽인다.

27 Then what can we do _____ _____ our little yellow friends?

27 그러면 우리는 우리의 작고 노란 친구들을 돕기 위해 무엇을 할 수 있을까?

28 First, we can _____ more flowers and trees.

28 첫째, 우리는 더 많은 꽃과 나무를 심을 수 있다.

29 This will provide a _____ _____ for bees to live in.

29 이것은 벌에게 살기 좋은 환경을 제공할 것이다.

30 Also, trees help _____ _____ global warming.

30 또한 나무는 지구 온난화를 늦추는 데 도움이 된다.

31 Second, the use of harmful chemicals on crops _____ _____ _____.

31 둘째, 농작물에 해로운 화학 물질의 사용을 멈춰야만 한다.

32 These chemicals are _____ _____ bees and people.

32 이 화학 물질은 벌과 사람에게 해롭다.

33 Our little friends _____ our help.

33 우리의 작은 친구들이 우리의 도움을 필요로 한다.

34 Let's not _____ them _____!

34 그들을 실망시키지 말자!

글의 내용과 문장의 어법에 맞게 괄호 안에서 알맞은 어휘를 고르시오.

01   Where (has / have) all the honey bees gone?

02   It is really (easy / hard) to see them these days.

03   The bees are (appearing / disappearing)!

04   About a third of the bee (population / pollination) dies every year.

05   This is bad news for bees, but it's (even / very) worse news for people.

06   Bees are very (helpful / useless) to humans.

07   First, bees (buy / give) us honey.

08   Honey is a truly (terrible / wonderful) food.

09   It is good for our health and tastes (great / greatly).

10   Honey can (be lasted / last) almost forever.

11   In fact, honey from ancient Egypt can be (eaten / eating) today!

12   Second, bees help produce many (crops / vegetables) such as apples and strawberries.

13   These crops (can be not / cannot be) produced by themselves.

14   They (need / don't need) the help of bees.

15   Bees help in the (result / process) of pollination.

16   (How / When) bees help pollination

17   What is (population / pollination)?

18   It is moving pollen from one flower to another to (make / plant) seeds.

19   (Why / What) is pollen?

20   It is a fine yellow powder (producing / produced) by flowers.

21   (Why / What) are bees disappearing?

22   One of the reasons (is / are) climate change.

23   Global warming has brought (extreme / extremely) hot and cold weather.

24   Bees (can / cannot) survive in these conditions.

25   Another reason is the (useful / harmful) chemicals farmers use on crops.

26   These chemicals (kill / save) not only bad insects, but also good insects, like bees.

27   Then what can we do (helping / to help) our little yellow friends?

28   First, we can (plant / destroy) more flowers and trees.

29   This will provide a good (environment / education) for bees to live in.

30   Also, trees help (slow / slowing) down global warming.

31   Second, the use of harmful chemicals on crops must be (stopped / stopping).

32   These chemicals are (healthy / unhealthy) for bees and people.

33   Our little friends need our (help / food).

34   Let's not (let / to let) them down!

STEP A

밑줄 친 부분이 내용이나 어법상 바르면 ○, 어색하면 ×에 표시하고 고쳐 쓰시오.

01 Where have all the honey bees <u>going</u>?   ○ ×

02 It is really hard <u>see</u> them these days.   ○ ×

03 The bees are <u>disappearing</u>!   ○ ×

04 About a third of <u>the bee population</u> dies every year.   ○ ×

05 This is bad news for bees, but it's <u>even</u> worse news for people.   ○ ×

06 Bees are very <u>helpful</u> to humans.   ○ ×

07 First, bees give <u>honey us</u>.   ○ ×

08 Honey is a <u>truly</u> wonderful food.   ○ ×

09 It is good for our health and <u>taste</u> great.   ○ ×

10 Honey can <u>lasts</u> almost forever.   ○ ×

11 In fact, honey from ancient Egypt <u>can be eaten</u> today!   ○ ×

12 Second, bees help <u>produce</u> many crops such as apples and strawberries.   ○ ×

13 These crops cannot <u>being</u> produced by themselves.   ○ ×

14 They need the <u>help</u> of bees.   ○ ×

15 Bees help in the <u>process</u> of pollination.   ○ ×

16 How <u>help bees</u> pollination   ○ ×

17 What <u>is</u> pollination?   ○ ×

18   It is <u>moving</u> pollen from one flower to another to make seeds.   ◯ ╳

19   What <u>pollen is</u>?   ◯ ╳

20   It is a fine yellow powder <u>produced</u> by flowers.   ◯ ╳

21   Why are bees <u>disappear</u>?   ◯ ╳

22   One of the reasons <u>is</u> climate change.   ◯ ╳

23   Global warming <u>has brought</u> extremely hot and cold weather.   ◯ ╳

24   Bees cannot <u>survives</u> in these conditions.   ◯ ╳

25   Another reason is the harmful <u>chemicals</u> farmers use on crops.   ◯ ╳

26   These chemicals kill not only bad insects, <u>as well as</u> good insects, like bees.   ◯ ╳

27   Then what <u>we can</u> do to help our little yellow friends?   ◯ ╳

28   First, we can plant <u>more</u> flowers and trees.   ◯ ╳

29   This will provide a good environment for bees <u>to live in</u>.   ◯ ╳

30   Also, trees help <u>slow</u> down global warming.   ◯ ╳

31   Second, the use of harmful chemicals on crops must <u>is</u> stopped.   ◯ ╳

32   These chemicals <u>are</u> unhealthy for bees and people.   ◯ ╳

33   Our little friends <u>needing</u> our help.   ◯ ╳

34   Let's <u>let not</u> them down!   ◯ ╳

STEP A

주어진 단어를 바르게 배열하여 문장을 쓰시오.

01 꿀벌들은 모두 어디로 갔을까? (all / have / the honey bees / gone / where)

→

02 요즘 그들(꿀벌)을 보는 것은 정말 어렵다. (these days / hard / them / it / really / to see / is)

→

03 벌들이 사라지고 있다! (disappearing / the bees / are)

→

04 벌 개체 수의 약 3분의 1 정도가 매년 죽는다. (the bee population / every year / about / dies / a third of)

→

05 이것은 벌들에게 나쁜 소식이지만, 사람들에게는 훨씬 더 나쁜 소식이다.

(but / even / this / news / for bees, / for people / it's / bad / is / worse / news)

→

06 벌은 인간에게 매우 도움이 된다. (humans / helpful / are / bees / very / to)

→

07 첫째, 벌은 우리에게 꿀을 준다. (us / first, / honey / give / bees)

→

08 꿀은 정말 굉장한 음식이다. (truly / is / a / food / honey / wonderful)

→

09 그것은 건강에 좋고 맛이 좋다. (great / good / and / it / our health / is / tastes / for)

→

10 꿀은 거의 영원히 상하지 않을 수 있다. (almost / last / forever / can / honey)

→

11 실제로, 고대 이집트 때의 꿀은 오늘날에도 먹을 수 있다! (ancient Egypt / eaten / from / in fact, / today / honey / can / be)

→

12 둘째, 벌은 사과와 딸기 같은 많은 농작물을 생산하는 데 도움이 된다.

(as / and / produce / such / strawberries / crops / apples / second, / help / bees / many)

→

13 이 농작물들은 스스로 생산될 수 없다. (be / themselves / by / cannot / crops / produced / these)

→

14 그것들은 벌의 도움이 필요하다. (the help / bees / of / need / they)

→

15 벌은 수분 과정에서 도움을 준다. (the process / in / help / bees / pollination / of)

→

16 벌이 수분을 돕는 방법 (pollination / how / help / bees)

→

17 수분이 무엇인가요? (is / what / pollination)

→

18 그것은 씨를 만들기 위해 한 꽃에서 다른 꽃으로 꽃가루가 옮겨지는 것이에요.

(to / make / from / moving / it / pollen / seeds / another / is / one flower / to)

→

19 꽃가루가 무엇인가요? (what / pollen / is)

→

20 그것은 꽃에 의해 생산되는 고운 노란색 가루예요. (flowers / is / produced / a fine yellow powder / it / by)

→

21 벌은 왜 사라지고 있을까? (bees / disappearing / why / are)

→

22 그 이유 중 하나는 기후 변화이다. (is / of / climate change / the reasons / one)

→

23 지구 온난화는 극도로 덥고 추운 날씨를 가져왔다. (hot and cold / has brought / weather / global warming / extremely)

→

24 벌은 이런 환경에서 살아남지 못한다. (in / survive / cannot / conditions / bees / these)

→

25 또 다른 이유는 농부들이 농작물에 사용하는 해로운 화학 물질이다.

(farmers / reason / on crops / the harmful / another / chemicals / is / use)

→

26 이 화학 물질은 해로운 곤충뿐만 아니라 벌과 같은 이로운 곤충도 죽인다.

(but also / bees / not only / good insects / these chemicals / bad insects, / kill / like)

→

27 그러면 우리는 우리의 작고 노란 친구들을 돕기 위해 무엇을 할 수 있을까?

(to / do / can / our little yellow friends / what / we / then / help)

→

28 첫째, 우리는 더 많은 꽃과 나무를 심을 수 있다. (and / first, / trees / plant / flowers / can / we / more)

→

29 이것은 벌에게 살기 좋은 환경을 제공할 것이다. (live in / will / for bees / a good environment / provide / this / to)

→

30 또한, 나무는 지구 온난화를 늦추는 데 도움이 된다. (slow / help / global warming / trees / also, / down)

→

31 둘째, 농작물에 해로운 화학 물질의 사용을 멈춰야만 한다.

(the use / stopped / of / harmful / be / on crops / second, / must / chemicals)

→

32 이 화학 물질은 벌과 사람에게 해롭다. (people / unhealthy for / chemicals / are / bees / and / these)

→

33 우리의 작은 친구들이 우리의 도움을 필요로 한다. (our / our little friends / need / help)

→

34 그들을 실망시키지 말자! (let / not / down / them / let's)

→

[01-02] 다음 글을 읽고, 물음에 답하시오.

Where have all the honey bees ⓐgo? It is really hard to see them these days. The bees are ⓑdisappear! About a third of the bee population dies every year. ⓒThis is bad news for bees, but it's even worse news for people.

01 윗글의 밑줄 친 ⓐ와 ⓑ를 알맞은 형태로 고쳐 쓰시오.

ⓐ → _____

ⓑ → _____

02 윗글의 밑줄 친 ⓒ가 가리키는 내용으로 알맞은 것은?

① 벌의 서식지 이동
② 생태계에서의 벌의 역할
③ 벌이 인간에게 주는 도움
④ 벌 개체 수가 매년 감소하고 있는 것
⑤ 벌 개체 수 증가에 관한 기사

[03-06] 다음 글을 읽고, 물음에 답하시오.

Bees are very _____(A)_____ to humans. (①) First, bees ⓐgive us honey. Honey is a truly wonderful food. (②) It is good for our health and ⓑtaste great. (③) Honey ⓒcan last almost forever. (④) Second, bees ⓓhelp produce many crops such as apples and strawberries. (⑤) These crops ⓔcannot be produced by themselves. They need the help of bees. Bees help in the process of pollination.

03 윗글의 빈칸 (A)에 들어갈 말로 알맞은 것은?

① harmful   ② helpful   ③ useless
④ friendly   ⑤ dangerous

04 윗글의 ①~⑤ 중 주어진 문장이 들어갈 알맞은 곳은?

In fact, honey from ancient Egypt can be eaten today!

①   ②   ③   ④   ⑤

05 윗글의 밑줄 친 ⓐ~ⓔ 중 어법상 틀린 것은?

① ⓐ   ② ⓑ   ③ ⓒ   ④ ⓓ   ⑤ ⓔ

06 윗글의 내용과 일치하지 않는 것은?

① 벌은 인간에게 꿀을 제공한다.
② 꿀은 건강에 좋고 맛도 좋다.
③ 꿀은 보존 기간이 아주 길다.
④ 벌은 사과와 딸기 생산량을 감소시킨다.
⑤ 벌은 수분 과정을 돕는 역할을 한다.

[07-08] 다음 글을 읽고, 물음에 답하시오.

• What is _____ⓐ_____?
It is moving pollen from one flower to another to make seeds.
• What is _____ⓑ_____?
It is a fine yellow powder ⓒproduce by flowers.

07 윗글의 빈칸 ⓐ와 ⓑ에 알맞은 말이 순서대로 짝 지어진 것은?

ⓐ	ⓑ
① pollen	– pollination
② pollen	– population
③ pollination	– pollen
④ pollination	– process
⑤ process	– population

08 윗글의 밑줄 친 ©produce의 형태로 알맞은 것은?

① produce   ② produced

③ producing   ④ to produce

⑤ have produced

[09-12] 다음 글을 읽고, 물음에 답하시오.

_____ⓐ_____ are bees disappearing? One of the reasons is climate change. Global warming has brought (A) hardly / extremely hot and cold weather. Bees cannot (B) wait / survive in these conditions. Another reason is the (C) harmful / healthy chemicals farmers use on crops. These chemicals kill not only bad insects, but also good insects, like bees.

09 다음 영어 뜻풀이에 해당하는 단어를 윗글에서 찾아 쓰시오.

the situation in which someone or something lives, works, etc.

→ _____

10 윗글의 빈칸 ⓐ에 들어갈 말로 알맞은 것은?

① How   ② Why   ③ What

④ When   ⑤ Where

11 윗글의 (A)~(C)에서 글의 흐름상 알맞은 단어끼리 순서대로 짝 지어진 것은?

(A)	(B)	(C)
① hardly	– wait	– healthy
② hardly	– survive	– harmful
③ extremely	– wait	– harmful
④ extremely	– survive	– healthy
⑤ extremely	– survive	– harmful

고_{단도} 신_{유형}

12 윗글을 읽고 답할 수 <u>없는</u> 질문을 <u>모두</u> 고르면?

ⓐ What are the reasons that bees are disappearing?

ⓑ What has global warming brought?

© What climate do bees like?

ⓓ How often do farmers use the harmful chemicals on crops?

① ⓐ, ⓑ   ② ⓐ, ©   ③ ⓑ, ©

④ ⓑ, ⓓ   ⑤ ©, ⓓ

[13-16] 다음 글을 읽고, 물음에 답하시오.

(A) Second, the use of harmful chemicals on crops must be stopped. These chemicals are unhealthy for bees and people.

(B) What can we do to help ⓐour little yellow friends?

(C) Our little friends need our help. Let's not let them down!

(D) First, we can plant more flowers and trees. This will provide a good environment _____ⓑ_____. Also, trees help slow down global warming.

STEP A

13 자연스러운 글이 되도록 (A)~(D)를 바르게 배열한 것은?

① (A) – (B) – (C) – (D)　　② (B) – (C) – (D) – (A)

③ (B) – (D) – (A) – (C)　　④ (C) – (A) – (D) – (B)

⑤ (C) – (D) – (B) – (A)

14 윗글의 밑줄 친 ⓐ가 가리키는 것으로 알맞은 것은?

① bees　　　② trees　　　③ flowers

④ people　　⑤ chemicals

고난도

15 윗글의 빈칸 ⓑ에 알맞은 말이 되도록 괄호 안의 말을 바르게 배열하시오.

→ _____

(to, in, for bees, live)

16 윗글에 나타난 글쓴이의 태도로 알맞은 것은?

① 회의적　　② 감상적　　③ 설득적

④ 자조적　　⑤ 비관적

[17-19] 다음 글을 읽고, 물음에 답하시오.

　　Where have all the honey bees gone? It is really hard ⓐ to see them these days. The bees are disappearing! About a third of the bee population dies every year. This is bad news for bees, but it's even worse news for people. Bees are very helpful to humans. First, bees give us honey. Honey is a truly wonderful food. It is good for our health and tastes great. Honey can last almost forever. In fact,

honey from ancient Egypt can be eaten today! Second, bees help produce many crops such as apples and strawberries. These crops cannot be produced by themselves. They need the help of bees. Bees help in the process of pollination.

17 윗글을 두 단락으로 나눌 때, 두 번째 단락이 시작되는 처음 두 단어를 찾아 쓰시오.

→ _____

18 윗글의 밑줄 친 ⓐ와 쓰임이 같은 것은?

① I hope to run in the marathon.

② I tried to find a person to talk with.

③ It is exciting to fly a drone.

④ I'm pleased to hear that you had fun.

⑤ I went to the market to buy some carrots.

고난도　신유형

19 다음 대화 중 윗글의 내용과 어울리지 <u>않는</u> 것은?

① A: I think bees are helpful to humans.

　B: You're right. They give us honey.

② A: I like honey. It is good for our health and tastes great.

　B: Yes. It is a truly wonderful food.

③ A: I heard honey doesn't go bad for a long time.

　B: Maybe, but honey from ancient Egypt cannot be eaten today.

④ A: Many crops need the help of bees because they cannot be produced by themselves.

　B: Bees play an important role in pollination.

⑤ A: Did you know that bees are disappearing?

　B: Yes, I read about it in an article. It said that about a third of the bee population dies every year.

[20-21] 다음 글을 읽고, 물음에 답하시오.

Bees are very helpful to humans. First, bees give us honey. Honey is a truly wonderful food. It is good for our health and tastes great. Honey can last almost forever. In fact, honey from ancient Egypt can be eaten today! Second, bees help produce many crops such as apples and strawberries. These crops cannot be produced by themselves. They need the help of bees. Bees help in the process of pollination.

20 윗글의 주제가 되는 문장을 찾아 쓰시오.

→ _____

21 윗글의 내용과 일치하도록 다음 대화를 완성하시오.

A: Why are bees very helpful to humans?
B: Let me give two reasons.
A: Okay. What are they?
B: First, _____.
Second, _____
_____.
A: That's great!

[22-24] 다음 글을 읽고, 물음에 답하시오.

Why are bees disappearing? One of the reasons is climate change. Global warming has brought extremely hot and cold weather. Bees cannot survive in ⓐthese conditions. Another reason is the harmful chemicals farmers use on crops. ⓑThese chemicals kill not only bad insects, but also good insects, like bees.

Then what can we do to help our little yellow friends? First, we can plant more flowers and trees. This will provide a good environment for bees to live in. Also, trees help slow down global warming. Second, the use of harmful chemicals on crops must be stopped. These chemicals are unhealthy for bees and people. Our little friends need our help. Let's not let them down!

22 윗글의 밑줄 친 ⓐ가 가리키는 것을 찾아 쓰시오.

→ _____

23 윗글의 밑줄 친 ⓑ의 우리말 뜻을 쓰시오.

→ _____

24 윗글의 내용과 일치하도록 다음 표를 완성하시오.

Problem	Bees are (1) _____.
Causes	Climate change
	Using (2) _____
Solutions	Plant (3) _____.
	(4) _____ harmful chemicals on crops.

만점 노트

After You Read_B

Problem

❶ About ❷ a third of the bee population dies every year.

❸ Causes

1. Global warming has brought climate change.

2. Farmers use the harmful chemicals on crops.

❹ Solutions

1. Plant more flowers and trees ❺ to provide a good environment for bees.

2. ❻ Stop using harmful chemicals on crops.

문제

벌 개체 수의 약 3분의 1 정도가 매년 죽는다.

원인

1. 지구 온난화가 기후 변화를 가져왔다.

2. 농부들이 농작물에 해로운 화학 물질을 사용한다.

해결 방안

1. 벌에게 좋은 환경을 제공하기 위해 더 많은 꽃과 나무를 심어라.

2. 농작물에 해로운 화학 물질의 사용을 멈춰라.

❶ 약   ❷ 벌 개체 수의 3분의 1   ❸ 원인
❹ 해결책   ❺ '목적'의 의미를 나타내는 부사적 용법의 to부정사: ～하기 위해서
❻ stop+동명사: ～하는 것을 멈추다 (cf. stop+to부정사: ～하기 위해서 멈추다)

Think and Write_Step 3

How ❶ Green My Friends Are

I ❷ surveyed 10 classmates today. The ❸ survey was about ❹ how green they are. ❺ Most of them turn off the lights when they leave rooms. ❻ Four of them take a shower in ❼ less than 5 minutes. ❽ Half of them turn off the water when they brush their teeth. ❾ Three of them recycle plastic. Only ❿ 10 percent of them use ⓫ both sides of a sheet of paper. I think my friends are not so green. They ⓬ should think about the environment more.

내 친구들은 얼마나 친환경적인가

나는 오늘 10명의 반 친구들에게 설문 조사를 했다. 설문 조사는 그들이 얼마나 친환경적인가에 관한 것이었다. 그들 중 대부분은 방에서 나갈 때 전등을 끈다. 네 명은 샤워를 5분 내에 한다. 절반은 양치질을 할 때 물을 잠근다. 세 명은 플라스틱을 재활용한다. 그들의 10퍼센트만이 종이의 양면을 사용한다. 나는 내 친구들이 그렇게 친환경적이지는 않다고 생각한다. 그들은 환경에 대해 더 생각해야 한다.

❶ 혱 친환경적인   ❷ survey: 통 (설문) 조사하다   ❸ 몡 설문 조사
❹ 「의문사(how)+형용사(green)+주어(they)+동사(are)」 어순의 의문사절이 전치사 about의 목적어로 쓰였다.
❺, ❻, ❽, ❾, ❿ 「most/half/퍼센트+of+명사」가 주어인 경우, 동사의 수는 of 뒤의 명사의 수에 일치시킨다.
❼ ～보다 적은, ～ 미만의   ⓫ 종이의 양면   ⓬ should+동사원형: ～해야 한다

Project_Step 2

❶ Finish Your Food Day

When: the ❷ last Friday of every month

What: Finish the food on your plate on this day.

Why: We ❸ throw away too much food.

❹ The food you throw away can ❺ feed ❻ millions.

음식을 남기지 않는 날

언제: 매달의 마지막 금요일
무엇을: 이 날에는 접시에 음식을 남기지 마세요.
왜: 우리는 음식을 너무 많이 버려요.
여러분이 버린 음식물이 수백만 명을 먹일 수 있어요.

❶ (남아 있는 것을) 마저 먹다   ❷ 혱 마지막의   ❸ 버리다
❹ 문장의 주어는 The food로, 앞에 목적격 관계대명사 which(that)가 생략된 관계대명사절(you throw away)의 수식을 받고 있다.
❺ 먹이다, 먹여 살리다   ❻ 수백만

실전 TEST

[01-02] 다음 글을 읽고, 물음에 답하시오.

_____ⓐ_____

About ①a third of the bee population dies every year.

_____ⓑ_____

1. Global warming ②has brought climate change.
2. Farmers use the harmful ③chemicals on crops.

_____ⓒ_____

1. Plant more flowers and trees ④to provide a good environment for bees.
2. ⑤Stop to use harmful chemicals on crops.

01 윗글의 빈칸 ⓐ～ⓒ에 알맞은 말을 [보기]에서 골라 쓰시오.

[보기] Examples Solutions Causes Problem

ⓐ _____   ⓑ _____   ⓒ _____

02 윗글의 밑줄 친 ①～⑤ 중 어법상 틀린 것은?

①   ②   ③   ④   ⑤

서술형 1

03 학생들을 대상으로 한 다음 설문 결과를 보고, 아래 글에서 설문 결과의 내용과 일치하지 <u>않는</u> 부분을 찾아 바르게 고쳐 쓰시오.

Survey on Saving the Environment

Total: 10 students

	Yes	No
Q1. Do you turn off the lights when you leave a room?	9	1
Q2. Do you take a shower in less than 5 minutes?	6	4
Q3. Do you turn off the water when you brush your teeth?	5	5
Q4. Do you recycle plastic?	3	7
Q5. Do you use both sides of a sheet of paper?	2	8

I surveyed 10 classmates today. The survey was about how green they are. Most of them turn off the lights when they leave rooms. Four of them take a shower in less than 5 minutes. A quarter of them turn off the water when they brush their teeth. Three of them recycle plastic. Only 10 percent of them use both sides of a sheet of paper. I think my friends are not so green. They should think about the environment more.

(1) _____ → _____
(2) _____ → _____
(3) _____ → _____

서술형 2 고 난도

04 다음 포스터를 보고, 대화의 빈칸에 알맞은 말을 쓰시오.

Finish Your Food Day

When: the last Friday of every month
What: Finish the food on your plate on this day.
Why: We throw away too much food.
The food you throw away can feed millions.

A: Oh, I'm full. I can't eat any more.
B: Me neither. We left a lot of food. Why don't we participate in Finish Your Food Day?
A: Finish Your Food Day? Do you know how to take part in it?
B: Sure. You just (1) _____.
A: That's simple. But why should we do that?
B: Because (2) _____ these days.

Words

고득점 맞기

01 다음 짝 지어진 두 단어의 관계가 같도록 빈칸에 알맞은 단어를 쓰시오.

more : less = appear : _____

02 다음 중 나머지 넷과 성격이 <u>다른</u> 것은?

① global ② ancient ③ hopeful
④ unhealthy ⑤ extremely

03 다음 영어 뜻풀이에 해당하는 단어를 주어진 철자로 시작하여 쓰시오.

the usual weather conditions in a particular area

→ c_____

04 다음 문장의 밑줄 친 단어와 바꿔 쓸 수 있는 것은?

I <u>truly</u> believe that this decision is the right one.

① really ② hardly ③ heavily
④ carefully ⑤ peacefully

05 다음 빈칸에 공통으로 들어갈 단어로 알맞은 것은?

- Do you know how to slow _____ global warming?
- He told a lie and he let me _____.

① in ② by ③ for
④ down ⑤ over

신유형

06 다음 밑줄 친 단어 중 주어진 영어 뜻풀이의 뜻을 가진 것은?

coming from long ago in the past

① Climate change is a <u>global</u> issue.
② Smoking is very <u>harmful</u> to your health.
③ This <u>chemical</u> is used to clean swimming pools.
④ Skydiving is an <u>extremely</u> dangerous sport.
⑤ The museum has a lot of pictures of <u>ancient</u> Egypt.

07 다음 빈칸에 들어가지 <u>않는</u> 단어는?

ⓐ Thank you for your _____ with my project.
ⓑ Strong sunlight can be _____ to your skin.
ⓒ Be _____ on your way home.
ⓓ I found a new _____ for an empty bottle. It's a flower vase!

① use ② harm ③ harmful
④ help ⑤ careful

고난도

08 다음 빈칸에 알맞은 말이 순서대로 짝 지어진 것은?

ⓐ The ice cream _____ quickly in hot weather.
ⓑ Most of the land is used to grow _____.
ⓒ The food can _____ for a long time in the refrigerator.

① melted – crops – last
② melted – insects – happen
③ froze – seeds – last
④ froze – crops – prevent
⑤ produced – vegetables – survive

09 다음 중 짝 지어진 단어의 관계가 같지 <u>않은</u> 것은?

① easy : hard = cheap : expensive

② melt : freeze = turn on : turn off

③ helpful : useful = careful : careless

④ move : movement = pollute : pollution

⑤ reduce : increase = healthy : unhealthy

10 다음 중 밑줄 친 단어의 의미가 서로 <u>다른</u> 것을 <u>모두</u> 고르면?

① Many <u>chemicals</u> have a terrible effect on the environment.

Farmers use <u>chemicals</u> to kill insects.

② I hope the peace will <u>last</u> forever.

Today is the <u>last</u> day to cancel the concert.

③ This flower can live in very dry <u>conditions</u>.

Working <u>conditions</u> here are good.

④ High temperatures can <u>cause</u> serious problems.

Nobody knows the <u>cause</u> of the fire.

⑤ The companies <u>provide</u> breakfasts for the workers.

Trees <u>provide</u> a better environment to live in.

11 다음 빈칸에 공통으로 들어갈 알맞은 단어를 쓰시오.

- The lights changed from red to _____.
- I'm going to try to be _____er and recycle more.

→ _____

12 다음 문장의 밑줄 친 This가 가리키는 것으로 알맞은 것은?

This means a series of things that are done in order to achieve a particular result.

① A cause ② A pollution ③ A planet

④ A quarter ⑤ A process

13 다음 중 밑줄 친 부분의 우리말 뜻이 알맞은 것은?

① Could you <u>turn</u> the light <u>off</u>, please? (~을 꺼내다)

② She slipped on the ice and <u>broke her leg</u>. (그녀의 행운을 빌었다)

③ <u>These days</u> everyone can make movies using their smartphones. (그 당시에는)

④ Sarah is <u>concerned about</u> your safety. (~을 기대하다)

⑤ These magazines cover all kinds of popular subjects <u>such as</u> gardening and sports. (~과 같은)

14 다음 글의 빈칸에 알맞은 말을 두 단어로 쓰시오.

Global warming is getting more and more serious. We will discuss ways to slow it down tomorrow. I hope many people will _____ _____ the discussion.

15 다음 중 영어 뜻풀이가 알맞지 <u>않은</u> 것은?

① survive: to remain alive

② melt: to become liquid as a result of heating

③ insect: a small animal that has six legs, and sometimes wings

④ seed: a small object produced by a plant from which a new plant can grow

⑤ pollination: a fine powder produced by flowers that is needed to make seeds

STEP B

우리말과 일치하도록 대화를 바르게 영작하시오.

1 Listen and Speak 1-A

B: _____

G: _____

B: _____

G: _____

B: _____

해석   교과서 30쪽

B: Jane, 무슨 일 있니?

G: 내 남동생이 다리가 부러졌어.

B: 오, 그 말을 들으니 유감이구나.

G: 나는 동생이 걱정돼.

B: 걱정하지 마. 그는 괜찮을 거야.

2 Listen and Speak 1-B

G: _____

B: _____

G: _____

B: _____

G: _____

B: _____

G: _____

B: _____

G: _____

교과서 30쪽

G: 오늘 축구 경기를 할 준비가 됐니, Sam?

B: Kathy, 뉴스 못 봤니?

G: 응, 못 봤어. 뉴스에서 뭐라고 했는데?

B: 오늘 황사가 심하대.

G: 오, 안 돼. 황사는 많은 건강상의 문제를 일으킬 수 있어.

B: 응, 나는 우리의 건강이 걱정돼.

G: 우리는 다른 날 경기를 하면 돼.

B: 맞아. 내가 당장 다른 팀원들에게 문자를 보낼게.

G: 좋은 생각이야.

3 Listen and Speak 1-C

A: _____

B: _____

A: _____

B: _____

교과서 30쪽

A: 나는 지구 온난화가 걱정돼.

B: 나도 그래. 그건 심해.

A: 우리가 돕기 위해 무엇을 할 수 있을까?

B: 우리는 플라스틱을 덜 사용할 수 있어.

4 Listen and Speak 2-A

B: _____

G: _____

B: _____

G: _____

B: _____

교과서 31쪽

B: 목이 아파.

G: 거북목 증후군이 생기지 않도록 조심해.

B: 너는 그걸 예방하는 방법을 아니?

G: 응. 너는 목을 자주 스트레칭해야 해.

B: 응, 그럴게. 고마워.

5 Listen and Speak 2-B

G: _____

B: _____

G: _____

B: _____

G: _____

B: _____

G: _____

B: _____

교과서 31쪽

해석

G: 진수야, 너는 북극곰이 위험에 처해 있다는 걸 알고 있었니?

B: 응. 난 기사에서 그것에 관해 읽었어. 그건 지구 온난화 때문이야.

G: 맞아. 그들의 서식지는 녹아 없어지고 있고 그들의 먹이는 사라지고 있어.

B: 우리는 그것과 관련해 뭔가를 해야 해.

G: 너는 지구 온난화를 늦추는 방법을 아니?

B: 음, 우리는 에너지를 절약함으로써 시작할 수 있어.

G: 맞아. 우리는 방에서 나갈 때 불을 꺼야 해.

B: 좋은 생각이야.

6 Listen and Speak 2-C

A: _____

B: _____

A: _____

B: _____

교과서 31쪽

A: 뭐 좀 물어봐도 될까?

B: 물론이지. 뭔데?

A: 너는 팀 프로젝트를 잘 하는 방법을 아니?

B: 응. 너는 다른 사람들의 의견을 잘 들어야 해.

7 Real Life Talk > Watch a Video

Minho: _____

Linda: _____

Minho: _____

Linda: _____

Minho: _____

Linda: _____

Minho: _____

Linda: _____

Minho: _____

Linda: _____

Minho: _____

교과서 32쪽

민호: Linda, 너는 '병든 행성'이라는 TV 프로그램을 봤니?

Linda: 응, 봤어. 나는 우리 지구가 걱정돼.

민호: 나도. 우리는 지구를 구하기 위해 조치를 취해야 해.

Linda: 맞아. 얘! 우리 Earth Hour에 참여하는 게 어때?

민호: Earth Hour? 그게 뭐야?

Linda: 그건 환경을 위한 세계적인 운동이야.

민호: 좋을 것 같아! 너는 그것에 참여하는 방법을 아니?

Linda: 물론이야. 한 시간 동안 함께 전등을 끄는 거야.

민호: 정말 간단하네! 그러면 언제 그것을 하는 거니?

Linda: 잘 모르겠어. 그건 매년 달라.

민호: 인터넷에서 찾아보자.

STEP B

01 다음 대화의 밑줄 친 부분과 바꿔 쓸 수 있는 것을 모두 고르면?

> A: I'm worried about my dog. He's sick.
> B: I'm sorry to hear that.

① bored   ② curious   ③ anxious
④ concerned   ⑤ interested

[02-03] 다음 대화를 읽고, 물음에 답하시오.

> A: Jinsu, did you know that polar bears are in _____?
> B: Yes. I read about it in an article. It's _____ of global warming.
> A: Right. Their homes are melting away and their food is _____.
> B: We should do something about it.
> A: Do you know _____ to slow down global warming?
> B: Well, we can start by saving energy.
> A: Right. We need to turn off the lights when we leave the room.
> B: That's a good idea.

02 위 대화의 빈칸에 쓰이지 않는 단어는?

① how   ② danger   ③ because
④ why   ⑤ disappearing

03 위 대화를 읽고 추론할 수 없는 것은?

① They are worried about polar bears.
② They know what causes polar bears to be in danger.
③ They want to help polar bears.
④ They will look for articles about global warming and read them together.
⑤ They will turn off the lights when they leave the room.

[04-06] 다음 대화를 읽고, 물음에 답하시오.

> Minho: Linda, did you see the TV program, *The Sick Planet*?
> (A) Earth Hour? What's ⓐthat?
> (B) Me, too. We should take action to save the Earth.
> (C) Yes, I did. I'm worried about our planet.
> (D) You're right. Hey! Why don't we participate in Earth Hour?
> Linda: ⓑIt's a world movement for the environment.
> Minho: Sounds great! Do you know how to take part in ⓒit?
> Linda: Sure. We turn off our lights together for an hour.
> Minho: That's so simple! So, when do we do ⓓit?
> Linda: I'm not sure. It's different every year.
> Minho: Let's look ⓔit up on the Internet.

04 위 대화가 자연스럽도록 (A)~(D)를 순서대로 배열하시오.

(   ) – (   ) – (   ) – (   )

05 위 대화의 밑줄 친 ⓐ~ⓔ 중 가리키는 대상이 다른 것은?

① ⓐ   ② ⓑ   ③ ⓒ   ④ ⓓ   ⑤ ⓔ

06 위 대화의 내용과 일치하지 않는 것은?

① Linda watched the TV program, *The Sick Planet*.
② Minho and Linda are worried about the Earth.
③ Earth Hour is a world movement for the environment.
④ Linda knows how to take part in Earth Hour.
⑤ Linda told Minho the date of Earth Hour.

서술형

07 다음 사진을 보고, [조건]에 맞게 대화를 완성하시오.

> [조건]　1. 괄호 안의 단어를 반드시 포함할 것
> 　　　　2. 주어와 동사를 포함한 완전한 문장으로 쓸 것

A: What do you think of this picture?
B: I think it's terrible. (1) _____
_____. (worried about, pollution)
A: (2) _____?
　(know, how, reduce)
B: Yes. We need to use less shampoo.

[08-09] 다음 대화를 읽고, 물음에 답하시오.

A: Are you ready for our soccer game today, Sam?
B: Kathy, didn't you see the news?
A: No, I didn't. What did it say?
B: The yellow dust is terrible today.
A: Oh, no. Yellow dust can cause many health problems.
B: Yeah, I'm worried about our health.
A: Why don't we play another day?
B: You're right. I'll text the other team members right now.
A: Great idea.

08 다음 질문에 대한 답을 완전한 영어 문장으로 쓰시오.

> Q: What can yellow dust cause?
> A: _____

09 위 대화가 끝난 후, Sam이 보낼 문자 메시지를 완성하시오.

> Hey, guys! The news said the _____
> _____ is terrible today. I'm worried about
> _____ _____. I'm afraid we can't play
> soccer today. How about _____ _____
> _____?

[10-11] [조건]에 맞게 빈칸에 알맞은 말을 써서 대화를 완성하시오.

10
> [조건]　1. 괄호 안의 단어를 반드시 포함할 것
> 　　　　2. 대소문자를 구별하고 문장 부호를 정확히 쓸 것

A: Can I ask you something?
B: Of course. What is it?
A: _____
　(how, save)
B: Yes. You need to turn off the water when you brush your teeth.

11
> [조건]　1. 괄호 안의 단어를 포함하여 6단어 이하로 쓸 것
> 　　　　2. 주어와 동사를 포함한 완전한 문장으로 쓸 것

A: _____
　(concerned, global warming)
B: Me, too. It's terrible. Because of it, polar bears' homes are melting away and their food is disappearing.

Grammar
고득점 맞기

01 다음 우리말을 영어로 옮길 때, 다섯 번째로 오는 단어는?

당신의 소포는 우편으로 보내질 것이다.

① be   ② by   ③ will
④ sent   ⑤ package

02 다음 빈칸에 들어갈 말로 알맞은 것을 <u>모두</u> 고르면?

All of the monitors _____ turned on.

① is   ② are   ③ was
④ were   ⑤ has been

03 다음 중 어법상 올바른 문장의 개수는?

- The problems can be solving easily.
- All of the children love the musical.
- About two-thirds of the milk were spilled.
- The environment should be not destroyed by us.
- Only ten percent of the nation's energy come from wind.

① 0개   ② 1개   ③ 2개
④ 3개   ⑤ 4개

04 다음 빈칸에 들어갈 말로 알맞지 <u>않은</u> 것은?

- Half of the money ___①___ spent on food.
- 10 percent of the classmates ___②___ wearing glasses.
- Most of those cars ___③___ on sale.
- One of her favorite words ___④___ "love."
- Some of the students ___⑤___ to prepare for the festival.

① is   ② is   ③ are
④ was   ⑤ have

05 다음 우리말을 영어로 <u>잘못</u> 옮긴 것은?

① 그 섬은 여기에서 보여질 수 없다.
   → The island cannot be seen from here.
② 새 공항이 내년까지 세워져야 한다.
   → A new airport must be built by next year.
③ 학생들 중 절반이 가 버렸다.
   → Half of the students have gone.
④ 사무실은 다음 주에 청소될 것이다.
   → The office will is cleaned next week.
⑤ 사람들 대부분이 축구 경기를 시청하고 있다.
   → Most of the people are watching the soccer game.

06 다음 빈칸에 were가 들어가는 것끼리 짝 지어진 것은?

ⓐ Three-fifths of the tomatoes _____ rotten.
ⓑ 20 percent of the soldiers _____ hurt.
ⓒ Half of the water _____ left in the bottle.
ⓓ All of the cars in the parking lot _____ clean.

① ⓐ, ⓑ, ⓒ   ② ⓐ, ⓑ, ⓓ   ③ ⓐ, ⓒ
④ ⓑ, ⓒ   ⑤ ⓑ, ⓒ, ⓓ

07 다음 글의 빈칸에 알맞은 말이 순서대로 짝 지어진 것은?

Summer is coming! Your skin _____ from the sun. Put on sunscreen, or your skin _____ by the sun.

① will be cleaned – can be burnt
② will be cleaned – cannot be used
③ must be protected – can be burnt
④ must be protected – will be cleaned
⑤ cannot be used – will be cleaned

08 다음 문장을 어법상 바르게 바꾼 것은?

① The question cannot answer.

→ The question cannot be answer.

② Some of the doors is closed.

→ Some of the doors be closed.

③ When will be the mail delivered?

→ When will the mail be delivered?

④ A quarter of the students was late for class.

→ A quarter of the student was late for class.

⑤ Half of the cake are left on the table.

→ Half of the cake be left on the table.

09 다음 밑줄 친 부분을 어법상 바르게 고쳐 쓴 것 중 틀린 것은?

• Most of the money ①were spent.

• The meeting must ②is canceled.

• Can the computer ③fix on time?

• One of the students ④are able to speak three languages.

• Some of the pages ⑤was written by senior students.

① was   ② be   ③ fixed

④ is   ⑤ were

10 다음 문장에 이어질 문장을 괄호 안의 단어들을 이용하여 완성하시오.

(1) The answer is wrong.

It _____ by you.

(must, correct)

(2) The music is too loud.

It _____ from a long way away.

(can, hear)

(3) We are going to have a concert at school.

All the students _____ .

(will, invite)

11 다음 도표의 내용과 일치하지 않는 것은?

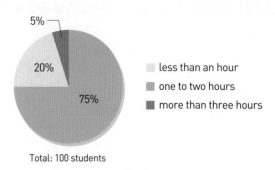

How many hours do you use a smartphone a day?

5%

20%

75%

■ less than an hour
■ one to two hours
■ more than three hours

Total: 100 students

① All of the students use their smartphones.

② 5 percent of the students use their smartphones for more than three hours a day.

③ One-fifth of the students use their smartphones for less than an hour a day.

④ 75% of the students use their smartphones from one to two hours a day.

⑤ Three quarters of the students use their smartphones for more than three hours a day.

12 다음 글의 밑줄 친 ①~⑤ 중 어법상 틀린 것은?

I surveyed 10 classmates today. The survey was about ①how green they are. Most of them ②turn off the lights when they leave rooms. Four of them take a shower ③in less than 5 minutes. Half of them turn off the water when they brush their teeth. Three of them recycle plastic. Only 10 percent of them ④uses both sides of a sheet of paper. I think my friends are not so green. They should ⑤think about the environment more.

서술형

13 다음 우리말과 같도록 [조건]에 맞게 문장을 완성하시오.

[조건]   1. 알맞은 조동사를 사용할 것
         2. 괄호 안의 단어들을 활용할 것

(1) 이 문제는 그에 의해 해결될 수 있다.
 → This problem _____.
   (fix)
(2) 평화는 무력으로 지켜질 수 없다.
 → Peace _____
   by force. (keep)
(3) 당신은 인터뷰에서 많은 질문을 받게 될 것입니다.
 → You _____
   at the interview. (ask, a lot of)

14 다음 우리말과 같도록 [조건]에 맞게 영작하시오.

[조건]   1. 괄호 안의 단어들을 활용할 것
         2. 필요시 주어진 단어의 형태를 바꿀 것
         3. 대소문자를 구별하고 문장 부호를 정확히 쓸 것

(1) 그 학생들의 절반은 기숙사에 살고 있다.
 → _____
   (live in the dormitory)
(2) 그 돈의 3분의 1을 도둑맞았다.
 → _____
   (money, steal)
(3) 그 학생들의 약 90퍼센트가 그 회의에 참석했다.
 → _____
   (present, at the meeting)

고/난도
15 어법상 틀린 문장을 두 개 찾아 문장을 고쳐 쓰시오.

This is a new camera for you!
Take pictures anywhere!
It can been used in water.
The cameras are offered at a special price.
Hurry up!
They will sold out soon.

(1) _____
(2) _____

고/난도
16 다음 그래프의 내용과 일치하도록 [조건]에 맞게 문장을 완성하시오.

[조건]   1. (1)번 문장에는 half를 사용할 것
         2. (2)번 문장에는 percent를 사용할 것
         3. (3)번 문장에는 분수 표현을 사용할 것

What do the students do in their free time?

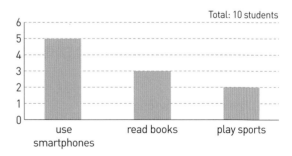

(1) _____
   in their free time.
(2) _____
   books in their free time.
(3) _____
   sports in their free time.

다음 우리말과 일치하도록 각 문장을 바르게 영작하시오.

01
_____

꿀벌들은 모두 어디로 갔을까?

02
_____

요즘 그들(꿀벌)을 보는 것은 정말 어렵다.

03
_____

☆ 벌들이 사라지고 있다!

04
_____

☆ 벌 개체 수의 약 3분의 1 정도가 매년 죽는다.

05
_____

이것은 벌들에게 나쁜 소식이지만, 사람들에게는 훨씬 더 나쁜 소식이다.

06
_____

☆ 벌은 인간에게 매우 도움이 된다.

07
_____

☆ 첫째, 벌은 우리에게 꿀을 준다.

08
_____

꿀은 정말 굉장한 음식이다.

09
_____

그것은 건강에 좋고 맛이 좋다.

10
_____

꿀은 거의 영원히 상하지 않을 수 있다.

11
_____

☆ 실제로, 고대 이집트 때의 꿀은 오늘날에도 먹을 수 있다!

12
_____

☆ 둘째, 벌은 사과와 딸기 같은 많은 농작물을 생산하는 데 도움이 된다.

13
_____

☆ 이 농작물들은 스스로 생산될 수 없다.

14
_____

그것들은 벌의 도움이 필요하다.

15
_____

벌은 수분 과정에서 도움을 준다.

STEP B

16
_____

벌이 수분을 돕는 방법

17
_____

수분이 무엇인가요?

18
_____

그것은 씨를 만들기 위해 한 꽃에서 다른 꽃으로 꽃가루가 옮겨지는 것이에요.

19
_____

꽃가루가 무엇인가요?

20
_____

그것은 꽃에 의해 생산되는 고운 노란색 가루예요.

21
_____

☆ 벌은 왜 사라지고 있을까?

22
_____

☆ 그 이유 중 하나는 기후 변화이다.

23
_____

지구 온난화는 극도로 덥고 추운 날씨를 가져왔다.

24
_____

벌은 이런 환경에서 살아남지 못한다.

25
_____

☆ 또 다른 이유는 농부들이 농작물에 사용하는 해로운 화학 물질이다.

26
_____

이 화학 물질은 해로운 곤충뿐만 아니라 벌과 같은 이로운 곤충도 죽인다.

27
_____

☆ 그러면 우리는 우리의 작고 노란 친구들을 돕기 위해 무엇을 할 수 있을까?

28
_____

☆ 첫째, 우리는 더 많은 꽃과 나무를 심을 수 있다.

29
_____

이것은 벌에게 살기 좋은 환경을 제공할 것이다.

30
_____

또한, 나무는 지구 온난화를 늦추는 데 도움이 된다.

31
_____

☆ 둘째, 농작물에 해로운 화학 물질의 사용을 멈춰야만 한다.

32
_____

이 화학 물질은 벌과 사람에게 해롭다.

33
_____

우리의 작은 친구들이 우리의 도움을 필요로 한다.

34
_____

그들을 실망시키지 말자!

Reading
고득점 맞기

[01-03] 다음 글을 읽고, 물음에 답하시오.

Where have all the honey bees gone? ①It is really hard to see them these days. ②The bees are disappearing! ③About a third of the bee ⓐpopulation dies every year. ④Most bees are small worker bees. ⑤This is bad news for bees, but it's ___ⓑ___ worse news for people.

01 윗글의 문장 ①∼⑤ 중 글의 흐름상 관계 없는 것은?

①   ②   ③   ④   ⑤

02 윗글의 밑줄 친 ⓐpopulation의 영어 뜻풀이로 알맞은 것은?

① a sweet sticky substance produced by bees and used as food
② a group of animals of a particular kind that live in a place
③ a small object produced by a plant from which a new plant can grow
④ a series of things that are done in order to achieve a particular result
⑤ the transfer of pollen from one flower to another to produce seeds

03 윗글의 빈칸 ⓑ에 들어갈 수 없는 것은?

① a lot   ② very   ③ still
④ even   ⑤ much

[04-06] 다음 글을 읽고, 물음에 답하시오.

Bees are very helpful to humans. First, bees give us honey. Honey is a truly wonderful food. It is good for our health and tastes great. Honey can last almost forever. In fact, honey from ancient Egypt can be eaten today! Second, bees help ___ⓐ___ many crops such as apples and strawberries. These crops cannot be ___ⓑ___ by themselves. They need the help of bees. Bees help in the process of pollination.

04 윗글의 제목으로 알맞은 것은?

① How to Save the Bees
② Where Are All the Bees?
③ Problems Bees Are Facing
④ What Bees Do for Humans
⑤ Why Bees Are Disappearing

05 윗글의 빈칸 ⓐ와 ⓑ에 알맞은 말이 순서대로 짝 지어진 것은?

① produce – produce
② produce – produced
③ to produce – producing
④ to produce – have produced
⑤ being produced – produced

06 윗글의 내용을 바탕으로 다음 질문에 대한 알맞은 답을 고르면?

> What will happen if all the bees disappear?

① All the trees and flowers will disappear, too.
② People will eat honey from ancient Egypt.
③ Bees will play a role in the process of pollination.
④ People will not be able to live any longer.
⑤ Many crops will have difficulty in the process of pollination.

[07-08] 다음 글을 읽고, 물음에 답하시오.

Where have all the honey bees gone? It is really (A) easy / hard to see them these days. The bees are disappearing! About a third of the bee population (B) dies / increases every year. This is bad news for bees, but it's even worse news for people.

Bees are very (C) careful / helpful to humans. First, bees give us honey. Honey is a truly wonderful food. It is good for our health and tastes great. Honey can last almost forever. In fact, honey from ancient Egypt _____ⓐ_____ today! Second, bees help produce many crops such as apples and strawberries. These crops cannot be produced by themselves. They need the help of bees. Bees help in the process of pollination.

07 윗글의 (A)~(C)에 알맞은 말이 순서대로 짝 지어진 것은?

① easy – dies – careful
② easy – increases – careful
③ hard – dies – helpful
④ hard – increases – helpful
⑤ hard – dies – careful

08 윗글의 빈칸 ⓐ에 들어갈 말로 알맞은 것은?

① can eat　　　　　② can be eaten
③ cannot be eaten　④ must eat
⑤ should not be eaten

[09-11] 다음 글을 읽고, 물음에 답하시오.

_____ One of the reasons is climate change. Global warming has brought extremely hot and cold weather. Bees cannot survive in these conditions. Another reason is the harmful chemicals farmers use on crops. These chemicals kill not only bad insects, but also good insects, like bees. Then what can we do to help our little yellow friends? First, we can plant more flowers and trees. This will provide a good environment for bees to live in. Also, trees help slow down global warming. Second, the use of harmful chemicals on crops must be stopped. These chemicals are unhealthy for bees and people. Our little friends need our help. Let's not let them down!

09 윗글의 빈칸에 들어갈 말로 알맞은 것은?

① How far do bees fly?
② Why are bees disappearing?
③ What do bees do for humans?
④ What can we do to save bees?
⑤ How do bees communicate with each other?

10 윗글을 두 단락으로 나눌 때, 두 번째 단락이 시작되는 처음 세 단어를 쓰시오.

→ _____

11 윗글을 바르게 이해한 사람을 모두 고르면?

- 재훈: 지구 온난화는 벌이 사라지고 있는 현상에 영향을 끼치고 있어.
- 미라: 이로운 곤충에게 해가 되지 않는 화학 물질 개발이 시급해.
- 성민: 나무를 많이 심으면 꽃의 성장을 방해할 수 있어.
- 진서: 유전자 변이를 통해 기후 변화에 견딜 수 있는 벌을 개발해야 해.
- 한비: 벌뿐만 아니라 사람에게도 해로우므로 농작물에 화학 물질을 사용하는 것을 멈춰야 해.

① 재훈, 성민　　　　② 재훈, 한비
③ 미라, 진서　　　　④ 미라, 한비
⑤ 성민, 진서

서술형

[12-13] 다음 글을 읽고, 물음에 답하시오.

Where have all the honey bees gone? It is really hard to see them these days. The bees are disappearing! About a third of the bee population dies every year. This is bad news for bees, but it's even worse news for people.

Bees are very helpful to humans. First, bees give us honey. Honey is a truly wonderful food. It is good for our health and tastes great. Honey can last almost forever. In fact, honey from ancient Egypt can be eaten today! Second, bees help produce many crops such as apples and strawberries. These crops cannot be produced by themselves. They need the help of bees. Bees help in the process of pollination.

• What is pollination?

It is moving pollen from one flower to another to make seeds.

• What is pollen?

It is a fine yellow powder produced by flowers.

12 윗글의 내용과 일치하도록 다음 질문에 완전한 영어 문장으로 답하시오.

(1) Q: How much of the bee population dies every year?

A: _____

(2) Q: Why are bees helpful to humans? Give two reasons.

A: _____

_____

고
난도
13 윗글의 내용과 일치하도록 괄호 안의 단어들을 사용하여 문장을 완성하시오.

> In the process of pollination, bees perform an important role by _____
> _____. (move, pollen, flower)

[14-15] 다음 글을 읽고, 물음에 답하시오.

ⓐWhy are bees disappearing? One of the reasons is climate change. Global warming has brought extremely hot and cold weather. Bees cannot survive in these conditions. Another reason is the harmful chemicals farmers use on crops. These chemicals kill not only bad insects, but also good insects, like bees.

Then what can we do to help our little yellow friends? First, we can plant more flowers and trees. This will provide a good environment for bees to live in. Also, trees help slow down global warming. Second, ⓑ농작물에 해로운 화학 물질의 사용이 멈춰져야만 한다. These chemicals are unhealthy for bees and people. Our little friends need our help. Let's not let them down!

14 윗글의 밑줄 친 질문 ⓐ에 대한 답으로 언급된 두 가지를 우리말로 쓰시오.

(1) _____

(2) _____

고
난도
15 윗글의 밑줄 친 ⓑ를 [조건]에 맞게 영작하시오.

> [조건]   1. 윗글에서 필요한 단어를 찾아 쓸 것
> 2. 10단어로 쓸 것
> 3. must와 stop을 이용하여 수동태로 쓸 것

→ _____

서술형 100% TEST

01 다음 빈칸에 들어갈 말을 [보기]에서 골라 쓰시오.

[보기]   help   harm   helpful   harmful

- Thank you for all your (1) _____.
- A dictionary is very (2) _____ for studying a language.
- I didn't mean to cause you any (3) _____.
- Strong sunlight is very (4) _____ to the skin.

02 다음 사진을 보고, [조건]에 맞게 대화를 완성하시오.

[조건]   1. 빈칸 (1)에는 괄호 안의 단어를 포함하여
          총 5단어의 문장으로 완성할 것
      2. 빈칸 (2)에는 괄호 안의 단어를 포함하여
          총 8단어의 문장으로 완성할 것
      3. 주어와 동사를 포함한 완전한 문장으로 쓸 것

A: What do you think of this picture?
B: I think it's terrible. (1) _____
_____. (worried, land pollution)
A: (2) _____?
     (know, how, reduce)
B: Yes. We need to recycle more.

03 다음 그림을 보고, [조건]에 맞게 대화를 완성하시오.

[조건]   1. 괄호 안의 단어를 모두 사용할 것
      2. 주어와 동사를 포함한 완전한 문장으로 쓸 것

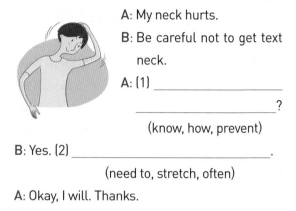

A: My neck hurts.
B: Be careful not to get text neck.
A: (1) _____
_____?
    (know, how, prevent)
B: Yes. (2) _____.
    (need to, stretch, often)
A: Okay, I will. Thanks.

04 다음 표를 읽고, 내용과 일치하도록 대화를 완성하시오.

problem	Polar bears' homes are melting away and their food is disappearing.
cause	Global warming
solution	Slow down global warming by saving energy. Turn off the lights when you leave the room.

A: Jinsu, did you know that polar bears are in danger?
B: Yes. I read about it in an article. It's because of (1) _____.
A: Right. Their homes are melting away and (2) _____.
B: We should do something about it.
A: Do you know (3) _____?
B: Well, we can start by saving energy.
A: Right. We need to (4) _____ when we leave the room.

05 다음 대화의 빈칸에 알맞은 말을 [조건]에 맞게 쓰시오.

[조건]   1. 괄호 안의 말을 사용하여 완전한 문장으로 쓸 것
        2. 대소문자를 구별하고 문장 부호를 정확히 쓸 것

A: (1) _____
_____ (worried, our planet)
B: Me, too. We should take action to save the
   Earth.
A: Why don't we participate in Earth Hour?
B: Earth Hour? What's that?
A: It's a world movement for the environment.
B: Sounds great. (2) _____
_____ (know, how, take part in)
A: Sure. We turn off our lights together for an
   hour.
B: That's so simple!

06 다음 대화의 내용과 일치하도록 아래 글을 완성하시오.

A: Are you ready for our soccer game today,
   Sam?
B: Kathy, didn't you see the news?
A: No, I didn't. What did it say?
B: The yellow dust is terrible today.
A: Oh, no. Yellow dust can cause many health
   problems.
B: Yeah, I'm worried about our health.
A: We can play another day.
B: You're right. I'll text the other team members
   right now.
A: Great idea.

   Sam's team has a (1) _____
today, but the (2) _____ is terrible.
Yellow dust can cause (3) _____.
Sam and Kathy are worried about (4) _____
_____. They think they can play another day.
Sam will (5) _____
about it.

07 다음 포스터를 보고, [조건]에 맞게 대화를 완성하시오.

[조건]   1. 포스터의 정보를 이용할 것
        2. 빈칸 (3)에는 how와 take part in을 포함한
           총 7단어의 문장을 완성할 것

PLASTIC BAG FREE DAY

• **When**: July 3
• **What**: Bring your own
  shopping bag on this day.
• **Why**: A plastic bag doesn't
  break down easily.

A: I want to do something good for the
   environment.
B: Me, too. Why don't we participate in (1) ____
_____? A plastic bag is a big
   problem because it (2) _____.
A: Sounds great! (3) _____?
B: Bring your own shopping bag on this day.
A: Okay. When is the day?
B: (4) _____.
A: I got it.

08 다음 대화를 읽고, [조건]에 맞게 질문에 대한 답을 쓰시오.

A: Did you know that bees are disappearing?
B: Yes, I read about it. It's terrible. What can we
   do to help?
A: We can plant more trees for them.

[조건]   1. 질문과 대화에 나온 단어를 사용할 것
        2. 축약형을 사용하지 말 것
        3. 주어와 동사를 포함한 완전한 문장으로 쓸 것

Q: What are they worried about?
A: _____ _____ _____ _____
   _____ _____.

09 다음 우리말과 같도록 [조건]에 맞게 문장을 영작하시오.

> [조건] 1. 알맞은 조동사를 사용할 것
>   2. 괄호 안의 단어를 이용할 것
>   3. 필요시 괄호 안의 동사를 변형하여 사용할 것

(1) 이 숙제는 내일까지 끝마쳐져야 한다.

→ _____

(finish, by)

(2) 이 영화는 많은 사람들에게 사랑받을 것이다.

→ _____

(love, many)

10 다음 중 어법상 틀린 문장을 골라 기호를 쓰고, 문장을 고쳐 쓰시오.

> ⓐ Two-thirds of the land is covered with snow.
> ⓑ The letter must not be sent to the wrong address.
> ⓒ This cheese should be sell by August 10th.
> ⓓ Half of the people have pets.

(   ) → _____

11 다음 그림을 보고, [조건]에 맞게 빈칸에 알맞은 말을 쓰시오.

> [조건] 1. 각 문장의 첫 번째 빈칸에는 half, one, 분수를 한 번씩 사용할 것
>   2. 각 문장의 두 번째 빈칸에는 현재시제의 be동사를 쓸 것

(1) _____ of the cats _____ black.

(2) _____ of the cats _____ white.

(3) _____ of the cats _____ wearing ribbons.

12 다음 글을 읽고, 글의 내용과 일치하도록 빈칸에 알맞은 말을 쓰시오.

> Mom's birthday is this Friday. The whole family plans to give her a birthday party. Mike will make a big cake for the party. Jessie will decorate the living room with balloons. Dad will read a letter for her.

Mom's birthday party is this Friday.

(1) A big cake _____ _____ _____ by Mike.

(2) The living room _____ _____ _____ _____ _____ by Jessie.

(3) A letter _____ _____ _____ by Dad.

13 다음 설문 결과를 보고, 괄호 안에 주어진 요구 사항에 맞게 주어진 질문에 답하시오.

Survey on Saving the Environment

Total: 20 students

	Yes	No
Q1. Do you walk or ride a bike to school?	19	1
Q2. Do you carry your own cup?	12	8
Q3. Do you recycle plastic?	15	5

(1) Q: How many students walk or ride a bike to school?

A: _____

(most를 사용할 것)

(2) Q: How many students don't carry their own cups?

A: _____

(분수를 사용할 것)

(3) Q: How many students recycle plastic?

A: _____

(퍼센트를 사용할 것)

고난도 신유형

14 자연스러운 문장이 되도록 [보기]의 말을 이용해 문장을 완성하시오.

[보기] • Many children will love it.

This book is full of adventures! It _____
_____.

15 다음 글의 밑줄 친 ①~⑤ 중 어법상 **틀린** 것을 **모두** 찾아 바르게 고쳐 쓰시오.

Where have all the honey bees gone? It is really hard ①to see them these days. The bees are disappearing! About a third of the bee population dies every year. This is bad news for bees, but it's ②very worse news for people.

Bees are very helpful to humans. First, bees ③give us honey. Honey is a truly wonderful food. It is good for our health and tastes great. Honey can last almost forever. In fact, honey from ancient Egypt ④can eat today! Second, bees ⑤help produce many crops such as apples and strawberries. These crops cannot be produced by themselves.

(   ) → _____
(   ) → _____

[16-17] 다음 글을 읽고, 물음에 답하시오.

Why are bees disappearing? One of the reasons is climate change. 지구 온난화는 극도로 덥고 추운 날씨를 가져왔다. Bees cannot survive in these conditions. Another reason is the harmful chemicals farmers use on crops. These chemicals kill not only bad insects, but also good insects, like bees.

16 윗글의 내용을 요약한 다음 문장을 완성하시오.

The reasons bees are disappearing are _____
_____ and _____
_____.

17 윗글의 밑줄 친 우리말을 [조건]에 맞게 영작하시오.

[조건] • global warming을 주어로 쓸 것
• 동사 bring을 활용해 현재완료 시제로 쓸 것

→ _____

[18-19] 다음 글을 읽고, 물음에 답하시오.

Then what can we do to help our little yellow friends? First, we can plant more flowers and trees. This will provide a good environment for bees to live in. Also, trees help slow down global warming. Second, the use of harmful chemicals on crops must be stopped. These chemicals are unhealthy for bees and people. Our little friends need our help. 그들을 실망시키지 말자!

18 윗글의 내용과 일치하도록 다음 질문에 대한 답을 완성하시오.

Q: What do trees help slow down?
A: Trees _____.

19 윗글의 밑줄 친 우리말을 [조건]에 맞게 영작하시오.

[조건] 1. 괄호 안의 단어를 사용하여 5단어로 쓸 것
2. 대소문자를 구별하고 문장 부호를 정확히 쓸 것

→ _____ (let, down)

01 다음 짝 지어진 단어와 관계가 같은 것은? [3점]

> use – useful

① truly – really   ② better – worse

③ deliver – delivery   ④ health – healthy

⑤ survive – survivor

02 다음 중 영어 뜻풀이가 알맞지 않은 것은? [3점]

① global: involving the entire world

② harmful: causing damage or harm

③ crop: a plant or plant product that is grown by farmers

④ freeze: to become liquid as a result of heating

⑤ pollen: a fine powder produced by flowers that is needed to make seeds

03 다음 빈칸에 공통으로 들어갈 말로 알맞은 것은? [3점]

> • I'm afraid I let them _____.
> • Do you know how to slow _____ global warming?

① on   ② into   ③ for

④ over   ⑤ down

04 다음 빈칸에 들어가지 않는 단어는? [4점]

> ⓐ A dictionary is very _____ for studying English.
> ⓑ Yellow dust does a lot of _____ to your body.
> ⓒ The _____ of robots will make our lives more comfortable.
> ⓓ Be _____ not to wake the baby.

① harm   ② helpful   ③ use

④ care   ⑤ careful

05 다음 대화의 빈칸에 들어갈 말로 알맞은 것은? [3점]

> A: What's the matter?
> B: My brother broke his leg.
> A: Oh, I'm sorry to hear that.
> B: I'm _____ about him.
> A: Don't worry. He'll be okay.

① bored   ② happy   ③ careful

④ worried   ⑤ amazing

06 다음 중 짝 지어진 대화가 어색한 것은? [4점]

① A: Can you tell me how to use this machine?
   B: I'm sorry, I don't know how to use it.

② A: What's the matter?
   B: My dad is sick. I'm anxious about him.

③ A: What can we do to help hungry children in Africa?
   B: We can donate money to them.

④ A: I'm worried about polar bears.
   B: Me, too. Their homes are melting away because of global warming.

⑤ A: Do you know how to stay healthy?
   B: Yes. You like eating fast food.

서술형 **1**

07 괄호 안의 말을 바르게 배열하여 대화를 완성하시오. [각 2점]

(1) A: Tony, what's the matter? You look worried.
    B: _____
    (next week, my, worried, about, math test, I'm)

(2) A: _____?
    (make, you, how, do, bibimbap, know, to)
    B: Yes. Let me show you.

[08-09] 다음 대화를 읽고, 물음에 답하시오.

> A: Are you ready for our soccer game today, Sam?
>
> B: Kathy, didn't you see the news? (①)
>
> A: No, I didn't. (②)
>
> B: The yellow dust is terrible today. (③)
>
> A: Oh, no. Yellow dust can cause many health problems. (④)
>
> B: Yeah, I'm worried about our health. (⑤)
>
> A: We can play another day.
>
> B: You're right. I'll text the other team members right now.
>
> A: Great idea.

08 위 대화의 ①~⑤ 중 주어진 문장이 들어갈 알맞은 곳은? [4점]

> What did it say?

① ② ③ ④ ⑤

서술형**2**

09 위 대화의 내용과 일치하도록 다음 문장을 완성하시오. [4점]

> They are not going to _____
> today because _____
> is terrible.

10 다음 빈칸에 들어갈 말로 알맞은 것은? [3점]

> This sweater should _____ in hot water.

① wash
② isn't washed
③ not washed
④ not be washed
⑤ be not washed

11 다음 중 어법상 틀린 문장을 모두 고르면? [4점]

① Half of the pizza was left on the table.
② Most of the eggs were cooked.
③ The hero will be loved by the people forever.
④ This postcard must delivered by tomorrow.
⑤ Half of the money are gone from my wallet.

서술형**3**

12 다음 우리말을 [조건]에 맞게 영작하시오. [각 3점]

> [조건] 1. 괄호 안의 말을 반드시 사용할 것
>   2. 대소문자를 구별하고 문장 부호를 정확히 쓸 것
>   3. 시제에 유의할 것

(1) 그 학생들 중 20퍼센트는 아침 식사를 거른다. (skip)

→ _____

(2) 우유의 약 3분의 1이 쏟아졌다. (the milk)

→ _____

서술형**4**

13 다음 [조건]에 맞게 문장을 바꿔 쓰시오. [각 2점]

> [조건] 1. 수동태 문장으로 쓸 것
>   2. 대소문자를 구별하고 문장 부호를 정확히 쓸 것

(1) She can solve this puzzle.

→ _____

(2) Our group must finish this project.

→ _____

서술형 5

14 [조건]에 맞게 Cambodia에 관한 글을 완성하시오. [각 3점]

> [조건] 1. 괄호 안의 우리말을 참고할 것
>
> 2. [보기]에서 알맞은 단어를 두 개씩 골라 쓸 것
>
> (필요시 형태를 바꿀 것)

> [보기] spend   percent   cover   country

> **Facts about Cambodia**
>
> • Around half of Cambodia's population is under the age of 15.
>
> • _____
>
> with forest. (그 나라의 3분의 2가 숲으로 덮여 있다.)
>
> • _____
>
> most of their money on food.
>
> (사람들의 40퍼센트가 대부분의 돈을 음식에 쓴다.)

[15-16] 다음 글을 읽고, 물음에 답하시오.

> Where have all the honey bees gone? It is really hard to see them these days. The bees are disappearing! About a third of the bee population dies every year. ⓐThis is bad news for bees, but it's ⓑeven worse news for people.

서술형 6

15 윗글의 밑줄 친 ⓐThis가 가리키는 내용을 우리말로 쓰시오. [4점]

→ _____

16 윗글의 밑줄 친 ⓑ와 바꿔 쓸 수 있는 것은? [3점]

① very   ② better   ③ a lot
④ really   ⑤ highly

[17-20] 다음 글을 읽고, 물음에 답하시오.

> Bees are very helpful to humans. First, bees ①give us honey. Honey is a truly wonderful food. It is good for our health and tastes ②greatly. Honey can last almost forever. In fact, honey from ancient Egypt ③can be eaten today! Second, bees help ④produce many crops such as apples and strawberries. These crops cannot be produced ⑤by themselves. They need the help of bees. Bees help in the process of pollination.

17 윗글의 밑줄 친 ①~⑤ 중 어법상 틀린 것은? [4점]

①   ②   ③   ④   ⑤

18 윗글에 나오는 단어의 영어 뜻풀이가 아닌 것은? [4점]

① coming from long ago in the past

② causing damage or harm

③ a sweet sticky substance produced by bees and used as food

④ the transfer of pollen from one flower to another to make seeds

⑤ a series of things that are done in order to achieve a particular result

서술형 7

19 윗글을 읽고 답할 수 있는 질문을 골라 기호를 쓰고 완전한 영어 문장으로 답하시오. [5점]

> ⓐ How do bees collect honey?
>
> ⓑ How much honey do bees give humans?
>
> ⓒ How do bees help humans?
>
> ⓓ How long does pollination take?

(   ) → _____

_____

20 윗글을 바르게 이해하지 <u>못한</u> 사람은? [4점]

① 지민: Bees are producers of honey.

② 태영: Honey is a healthy food.

③ 하윤: It is impossible for us to eat honey from ancient Egypt.

④ 준하: Bees have an important role in the process of pollination.

⑤ 수지: Many crops cannot be produced without bees.

[21-22] 다음 글을 읽고, 물음에 답하시오.

Why are bees disappearing?

(A) Another reason is the harmful chemicals farmers use on crops.

(B) Global warming has brought extremely hot and cold weather.

(C) Bees cannot survive in these conditions.

(D) These chemicals kill not only bad insects, but also good insects, ⓐlike bees.

(E) One of the reasons is climate change.

21 자연스러운 글이 되도록 (A)~(E)를 바르게 배열한 것은? [4점]

① (A) – (C) – (D) – (E) – (B)

② (B) – (C) – (E) – (A) – (D)

③ (C) – (B) – (E) – (D) – (A)

④ (E) – (A) – (B) – (C) – (D)

⑤ (E) – (B) – (C) – (A) – (D)

22 윗글의 밑줄 친 ⓐlike와 쓰임이 같은 것은? [4점]

① I don't like classical music.

② My sister and I really like spicy food.

③ What did you like about the movie?

④ He acts and talks just like his father.

⑤ She likes to play tennis at weekends.

[23-25] 다음 글을 읽고, 물음에 답하시오.

Then what can we do to help our little yellow friends? First, we can ⓐplant more flowers and trees. This will provide a good environment (A)bees to live in. Also, trees help ⓑslow down global warming. Second, the ⓒuse of harmful chemicals on crops (B)must stop. These chemicals are ⓓunhealthy for bees and people. Our little friends need our help. Let's not ⓔlet them down!

23 윗글의 제목으로 알맞은 것은? [4점]

① How to Save the Bees

② What Bees Do for Humans

③ A Good Environment for Bees

④ The Reasons Bees Are Disappearing

⑤ How to Slow Down Global Warming

24 윗글의 밑줄 친 ⓐ~ⓔ의 우리말 뜻으로 알맞지 <u>않은</u> 것은? [3점]

① ⓐ: (식물을) 심다

② ⓑ: (속도를) 늦추다

③ ⓒ: 사용

④ ⓓ: (건강에) 해로운

⑤ ⓔ: 그들을 아래로 내리다

서술형 **8**

25 윗글의 밑줄 친 (A)와 (B)를 어법상 바르게 고쳐 쓰시오. [각 3점]

(A) → _____

(B) → _____

01 다음 빈칸에 공통으로 들어갈 단어로 알맞은 것은? [3점]

> • Water the _____s twice a week.
>
> • I'll _____ some vegetables in the backyard.

① crop　　　② plant　　　③ seed

④ cause　　　⑤ deliver

02 다음 중 영어 뜻풀이가 알맞은 것은? [3점]

① provide: to make something happen

② survive: to give something to somebody

③ cause: coming from long ago in the past

④ seed: a sweet sticky substance produced by bees

⑤ pollination: the transfer of pollen from one flower to another to make seeds

03 다음 중 밑줄 친 단어의 쓰임이 어색한 것은? [4점]

① Everyone knows smoking is unhealthy.

② She likes the dry climate of southern California.

③ When the sun came out, the ice began to freeze.

④ It is true that the island may disappear one day.

⑤ Bees carry pollen from one flower to another.

04 자연스러운 대화가 되도록 (A)~(D)를 바르게 배열한 것은? [4점]

> A: My neck hurts.
> (A) Yes. You need to stretch your neck often.
> (B) Be careful not to get text neck.
> (C) Okay, I will. Thanks.
> (D) Do you know how to prevent it?

① (A) – (B) – (D) – (C)　　② (B) – (C) – (D) – (A)

③ (B) – (D) – (A) – (C)　　④ (C) – (B) – (A) – (D)

⑤ (C) – (B) – (D) – (A)

[05-06] 다음 대화를 읽고, 물음에 답하시오.

> A: ①Did you know that polar bears are in danger?
> B: Yes. I read about it in an article. ②It's because of global warming.
> A: Right. Their homes are melting away and their food is disappearing.
> B: ③We should do something about it.
> A: ④Do you know why to slow down global warming?
> B: Well, we can start by saving energy.
> A: Right. ⑤We need to turn off the lights when we leave the room.
> B: That's a good idea.

05 위 대화의 밑줄 친 ①~⑤ 중 흐름상 어색한 것은? [4점]

①　　　②　　　③　　　④　　　⑤

서술형 **1**

06 위 대화의 내용과 같도록 질문에 대한 답을 쓰시오. [4점]

> Q: What is happening to polar bears because of global warming?
> A: _____
> _____

서술형 **2**

07 다음 [보기]에 주어진 단어 중 알맞은 것을 골라 대화를 완성하시오. [각 1점]

> [보기]　worried　　know　　matter　　worry
> 　　　　okay　　sorry　　curious　　glad

> A: What's the (1) _____?
> B: My brother broke his leg.
> A: Oh, I'm (2) _____ to hear that.
> B: I'm (3) _____ about him.
> A: Don't (4) _____. He'll be (5) _____.

서술형 3

08 다음 [조건]에 맞게 대화를 완성하시오. [4점]

> [조건]   1. 괄호 안의 단어를 모두 사용할 것
>   2. 7단어로 이루어진 문장으로 완성할 것

> A: _____?
>   (know, how, water)
> B: Yes. You need to turn off the water when you
>   brush your teeth.

서술형 4

09 다음 대화를 읽고, 질문에 대한 답을 쓰시오. [각 3점]

> Minho: Linda, did you see the TV program, *The Sick Planet*?
> Linda: Yes, I did. I'm worried about our planet.
> Minho: Me, too. We should take action to save the Earth.
> Linda: You're right. Hey! Why don't we participate in Earth Hour?
> Minho: Earth Hour? What's that?
> Linda: It's a world movement for the environment.
> Minho: Sounds great! Do you know how to take part in it?
> Linda: Sure. We turn off our lights together for an hour.
> Minho: That's so simple! So, when do we do it?
> Linda: I'm not sure. It's different every year.
> Minho: Let's look it up on the Internet.

(1) Q: What does Linda suggest to Minho?
   A: She suggests that they should _____
   _____.

(2) Q: How do we take part in Earth Hour?
   A: _____

10 다음 빈칸에 들어갈 말이 <u>다른</u> 하나는? [4점]

① All of the olive oil _____ for cooking.
② Half of the apples _____ green in color.
③ A quarter of the money _____ in my purse.
④ Three-fourths of the mountain _____ covered with snow.
⑤ One of the fastest runners _____ Kevin.

11 다음 중 어법상 <u>틀린</u> 문장끼리 바르게 짝 지어진 것은? [4점]

> ⓐ This report must be finished by tomorrow.
> ⓑ The song will be not sung by us.
> ⓒ Half of the teens has their own rooms.
> ⓓ Some of the people in this office have short hair.

① ⓐ, ⓑ   ② ⓐ, ⓒ   ③ ⓑ, ⓒ
④ ⓑ, ⓓ   ⑤ ⓒ, ⓓ

서술형 5

12 다음 그림을 보고, [조건]에 맞게 문장을 완성하시오. [4점]

> [조건]   1. 주어진 단어 중 2개를 골라 사용할 것
>   2. 필요시 형태를 바꿀 것

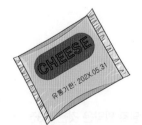

should
sell
make

This cheese _____
by May 31st.

서술형6

13 다음 우리말과 같도록 괄호 안의 말을 사용하여 문장을 쓰시오. [각 3점]

(1) 그 학생들의 90퍼센트가 이 계획에 동의한다.

(agree with, plan)

→ _____

(2) 이 상자는 조심해서 운반되어야 한다.

(must, move, carefully)

→ _____

[14-15] 다음 글을 읽고, 물음에 답하시오.

Where have all the honey bees gone? It is really hard ⓐto see them these days. The bees are ___ⓑ___! About a third of the bee population dies every year. This is bad news for bees, but it's even worse news for people.

14 윗글의 밑줄 친 ⓐto see와 쓰임이 같은 것은? [4점]

① I'm happy to see you.

② Semi likes to play basketball.

③ We need something to drink.

④ It's important for you to eat breakfast.

⑤ Tom ran to the station to take the first train.

15 윗글의 빈칸 ⓑ에 들어갈 말로 알맞은 것은? [3점]

① flying   ② alive   ③ surviving

④ appearing   ⑤ disappearing

[16-20] 다음 글을 읽고, 물음에 답하시오.

Bees are very ___(A)___ to humans. First, bees ⓐgive us honey. Honey is a truly wonderful food. It is good for our health and tastes great. Honey can ⓑlast almost forever. In fact, honey from ancient Egypt can be eaten today! ① Second, bees help produce many crops ⓒsuch as apples and strawberries. ② These crops cannot be produced ⓓby themselves. ③ They need the help of bees. ④ Bees help in the process of pollination. ⑤ Why are bees disappearing? One of the reasons is climate change. Global warming has brought extremely hot and cold weather. Bees cannot survive in these conditions. Another reason is the ___(B)___ chemicals farmers use on crops. These chemicals kill not only bad insects, but also good insects, ⓔlike bees.

16 윗글을 두 단락으로 나눌 때, 두 번째 단락이 시작되는 곳은? [4점]

①   ②   ③   ④   ⑤

17 윗글의 빈칸 (A)와 (B)에 알맞은 말이 순서대로 짝 지어진 것은? [4점]

① harmful – useful   ② helpful – harmful

③ helpful – helpless   ④ harmful – helpful

⑤ helpless – useless

18 윗글의 밑줄 친 ⓐ~ⓔ의 의미가 바르지 않은 것은? [3점]

① ⓐ: 우리에게 꿀을 주다

② ⓑ: (좋은 상태로) 지속되다

③ ⓒ: ~과 같은

④ ⓓ: 독점하여

⑤ ⓔ: ~같은

서술형7

19 윗글의 내용과 일치하도록 다음 질문에 완전한 영어 문장으로 답하시오. [4점]

Q: What do harmful chemicals kill?

A: _____

_____

20 윗글의 내용과 일치하지 않는 것은? [4점]

① 벌은 인간에게 꿀을 제공한다.

② 꿀은 쉽게 상하지 않는다.

③ 벌은 농작물의 수분을 돕는다.

④ 지구 온난화가 벌의 생존에 미치는 영향은 미미하다.

⑤ 농작물에 사용하는 화학 물질은 벌이 사라지는 원인 중 하나이다.

[21-23] 다음 글을 읽고, 물음에 답하시오.

Then what can we do to help ⓐour little yellow friends? First, we can plant more flowers and trees. This will provide a good environment for ⓑbees to live in. Also, trees help slow down global warming. Second, the use of harmful chemicals on crops must be stopped. These chemicals are unhealthy for bees and ⓒpeople. ⓓOur little friends need our help. Let's not let ⓔthem down!

21 윗글의 ⓐ~ⓔ 중 가리키는 대상이 다른 하나는? [3점]

① ⓐ   ② ⓑ   ③ ⓒ   ④ ⓓ   ⑤ ⓔ

22 윗글의 요지로 알맞은 것은? [4점]

① Humans should raise more bees.

② Humans should study harmful chemicals.

③ Humans should do something to protect bees.

④ Humans should survive in a dangerous environment.

⑤ Humans should try to produce more crops for the future.

서술형8

23 수지와 민수가 윗글을 읽고 나눈 대화를 완성하시오. [4점]

Suji: What can we do to help bees?

Minsu: We should _____

and stop _____

_____.

[24-25] 다음 글을 읽고, 물음에 답하시오.

①I surveyed 10 classmates today. The survey was about how ___ⓐ___ they are. ②Most of them turn off the lights when they leave rooms. Four of them take a shower in less than 5 minutes. ③Half of them turns off the water when they brush their teeth. Three of them recycle plastic. ④Only 10 percent of them use both sides of a sheet of paper. I think my friends are not so ___ⓑ___. ⑤They should be thought about the environment more.

24 윗글의 빈칸 ⓐ와 ⓑ에 공통으로 들어갈 말로 알맞은 것은? [3점]

① clean   ② helpful   ③ green

④ diligent   ⑤ smart

서술형9

25 윗글에서 어법상 틀린 문장 두 개를 찾아 번호를 쓴 후, 문장을 바르게 고쳐 쓰시오. [5점]

(   ) → _____

_____

(   ) → _____

_____

01 다음 대화의 빈칸에 들어갈 말로 알맞은 것은? [3점]

> A: I found a new _____ for a plastic bottle.
> B: What is it?
> A: A pencil holder!

① help   ② use   ③ care
④ harm   ⑤ wonder

02 다음 밑줄 친 부분의 우리말 뜻이 바르지 않은 것은? [3점]

① Please turn off the light when you leave a room.
(~을 끄다)
② Let's participate in the Green Day Campaign.
(~에 참여하다)
③ I'm sure Susan won't let us down. (~을 늦추다)
④ We should save wildlife animals in danger.
(위험에 처한)
⑤ People in the group want to take action to save
the forest. (조치를 취하다)

03 다음 빈칸에 들어갈 단어로 알맞지 않은 것은? [4점]

> • This book is about ___①___ Rome.
> • It is difficult to know the ___②___ of the disease.
> • It is ___③___ hot in the desert.
> • Yuri and Nara often ___④___ food to the street cats.
> • Farmers plant ___⑤___ in the spring.

① ancient   ② cause   ③ extremely
④ process   ⑤ seeds

04 자연스러운 대화가 되도록 (A)~(E)를 바르게 배열한 것은? [4점]

> (A) Oh, I'm sorry to hear that.
> (B) Don't worry. He'll be okay.
> (C) Jane, what's the matter?
> (D) I'm worried about him.
> (E) My brother broke his arm.

① (B) – (E) – (A) – (C) – (D)
② (C) – (D) – (B) – (A) – (E)
③ (C) – (E) – (A) – (D) – (B)
④ (D) – (C) – (E) – (B) – (A)
⑤ (D) – (E) – (B) – (C) – (A)

05 다음 대화의 밑줄 친 말과 바꿔 쓸 수 있는 것은? [3점]

> A: Do you know how to help hungry children in Africa?
> B: Yes. You can donate money to them.

① Why do you
② Are you sure if I can
③ What do you want to
④ Can you tell me how to
⑤ Do you know where I can

06 다음 중 짝 지어진 대화가 자연스러운 것은? [4점]

① A: How can I get there?
    B: You need to exercise regularly.
② A: Do you know how to make cookies?
    B: Sure. Please make some cookies for me.
③ A: I'm worried about disappearing bees.
    B: Me, too. It's terrible.
④ A: Can I ask you something?
    B: Of course. Who is it?
⑤ A: My dog doesn't eat at all. I'm concerned about him.
    B: Oh, I'm happy to hear that.

[서술형1]

07 다음 괄호 안의 단어들을 사용하여 대화의 밑줄 친 우리말을 영작하시오. [4점]

> A: 너는 환경을 보존하는 방법을 아니?
> B: Yes. You can recycle cans and bottles.

→ _____

(how, save)

[서술형2]

08 다음 사진을 보고, [조건]에 맞게 대화를 완성하시오. [각 3점]

> [조건]　1. (1)은 괄호 안의 우리말과 같도록 영작할 것
> 　　　　2. (2)는 괄호 안의 말을 모두 사용해서 영작할 것

A: What do you think of this picture?
B: I think it's terrible. (1) _____
_____ (나는 대기 오염이 걱정돼.)
A: Do you know how to reduce air pollution?
B: Yes. (2) _____
(we, need, public transportation)

[09-10] 다음 대화를 읽고, 물음에 답하시오.

> A: Are you ready for our soccer game today, Sam?
> B: Kathy, didn't you see the news?
> A: No, I didn't. What did it say?
> B: The yellow dust is terrible today.
> A: Oh, no. Yellow dust can cause many health problems.
> B: Yeah, I'm worried about our health.
> A: We can play another day.
> B: You're right. I'll text the other team members right now.
> A: Great idea.

09 Kathy에 대한 위 대화의 내용과 일치하지 <u>않는</u> 것은? [4점]

① She had a plan to play soccer today.
② She didn't see the news.
③ She knows the effect of yellow dust on the body.
④ She thinks they can play another day.
⑤ She suggests that they play soccer in the gym.

[서술형3]

10 위 대화가 끝난 후 Sam이 할 일을 우리말로 쓰시오. [4점]

→ _____

_____

[서술형4]

11 다음 우리말과 같도록 괄호 안의 단어들을 바르게 배열하여 완전한 영어 문장으로 쓰시오. [각 2점]

(1) 나의 친구들 모두는 케이크 먹는 것을 좋아한다.

→ _____
(eating, friends, all, cakes, of, like, my)

(2) 그 정보 중 일부가 사실이 아니었다.

→ _____
(of, true, was, some, not, the information)

[서술형5]

12 다음 포스터를 보고, [조건]에 맞게 질문에 답하시오. [각 3점]

> [조건]　1. 주어와 동사를 포함한 완전한 문장으로 쓸 것
> 　　　　2. 대소문자를 구별하고 문장 부호를 정확히 쓸 것

- When: July 3
- What: Bring your own shopping bag on this day.
- Why: A plastic bag doesn't break down easily.

(1) Q: What should not be used on this day?
　A: _____
(2) Q: What should we bring on this day?
　A: _____

13 다음 중 어법상 올바른 문장은? [4점]

① This camera can use in water.

② Half of my books is fantasy novels.

③ Your meal will be served soon.

④ Your skin must being protected from the sun.

⑤ About a third of the children is playing outside.

[14-17] 다음 글을 읽고, 물음에 답하시오.

Where have all the honey bees gone? It is really hard to see them these days. The bees are disappearing! About a third of the bee population dies every year. This is bad news for bees, but it's even worse news for people.

Bees are very helpful to humans. First, bees give us honey. (①) Honey is a truly wonderful food. (②) It is good for our health and tastes great. (③) Honey can last almost forever. (④) Second, bees help produce many crops such as apples and strawberries. (⑤) These crops ____(A)____ by themselves. They need the help of bees. Bees help in the process of pollination.

- _____(B)_____
  It is moving pollen from one flower to another.
- _____(C)_____
  It is a fine yellow powder produced by flowers.

14 윗글의 ①~⑤ 중 주어진 문장이 들어갈 알맞은 곳은? [4점]

In fact, honey from ancient Egypt can be eaten today!

①   ②   ③   ④   ⑤

서술형 6

15 윗글의 빈칸 (A)에 알맞은 말을 괄호 안의 단어를 이용하여 쓰시오. [3점]

→ _____

(cannot, produce)

16 윗글의 '벌'에 관한 내용과 일치하지 <u>않는</u> 것은? [4점]

① 요즘 보기가 힘들다.

② 개체 수가 감소하고 있다.

③ 인간에게 이로운 곤충이다.

④ 벌의 생산물은 건강에 해롭다.

⑤ 농작물의 수분 과정에서 도움을 준다.

17 윗글의 빈칸 (B)와 (C)에 들어갈 말이 순서대로 짝 지어진 것은? [3점]

[보기]   ⓐ What is pollen?
        ⓑ What is pollination?
        ⓒ What do bees do for pollination?
        ⓓ How do bees help pollination?

① ⓐ – ⓑ   ② ⓐ – ⓒ   ③ ⓑ – ⓐ
④ ⓑ – ⓒ   ⑤ ⓑ – ⓓ

[18-19] 다음 글을 읽고, 물음에 답하시오.

Why are bees disappearing? One of the reasons is climate change. Global warming has brought ____(A)____ hot and cold weather. Bees cannot survive in these conditions. Another reason is the ____(B)____ chemicals farmers use on crops. These chemicals kill not only bad insects, ____(C)____ good insects, like bees.

18 윗글의 빈칸 (A), (B), (C)에 알맞은 말이 순서대로 짝 지어진 것은? [4점]

(A)	(B)	(C)
① extreme	– harm	– as well as
② extreme	– harmful	– but also
③ extremely	– harm	– as well as
④ extremely	– harmful	– but also
⑤ extremely	– harmful	– as well as

서술형 **7**

19 Why are bees disappearing? Give two reasons. [4점]

→ _____

_____

_____

[20-23] 다음 글을 읽고, 물음에 답하시오.

Then what can we do ⓐto help our little yellow friends? First, we can plant more flowers and trees. This will provide a good environment for bees to live in. Also, trees help slow _____ⓑ_____ global warming. Second, the use of harmful chemicals on crops must is stopping. These chemicals are unhealthy for bees and people. Our little friends need our help. Let's not let them _____ⓒ_____!

20 윗글의 밑줄 친 ⓐto help와 쓰임이 같은 것은? [4점]

① Her dream is to become a writer.
② It's easy for him to cook spaghetti.
③ My sister wanted to have a new bike.
④ My family decided to move to Busan.
⑤ Sora went to the library to borrow some books.

21 윗글의 빈칸 ⓑ와 ⓒ에 공통으로 들어갈 말로 알맞은 것은? [3점]

① up   ② for   ③ back
④ over   ⑤ down

22 윗글에서 벌을 도울 수 있는 방법으로 언급된 것을 모두 고르면? [4점]

① 더 많은 꽃과 나무 심기
② 벌에게 적정량의 먹이 주기
③ 건강에 좋은 농작물 기르기
④ 벌의 개체 수 증가 속도 늦추기
⑤ 농작물에 해로운 화학 물질 사용 중단하기

서술형 **8**

23 윗글에서 어법상 틀린 부분을 찾아 바르게 고쳐 쓰시오. [4점]

_____ → _____

[24-25] 다음 글을 읽고, 물음에 답하시오.

_____(A)_____
ⓐAbout a third of the bee population dies every year.
_____(B)_____
1. Global warming has brought climate change.
2. Farmers use the harmful chemicals on crops.
_____(C)_____
1. ⓑPlant more flowers and trees to provide a good environment for bees.
2. Stop using harmful chemicals on crops.

24 윗글의 빈칸 (A)~(C)에 들어갈 말이 순서대로 짝 지어진 것은? [4점]

① Cause – Solutions - Problems
② Cause – Problems - Solutions
③ Problem – Examples - Solutions
④ Problem – Causes - Solutions
⑤ Example - Problems – Solutions

서술형 **9**

25 윗글의 밑줄 친 ⓐ와 ⓑ를 우리말로 해석하시오. [각 3점]

ⓐ → _____

ⓑ → _____

01 다음 중 밑줄 친 단어가 같은 뜻으로 쓰인 것은? [3점]

① My last class ends at four o'clock.
   The food won't last in hot weather.
② Don't skip meals to lose weight.
   Let's skip rope in the playground.
③ The earthquake caused huge damage.
   Text neck caused pain in my neck.
④ It caused a chemical change.
   Many cleaning products contain harmful chemicals.
⑤ We are going to plant tomatoes and carrots in the garden.
   This plant needs enough water and sunshine.

02 주어진 단어의 영어 뜻풀이에 해당하지 않는 것은? [3점]

conditions	population	process	ancient

① coming from long ago in the past
② to make or create something by a natural process
③ a series of things that are done in order to achieve a particular result
④ a group of people or animals of a particular kind that live in a place
⑤ the situation in which someone or something lives, works, etc.

03 다음 중 밑줄 친 부분의 쓰임이 어색한 것은? [3점]

① Why are polar bears in danger?
② I don't have time to read books these days.
③ I will participate in the singing contest.
④ We have to take action for the environment!
⑤ I didn't know the word, so I slowed it down in the dictionary.

서술형 **1**

04 다음 대화의 빈칸에 알맞은 말을 [보기]에서 골라 쓰시오. [각 2점]

[보기]
- Be careful not to catch a bad cold.
- Be careful not to get text neck.
- You need to eat less fast food.
- You need to stretch your neck often.

A: My neck hurts.
B: (1) _____
A: Do you know how to prevent it?
B: Yes. (2) _____
A: Okay, I will. Thanks.

05 다음 대화의 빈칸에 들어갈 말로 알맞은 것은? [3점]

A: _____ I'm anxious about our health.
B: Me, too. How about going hiking another day?
A: Great idea.

① I can't wait to go hiking.
② Sam's bike was stolen yesterday.
③ The yellow dust is terrible today.
④ It's the perfect day for a picnic today.
⑤ We should take action to slow down global warming.

[06-07] 다음 대화를 읽고, 물음에 답하시오.

A: Jinsu, did you know that polar bears are in danger?
B: Yes. I read about it in an article. It's because of global warming.
A: Right. Their homes are melting away and their food is disappearing.
B: We should do something about it.
A: Do you know how to slow down global warming?
B: Well, we can start by saving energy.
A: Right. We need to turn off the lights when we leave the room.
B: That's a good idea.

서술형 **2**

06 위 대화의 내용과 일치하도록 아래 글을 완성하시오. [각 1점]

(1) _____ are in danger!
Their homes (2) _____
and their food is disappearing. It's because of
(3) _____. So, we should take action
to (4) _____. Saving energy
is one of the ways to do it. To save energy, we
can (5) _____.

07 위 대화의 내용과 일치하지 <u>않는</u> 것은? [4점]

① Jinsu read about polar bears in an article.
② They both know that polar bears are in danger.
③ Polar bears' food is disappearing because of global warming.
④ Jinsu thinks they should save energy to slow down global warming.
⑤ Jinsu suggests that they should turn off the lights when they leave the room.

서술형 **3**

08 다음 그림을 보고, [조건]에 맞게 대화를 완성하시오. [각 3점]

[조건]
1. 그림이 나타내는 환경 문제를 걱정하고 그 해결 방안을 이야기하는 대화를 완성할 것
2. [보기]의 단어 중 6단어를 골라 사용할 것
3. 주어와 동사를 포함한 완전한 문장으로 쓸 것

[보기] water reduce use how population
worried know land pollution air

A: (1) _____
    It's terrible.
B: You're right. (2) _____
    _____
A: Yes. We need to use public transportation.

[09-10] 다음 대화를 읽고, 물음에 답하시오.

A: We should take action to save the Earth. Why don't we participate in Earth Hour?
B: Earth Hour? What's that?
A: It's a world movement for the environment.
B: Sounds great! Do you know how to take part in it?
A: Sure. We turn off our lights together for an hour.
B: That's so simple! So, when do we do it?
A: I'm not sure. It's different every year.
B: <u>인터넷에서 그것을 찾아보자.</u>

서술형 **4**

09 위 대화의 밑줄 친 우리말을 영작하시오. [4점]

→ _____

서술형 **5**

10 How do people participate in Earth Hour? [4점]

→ _____

11 다음 빈칸에 들어갈 말로 알맞지 <u>않은</u> 것끼리 짝 지어진 것은? [3점]

- Sandwiches will be _____ⓐ_____ by her.
- Only one of the students _____ⓑ_____ a notebook.
- Most of the television programs _____ⓒ_____ interesting.
- The animation will be _____ⓓ_____ by many children.
- About one quarter of the people _____ⓔ_____ in poverty. *poverty 빈곤

ⓐ made	ⓑ have	ⓒ are
ⓓ love	ⓔ lives	

① ⓐ, ⓓ　　　② ⓐ, ⓑ, ⓓ　　　③ ⓑ, ⓓ, ⓔ
④ ⓑ, ⓔ　　　⑤ ⓒ, ⓓ, ⓔ

서술형 **6**

12 다음 글을 읽고, 어법상 **틀린** 부분을 **모두** 찾아 바르게 고쳐 쓰시오. [각 3점]

I surveyed 10 classmates today. The survey were about how green they are. Most of them turn off the lights when they leave rooms. Four of them take a shower in less than 5 minutes. Half of them turn off the water when they brush their teeth. Three of them recycle plastic. Only 10 percent of them uses both sides of a sheet of paper. I think my friends are not so green. They should think about the environment more.

(1) _____ → _____
(2) _____ → _____

서술형 **7**

13 다음 [조건]에 맞게 대화를 완성하시오. [각 2점]

> [조건] 1. 각 상자에서 알맞은 단어를 하나씩 골라 사용할 것
>   2. 필요시 형태를 바꿀 것

| must   will | | have   use   show |

(1) A: Can I take pictures under water with this camera?
    B: I'm sorry. This camera _____ under water.
(2) A: When is the next movie?
    B: The next movie _____ at 7 p.m.

[14-18] 다음 글을 읽고, 물음에 답하시오.

Where have all the honey bees gone? It is really hard to see them these days. The bees are disappearing! About a third of the bee population dies every year. This is bad news for bees, but it's even worse news for people.

Bees are very helpful to humans. First, bees give us honey. ①Honey is a truly wonderful food. ②It is good for our health and tastes great. ③There is a honey tasting this Thursday at 10 a.m. ④Honey can last almost forever. ⑤In fact, honey from ancient Egypt can be eaten today! Second, bees help produce many crops such as apples and strawberries. ⓐ이 농작물들은 (그들) 스스로 생산될 수 없다. They need the help of bees. Bees help in the process of pollination.

• What is _____ⓑ_____?
  It is moving pollen from one flower to another to make seeds.
• What is pollen?
  It is a fine yellow powder produced by flowers.

14 윗글의 밑줄 친 ①~⑤ 중 글의 흐름상 관계 없는 문장은? [4점]

① ② ③ ④ ⑤

서술형 **8**

15 윗글의 밑줄 친 우리말 ⓐ를 [조건]에 맞게 영작하시오. [4점]

> [조건] 1. cannot과 by를 반드시 사용할 것
>   2. 대소문자를 구별하고 문장 부호를 정확히 쓸 것

→ _____

16 윗글의 빈칸 ⓑ에 들어갈 말로 알맞은 것은? [3점]

① pollen   ② pollute   ③ population
④ produce   ⑤ pollination

17 Which one is NOT true? [4점]

① Today we can't see honey bees easily.
② The number of bees are increasing every year.
③ Honey is a healthy food.
④ Honey can be kept almost forever.
⑤ A bee is a helper in the process of pollination.

서술형 **9**

18 Why are bees very helpful to humans? Give two reasons. [4점]

→ First, _____.
  Second, _____
  _____.

[19-24] 다음 글을 읽고, 물음에 답하시오.

Why are bees disappearing? One of the reasons (A) is / are climate change. Global warming has brought extremely hot and cold weather. Bees cannot survive in these conditions. Another reason is the ①harmful chemicals farmers use on crops. These chemicals kill not only bad insects, but also good insects, ②like bees.

Then what can we do to help our little yellow friends? First, we can ③plant more flowers and trees. This will ④provide a good environment (B) for / of bees to live in. Also, trees help slow down global warming. Second, the use of harmful chemicals on crops must (C) is stopped / be stopped . These chemicals are ⑤healthy for bees and people. Our little friends need our help. Let's not let them down!

19 윗글의 두 단락의 관계로 알맞은 것은? [3점]

① 원인과 결과 　　② 설명과 예시 　　③ 찬성과 반대
④ 주장과 근거 　　⑤ 원인과 해결 방안

20 윗글의 (A)~(C)에 알맞은 말이 순서대로 짝 지어진 것은? [3점]

　　(A)　　(B)　　　(C)
① is　– for　– is stopped
② is　– of　– be stopped
③ is　– for　– be stopped
④ are – for　– is stopped
⑤ are – of　– be stopped

21 윗글의 밑줄 친 ①~⑤ 중 글의 흐름상 어색한 것은? [4점]

① 　　　② 　　　③ 　　　④ 　　　⑤

서술형 10

22 윗글에서 다음 문장의 빈칸에 들어갈 알맞은 말을 찾아 한 단어로 쓰시오. [3점]

> Humans cannot _____ without food and water.

23 윗글을 읽고 느낀 점을 말한 사람 중 윗글의 내용과 일치하지 않는 것은? [4점]

① 호진: 꽃을 심으면 벌의 생존에 도움이 되겠구나.
② 미나: 나무가 많아지면 지구 온난화를 늦출 수 있겠네.
③ 지수: 벌을 공격하는 해충 때문에 벌 개체 수가 감소하는구나.
④ 민수: 아주 덥거나 추운 날씨는 벌에게 좋은 환경이 아니야.
⑤ 수경: 벌의 생존을 돕기 위해 우리가 할 수 있는 일이 있어.

서술형 11

24 윗글을 읽고 답할 수 있는 질문을 모두 골라 완전한 영어 문장으로 답하시오. [각 3점]

> ⓐ How do bees help crops?
> ⓑ What has brought extremely hot and cold weather?
> ⓒ What chemicals are safe for bees?
> ⓓ What must be stopped to help bees?

(　　) → _____
(　　) → _____

서술형 12

25 다음 설문 결과를 보고, 주어진 질문에 답하시오. [각 2점]

> [조건]　• (1)은 퍼센트, (2)는 분수, (3)은 half를 사용하여 완전한 문장으로 쓸 것

Survey on Saving the Environment

Total: 20 students

	Yes	No
Q1. Do you recycle plastic?	16	4
Q2. Do you carry your own shopping bag?	8	12
Q3. Do you take a shower in less than 5 minutes?	10	10

(1) Q: How many students recycle plastic?
　A: _____

(2) Q: How many students carry their own shopping bags?
　A: _____

(3) Q: How many students take a shower in less than 5 minutes?
　A: _____

● 틀린 문항을 표시해 보세요.

〈1회〉대표 기출로 내신 적중 모의고사　총점 _____ / 100

문항	영역	문항	영역	문항	영역
01	p.84(W)	10	p.97(G)	19	pp.104-105(R)
02	p.84(W)	11	p.97(G)	20	pp.104-105(R)
03	p.82(W)	12	p.96(G)	21	pp.104-105(R)
04	p.84(W)	13	p.97(G)	22	pp.104-105(R)
05	p.88(L&S)	14	p.96(G)	23	pp.104-105(R)
06	p.87(L&S)	15	pp.104-105(R)	24	pp.104-105(R)
07	p.87(L&S)	16	pp.104-105(R)	25	pp.104-105(R)
08	p.88(L&S)	17	pp.104-105(R)		
09	p.88(L&S)	18	pp.104-105(R)		

〈2회〉대표 기출로 내신 적중 모의고사　총점 _____ / 100

문항	영역	문항	영역	문항	영역
01	p.82(W)	10	p.96(G)	19	pp.104-105(R)
02	p.84(W)	11	p.97(G)	20	pp.104-105(R)
03	p.82(W)	12	p.97(G)	21	pp.104-105(R)
04	p.88(L&S)	13	p.96(G)	22	pp.104-105(R)
05	p.89(L&S)	14	pp.104-105(R)	23	pp.104-105(R)
06	p.89(L&S)	15	pp.104-105(R)	24	p.118(M)
07	p.88(L&S)	16	pp.104-105(R)	25	p.118(M)
08	p.89(L&S)	17	pp.104-105(R)		
09	p.89(L&S)	18	pp.104-105(R)		

〈3회〉대표 기출로 내신 적중 모의고사　총점 _____ / 100

문항	영역	문항	영역	문항	영역
01	p.84(W)	10	p.88(L&S)	19	pp.104-105(R)
02	p.82(W)	11	p.96(G)	20	pp.104-105(R)
03	p.82(W)	12	p.97(G)	21	pp.104-105(R)
04	p.88(L&S)	13	pp.96-97(G)	22	pp.104-105(R)
05	p.89(L&S)	14	pp.104-105(R)	23	pp.104-105(R)
06	p.87(L&S)	15	pp.104-105(R)	24	pp.104-105(R)
07	p.87(L&S)	16	pp.104-105(R)	25	p.118(M)
08	p.87(L&S)	17	pp.104-105(R)		
09	p.88(L&S)	18	pp.104-105(R)		

〈4회〉고난도로 내신 적중 모의고사　총점 _____ / 100

문항	영역	문항	영역	문항	영역
01	p.84(W)	10	p.89(L&S)	19	pp.104-105(R)
02	p.84(W)	11	pp.96-97(G)	20	pp.104-105(R)
03	p.82(W)	12	p.118(M)	21	pp.104-105(R)
04	p.88(L&S)	13	p.97(G)	22	pp.104-105(R)
05	p.88(L&S)	14	pp.104-105(R)	23	pp.104-105(R)
06	p.89(L&S)	15	pp.104-105(R)	24	pp.104-105(R)
07	p.89(L&S)	16	pp.104-105(R)	25	p.96(G)
08	p.87(L&S)	17	pp.104-105(R)		
09	p.89(L&S)	18	pp.104-105(R)		

● 부족한 영역을 점검해 보고 어떻게 더 학습할지 학습 계획을 적어 보세요.

오답 공략
부족한 영역
학습 계획

오답 공략
부족한 영역
학습 계획

오답 공략
부족한 영역
학습 계획

오답 공략
부족한 영역
학습 계획

Lesson 3

Heal the World

주요 학습 내용	의사소통 기능	원하는 행동 묻기	A: **What do you want me to do?** (너는 내가 무엇을 하길 원하니?) B: Please put the clothes into the box. (상자에 옷을 넣어 줘.)
		당부하기	A: **Make sure** you lock the doors. (반드시 문을 잠그렴.) B: Okay, I will. (네, 그럴게요.)
	언어 형식	사역동사	The project manager **had** us **meet** at 9 a.m. (프로젝트 책임자는 우리를 오전 9시에 만나게 했다.)
		It ~ that 강조	**It** was a better tomorrow **that** we painted. (우리가 그린 것은 바로 더 나은 내일이었다.)

학습 단계 PREVIEW	STEP **A**	Words	Listen & Speak	Grammar	Reading	기타 지문
	STEP **B**	Words	Listen & Speak	Grammar	Reading	서술형 100% TEST
	내신 적중 모의고사	제 1 회	제 2 회	제 3 회	제 4 회	

Words

만점 노트

☆ 자주 출제되는 어휘

* 완벽히 외운 단어는 □ 안에 √ 표 해 봅시다.

Listen & Speak

□□ address	몡 주소	□□ greet · 툉 인사하다
□□ bath	몡 목욕	□□ keep in mind☆ · 명심하다
□□ before	쩝 ~하기 전에	□□ make sure☆ · 반드시 ~하다, ~을 확실히 하다
□□ blind	혱 눈이 먼	□□ mess · 몡 (지저분하고) 엉망인 상태
□□ brush	툉 ~에 솔질을 하다, 머리를 빗다	□□ nursing home · 양로원
□□ clearly	뷔 또렷하게, 분명히	□□ pack · 툉 (짐을) 싸다, 포장하다
□□ deliver	툉 배달하다	□□ politely · 뷔 공손히 (↔ impolitely)
□□ donation	몡 기부, 기증	□□ recording · 몡 녹음, 녹화
□□ do one's best☆	최선을 다하다	□□ rule · 몡 규칙
□□ elderly☆	혱 연세가 드신 (↔ young)	□□ slowly · 뷔 천천히, 느리게 (↔ fast)
□□ feed	툉 먹이를 주다	□□ tape · 툉 (접착) 테이프로 붙이다
□□ fur	몡 (동물의) 털	□□ trash · 몡 쓰레기
□□ give ~ a hand☆	~에게 도움을 주다	□□ volunteer☆ · 몡 자원봉사자 툉 자원봉사를 하다

Reading

□□ agree	툉 동의하다	□□ neighborhood · 몡 근처, 이웃
□□ apply for	~에 지원하다	□□ remove☆ · 툉 없애다, 제거하다
□□ background	몡 (경치, 그림, 무대의) 배경	□□ select☆ · 툉 선택하다, 선정하다 (= choose)
□□ be proud of☆	~을 자랑스러워하다	□□ share · 툉 함께 나누다, 공유하다
□□ bright	혱 밝은, 빛나는	□□ site · 몡 현장, 장소
□□ divide into☆	~으로 나누다	□□ spot · 몡 (특정한) 장소, 자리
□□ get together☆	모이다	□□ take a picture · 사진을 찍다
□□ in front of	~의 앞에	□□ teen · 혱 십 대의 몡 십 대
□□ land☆	툉 내려앉다, 착륙하다	□□ village · 몡 마을
□□ manager	몡 운영자, 관리자	□□ wing · 몡 날개
□□ matter☆	툉 중요하다, 문제 되다	

Language Use

□□ get along with☆	~와 잘 지내다	□□ prepare · 툉 준비하다
□□ gym	몡 체육관	□□ reply · 툉 대답하다, 응답하다
□□ line up	줄을 서다	□□ say goodbye to · ~에게 작별 인사를 하다
□□ location	몡 장소	□□ vote · 툉 투표하다 몡 투표

Think and Write

□□ arrange	툉 정리하다	□□ rewarding · 혱 보람 있는 (↔ unrewarding)

Words

연습 문제

A 다음 단어의 우리말 뜻을 쓰시오.

01 arrange _____

02 bath _____

03 clearly _____

04 remove _____

05 recording _____

06 pack _____

07 background _____

08 share _____

09 spot _____

10 neighborhood _____

11 village _____

12 fur _____

13 select _____

14 site _____

15 greet _____

16 slowly _____

17 manager _____

18 nursing home _____

19 matter _____

20 feed _____

B 다음 우리말에 해당하는 영어 단어를 쓰시오.

21 주소 _____

22 날개 _____

23 ~에 솔질을 하다 _____

24 내려앉다, 착륙하다 _____

25 배달하다 _____

26 공손히 _____

27 선택하다, 선정하다 _____

28 엉망인 상태 _____

29 밝은, 빛나는 _____

30 동의하다 _____

31 눈이 먼 _____

32 쓰레기 _____

33 자원봉사자 _____

34 ~하기 전에 _____

35 연세가 드신 _____

36 보람 있는 _____

37 투표하다, 투표 _____

38 기부, 기증 _____

39 십 대의, 십 대 _____

40 규칙 _____

C 다음 영어 표현의 우리말 뜻을 쓰시오.

01 keep in mind _____

02 get together _____

03 divide into _____

04 give ~ a hand _____

05 get along with _____

06 be proud of _____

07 in front of _____

08 do one's best _____

STEP A

영어 뜻풀이

☐☐	address	주소	the words and numbers that are used to describe the location
☐☐	arrange	정리하다	to put a group of things or people in a particular order or position
☐☐	background	(경치, 그림, 무대의) 배경	the area that is behind the main thing that you are looking at
☐☐	bath	목욕	the act of washing our bodies in a large container of water
☐☐	clearly	또렷하게, 분명히	in a way that is easy to see, hear or understand
☐☐	deliver	배달하다	to take something to a person or place
☐☐	donation	기부, 기증	something that you give to help a person or organization
☐☐	land	내려앉다, 착륙하다	to come down through the air onto the ground or another surface
☐☐	manager	운영자, 관리자	someone who is in charge of a business, department, etc.
☐☐	matter	중요하다, 문제 되다	to be important
☐☐	neighborhood	근처, 이웃	an area of a town or city
☐☐	poster	포스터	a large printed picture that you put on a wall to advertise something
☐☐	recording	녹음, 녹화	the act of storing sound or images
☐☐	remove	없애다, 제거하다	to move or take something away from a place
☐☐	select	선택하다, 선정하다	to choose something or someone
☐☐	site	현장, 장소	the place where something is
☐☐	spot	(특정한) 장소, 자리	a particular space or area
☐☐	teen	십 대의, 십 대	between 13 and 19 years old
☐☐	village	마을	a small town in the country
☐☐	volunteer	자원봉사자	a person who does a job without being paid
☐☐	wing	날개	a part of an animal's body that is used for flying

단어의 의미 관계

- **반의어**
  elderly (연세가 드신) ↔ young (나이가 어린)
  politely (공손히) ↔ impolitely (무례하게)
  clearly (분명히) ↔ unclearly (불분명하게)
  rewarding (보람 있는) ↔ unrewarding (보람이 없는)

- **형용사 – 부사**
  clear (분명한) – clearly (분명히)
  polite (공손한) – politely (공손히)
  slow (느린) – slowly (느리게)

- **get이 포함된 관용 표현**
  get together (모이다)   get up (일어나다)
  get on ((탈것에) 타다)   get along with (~와 잘 지내다)

다의어

- **matter** 1. ⑧ 중요하다, 문제 되다 2. ⑨ 문제, 일
  1. It didn't **matter** that the weather was bad.
     날씨가 나쁜 것은 문제가 되지 않았다.
  2. The **matter** is important to us.
     그 일은 우리에게 중요하다.

- **land** 1. ⑧ 내려앉다, 착륙하다 2. ⑨ 육지, 땅
  1. A fly **landed** on his nose.
     파리 한 마리가 그의 코에 내려앉았다.
  2. The **land** was very dry after the hot summer.
     더운 여름이 지난 후 땅은 매우 건조했다.

연습 문제

A 다음 뜻풀이에 알맞은 말을 [보기]에서 골라 쓴 후, 우리말 뜻을 쓰시오.

| [보기] | teen | bath | matter | background | wing | donation | spot | volunteer |

1 _____ : a particular space or area : _____

2 _____ : between 13 and 19 years old : _____

3 _____ : to be important : _____

4 _____ : a person who does a job without being paid : _____

5 _____ : a part of an animal's body that is used for flying : _____

6 _____ : something that you give to help a person or organization : _____

7 _____ : the act of washing our bodies in a large container of water : _____

8 _____ : the area that is behind the main thing that you are looking at : _____

B 다음 짝 지어진 두 단어의 관계가 같도록 빈칸에 알맞은 말을 쓰시오.

1 lose : win = impolitely : _____

2 clearly : unclearly = _____ : unrewarding

3 kind : kindly = clear : _____

4 polite : politely = slow : _____

C 다음 빈칸에 알맞은 말을 [보기]에서 골라 쓰시오.

| [보기] | remove | agree | pack | elderly | neighborhood |

1 John doesn't _____ with your idea.

2 I have to _____ my bags for my trip.

3 Young people should be polite to _____ people.

4 There is a beautiful park in my _____.

5 She needs to _____ the paint from the wall.

D 다음 우리말과 같도록 빈칸에 알맞은 말을 쓰시오.

1 그는 자신의 아들을 자랑스러워했다. → He _____ _____ _____ his son.

2 그녀는 최선을 다했지만, 시험에 떨어졌다. → She _____ _____ _____, but failed the exam.

3 명심해야 할 몇 가지 조언이 있다. → Here are some tips to _____ _____ _____.

4 나는 자원봉사 프로그램에 지원하게 되어 매우 기쁘다. → I'm very happy to _____ _____ the volunteer program.

5 우리는 토요일마다 모여서 영어를 공부한다. → We _____ _____ and study English on Saturdays.

6 나는 네가 학급 친구들과 잘 지내길 바란다. → I hope you _____ _____ _____ your classmates.

Words

실전 TEST

01 다음 중 단어의 품사가 <u>다른</u> 하나는?

① clearly   ② politely   ③ elderly

④ slowly   ⑤ finally

02 다음 영어 뜻풀이에 해당하는 단어를 주어진 철자로 시작하여 쓰시오.

to take something to a person or place

→ d_____

03 다음 빈칸에 공통으로 들어갈 말로 알맞은 것은?

- The plane is about to _____ at the airport.
- Frogs can live both in water and on _____ .

① land   ② greet   ③ arrive

④ brush   ⑤ select

04 다음 중 밑줄 친 부분의 우리말 뜻이 알맞지 <u>않은</u> 것은?

① I'll <u>do my best</u> to pass the exam. (최선을 다하다)

② Please <u>line up</u> in order of height. (줄을 서다)

③ The teacher will <u>divide</u> us <u>into</u> three groups.
(~으로 모으다)

④ If you <u>get up</u> early, you won't be late for school.
(일어나다)

⑤ My mom wants me to <u>get along with</u> my classmates.
(~와 잘 지내다)

05 다음 우리말과 같도록 할 때 빈칸에 들어갈 말로 알맞은 것은?

Brown 씨는 나에게 책을 책장에 정리해 달라고 부탁했다.
→ Mr. Brown asked me to _____ the books on the shelves.

① address   ② prepare

③ share   ④ arrange

⑤ remove

06 고난도 다음 문장의 밑줄 친 단어와 같은 의미로 쓰인 것은?

It doesn't <u>matter</u> how old you are.

① The <u>matter</u> is important to us.

② It's a <u>matter</u> of time now.

③ It was not an easy <u>matter</u>.

④ In this case, money does not <u>matter</u>.

⑤ They had an important <u>matter</u> to discuss.

[07-08] 괄호 안의 우리말과 같도록 빈칸에 알맞은 말을 쓰시오.

07 Can you _____ me _____ _____ now?
(지금 저 좀 도와주시겠어요?)

08 There is a flower shop _____ _____ _____ my house.
(우리 집 앞에 꽃가게가 있다.)

1 원하는 행동 묻기

A: **What do you want me to do?**   너는 내가 무엇을 하길 원하니?

B: Please put the clothes into the box.   상자에 옷을 넣어 줘.

What do you want me to do?는 '너는 내가 무엇을 하길 원하니?'라는 뜻으로 상대방에게 도움을 주고자 할 때 그 사람이 필요로 하는 도움이 구체적으로 무엇인지를 묻는 표현이다. 이에 대한 대답으로 상대방에게 원하는 행동을 말할 때는 I want you to ~. 또는 「Please+동사원형 ~.」으로 원하는 바를 나타낼 수 있다.

e.g. • A: **What do you want me to do?** 너는 내가 무엇을 하길 원하니?

　　　　What can I do for you? 무엇을 도와드릴까요?

　　　　How can I help you? 어떻게 도와드릴까요?

　　• B: **I want you to** tape the boxes. 나는 네가 상자를 테이프로 붙이길 원해.

　　　　Please tape the boxes. 상자를 테이프로 붙여 줘.

비교 도움을 요청하는 표현

　　• Can you help me? 나를 도와줄래요?

　　• Can you give me a hand? 나를 도와줄래요?

　　• Can I ask you a favor? 도움을 요청해도 될까요?

> **point**
> **시험 포인트**
> 상대방에게 도움을 주기 위해 묻는 말과 도움을 요청하는 말을 구분하는 문제가 자주 출제돼요. 도움을 요청하는 말도 함께 알아 두세요.

2 당부하기

A: **Make sure** you lock the doors.   반드시 문을 잠그렴.

B: Okay, I will.   네, 그럴게요.

「Make sure+주어+동사 ~.」는 '반드시 ~해라.'라는 뜻으로 상대방에게 어떤 일을 잊지 말고 꼭 할 것을 당부하는 표현이다. 당부하는 말에 대한 긍정의 대답으로 Okay, I will. 또는 No problem. 등을 말할 수 있다.

e.g. • A: **Make sure** you turn off the lights. 반드시 전등을 끄렴.

　　　　Be sure to turn off the lights. 꼭 전등을 끄렴.

　　　　Remember to turn off the lights. 전등 끄는 것을 기억하렴.

　　• B: Okay, I will. 네, 그럴게요.

　　　　No problem. 알겠어요.

　　　　Sure, I will. 물론, 끌게요.

　　• A: **Don't forget to** turn off the lights. 전등 끄는 것을 잊지 마.

　　　　B: Okay, I won't. 알겠어요, 안 잊어버릴게요.

　　　　주의! Don't forget to를 써서 당부를 할 때는 잊지 않겠다는 의미의 I won't.로 답해야 해요.

> **point**
> **시험 포인트**
> 당부하는 표현의 어순을 묻는 문제가 자주 출제돼요. Make sure 뒤에 「주어+동사」의 어순에 유의하세요.

Listen and Speak 1-A

교과서 48쪽

B: ❶ What are all these boxes and books for?

G: I'm ❷ packing the books for the donation center. ❸ Can you give me a hand?

B: Sure. ❹ What do you want me to do?

G: ❺ Please write the address on the boxes.

B: ❻ No problem.

❶ What ~ for?: 목적이나 의도를 묻는 표현
❷ pack: 포장하다, 싸다
❸ 도움을 요청하는 표현 (= Can you help me?)
❹ '너는 내가 무엇을 하길 원하니?'라는 뜻으로, 원하는 행동을 묻는 표현
❺ 「Please + 동사원형 ~.」으로 자신이 원하는 바를 말할 때 쓰는 표현
❻ 상대방의 요청을 수락할 때 쓰는 표현

Q1. 소녀는 소년에게 무엇을 부탁하고 있나요?

Listen and Speak 1-B

교과서 48쪽

B: What is this ❶ mess?

G: ❷ I'm baking cookies.

B: ❸ Why are you baking so many cookies?

G: ❹ They're for the people at the ❺ nursing home.

B: ❻ That's very nice of you.

G: Can you give me a hand?

B: Sure. ❼ What do you want me to do?

G: Please put the cookies in the gift boxes. ❽ Three cookies in each box.

B: Okay.

❶ 지저분하고 엉망인 상태
❷ 현재진행형(be동사 + 동사원형-ing): ~하고 있다
❸ 이유를 묻는 의문사
❹ = many cookies
❺ 양로원
❻ 너 정말 착하구나.
❼ 원하는 행동을 묻는 표현
❽ = Please put three cookies in each box.

Q2. What is the girl doing now?

Q3. How many cookies will the boy put in each box?

Listen and Speak 1-C

교과서 48쪽

A: ❶ What are you doing?

B: I'm packing for my ❷ move tomorrow. ❸ Can you help me?

A: Sure. What do you want me to do?

B: Please ❹ put the clothes into the box.

A: No problem.

❶ 너는 무엇을 하고 있니?
❷ ⑲ 이사
❸ 도움을 요청하는 표현
❹ ~을 …에 넣다

Q4. 위 대화에서 Can you give me a hand?와 의미가 같은 말을 찾으시오.

Listen and Speak 2-A

교과서 49쪽

B: Enjoy the concert, Mom.

W: Okay, I will. Thanks. Your dinner is on the table.

B: All right. ❶ Don't worry about me.

W: ❷ Make sure you feed the dog ❸ after you have dinner.

B: Okay. Mom, you ❹ should go now. Dad ❺ is waiting in the car.

❶ worry about: ~에 대해 걱정하다
❷ Make sure + 주어 + 동사 ~.: '반드시 ~해라.'라는 의미로 당부하는 표현
❸ ~한 후에 (시간을 나타내는 접속사)
❹ ~해야 한다 (조동사)
❺ 현재진행형(be동사 + 동사원형-ing): ~하고 있다

Q5. What will the boy do after dinner? → He will _____.

Listen and Speak 2-B

교과서 49쪽

M: Hello, class. Make groups of four people ❶ and sit around the tables. Today ❷ we're going to make bacon and egg sandwiches. ❸ Keep in mind two rules for our class. First, ❹ make sure you wash your hands ❺ before you start. Second, ❻ be careful ❼ when you use a knife. All right, let's start.

❶ 명령문을 연결하는 등위접속사
❷ be going to: ~할 예정이다
❸ keep in mind: 명심하다
❹ 「Make sure+주어+동사 ~.」로 당부하는 표현
❺ ~하기 전에 (시간을 나타내는 접속사)
❻ 조심해라
❼ ~할 때 (시간을 나타내는 접속사)

Q6. 수업에서는 무엇을 만들 것인가요?

Q7. What should they do before they make the sandwiches?

Listen and Speak 2-C

교과서 49쪽

A: ❶ It's time to go home.

B: Yes. Make sure you lock the doors.

A: Okay, I will. ❷ Anything else?

B: No, ❸ that's it. See you tomorrow.

❶ It's time to+동사원형: ~할 시간이다
  to go home은 앞에 있는 time을 수식
❷ 그 밖에 더 있으세요?
❸ 그게 다야.

Q8. 위 대화의 Make sure you lock the doors.를 우리말로 해석하시오.

Real Life Talk > Watch a Video

교과서 50쪽

Woman: Good morning. ❶ What can I do for you?

Tony: Hi. I'm here ❷ for the volunteer work.

Woman: Oh, you ❸ must be Tony.

Tony: That's right. ❹ What do you want me to do today?

Woman: Please read this book for ❺ the blind in the ❻ recording room.

Tony: No problem. Should I go in now?

Woman: Yes. Please go into Room 7.

Tony: Okay. Is there anything to ❼ keep in mind?

Woman: Yes. ❽ Make sure you read slowly and clearly.

Tony: Okay. I'll ❾ do my best.

❶ 무엇을 도와드릴까요? (도움을 제안하는 표현)
❷ ~을 위해 (목적을 나타내는 전치사)
❸ ~임에 틀림없다 (강한 추측의 조동사)
❹ 원하는 행동을 묻는 표현
❺ 시각 장애인들 (the+형용사: ~한 사람들)
❻ 녹음실
❼ 명심하다
❽ 「Make sure+주어+동사 ~.」로 당부하는 표현
❾ do one's best: 최선을 다하다

Q9. Tony는 여기에 왜 왔나요?

Q10. How should Tony read?

Listen & Speak
빈칸 채우기

우리말과 일치하도록 대화의 빈칸에 알맞은 말을 쓰시오.

주요 표현

1 Listen and Speak 1-A

B: _____ are all these boxes and books _____?

G: I'm packing the books for the donation center. Can you _____ _____ _____ _____?

B: Sure. What do you want me to do?

G: Please _____ _____ _____ on the boxes.

B: No problem.

교과서 48쪽

해석

B: 이 상자와 책들은 다 무엇에 쓰려는 거니?

G: 나는 기부 센터에 보내려고 책을 싸고 있어. 나를 좀 도와줄래?

B: 물론이야. 내가 무엇을 하길 원하니?

G: 상자에 주소를 써 줘.

B: 그래.

2 Listen and Speak 1-B

B: What is this mess?

G: I'm _____ _____.

B: Why are you baking so many cookies?

G: They're for the people at the _____ _____.

B: That's very nice of you.

G: Can you give me a hand?

B: Sure. _____ _____ _____ _____ _____ _____ _____?

G: Please put the cookies in the gift boxes. Three cookies in _____ _____.

B: Okay.

교과서 48쪽

B: 이 엉망진창은 뭐니?

G: 나는 쿠키를 굽고 있어.

B: 너는 왜 이렇게 많은 쿠키를 굽고 있니?

G: 쿠키는 양로원에 계신 분들을 위한 거야.

B: 너 정말 착하구나.

G: 나를 좀 도와줄래?

B: 물론이야. 내가 무엇을 하길 원하니?

G: 선물 상자에 쿠키를 넣어 줘. 각 상자에 쿠키 3개씩.

B: 알겠어.

3 Listen and Speak 1-C

A: What are you doing?

B: I'm _____ _____ _____ _____ tomorrow. Can you help me?

A: Sure. What do you want me to do?

B: Please _____ _____ _____ _____ the box.

A: No problem.

교과서 48쪽

A: 너는 무엇을 하고 있니?

B: 나는 내일 이사를 위해 짐을 싸고 있어. 나 좀 도와줄래?

A: 물론이야. 내가 무엇을 하길 원하니?

B: 상자에 옷을 넣어 줘.

A: 그래.

4 Listen and Speak 2-A

B: _____ the concert, Mom.

W: Okay, I will. Thanks. Your dinner is _____ _____ _____ _____.

B: All right. _____ _____ _____ _____.

W: _____ _____ _____ _____ _____ _____ after you have dinner.

B: Okay. Mom, you should go now. Dad is waiting in the car.

교과서 49쪽

B: 콘서트 재미있게 보세요, 엄마.

W: 응, 그렇게. 고마워. 네 저녁은 식탁 위에 있단다.

B: 알겠어요. 저는 걱정 마세요.

W: 저녁을 먹은 후에 반드시 개에게 먹이를 주렴.

B: 알겠어요. 엄마, 이제 가셔야 해요. 아빠가 차에서 기다리고 계세요.

5 Listen and Speak 2-B

교과서 49쪽

M: Hello, class. _____ _____ _____ _____ _____
and sit around the tables. Today we're going to make bacon and egg
sandwiches. _____ _____ _____ two rules for our class.
First, _____ _____ _____ _____
_____ before you start. Second, _____ _____ when you
use a knife. All right, let's start.

해석

M: 안녕하세요, 여러분. 4명씩 모둠을 만들어 탁자에 둘러앉으세요. 오늘 우리는 베이컨 달걀 샌드위치를 만들 거예요. 우리 수업의 두 가지 규칙을 명심하세요. 첫째, 시작하기 전에 반드시 손을 씻으세요. 둘째, 칼을 사용할 때는 조심하세요. 좋아요, 시작해 봅시다.

6 Listen and Speak 2-C

교과서 49쪽

A: _____ _____ _____ _____ _____ .

B: Yes. Make sure you _____ _____ _____ .

A: Okay, I will. _____ _____ ?

B: No, that's it. See you tomorrow.

A: 집에 갈 시간이에요.
B: 그래. 반드시 문을 잠그렴.
A: 네, 그럴게요. 그 밖에 더 있으세요?
B: 아니, 그게 다야. 내일 보자.

7 Real Life Talk > Watch a Video

교과서 50쪽

Woman: Good morning. What can I do for you?

Tony: Hi. I'm here for the _____ _____ .

Woman: Oh, you must be Tony.

Tony: That's right. What do you _____ _____ _____
_____ today?

Woman: Please read this book _____ _____ _____ in the
recording room.

Tony: No problem. Should I go in now?

Woman: Yes. Please _____ _____ Room 7.

Tony: Okay. Is there anything to keep in mind?

Woman: Yes. Make sure you read _____ _____ _____ .

Tony: Okay. I'll _____ _____ _____ .

W: 안녕하세요. 무엇을 도와드릴까요?
Tony: 안녕하세요. 저는 여기에 봉사 활동을 하러 왔어요.
W: 오, 당신이 Tony군요.
Tony: 맞아요. 오늘 제가 무엇을 하길 원하세요?
W: 녹음실에서 시각 장애인들을 위해 이 책을 읽어 주세요.
Tony: 알겠어요. 지금 들어가야 하나요?
W: 그래요. 7번 방으로 들어가 주세요.
Tony: 네. 유념해야 할 것이 있나요?
W: 네. 반드시 천천히 그리고 명확하게 읽어 주세요.
Tony: 알겠어요. 최선을 다할게요.

Listen & Speak

대화 순서 배열하기

자연스러운 대화나 말이 되도록 순서를 바르게 배열하시오.

1 Listen and Speak 1-A

교과서 48쪽

ⓐ No problem.
ⓑ Sure. What do you want me to do?
ⓒ What are all these boxes and books for?
ⓓ Please write the address on the boxes.
ⓔ I'm packing the books for the donation center. Can you give me a hand?

(   ) – (   ) – (   ) – (   ) – (   )

2 Listen and Speak 1-B

교과서 48쪽

ⓐ Can you give me a hand?
ⓑ I'm baking cookies.
ⓒ That's very nice of you.
ⓓ What is this mess?
ⓔ Sure. What do you want me to do?
ⓕ Why are you baking so many cookies?
ⓖ Okay.
ⓗ They're for the people at the nursing home.
ⓘ Please put the cookies in the gift boxes. Three cookies in each box.

(ⓓ) – (   ) – (   ) – (   ) – (ⓒ) – (   ) – (   ) – (   ) – (   )

3 Listen and Speak 1-C

교과서 48쪽

ⓐ Please put the clothes into the box.
ⓑ What are you doing?
ⓒ No problem.
ⓓ Sure. What do you want me to do?
ⓔ I'm packing for my move tomorrow. Can you help me?

(   ) – (   ) – (   ) – (   ) – (   )

4 Listen and Speak 2-A

교과서 49쪽

ⓐ Enjoy the concert, Mom.
ⓑ All right. Don't worry about me.
ⓒ Okay. Mom, you should go now. Dad is waiting in the car.
ⓓ Okay, I will. Thanks. Your dinner is on the table.
ⓔ Make sure you feed the dog after you have dinner.

(ⓐ) – (   ) – (   ) – (   ) – (   )

5 Listen and Speak 2-B

교과서 49쪽

ⓐ Keep in mind two rules for our class.

ⓑ All right, let's start.

ⓒ Today we're going to make bacon and egg sandwiches.

ⓓ Second, be careful when you use a knife.

ⓔ First, make sure you wash your hands before you start.

ⓕ Hello, class. Make groups of four people and sit around the tables.

(   ) – (ⓒ) – (   ) – (   ) – (   ) – (   )

6 Listen and Speak 2-C

교과서 49쪽

ⓐ Yes. Make sure you lock the doors.

ⓑ It's time to go home.

ⓒ No, that's it. See you tomorrow.

ⓓ Okay, I will. Anything else?

(   ) – (   ) – (   ) – (   )

7 Real Life Talk > Watch a Video

교과서 50쪽

ⓐ Please read this book for the blind in the recording room.

ⓑ Okay. I'll do my best.

ⓒ Okay. Is there anything to keep in mind?

ⓓ Good morning. What can I do for you?

ⓔ Yes. Please go into Room 7.

ⓕ Oh, you must be Tony.

ⓖ No problem. Should I go in now?

ⓗ That's right. What do you want me to do today?

ⓘ Hi. I'm here for the volunteer work.

ⓙ Yes. Make sure you read slowly and clearly.

(ⓓ) – (   ) – (   ) – (ⓗ) – (   ) – (   ) – (   ) – (ⓒ) – (   ) – (   )

[01-02] 다음 대화의 빈칸에 들어갈 말로 알맞은 것을 고르시오.

01
A: _____
B: Please take out the trash.
A: No problem.

① Can you help me?
② What are you doing?
③ Can you give me a hand?
④ What do you want to do?
⑤ What do you want me to do?

02
A: It's time to go home.
B: Yes. _____ you lock the doors.
A: Okay, I will.

① I'm sure   ② I heard
③ Make sure   ④ I wonder
⑤ No wonder

03 자연스러운 대화가 되도록 순서대로 배열한 것은?

(A) I'm packing the books for the donation center. Can you give me a hand?
(B) Please write the address on the boxes.
(C) What are all these boxes and books for?
(D) Sure. What do you want me to do?
(E) No problem.

① (A) – (B) – (C) – (D) – (E)
② (A) – (C) – (D) – (E) – (B)
③ (C) – (A) – (D) – (B) – (E)
④ (C) – (B) – (D) – (E) – (A)
⑤ (D) – (B) – (E) – (C) – (A)

04 다음 대화의 밑줄 친 말의 의도로 알맞은 것은?

A: Make sure you turn off the lights.
B: No problem.

① 제안하기   ② 조언하기
③ 당부하기   ④ 확신 말하기
⑤ 금지하기

05 다음 중 짝 지어진 대화가 자연스럽지 않은 것은?

① A: What are you doing now?
   B: I'm packing for my move tomorrow.
② A: Can you give me a hand?
   B: Yes. Please tape the boxes.
③ A: What do you want to do?
   B: I want to teach English to the children.
④ A: Hi, I'm here for the volunteer work.
   B: Thanks for coming.
⑤ A: Is there anything to keep in mind?
   B: Yes. Make sure you greet them politely.

[06-07] 다음 대화를 읽고, 물음에 답하시오.

A: ⓐEnjoy the concert, Mom.
B: Okay, I will. Thanks, Jimmy. ⓑYour dinner is on the table.
A: All right. ⓒDon't worrying about me.
B: ⓓMake sure you feed the dog after you have dinner.
A: Okay. Mom, you should go now. ⓔDad is waiting in the car.

06 위 대화의 밑줄 친 ⓐ~ⓔ 중 어법상 틀린 것은?

① ⓐ   ② ⓑ   ③ ⓒ   ④ ⓓ   ⑤ ⓔ

07 Jimmy의 엄마가 Jimmy에게 당부한 것은?

① to walk the dog

② to play with the dog

③ to give the dog a bath

④ to give food to the dog

⑤ to take the dog to the hospital

[08-09] 다음 대화를 읽고, 물음에 답하시오.

Woman: Good morning. ①What can I do for you?

Tony: Hi. I'm here for the volunteer work.

Woman: Oh, ②you must be Tony.

Tony: That's right. ③What do you want me to do today?

Woman: Please read this book for the blind in the recording room.

Tony: ④Sorry, I can't. Should I go in now?

Woman: Yes. Please go into Room 7.

Tony: Okay. Is there anything to keep in mind?

Woman: Yes. ⑤Make sure you read slowly and clearly.

Tony: Okay. I'll do my best.

08 위 대화의 밑줄 친 ①~⑤ 중 흐름상 어색한 것은?

①   ②   ③   ④   ⑤

09 위 대화의 Tony에 관한 내용과 일치하지 않는 것은?

① 봉사 활동을 하러 왔다.

② 여자에게서 시각 장애인들을 위한 책을 읽어 달라고 요청 받았다.

③ 7번 방으로 들어갈 것이다.

④ 천천히 두 번씩 반복해서 읽을 것이다.

⑤ 하려는 일에 최선을 다할 것이다.

서술형

[10-11] 다음 대화를 읽고, 물음에 답하시오.

Tom: What is this mess?

Jane: I'm baking cookies.

Tom: (1) _____

Jane: They're for the people at the nursing home.

Tom: That's very nice of you.

Jane: (2) _____

Tom: Sure. (3) _____

Jane: Please put the cookies in the gift boxes. Three cookies in each box.

Tom: Okay.

10 위 대화의 빈칸에 알맞은 말을 [보기]에서 골라 쓰시오.

[보기]   • Can you give me a hand?

       • What do you want me to do?

       • Why are you baking so many cookies?

(1) _____

(2) _____

(3) _____

11 다음 질문에 완전한 영어 문장으로 답하시오.

Q: What will Tom do after the conversation?

A: _____

12 다음을 읽고, 명심해야 할 두 가지 규칙을 우리말로 쓰시오.

     Hello, class. Make groups of four people and sit around the tables. Today we're going to make bacon and egg sandwiches. Keep in mind two rules for our class. First, make sure you wash your hands before you start. Second, be careful when you use a knife. All right, let's start.

(1) _____

(2) _____

G Grammar
핵심 노트

1 사역동사

- The project manager **had** us **meet** at 9 a.m.　프로젝트 책임자는 우리를 오전 9시에 만나게 했다.
- Peter sometimes **lets** his dog **sleep** on his bed.　Peter는 가끔 그의 개가 자신의 침대에서 자게 내버려 둔다.
- Mr. Brown **made** the students **line up** at the gym.　Brown 선생님은 학생들이 체육관에서 줄을 서게 했다.

(1) 사역동사의 의미와 종류: 목적어에게 어떤 행동을 하도록 시키거나 목적어가 어떤 행동을 하는 것을 허락할 때 사용하는 동사로, '(목적어)가 ~하게 하다/시키다'의 뜻을 나타낸다. have, let, make 등이 있다.

(2) 쓰임과 형태: 「사역동사(have/let/make)+목적어+목적격보어(동사원형)」의 형태로 쓰며, 이때 목적어와 목적격보어는 능동의 관계이다.

- The teacher **had** us **clean** the classroom.　**중요!** 이 문장에서 목적격보어인 동사원형을 행하는 주체는 목적어라는 것을 기억하세요.
  선생님께서는 우리가 교실을 청소하게 하셨다.
- My mom **lets** me **get up** late on the weekends.
  엄마는 내가 주말에 늦게 일어나게 두신다.
- They **made** the boy **sing** a song.　그들은 그 소년이 노래를 부르게 했다.

  비교 make (만들다, 만들어 주다) vs. make ((목적어)가 ~하게 하다)

- He **made** a desk.　그는 책상을 만들었다. 〈3형식〉
- He **made** her a desk.　그는 그녀에게 책상을 **만들어 주었다.** 〈4형식〉
- He **made** her clean the desk.　그는 그녀가 책상을 청소하게 **했다.** 〈5형식〉

---한 단계 더!

help는 준사역동사로, 목적격보어로 동사원형이나 to부정사를 둘 다 쓸 수 있다.

- He **helped** me **(to) clean** the room.　그는 내가 방을 청소하는 것을 도왔다.

point
시험 포인트
사역동사 have, let, make 뒤에 목적어와 목적격보어가 나오는 문장에서 목적격보어의 알맞은 형태로 동사원형을 고르는 문제가 자주 출제돼요.

4형식 동사 make
- Roy will **make** his mom a cake.
  Roy는 어머니에게 케이크를 만들어 드릴 것이다.

  [중1 7과]

QUICK CHECK

1 다음 괄호 안에서 알맞은 것을 고르시오.

(1) She had her sister (clean / to clean) the table.

(2) Tom let me (ride / riding) his bike.

(3) Ms. White made her students (written / write) a diary.

2 다음 문장의 밑줄 친 부분이 어법상 틀렸으면 바르게 고쳐 쓰시오.

(1) We let the children to play with the toys. → _____

(2) The dentist had her open her mouth. → _____

(3) My father made me reading many books. → _____

2 It ~ that 강조

- **It** was a better tomorrow **that** we painted.   우리가 그린 것은 바로 더 나은 내일이었다.

- **It** was a bird **that** broke the window yesterday.   어제 창문을 깬 것은 바로 새였다.

- **It** was in 1969 **that** Apollo 11 landed on the moon.   아폴로 11호가 달에 착륙한 때는 바로 1969년이었다.

(1) 형태: It is/was + 강조하고자 하는 부분 + that + 문장의 나머지 부분

(2) 쓰임: 강조하고 싶은 부분을 It is/was와 that 사이에 넣고, 나머지 부분을 that 뒤에 써서 나타낸다. '~한 것은 바로 …이다/이었다.'로 해석한다.

- **It** was red roses **that** my family planted in the garden.
  우리 가족이 정원에 심은 것은 바로 빨간 장미였다.

- **It** was at the theater **that** I saw the movie star.
  내가 그 영화 배우를 본 것은 바로 극장에서였다.

- **It** was yesterday **that** I met John at the park.
  내가 공원에서 John을 만난 것은 바로 어제였다.

비교 명사절을 이끄는 that절이 주어로 쓰여 가주어 It을 사용하는 경우와 혼동하지 않도록 한다. 이 경우에는 that 다음에 완전한 문장이 온다.

- **It** was his bag **that** he left on the bench. ← *It ~ that 강조:*
  그가 벤치에 놓고 온 것은 바로 그의 가방이었다.   *that이 이끄는 절에 목적어(his bag)가 없음*

- **It** is true **that** he left his bag on the bench. ← *가주어 It ~ that절:*
  그가 벤치에 가방을 놓고 온 것은 사실이다.   *that이 이끄는 절이 완전한 형태임*

한 단계 더!

일반동사를 강조하고 싶을 때는 동사 앞에 조동사 do/does/did를 사용한다.

- I **do** hope you'll get better soon. 나는 네가 회복되기를 진심으로 바란다.

point

시험 포인트

강조하고자 하는 말을 뺀 문장의 나머지 부분은 that 뒤에 위치시켜야 해요. 또한 It과 that이 와야 하는 위치에 다른 것이 들어가 있는지도 주의해서 살펴봐야 해요.

관계대명사 that

- Chris found a bicycle **that** he lost yesterday.
  Chris는 어제 잃어버린 자전거를 찾았다.

[중2 7과]

QUICK CHECK

1 다음 괄호 안에서 알맞은 것을 고르시오.

(1) It was a big tree (that / what) she climbed yesterday.

(2) (It / That) was in May that I started learning English.

(3) It (did / was) this morning that a bird flew into my room.

2 다음 문장의 밑줄 친 부분이 어법상 틀렸으면 바르게 고쳐 쓰시오.

(1) This was last Friday that I told Minji the truth.   → _____

(2) It was in the park what I saw him.   → _____

(3) It are a penguin that I really want to see.   → _____

연습 문제

STEP A

1 사역동사

A 다음 괄호 안에서 알맞은 것을 고르시오.

1 I will have my sister (clean / to clean) the room.

2 My father made me (wash / washing) his car.

3 Ms. Kim had the students (play / played) soccer in the playground.

4 Mr. Johns sometimes let his children (eat / to eat) sweets.

5 Sora made Ben (fix / to fixing) her computer.

B 다음 문장의 밑줄 친 부분이 어법상 틀렸으면 바르게 고쳐 쓰시오.

1 She made me to sing in front of the students. → _____

2 My mom lets us watching TV at night. → _____

3 The teacher had Kevin to take out the trash. → _____

4 Mike helped my sister study English. → _____

5 My brother always makes me laughed. → _____

C 다음 우리말과 같도록 괄호 안의 단어들을 바르게 배열하여 문장을 쓰시오.

1 그녀는 내가 숙제를 하게 했다. (me, she, do, my, made, homework)

→ _____

2 그는 Mark가 그의 차를 운전하게 두었다. (let, car, drive, Mark, his, he)

→ _____

3 나는 내 여동생에게 그 가방을 들게 했다. (the bag, my, I, had, sister, carry)

→ _____

D 다음 우리말과 같도록 괄호 안의 표현을 이용하여 영작하시오.

1 그는 그의 아들에게 설거지를 하게 했다.

→ _____

(make, wash the dishes)

2 그녀는 우리가 그 집 사진을 찍게 두었다.

→ _____

(let, take pictures)

3 그 선생님은 그들에게 많은 책을 읽게 했다.

→ _____

(have, read many books)

2 It ~ that 강조

A 다음 각 문장이 강조하고 있는 말에 밑줄을 그으시오.

1 It was yesterday that I baked my first cookies.

2 It was a vase that I dropped this morning.

3 It was in the garden that I planted some flowers with my brother.

4 It was *Charlotte's Web* that Tommy borrowed from a school library.

B 주어진 문장을 괄호 안의 말을 강조하는 문장으로 다시 쓰시오.

> Jina saw a blue bird in the garden yesterday.

1 (a blue bird)

→ _____

2 (in the garden)

→ _____

3 (yesterday)

→ _____

C 다음 문장에서 어법상 틀린 부분을 바르게 고쳐 문장을 다시 쓰시오.

1 It was a sunflower what I planted in the backyard.

→ _____

2 It was the movie that it made me cry.

→ _____

D 다음 우리말과 같도록 괄호 안의 단어들을 바르게 배열하여 문장을 쓰시오.

1 내가 작년에 방문한 곳은 바로 뉴욕이었다.

→ _____

(New York, last, it, I, year, was, visited, that)

2 그 큰 나무를 심은 것은 바로 우리 모둠이었다.

→ _____

(the, my, that, it, big, was, planted, group, tree)

3 내가 유명한 가수를 만난 것은 바로 버스 정류장에서였다.

→ _____

(it, that, at, I, was, met, a, famous, the bus stop, singer)

[01-03] 다음 빈칸에 들어갈 말로 알맞은 것을 고르시오.

01 My grandfather sometimes lets his dog
_____ on his bed.

① sleep   ② sleeps

③ sleeping   ④ to sleep

⑤ slept

02 She _____ her son bring some water.

① had   ② told

③ did   ④ asked

⑤ wanted

03 It was a bird _____ broke the window
yesterday.

① who   ② what   ③ that

④ did   ⑤ to

[04-05] 다음 빈칸에 들어갈 수 있는 것을 모두 고르시오.

04 Ms. White _____ us arrange the bookshelves.

① told   ② had

③ made   ④ allowed

⑤ wanted

한 단계 | 더!

05 I helped my uncle _____ the car.

① wash   ② washes   ③ washed

④ to wash   ⑤ washing

[06-07] 다음 우리말을 영어로 바르게 옮긴 것을 고르시오.

06 Bob이 나무 위의 집을 지은 것은 바로 작년이었다.

① Bob built a tree house last year.

② It was Bob who built a tree house last year.

③ It was a tree house that Bob built last year.

④ It was last year what Bob built a tree house.

⑤ It was last year that Bob built a tree house.

07 내 사촌이 내가 그의 자전거를 타게 했다.

① My cousin rode my bike.

② I let my cousin ride my bike.

③ My cousin let me ride his bike.

④ My cousin and I rode his bike.

⑤ My cousin let me to ride my bike.

08 고/난도 다음 중 빈칸에 들어갈 말이 다른 하나는?

① _____ is impossible to get there in time.

② _____ was raining this morning.

③ _____ was my uncle's farm that my family
visited last weekend.

④ _____ he needs is a new pair of sneakers.

⑤ _____ was three weeks later that she heard
the news.

09 다음 단어들을 자연스러운 문장이 되도록 순서대로 배열할 때, 네 번째로 오는 단어는?

> taste, new, had, food, he, us, his

① had   ② his   ③ us
④ new   ⑤ taste

[10-11] 다음 빈칸에 공통으로 알맞은 말을 쓰시오.

10
- The teacher _____ us follow the rules in the classroom.
- My grandfather _____ me a chair last month.

→ _____

11
- It was a rose _____ Mia planted in the garden.
- I think _____ Susan is a great singer.

→ _____

12 다음 밑줄 친 ①~⑤ 중 문장에서 강조하고 있는 부분은?

> It was <u>two days ago</u> that <u>Jimmy</u> gave <u>me</u> some
>   ①   ②   ③   ④
> <u>flowers</u>.
>   ⑤

13 다음 빈칸에 go를 쓸 수 없는 것은?

① My mom didn't let me _____ to the party.
② He made the kids _____ to bed early.
③ His parents don't want him _____ camping.
④ The teacher had us _____ to the library.
⑤ I helped my grandmother _____ upstairs.

[14-15] 다음 우리말을 영어로 옮길 때, 빈칸에 쓰이지 <u>않는</u> 단어를 고르시오.

14
선생님은 체육관에서 우리가 줄을 서게 했다.
→ The teacher _____ _____ _____ _____ at the gym.

① to   ② up   ③ us
④ line   ⑤ made

15
내가 그에게 전화를 건 것은 바로 어제였다.
→ _____ _____ _____ _____ I called him.

① It   ② did   ③ was
④ that   ⑤ yesterday

16 다음 중 어법상 옳은 것은?

① He let not me use his computer.
② I had my gym uniform bring to my sister.
③ She will make us read lots of books.
④ Mr. Frank has us on time for every class.
⑤ Ms. Park had us to ask many questions in class.

17 다음 중 어법상 옳은 문장의 개수는?

- It was this morning what Bob missed the school bus.
- This photo makes me think of my childhood.
- I had my sister take a picture of me.
- It was on the roof that the hen laid two eggs last week.

① 0개   ② 1개   ③ 2개
④ 3개   ⑤ 4개

18 다음 학급 회의 결과를 옮긴 문장이 어법상 틀린 것을 모두 고르면?

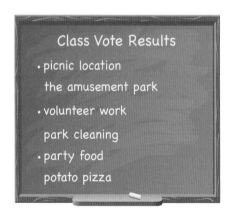

Class Vote Results
- picnic location
  the amusement park
- volunteer work
  park cleaning
- party food
  potato pizza

① They voted for a picnic location, a volunteer work, and party food.
② That was the amusement park it they chose for the picnic location.
③ It was the park cleaning what they chose for a volunteer work.
④ It is at the park that they are going to do a volunteer work.
⑤ It was potato pizza that they finally selected for the party food.

19 다음 문장에 대한 설명으로 옳은 것을 모두 고르면?

It were sad movies that made me cry yesterday.

① sad movies를 강조한 문장이다.
② sad movies가 복수이므로 동사는 were를 썼다.
③ 동사 were를 was로 고쳐야 한다.
④ made는 '~에게 …을 만들어 주었다'라는 의미로 쓰였다.
⑤ that 대신 what을 쓸 수도 있다.

20 다음 밑줄 친 부분을 어법에 맞게 고친 것 중 옳지 않은 것은?

① Let me to know your name. → know
② She made we do the work. → us
③ I will have my brother cleaned the room.
    → to clean
④ She will help you doing the work. → do
⑤ I had Mike built my house. → build

21 다음 중 어법상 틀린 것을 바르게 고친 것끼리 묶인 것은?

ⓐ My mother doesn't let me watch TV at night.
ⓑ It was a drone that Mina fly at school last Friday.
ⓒ It was the school art club that I joined last week.
ⓓ The dentist had me to open the mouth.

① ⓐ watch → to watch
② ⓐ watch → to watch
   ⓒ was → were
③ ⓑ fly → flew
   ⓒ was → were
④ ⓑ fly → flew
   ⓓ to open → open
⑤ ⓒ that → what
   ⓓ to open → open

서술형

22 다음 우리말과 같도록 괄호 안의 단어들을 이용하여 문장을 쓰시오.

(1) 나는 John이 내 책들을 가져오게 했다.

→ _____

(have, bring)

(2) 그는 우리가 그 책을 여러 번 읽게 했다.

→ _____

(make, many times)

(3) 그녀는 내가 그녀의 스마트폰을 사용하게 했다.

→ _____

(let, smartphone)

23 다음 문장을 괄호 안의 말을 강조하는 문장으로 바꿔 쓰시오.

[조건]   1. It ~ that 강조 구문을 사용할 것
2. 완전한 문장으로 쓸 것
3. 대소문자를 구별하고 문장 부호를 정확히 쓸 것

My sister made a cheesecake at school yesterday.

(1) (a cheesecake)

→ _____

_____

(2) (at school)

→ _____

(3) (yesterday)

→ _____

_____

24 가족들의 대화를 참고하여 Tim의 말을 완성하시오.

[조건]   1. make를 이용하여 문장을 만들 것
2. 주어진 대화에 있는 표현을 활용할 것

Tim: Mom, I want to go to Brian's birthday party this afternoon.

Mom: Okay, Tim. But clean your room first before you go to the party.

Judy: Make sure you finish your homework.

Dad: You must walk the dog as well.

Tim: Okay, I will.

Tim: I have many things to do before I go to Brian's birthday party. My mother _____

_____ .

My sister, Judy _____ .

Dad _____ .

25 다음 글을 읽고, 질문에 답하시오.

Last Friday, Dream Middle School students planted 20 trees in the neighborhood park. They plan to plant trees every year.

[조건]   1. It ~ that 강조 구문으로 답할 것
2. 질문에 대한 답이 강조되도록 쓸 것
3. 시제를 정확히 쓸 것

(1) When did Dream Middle School students plant trees?

→ _____

_____

(2) Where did they plant trees?

→ _____

_____

R ▶ Reading
만점 노트

더 나은 내일을 그려라

Paint a Better Tomorrow

01 안녕. 내 이름은 호민이야.

01 Hi. My name is Homin.

02 벽화 앞에 있는 사람이 나야.

02 This is me in front of the wall painting.
~의 앞에

03 날개가 예뻐, 그렇지 않니?

03 The wings are pretty, aren't they?
부가의문문

04 많은 사람들이 벽화 앞에서 사진 찍는 것을 좋아해.

04 Many people like to take pictures in front of wall paintings.
to부정사 (목적어)　　　　등위접속사

05 벽화는 오래된 동네를 밝고 새롭게 만들어.

05 They make old neighborhoods bright and new.
make+목적어(old neighborhoods)+목적격보어(형용사): (목적어)를 ~하게 만들다

06 지난달에 나는 여수에 있는 벽화 마을을 방문했어.

06 Last month, I visited a village with wall paintings in Yeosu.
전 ~이 있는

07 내가 사진을 찍을 때 머릿속에 좋은 생각이 떠올랐어.

07 As I was taking a picture, a light went on in my head.
과거진행형
~할 때, ~하는 동안 (시간을 나타내는 접속사)

08 '나는 학교 미술 동아리에 있잖아. 우리가 이것처럼 벽화를 그리면 어떨까?'라고 나는 생각했어.

08 I thought, "I'm in the school art club. Why don't we do wall paintings
소속을 나타내는 전치사　　　　제안하는 표현
전 ~처럼
like these?"
= wall paintings in Yeosu

09 나는 이 아이디어를 그 다음 동아리 모임에서 제안했고, 동아리 부원들은 그것을 아주 좋아했어.

09 I suggested this idea at the next club meeting, and the members loved it.
제안했다　　벽화를 그리는 것　　　　　　　　　　　　= this idea

10 우리는 인터넷에서 청소년 자원봉사 프로젝트를 찾았어.

10 We found a teen volunteer project on the Internet.
find(찾다)의 과거형　　　　인터넷에서

11 그 프로젝트는 우리 동네에 벽화를 그리는 것이었어.

11 The project was to do a wall painting in our neighborhood.
to부정사 (보어)

12 우리는 그 일에 지원했고, 2주 후에 우리 동아리가 선택되었어!

12 We applied for it, and two weeks later, our club was selected!
= the project　　부 후에　　　수동태: be동사+과거분사

13 마침내 프로젝트 날이 되었어.

13 The day of the project finally came.
부 마침내

14 프로젝트 책임자는 우리를 오전 9시에 그림 그리는 곳에서 만나게 했어.

14 The project manager had us meet at the painting site at 9 a.m.
have+목적어+목적격보어(동사원형): (목적어)가 ~하게 하다

15 벽은 상태가 별로 좋지 않았어.

15 The wall was in very poor condition.
└ be in poor condition: 상태가 좋지 않다

16 몇 군데에는 이상한 낙서와 그림이 있었어.

16 There were strange writings and drawings on some parts.
There+be동사: ~이 있다　　　주어　　　전체 중 일부

17 다른 부분에는 오래된 포스터들이 붙어 있었어.

17 Other parts had old posters on them.
전체 중 또 다른 일부

18 우리는 먼저 포스터들을 제거하고 낙서와 그림을 흰색 페인트로 덧칠했어.

18 We removed the posters first and painted over the writings
제거했다　　　　　　부 먼저 (일의 순서상)
and drawings with white paint.
전 ~으로

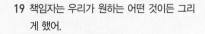

19 The manager let us paint anything we wanted.
관계대명사 that 생략
let + 목적어 + 목적격보어(동사원형): (목적어)가 ~하게 (허락)하다

19 책임자는 우리가 원하는 어떤 것이든 그리게 했어.

20 We decided to paint something cute because the wall was near an
-thing으로 끝나는 단어는 형용사(cute)가 뒤에서 수식
to부정사 (목적어)   이유를 나타내는 접속사   전 ~에서 가까이
elementary school.

20 우리는 그 벽이 초등학교 근처에 있어서 귀여운 뭔가를 그리기로 했어.

21 We divided into three groups and began painting.
begin(시작하다)의 과거형
began + 동명사/to부정사   동명사 (목적어)

21 우리는 세 그룹으로 나뉘어 그리기 시작했어.

22 I was in the group with Minsu and Jiwon.

22 나는 민수, 지원이와 같은 그룹이었어.

23 I chose my spot and started to paint my favorite movie character.
to부정사 (목적어)

23 나는 내 구역을 정해서 내가 가장 좋아하는 영화 캐릭터를 그리기 시작했어.

24 Minsu painted some flowers and Jiwon did some background drawings.
등위접속사

24 민수는 꽃 몇 송이를 그렸고 지원이는 배경 그림을 그렸어.

25 Our club painted for about five hours.
~ 동안 대략, 약

25 우리 동아리는 약 다섯 시간 동안 그림을 그렸어.

26 After we finished, we got together and shared the day's experiences.
~한 후에(시간 접속사)   등위접속사

26 다 끝난 후에 우리는 모여서 그날의 경험을 함께 이야기했어.

27 Minsu was very proud of his flower painting.

27 민수는 자신이 그린 꽃 그림을 정말 자랑스러워했어.

28 He said, "My flower is so real that a bee landed on it."
~ 위에
so + 형용사 + that + 주어 + 동사: 너무 ~해서 …하다   = my flower

28 그는 "내 꽃이 정말 진짜 같아서 벌이 꽃에 앉았어."라고 말했어.

29 I said, "Drawing on a wall was much harder than drawing on paper."
hard(힘든)의 비교급
동명사 (주어) + 단수 동사   부 훨씬   비교급 + than: ~보다 더 …한
(비교급 강조)

29 나는 "벽에 그리는 것이 종이에 그리는 것보다 훨씬 더 힘들었어."라고 말했어.

30 We all agreed that our wall painting wasn't perfect.
명사절을 이끄는 접속사

30 우리 모두는 우리 벽화가 완벽하지는 않다는 것에 동의했어.

31 But it didn't matter.
앞 문장의 that절   동 중요하다

31 하지만 그것은 중요하지 않았어.

32 We made our neighborhood a little brighter and happier.
형 bright(밝은)의 비교급   형 happy(행복한)의 비교급
make + 목적어 + 목적격보어(형용사): (목적어)를 ~하게 만들다

32 우리는 동네를 조금 더 밝고 행복하게 만들었어.

33 We were proud of ourselves.
we의 재귀대명사

33 우리는 스스로가 자랑스러웠어.

34 We didn't just paint pictures on a wall that day.
지시형용사

34 우리는 그날 벽에 그림만 그린 게 아니었어.

35 It was a better tomorrow that we painted.
good의 비교급
It ~ that 강조 구문 (a better tomorrow 강조)

35 우리가 그린 것은 바로 더 나은 내일이었어.

우리말 뜻과 일치하도록 교과서 본문의 문장을 완성하시오.

중요 문장

01 Hi. My _____ is Homin.

01 안녕. 내 이름은 호민이야.

02 This is me _____ _____ _____ the wall painting.

02 벽화 앞에 있는 사람이 나야.

03 The wings are pretty, _____ _____ ?

03 날개가 예뻐, 그렇지 않니?

04 Many people like to _____ _____ in front of _____ _____ .

04 많은 사람들이 벽화 앞에서 사진 찍는 것을 좋아해.

05 They _____ old neighborhoods _____ and _____ .

05 벽화는 오래된 동네를 밝고 새롭게 만들어.

06 Last month, I visited _____ _____ with wall paintings in Yeosu.

06 지난달에 나는 여수에 있는 벽화 마을을 방문했어.

07 _____ I was taking a picture, _____ _____ _____ _____ in my head.

07 내가 사진을 찍을 때 머릿속에 좋은 생각이 떠올랐어.

08 I thought, "I'm in the school art club. _____ _____ _____ do wall paintings like these?"

08 '나는 학교 미술 동아리에 있잖아. 우리가 이것처럼 벽화를 그리면 어떨까?'라고 나는 생각했어.

09 I _____ _____ _____ at the next club meeting, and the members loved it.

09 나는 이 아이디어를 그 다음 동아리 모임에서 제안했고, 동아리 부원들은 그것을 아주 좋아했어.

10 We found a _____ _____ _____ on the Internet.

10 우리는 인터넷에서 청소년 자원봉사 프로젝트를 찾았어.

11 The project was _____ _____ a wall painting in our _____ .

11 그 프로젝트는 우리 동네에 벽화를 그리는 것이었어.

12 We _____ _____ it, and two weeks later, our club _____ _____ !

12 우리는 그 일에 지원했고, 2주 후에 우리 동아리가 선택되었어!

13 The day of the project _____ _____ .

13 마침내 프로젝트 날이 되었어.

14 The project manager _____ us _____ at the _____ _____ at 9 a.m.

14 프로젝트 책임자는 우리를 오전 9시에 그림 그리는 곳에서 만나게 했어.

15 The wall was in very _____ _____ .

15 벽은 상태가 별로 좋지 않았어.

16 _____ _____ strange writings and drawings on _____ parts.

16 몇 군데에는 이상한 낙서와 그림이 있었어.

17 _____ _____ had old posters on them.

17 다른 부분에는 오래된 포스터들이 붙어 있었어.

18 We _____ the posters first and _____ _____ the writings and drawings _____ white paint.

18 우리는 먼저 포스터들을 제거하고 낙서와 그림을 흰색 페인트로 덧칠했어.

19 The manager _____ us _____ anything we wanted.

19 책임자는 우리가 원하는 어떤 것이든 그리게 했어.

20 We decided to paint _____ _____ because the wall was _____ an elementary school.

20 우리는 그 벽이 초등학교 근처에 있어서 귀여운 뭔가를 그리기로 했어.

21 We _____ _____ three groups and began painting.

21 우리는 세 그룹으로 나뉘어 그리기 시작했어.

22 I was _____ the group with Minsu and Jiwon.

22 나는 민수, 지원이와 같은 그룹이었어.

23 I chose my _____ and started to paint my favorite movie _____.

23 나는 내 구역을 정해서 내가 가장 좋아하는 영화 캐릭터를 그리기 시작했어.

24 Minsu painted some flowers and Jiwon did some _____ _____.

24 민수는 꽃 몇 송이를 그렸고 지원이는 배경 그림을 그렸어.

25 Our club painted _____ _____ _____ _____.

25 우리 동아리는 약 다섯 시간 동안 그림을 그렸어.

26 _____ we finished, we _____ _____ and _____ the day's experiences.

26 다 끝난 후에 우리는 모여서 그날의 경험을 함께 이야기했어.

27 Minsu was very _____ _____ his flower painting.

27 민수는 자신이 그린 꽃 그림을 정말 자랑스러워했어.

28 He said, "My flower is _____ real _____ a bee _____ on it."

28 그는 "내 꽃이 정말 진짜 같아서 벌이 꽃에 앉았어."라고 말했어.

29 I said, "Drawing on a wall was _____ _____ _____ drawing on paper."

29 나는 "벽에 그리는 것이 종이에 그리는 것보다 훨씬 더 힘들었어."라고 말했어.

30 We all _____ that our wall painting wasn't _____.

30 우리 모두는 우리 벽화가 완벽하지는 않다는 것에 동의했어.

31 But it didn't _____.

31 하지만 그것은 중요하지 않았어.

32 We made our neighborhood _____ _____ brighter and _____.

32 우리는 동네를 조금 더 밝고 행복하게 만들었어.

33 We were proud of _____.

33 우리는 스스로가 자랑스러웠어.

34 We didn't just _____ pictures on a wall _____ _____.

34 우리는 그날 벽에 그림만 그린 게 아니었어.

35 It was a _____ tomorrow _____ we painted.

35 우리가 그린 것은 바로 더 나은 내일이었어.

STEP A

글의 내용과 문장의 어법에 맞게 괄호 안에서 알맞은 어휘를 고르시오.

01 Hi. My name (is / are) Homin.

02 This is (I / me) in front of the wall painting.

03 The wings are pretty, (are / aren't) they?

04 Many people like (take / to take) pictures in front of wall paintings.

05 They (get / make) old neighborhoods bright and new.

06 Last month, I (visited / visit) a village (at / with) wall paintings in Yeosu.

07 As I was (taken / taking) a picture, a light (was / went) on in my head.

08 I thought, "I'm (on / in) the school art club. Why don't we (do / don't) wall paintings like these?"

09 I suggested this idea at the (last / next) club meeting, and the members loved it.

10 We (found / founded) a teen volunteer project on the Internet.

11 The project was (to doing / to do) a wall painting in our neighborhood.

12 We (applied / searched) for it, and two weeks later, our club was (selecting / selected)!

13 The day of the project finally (come / came).

14 The project manager had us (meet / to meet) at the painting site at 9 a.m.

15 The wall was in very (good / poor) condition.

16 There (was / were) strange writings and drawings on (one / some) parts.

17 (Other / Some) parts had old posters on them.

18 We removed the posters first and painted (under / over) the writings and drawings with white paint.

19 The manager let us (paint / to paint) anything we wanted.

20 We decided to paint (something cute / cute something) because the wall was (far from / near) an elementary school.

21 We divided into three groups and began (painted / painting).

22 I was (for / in) the group with Minsu and Jiwon.

23 I chose my spot and started (paint / to paint) my favorite movie character.

24 Minsu painted some flowers and Jiwon (to do / did) some background drawings.

25 Our club painted (since / for) about five hours.

26 After we finished, we (made / got) together and shared the day's experiences.

27 Minsu was very (full / proud) of his flower painting.

28 He said, "My flower is (so / very) real that a bee landed on it."

29 I said, "Drawing on a wall was (very / much) harder than drawing on paper."

30 We all agreed (that / what) our wall painting wasn't perfect.

31 But it (mattered / didn't matter).

32 We made (us / our) neighborhood a little brighter and happier.

33 We were proud of (us / ourselves).

34 We didn't just paint pictures on a wall (one day / that day).

35 It was a better tomorrow (what / that) we painted.

Reading

틀린 문장 고치기

밑줄 친 부분이 내용이나 어법상 바르면 ○, 어색하면 ✕에 표시하고 고쳐 쓰시오.

01 Hi. My name <u>is</u> Homin.　　　　　○ ✕

02 This is me <u>in front</u> the wall painting.　　　　　○ ✕

03 The wings are pretty, <u>they aren't</u>?　　　　　○ ✕

04 Many people like <u>to take</u> pictures in front of wall paintings.　　　　　○ ✕

05 They make old neighborhoods <u>brightly and newly</u>.　　　　　○ ✕

06 Last month, I <u>visited to a village</u> with wall paintings in Yeosu.　　　　　○ ✕

07 As I was taking a picture, a light <u>went on in my head</u>.　　　　　○ ✕

08 I thought, "I'm in the school art club. <u>Why do we do</u> wall paintings like these?"　　　　　○ ✕

09 I suggested this idea at the next club meeting, <u>and</u> the members loved it.　　　　　○ ✕

10 We found a <u>teen volunteer project</u> on the Internet.　　　　　○ ✕

11 The project was <u>to doing</u> a wall painting in our neighborhood.　　　　　○ ✕

12 We applied for it, and two weeks later, our club <u>selected</u>!　　　　　○ ✕

13 The day of the project <u>finally came</u>.　　　　　○ ✕

14 The project manager had us <u>meeting</u> at the painting site at 9 a.m.　　　　　○ ✕

15 The wall was in <u>very good</u> condition.　　　　　○ ✕

16 <u>There was</u> strange writings and drawings on some parts.　　　　　○ ✕

17 <u>Other parts</u> had old posters on them.　　　　　○ ✕

18 We removed the posters first and painted over the writings and drawings <u>with white paint</u>.　　　　　○ ✕

19 The manager <u>let us painting</u> anything we wanted.　　　　　○ ✕

20   We decided to paint <u>cute something</u> because the wall was near an elementary school. | O | X |

21   We <u>divided three groups</u> and began painting. | O | X |

22   I was <u>in the group</u> with Minsu and Jiwon. | O | X |

23   I chose my spot and started <u>paint</u> my favorite movie character. | O | X |

24   Minsu painted some flowers and Jiwon <u>does</u> some background drawings. | O | X |

25   Our club painted <u>about for five hours.</u> | O | X |

26   After we finished, we <u>got together</u> and shared the day's experiences. | O | X |

27   Minsu <u>was very proud of</u> his flower painting. | O | X |

28   He said, "My flower is so real <u>which</u> a bee landed on it." | O | X |

29   I said, "Drawing on a wall was <u>very harder</u> than drawing on paper." | O | X |

30   We all agreed that our wall painting <u>wasn't</u> perfect. | O | X |

31   But it didn't <u>mattered.</u> | O | X |

32   We made <u>a little brighter and happier our neighborhood.</u> | O | X |

33   We were proud of <u>us.</u> | O | X |

34   We didn't <u>just paint</u> pictures on a wall that day. | O | X |

35   <u>That</u> was a better tomorrow that we painted. | O | X |

주어진 단어를 바르게 배열하여 문장을 쓰시오.

01 안녕. 내 이름은 호민이야. (Homin / name / hi / my / is)

→

02 벽화 앞에 있는 사람이 나야. (the / this / me / in / painting / front / wall / is / of)

→

03 날개가 예뻐, 그렇지 않니? (are / the / wings / pretty, / they / aren't)

→

04 많은 사람들이 벽화 앞에서 사진 찍는 것을 좋아해. (people / many / like / take / pictures / wall / in / of / paintings / front / to)

→

05 그것들(벽화)은 오래된 동네를 밝고 새롭게 만들어. (old / and / they / make / bright / new / neighborhoods)

→

06 지난달에 나는 여수에 있는 벽화 마을을 방문했어. (a village / last / I / paintings / visited / wall / month, / in / with / Yeosu)

→

07 내가 사진을 찍을 때 머릿속에 좋은 생각이 떠올랐어. (was / as / a picture, / I / taking / my / went / in / head / a light / on)

→

08 '나는 학교 미술 동아리에 있잖아. 우리가 이것처럼 벽화를 그리면 어떨까?'라고 나는 생각했어.

(I / I'm / in / thought, / the / school / do / why / like / don't / we / wall paintings / these / art club)

→

09 나는 이 아이디어를 그 다음 동아리 모임에서 제안했고, 동아리 부원들은 그것을 아주 좋아했어.

(it / I / suggested / the next / idea / at / club / this / loved / meeting, / the members / and)

→

10 우리는 인터넷에서 청소년 자원봉사 프로젝트를 찾았어. (teen / we / a / volunteer / project / the Internet / on / found)

→

11 그 프로젝트는 우리 동네에 벽화를 그리는 것이었어.

(wall / was / do / a / painting / to / in / our / the project / neighborhood)

→

12 우리는 그 일에 지원했고, 2주 후에 우리 동아리가 선택되었어!

(we / was / for / it, / and / two / applied / selected / weeks / our club / later,)

→

13 마침내 프로젝트 날이 되었어. (came / the project / the day / of / finally)

→

14 프로젝트 책임자는 우리를 오전 9시에 그림 그리는 곳에서 만나게 했어.

(9 a.m. / the project manager / us / meet / the painting site / at / had / at)

→

15 벽은 상태가 별로 좋지 않았어. (poor / the wall / in / very / condition / was)

→

16 몇 군데에는 이상한 낙서와 그림이 있었어. (strange / some / there / were / drawings / on / parts / and / writings)

→

17 다른 부분에는 오래된 포스터들이 붙어 있었어. (on / parts / had / other / old / them / posters)
→

18 우리는 먼저 포스터들을 제거하고 낙서와 그림을 흰색 페인트로 덧칠했어.

(and / we / the posters / removed / painted / over / first / the writings / white / drawings / with / and / paint)
→

19 책임자는 우리가 원하는 어떤 것이든 그리게 했어. (we / the manager / paint / let / us / wanted / anything)
→

20 우리는 그 벽이 초등학교 근처에 있어서 귀여운 뭔가를 그리기로 했어.

(because / decided / was / something / to paint / the wall / we / near / cute / an elementary school)
→

21 우리는 세 그룹으로 나뉘어 그리기 시작했어. (three / we / divided / into / and / groups / painting / began)
→

22 나는 민수, 지원이와 같은 그룹이었어. (I / the group / was / in / and / with / Minsu / Jiwon)
→

23 나는 내 구역을 정해서 내가 가장 좋아하는 영화 캐릭터를 그리기 시작했어.

(my / I / my spot / movie / and / character / chose / started / to paint / favorite)
→

24 민수는 꽃 몇 송이를 그렸고 지원이는 배경 그림을 그렸어.

(Minsu / Jiwon / background / painted / flowers / some / did / some / drawings / and)
→

25 우리 동아리는 약 다섯 시간 동안 그림을 그렸어. (for / our / five / club / about / painted / hours)
→

26 다 끝난 후에 우리는 모여서 그날의 경험을 함께 이야기했어.

(and / we / after / we / together / finished, / the day's / got / experiences / shared)
→

27 민수는 자신이 그린 꽃 그림을 정말 자랑스러워했어. (proud / very / Minsu / painting / was / of / flower / his)
→

28 그는 "내 꽃이 정말 진짜 같아서 벌이 꽃에 앉았어."라고 말했어.

(on / he / said, / real / is / so / a bee / that / it / my flower / landed)
→

29 나는 "벽에 그리는 것이 종이에 그리는 것보다 훨씬 더 힘들었어."라고 말했어.

(a wall / I / much / drawing / on / was / on / than / harder / paper / drawing / said,)
→

30 우리 모두는 우리 벽화가 완벽하지는 않다는 것에 동의했어. (painting / all / our / we / that / wall / perfect / wasn't / agreed)
→

31 하지만 그것은 중요하지 않았어. (matter / didn't / but / it)
→

32 우리는 동네를 조금 더 밝고 행복하게 만들었어. (a little / made / we / happier / brighter / and / our neighborhood)
→

33 우리는 스스로가 자랑스러웠어. (proud / we / ourselves / were / of)
→

34 우리는 그날 벽에 그림만 그린 게 아니었어. (just / we / a wall / paint / didn't / pictures / that day / on)
→

35 우리가 그린 것은 바로 더 나은 내일이었어. (we / that / it / better / painted / a / was / tomorrow)
→

[01-03] 다음 글을 읽고, 물음에 답하시오.

> Hi. My name is Homin. This is me in front of the wall painting. The wings are pretty, ___ⓐ___? Many people like to take pictures in front of wall paintings. ⓑThey ⓒmake old neighborhoods bright and new.

01 윗글의 빈칸 ⓐ에 들어갈 말로 알맞은 것은?

① is it
② they are
③ don't they
④ aren't they
⑤ do they

02 밑줄 친 ⓑ가 지칭하는 것을 윗글에서 찾아 두 단어로 쓰시오.

→ _____

03 윗글의 밑줄 친 ⓒ와 쓰임이 같은 것은?

① I will make my dress for the party.
② My father made me a kite.
③ The news will make him very happy.
④ He made me move the table.
⑤ My mother made a cake for me.

[04-07] 다음 글을 읽고, 물음에 답하시오.

> Last month, I visited a village with wall paintings in Yeosu. As I was taking a picture, ⓐa light went on in my head. I thought, "I'm in the school art club. Why don't we do wall paintings ⓑlike these?" I suggested ⓒthis idea at the next club meeting, and the members loved it.
>
> * I: Homin

04 윗글의 밑줄 친 ⓐ의 의미로 알맞은 것은?

① 현기증이 나서 움직일 수 없었다.
② 머릿속에 좋은 생각이 떠올랐다.
③ 머리를 뭔가에 부딪쳐 눈앞에 별이 보였다.
④ 충격적인 소식을 듣고 앞이 캄캄했다.
⑤ 전등 빛이 내 머리 위로 쏟아졌다.

05 ^고_{난도} 윗글의 밑줄 친 ⓑ와 같은 의미로 쓰인 것은?

① Would you like something to drink?
② I like apples better than bananas.
③ The children sang like angels.
④ My sister and I like to go for a walk at weekends.
⑤ We all have different likes.

06 윗글의 밑줄 친 ⓒ가 의미하는 것을 우리말로 쓰시오.

→ _____

07 ^신_{유형} 윗글을 읽고 답할 수 있는 질문의 개수는?

> • Where did Homin visit last month?
> • Which club is Homin in?
> • What did Homin suggest at the club meeting?
> • How many members are there in Homin's club?
> • What did the members think about Homin's idea?

① 1개
② 2개
③ 3개
④ 4개
⑤ 5개

[08-12] 다음 글을 읽고, 물음에 답하시오.

(A) The day of the project finally came.

(B) The project was ⓐto do a wall painting in our neighborhood.

(C) We found a teen volunteer project on the Internet.

(D) We applied for it, and two weeks later, our club was selected!

The project manager had us ⓑmeet at the painting site at 9 a.m. The wall was in very poor condition. There were strange writings and drawings on ____ⓒ____ parts. ____ⓓ____ parts had old posters on them. We removed the posters first and painted over the writings and drawings with white paint.

08 윗글의 (A)~(D)를 글의 흐름에 맞게 배열한 것은?

① (A) – (B) – (D) – (C)　② (B) – (D) – (C) – (A)

③ (C) – (B) – (D) – (A)　④ (C) – (D) – (A) – (B)

⑤ (D) – (C) – (B) – (A)

09 윗글의 밑줄 친 ⓐto do와 쓰임이 같은 것은?

① I was pleased to do it.

② My plan is to do my best.

③ There are many things to do.

④ I went to the library to do my homework.

⑤ You must be a fool to do such a thing.

10 윗글의 밑줄 친 ⓑ의 형태로 알맞은 것은?

① meet　　　　② met

③ meeting　　　④ to meet

⑤ to meeting

11 윗글의 빈칸 ⓒ와 ⓓ에 알맞은 말이 순서대로 짝 지어진 것은?

① any – Other

② some – Other

③ some – The other

④ another – Some

⑤ another – The other

12 윗글의 내용과 일치하지 않는 것은?

① 동네에 벽화를 그리는 자원봉사 프로젝트에 지원했다.

② 프로젝트 관리자는 그림 그리는 곳에서 만나게 했다.

③ 그림을 그릴 벽의 상태는 좋지 좋았다.

④ 낙서와 그림 위에 덧칠을 한 후 오래된 포스터들을 제거했다.

⑤ 흰색 페인트로 낙서와 그림 위에 덧칠을 했다.

[13-15] 다음 글을 읽고, 물음에 답하시오.

The manager let us ____ⓐ____ anything we wanted. We decided ____ⓑ____ something cute because the wall was near an elementary school. We divided into three groups and began painting. I was in the group with Minsu and Jiwon. I chose my spot and started ____ⓒ____ my favorite movie character. Minsu ____ⓓ____ some flowers and Jiwon did some background drawings.

* I: Homin

13 윗글의 빈칸 ⓐ~ⓓ 중 to paint가 들어갈 수 없는 곳으로 묶인 것은?

① ⓐ　　　　　　　　② ⓐ, ⓑ

③ ⓐ, ⓒ　　　　　　④ ⓐ, ⓓ

⑤ ⓐ, ⓒ, ⓓ

14 Why did they decide to paint something cute?

① They like cute things.

② Cute things are easy to paint.

③ They are good at painting cute things.

④ The wall was near an elementary school.

⑤ The manager asked them to paint something cute.

15 윗글에서 다음 영어 뜻풀이에 해당하는 단어를 찾아 쓰시오.

> a particular space or area

→ _____

[16-18] 다음 글을 읽고, 물음에 답하시오.

> Our club painted _____ about five hours. After we finished, we got together and shared the day's experiences. Minsu was very proud _____ his flower painting. He said, "My flower is so real that a bee landed _____ it." I said, "Drawing on a wall was ⓐ<u>much</u> harder _____ drawing on paper."
>
> * I: Homin

신유형

16 윗글의 빈칸에 쓰이지 <u>않는</u> 것은?

① on   ② of   ③ than

④ with   ⑤ for

17 윗글의 밑줄 친 ⓐmuch와 같은 의미로 쓰인 것은?

① How <u>much</u> is the jacket?

② My parents worry about me too <u>much</u>.

③ Thank you very <u>much</u>.

④ I feel <u>much</u> better today.

⑤ I don't have <u>much</u> money with me.

고산도

18 윗글을 읽고 추론한 내용으로 알맞지 <u>않은</u> 것은?

① 재하: 그림을 그리는 데 대략 5시간이 걸렸구나.

② 수진: 끝난 후에 함께 모여서 하루 동안 느낀 점을 함께 나누었구나.

③ 진아: 민수는 꽃을 그렸구나.

④ 시훈: 민수는 자신이 그린 꽃 그림을 자랑스러워하는구나.

⑤ 선우: 호민이는 벽에 그림을 그리는 것이 종이에 그리는 것보다 더 쉽다고 느꼈구나.

[19-20] 다음 글을 읽고, 물음에 답하시오.

> We all agreed _____ⓐ_____ our wall painting wasn't perfect. (①) We made our neighborhood a little brighter and happier. (②) We were proud of ourselves. (③) We didn't just paint pictures on a wall that day. (④) It was a better tomorrow _____ⓑ_____ we painted. (⑤)

19 윗글에서 다음 문장이 들어갈 위치로 알맞은 곳은?

> But it didn't matter.

①   ②   ③   ④   ⑤

20 윗글의 빈칸 ⓐ와 ⓑ에 공통으로 들어갈 말로 알맞은 한 단어를 쓰시오.

_____

[21-22] 다음 글을 읽고, 물음에 답하시오.

We found a teen volunteer project on the Internet. The project was to do a wall painting in our neighborhood. We applied for it, and two weeks later, our club was selected!

The day of the project finally came. The project manager had us meet at the painting site at 9 a.m. The wall was in very poor condition. There were strange writings and drawings on some parts. Other parts had old posters on them. We removed the posters first and painted over the writings and drawings with white paint.

21 윗글의 밑줄 친 a teen volunteer project의 구체적인 내용을 우리말로 쓰시오.

→ _____

22 윗글의 내용과 일치하도록 프로젝트 전날 호민이와 프로젝트 책임자가 나눈 대화를 완성하시오.

> [조건]   1. 윗글에 있는 표현을 사용할 것
>   2. 시제를 맞춰 쓸 것

Homin: Our club was selected for the project. What time should our members meet tomorrow?

Manager: You should meet at the painting site _____.

Homin: Okay. What kind of work should we do there?

Manager: The wall is in _____.
First, you have to _____.
Then, you have to _____.

Homin: I see. See you tomorrow.

[23-24] 다음 글을 읽고, 물음에 답하시오.

<u>책임자는 우리가 원하는 어떤 것이든 그리게 했다.</u> We decided to paint something cute because the wall was near an elementary school. We divided into three groups and began painting. I was in the group with Minsu and Jiwon. I chose my spot and started to paint my favorite movie character. Minsu painted some flowers and Jiwon did some background drawings.

* I: Homin

23 윗글의 밑줄 친 우리말과 같도록 주어진 단어들을 바르게 배열하여 문장을 완성하시오.

> anything, let, the manager, wanted, paint, we, us

→ _____

24 What did Homin and Minsu paint?

> Homin painted _____
> and Minsu painted _____.

[25-26] 다음 글을 읽고, 물음에 답하시오.

We all agreed that our wall painting wasn't perfect. But it didn't matter. We made our neighborhood a little brighter and happier. We were proud of us. We didn't just paint pictures on a wall that day. We painted <u>a better tomorrow</u>.

25 윗글에서 어법상 틀린 한 단어를 찾아 바르게 고쳐 쓰시오.

_____ → _____

26 윗글의 밑줄 친 부분을 강조하는 문장이 되도록 It ~ that을 사용하여 문장을 바꿔 쓰시오.

→ _____

After You Read_A

- Homin saw ❶ wall paintings in Yeosu.
- Homin's art club ❷ applied for a wall painting volunteer project.
- Homin's club members met at the painting site at 9 a.m.
- Homin painted his favorite movie character.
- Homin's club members shared their experiences ❸ after the volunteer work.

호민이는 여수에서 벽화를 보았다.
호민이의 미술 동아리는 벽화 그리기 자원봉사 프로젝트에 지원했다.
호민이의 동아리 부원들은 오전 9시에 그림 그리는 곳에서 만났다.
호민이는 가장 좋아하는 영화 캐릭터를 그렸다.
호민이의 동아리 부원들은 자원봉사 활동 후에 그들의 경험을 함께 이야기했다.

❶ 벽화   ❷ apply for: ~에 지원하다   ❸ 졘 ~ 후에(뒤에 명사(구)나 대명사가 옴)

After You Read_B

Project: Paint a Better Tomorrow

DATE: April 15   MEETING TIME: 9 a.m.

Do you like ❶ painting? Do you want to ❷ make your neighborhood brighter? Right now, the wall is in very poor condition. You ❸ need to remove the old posters and ❹ paint over the strange writings with white paint. You can paint ❺ anything you want!

프로젝트: 더 나은 내일을 그려라
날짜: 4월 15일   만나는 시간: 오전 9시
그림 그리는 것을 좋아하나요? 동네를 더 밝게 만들고 싶으세요? 지금은 벽이 상태가 별로 좋지 않습니다. 오래된 포스터들을 제거하고 이상한 낙서를 흰색 페인트로 덧칠해야 합니다. 여러분은 원하는 어떤 것이든 그릴 수 있습니다!

❶ like의 목적어로 쓰인 동명사   ❷ make + 목적어(your neighborhood) + 형용사(brighter): (목적어)를 …하게 만들다
❸ ~할 필요가 있다   ❹ 덧칠하다   ❺ anything (that) you want

Think and Write_Step 2

Volunteer Work Diary

Name: Minsu Kim

Date: Friday, May 3rd

I volunteered at Dream Library. I read English books to children. I ❶ tried to read ❷ like a voice actor. The volunteer manager ❸ had me arrange the books on the shelves. The books were ❹ so heavy that I ❺ had to ❻ take a break every 30 minutes. After I finished, the shelves ❼ looked very neat. I felt very proud. It was a fun and ❽ rewarding experience.

봉사 활동 일기
이름: 김민수
날짜: 5월 3일, 금요일
나는 드림 도서관에서 자원봉사를 했다. 나는 아이들에게 영어책을 읽어 주었다. 나는 성우처럼 읽으려고 노력했다. 자원봉사 책임자는 내가 책을 책장에 정리하게 했다. 책이 너무 무거워서 나는 30분마다 쉬어야 했다. 다 끝난 후에 책장이 아주 깔끔해 보였다. 나는 매우 자랑스러웠다. 재미있고 보람된 경험이었다.

❶ try to: ~하려고 애쓰다   ❷ 졘 ~처럼   ❸ have(사역동사) + 목적어 + 목적격보어: (목적어)가 …하게 하다
❹ so + 형용사(heavy) + that + 주어 + 동사 …: 매우(너무) ~해서 …하다   ❺ have to(~해야 한다)의 과거형: ~해야 했다
❻ 휴식을 취하다   ❼ look(감각동사) + 형용사: ~해 보이다 / neat: 깔끔한, 정돈된   ❽ 혱 보람 있는

기타 지문

실전 TEST

01 다음 글을 읽고 답할 수 <u>없는</u> 질문은?

> Homin saw wall paintings in Yeosu. Homin's art club applied for a wall painting volunteer project. Homin's club members met at the painting site at 9 a.m. Homin painted his favorite movie character. Homin's club members shared their experiences after the volunteer work.

① What did Homin's art club apply for?
② When did Homin's art club members meet?
③ Where was the painting site?
④ What did Homin paint?
⑤ What did Homin's club members do after the volunteer work?

[02-04] 다음 글을 읽고, 물음에 답하시오.

Project: Paint a Better Tomorrow

DATE: April 15   MEETING TIME: 9 a.m.
Do you like ⓐpainting? Do you want ⓑto make your neighborhood brighter? Right now, the wall is in very poor condition. You ⓒneed to remove the old posters and ⓓpainting over the strange writings with white paint. You can paint anything you ⓔwant!

02 윗글의 종류로 알맞은 것은?

① 자원봉사 일지   ② 그림 대회 공고
③ 낙서 금지 경고문   ④ 자원봉사자 모집 광고
⑤ 자원봉사 참가 신청서

03 윗글의 밑줄 친 ⓐ~ⓔ 중 어법상 틀린 것은?

① ⓐ   ② ⓑ   ③ ⓒ   ④ ⓓ   ⑤ ⓔ

04 윗글을 읽고 알 수 <u>없는</u> 것은?

① 프로젝트 이름   ② 프로젝트 시행 일시
③ 프로젝트 시행 장소   ④ 프로젝트의 목적
⑤ 프로젝트에서 하는 일

[05-07] 다음 글을 읽고, 물음에 답하시오.

Volunteer Work Diary

Name: Minsu Kim
Date: Friday, May 3rd
  I volunteered at Dream Library. I ⓐread English books to children. I tried to ⓑread like a voice actor. The volunteer manager had me ⓒto arrange the books on the shelves. <u>책이 너무 무거워서 나는 30분마다 쉬어야 했다.</u> After I finished, the shelves looked very ⓓneat. I felt very proud. ⓔIt was a fun and rewarding experience.

05 다음 중 윗글을 읽고 말한 내용으로 알맞지 <u>않은</u> 것은?

① 새미: ⓐ와 ⓑ는 형태는 같지만 발음은 서로 다르겠군.
② 지은: ⓒ는 사역동사 had의 목적격보어이므로 동사원형인 arrange로 쓰는 것이 맞아.
③ 시훈: 30분마다 쉬어야 할 만큼 책이 아주 무거웠군.
④ 정현: '깔끔하게 보였다'라는 의미이므로 ⓓ는 neatly로 고치는 것이 어법상 맞아.
⑤ 지민: ⓔ는 민수가 오늘 한 봉사 활동을 의미해.

서술형 1

06 윗글의 밑줄 친 우리말과 같도록 괄호 안의 단어들을 바르게 배열하여 문장을 쓰시오.

→ _____

(so, the books, take a break, were, heavy, had to, every, I, 30 minutes, that)

서술형 2

07 민수가 도서관에서 한 일 두 가지를 영어로 쓰시오.

| [조건] | 1. 주어와 동사를 포함한 완전한 문장으로 쓸 것 |
| | 2. He를 주어로 쓰고 과거시제로 쓸 것 |

(1) _____
(2) _____

W Words
고득점 맞기

01 다음 중 짝 지어진 단어의 관계가 나머지와 다른 것은?

① final : finally　　② elder : elderly

③ slow : slowly　　④ clear : clearly

⑤ polite : politely

02 다음 영어 뜻풀이의 빈칸에 들어갈 말로 알맞은 것은?

matter: to be _____

① easy　　② simple　　③ different

④ difficult　　⑤ important

03 다음 빈칸에 공통으로 알맞은 말을 한 단어로 쓰시오.

- If you _____ your best, you will succeed.
- It was not easy for the students to _____ wall paintings.

→ _____

04 다음 중 밑줄 친 부분의 우리말 뜻이 알맞지 <u>않은</u> 것은?

① I have visited the museum <u>many times</u>. (여러 번)

② <u>Make sure</u> you come home by 9 p.m. (반드시 ~하다)

③ I visit a <u>nursing home</u> every month to help the old people. (양로원)

④ You will read the books for the children in the <u>recording room</u>. (녹음실)

⑤ It's time to <u>say goodbye to</u> your friends. (~에게 안부 인사를 하다)

05 다음 빈칸에 들어갈 말로 알맞은 것은?

This soap can _____ anything. If you use this soap, your shirts will be clean.

① brush　　② deliver　　③ share

④ select　　⑤ remove

06 다음 단어의 영어 뜻풀이로 알맞지 <u>않은</u> 것은?

① spot: a small town in the country

② deliver: to take something to a person or place

③ neighborhood: an area of a town or city

④ manager: someone who is in charge of a business, department, etc.

⑤ volunteer: a person who does a job without being paid

07 다음 밑줄 친 말과 바꿔 쓸 수 있는 것은?

I asked my cousin to <u>give food to</u> my cat.

① greet　　② feed　　③ brush

④ cook for　　⑤ select

^고/_{난도}
08 다음 영어 뜻풀이에 <u>모두</u> 해당하는 단어는?

- an area of ground
- to come down through the air onto the ground or another surface

① land　　② wing　　③ donation

④ share　　⑤ matter

09 다음 중 밑줄 친 부분에 대한 설명으로 알맞지 <u>않은</u> 것은?

① <u>Keep in mind</u> what your father said.
(to keep one's promise)

② <u>Do your best</u>, and you will pass the exam.
(to try as hard as you can in order to achieve something)

③ Let's <u>get together</u> for the club meeting in a few days.
(to meet in order to do something or to spend time together)

④ Every student in the playground will <u>line up</u>.
(to put people or things in a row)

⑤ We're <u>proud of</u> you.
(to feel happy about the achievements of people who you are connected with)

10 다음 빈칸에 쓰이지 <u>않는</u> 것을 <u>모두</u> 고르면?

> Sally _____ early and prepared for school. She said goodbye to her mom. Her mom said, "Try to _____ your friends and have fun." Sally replied, "Okay, I will," and _____ the school bus.

① got up
② got on
③ got off
④ get together
⑤ get along with

11 괄호 안의 우리말과 같도록 빈칸에 알맞은 말을 쓰시오.

> My club members _____ _____ at the park every month to pick up trash.
> (나의 동아리 부원들은 쓰레기를 줍기 위해 매달 공원에 모인다.)

12 다음 중 밑줄 친 단어의 의미가 서로 같은 것은?

① Can I talk to you about a personal <u>matter</u>?
It didn't <u>matter</u> that the weather was bad.

② The plane will <u>land</u> safely.
The <u>land</u> was very dry after the hot summer.

③ He worked <u>hard</u> in the nursing home.
It was <u>hard</u> to draw on the wall.

④ Spider-man is my favorite <u>character</u>.
I didn't like the main <u>character</u> in that book.

⑤ My mother <u>made</u> me a beautiful doll.
The teacher <u>made</u> us read the book.

13 다음 (A)~(C)의 각 네모 안에서 알맞은 것을 골라 쓰시오.

> - He will apply (A) of / for the teen volunteer project.
> - The project manager (B) joined / divided us into several teams.
> - Many people like to (C) get / take pictures in front of flowers.

(A) _____
(B) _____
(C) _____

14 다음 영어 뜻풀이에 해당하는 단어가 쓰인 것은?

> to choose something or someone

① I packed my bag for the trip.
② Make sure you brush the fur first.
③ Don't throw away trash on the street.
④ Please select the best picture for the wall.
⑤ The bird couldn't fly because it had a broken wing.

우리말과 일치하도록 대화를 바르게 영작하시오.

1 Listen and Speak 1-A

B: _____

G: _____

B: _____

G: _____

B: _____

해석　　　　　　　　　　　　　　교과서 48쪽

B: 이 상자와 책들은 다 무엇에 쓰려는 거니?

G: 나는 기부 센터에 보내려고 책을 싸고 있어. 나를 좀 도와줄래?

B: 물론이야. 내가 무엇을 하길 원하니?

G: 상자에 주소를 써 줘.

B: 그래.

2 Listen and Speak 1-B

B: _____

G: _____

B: _____

G: _____

B: _____

G: _____

B: _____

G: _____

B: _____

교과서 48쪽

B: 이 엉망진창은 뭐니?

G: 나는 쿠키를 굽고 있어.

B: 너는 왜 이렇게 많은 쿠키를 굽고 있니?

G: 쿠키는 양로원에 계신 분들을 위한 거야.

B: 너 정말 착하구나.

G: 나를 좀 도와줄래?

B: 물론이야. 내가 무엇을 하길 원하니?

G: 선물 상자에 쿠키를 넣어 줘. 각 상자에 쿠키 3개씩.

B: 알겠어.

3 Listen and Speak 1-C

A: _____

B: _____

A: _____

B: _____

A: _____

교과서 48쪽

A: 너는 무엇을 하고 있니?

B: 나는 내일 이사를 위해 짐을 싸고 있어. 나 좀 도와줄래?

A: 물론이야. 내가 무엇을 하길 원하니?

B: 상자에 옷을 넣어 줘.

A: 그래.

4 Listen and Speak 2-A

B: _____

W: _____

B: _____

W: _____

B: _____

교과서 49쪽

B: 콘서트 재미있게 보세요, 엄마.

W: 응, 그럴게. 고마워. 네 저녁은 식탁 위에 있단다.

B: 알겠어요. 저는 걱정 마세요.

W: 저녁을 먹은 후에 반드시 개에게 먹이를 주렴.

B: 알겠어요. 엄마, 이제 가셔야 해요. 아빠가 차에서 기다리고 계세요.

5 Listen and Speak 2-B

M: _____
_____
_____
_____
_____
_____
_____

M: 안녕하세요, 여러분.
4명씩 모둠을 만들어 탁자에 둘러앉으세요.
오늘 우리는 베이컨 달걀 샌드위치를 만들 거예요.
우리 수업의 두 가지 규칙을 명심하세요.
첫째, 시작하기 전에 반드시 손을 씻으세요.
둘째, 칼을 사용할 때는 조심하세요.
좋아요, 시작해 봅시다.

6 Listen and Speak 2-C

A: _____
B: _____
A: _____
B: _____

교과서 49쪽

A: 집에 갈 시간이에요.
B: 그래. 반드시 문을 잠그렴.
A: 네, 그럴게요. 그 밖에 더 있으세요?
B: 아니, 그게 다야. 내일 보자.

7 Real Life Talk > Watch a Video

Woman: _____
Tony: _____
Woman: _____
Tony: _____
Woman: _____
Tony: _____
Woman: _____
Tony: _____
Woman: _____
Tony: _____

교과서 50쪽

W: 안녕하세요. 무엇을 도와드릴까요?
Tony: 안녕하세요. 저는 여기에 봉사 활동을 하러 왔어요.
W: 오, 당신이 Tony군요.
Tony: 맞아요. 오늘 제가 무엇을 하길 원하세요?
W: 녹음실에서 시각 장애인들을 위해 이 책을 읽어 주세요.
Tony: 알겠어요. 지금 들어가야 하나요?
W: 그래요. 7번 방으로 들어가 주세요.
Tony: 네. 유념해야 할 것이 있나요?
W: 네. 반드시 천천히 그리고 명확하게 읽어 주세요.
Tony: 알겠어요. 최선을 다할게요.

[01-02] 다음 대화를 읽고, 물음에 답하시오.

Sue: What are all these boxes and books for?
Tom: I'm packing the books for the donation center.

_____

Sue: Sure. What do you want me to do?
Tom: Please write the address on the boxes.
Sue: No problem.

01 위 대화의 빈칸에 들어갈 말로 알맞은 것을 <u>모두</u> 고르면?

① Can I help you?
② Can you help me?
③ Do you need some help?
④ Can you give me a hand?
⑤ Would you like some help?

02 위 대화의 내용과 일치하지 <u>않는</u> 것은?

① Tom is packing the books.
② Tom wants to donate the books.
③ Tom wants Sue to help him.
④ Sue will pack her books for the donation center.
⑤ Sue will write the address on the boxes.

03 다음 대화의 밑줄 친 말과 바꿔 쓸 수 있는 것은?

A: It's time to go home.
B: Yes. <u>Be sure to clean the board.</u>
A: Okay, I will. Anything else?
B: No, that's it. See you tomorrow.

① Don't clean the board, please.
② I'm sure you will clean the board.
③ I wonder if you will clean the board.
④ Make sure you clean the board.
⑤ You don't have to clean the board.

04 자연스러운 대화가 되도록 (A)~(D)를 순서대로 배열한 것은?

A: Hi, I'm Alice. I'm here for the volunteer work.
B: Thanks for coming, Alice.
(A) Okay. Is there anything to keep in mind?
(B) What do you want me to do today?
(C) Yes. Make sure you brush the fur first.
(D) Please give the dog a bath.
A: Okay, I will.

① (A) – (C) – (B) – (D) ② (A) – (D) – (B) – (C)
③ (B) – (C) – (A) – (D) ④ (B) – (D) – (A) – (C)
⑤ (B) – (D) – (C) – (A)

[05-06] 다음 글을 읽고, 물음에 답하시오.

Hello, class. Make groups of four people and sit around the tables. Today we're going to _____ bacon and egg sandwiches. _____ in mind two rules for our class. First, _____ sure you wash your hands before you start. Second, _____ careful when you use a knife. All right, let's _____.

05 윗글의 빈칸에 쓰이지 <u>않는</u> 단어는?

① be   ② make   ③ keep
④ let   ⑤ start

06 윗글에서 언급되지 <u>않은</u> 것은?

① 한 모둠의 인원 수
② 오늘 만들 음식
③ 지켜야 할 규칙
④ 시작하기 전에 할 일
⑤ 칼을 보관하는 방법

07 다음 대화의 빈칸에 알맞은 말을 [조건]에 맞게 쓰시오.

[조건]
1. what과 want를 꼭 사용할 것
2. 7단어로 쓸 것
3. 대소문자를 구별하고 문장 부호를 정확히 쓸 것

A: Can you help me?
B: Sure. _____
A: Please take out the trash.

08 다음 대화의 우리말과 같도록 괄호 안의 단어들을 순서대로 배열하여 문장을 쓰시오.

A: 저녁을 먹은 후에 반드시 개에게 먹이를 주렴.
B: Okay, Mom.

→ _____

(after, have, sure, you, the dog, dinner, make, feed, you)

[09-10] 다음 대화를 읽고, 물음에 답하시오.

A: Hi, I'm Minsu. I'm here for the volunteer work.
B: Thanks for coming, Minsu.
A: What do you want me doing today?
B: Please deliver meals to the elderly.
A: Okay. Is there anything to keep in mind?
B: Yes. Make sure you greet them politely.
A: Okay, I will.

09 다음 질문에 완전한 영어 문장으로 답하시오.

(1) What will Minsu do for volunteer work?
→ _____

(2) Is there anything for Minsu to keep in mind?
→ _____

10 위 대화에서 어법상 틀린 부분이 있는 문장을 찾아 바른 문장으로 다시 쓰시오.

→ _____

[11-12] 다음 대화를 읽고, 물음에 답하시오.

A: Good morning. (1) _____
B: Hi. I'm here for the volunteer work.
A: Oh, you must be Tony.
B: That's right. (2) _____
A: Please read this book for the blind in the recording room.
B: No problem. Should I go in now?
A: Yes. Please go into Room 7.
B: Okay. (3) _____
A: Yes. Make sure you read slowly and clearly.
B: Okay. I'll do my best.

11 위 대화의 빈칸에 알맞은 말을 [보기]에서 골라 쓰시오.

[보기]
• What can I do for you?
• Can you give me a hand?
• What do you want to do?
• What do you want me to do today?
• Is there anything to keep in mind?

(1) _____
(2) _____
(3) _____

12 위 대화의 내용과 일치하도록 Tony가 쓴 다음 글을 완성하시오.

Today I did volunteer work. I read a book for _____ _____ in the recording room. I had to read _____ and _____.

01 다음 빈칸에 들어갈 수 있는 말을 <u>모두</u> 바르게 말한 사람은?

> The manager _____ us decorate the wall.

① 새론: got, made, gave
② 준서: had, expected, asked
③ 소윤: had, made, let
④ 예영: let, helped, wanted
⑤ 동익: let, had, told

02 다음 빈칸에 들어갈 말이 순서대로 짝 지어진 것은?

> _____ was last Friday _____ I saw Susan at the park.

① It – what
② It – that
③ It – who
④ This – that
⑤ That – since

03 다음 우리말을 영어로 바르게 옮긴 것은?

> 그는 우리가 그의 스마트폰을 사용하게 해 주었다.

① He let we use his smartphone.
② He let us use his smartphone.
③ He let us to use his smartphone.
④ He let his smartphone we using.
⑤ He let us his smartphone used.

04 고난도 다음 중 It ~ that 강조 구문으로 강조할 수 <u>없는</u> 것을 <u>모두</u> 고르면?

> • Mina played baseball in the park yesterday.
>   ①   ②   ③
> • John broke the glass this morning.
>   ④   ⑤

05 다음 빈칸에 공통으로 들어갈 수 있는 것은?

> • Her aunt _____ her a paper airplane.
> • My teacher _____ me water the plants.

① let
② had
③ made
④ asked
⑤ wanted

06 고난도 다음 중 밑줄 친 that의 쓰임이 같은 것끼리 묶인 것은?

> ⓐ It was red roses <u>that</u> I planted last week.
> ⓑ It was possible <u>that</u> she drew this painting.
> ⓒ Do you want to have these special shoes <u>that</u> can make you fly?
> ⓓ It was this morning <u>that</u> he fell down the stairs.
> ⓔ Have you forgotten about <u>that</u> money I lent you last week?

① ⓐ, ⓑ
② ⓐ, ⓒ
③ ⓐ, ⓓ
④ ⓐ, ⓒ, ⓓ
⑤ ⓑ, ⓔ

07 고난도 다음 중 어법상 옳은 문장은?

① She made Tom to study hard.
② Yuna lets her brother rode her bike.
③ Mr. Park made them to wash their hands.
④ I had my sister brought my gym uniform.
⑤ My parents have me be polite to the elderly.

08 다음 우리말을 영어로 쓸 때, 다섯 번째로 오는 단어는?

> Mia가 신고 싶어 했던 것은 바로 그 파란색 운동화였다.

① blue
② wear
③ that
④ Mia
⑤ sneakers

09 다음 중 빈칸에 sing을 쓸 수 없는 것은?

① I heard Sue _____ at the park.

② Jane helped us _____ in the contest.

③ My mother let me _____ in my room.

④ They made him _____ a song at the party.

⑤ His fans wanted him _____ in the concert.

10 다음 중 어법상 틀린 부분을 바르게 고친 것은?

It is last Saturday that I moved into my new house.

① It → That   ② is → was

③ is → will be   ④ that → what

⑤ moved → moving

11 다음 우리말을 영어로 쓸 때, 빈칸에 쓰이지 않는 단어는?

그는 나에게 그 상자를 옮기게 했다.

→ _____ _____ _____ _____ the box.

① He   ② me   ③ to

④ had   ⑤ carry

한 단계 더!

12 다음 빈칸에 들어갈 수 있는 것을 모두 고르면?

Tom helped Sora _____ the cans and bottles.

① recycle   ② recycles   ③ recycled

④ to recycle   ⑤ recycling

공단도 신유형

13 각 문장에 대한 설명으로 알맞지 않은 것은?

① My uncle made me watch the movie.

→ made는 '~가 …하게 했다'라는 의미의 사역동사로 쓰였다.

② I had him repairing my computer.

→ had는 사역동사이므로 목적격보어로 repairing이 아니라 repair로 써야 한다.

③ My mom let not me take part in the festival last year.

→ 사역동사 let의 부정은 didn't let으로 써야 한다.

④ It was two hours ago that he went home.

→ two hours ago를 강조하는 문장이다.

⑤ It is Jeju-do that I want to visit this summer.

→ that은 목적격 관계대명사이므로 생략할 수 있다.

신유형

14 다음 중 어법상 틀린 문장의 개수는?

- My father made me feed the dog.
- The manager had us deliver meals to the elderly.
- It was the book *Frindle* what I was looking for.
- It was a small cat that ran into my room.

① 없음   ② 1개   ③ 2개

④ 3개   ⑤ 4개

15 다음 중 어법상 틀린 문장끼리 묶인 것은?

ⓐ It was my dog that he broke the vase.

ⓑ He made the students line up at the gym.

ⓒ It was inside the box that I found my dog.

ⓓ She had our group members to paint the walls.

ⓔ It was on Friday that I'm going to leave for Seoul.

① ⓐ, ⓑ, ⓒ   ② ⓐ, ⓑ, ⓓ

③ ⓐ, ⓓ, ⓔ   ④ ⓑ, ⓒ, ⓓ

⑤ ⓒ, ⓓ, ⓔ

서술형

16 주어진 [조건]에 맞게 각 문장을 완성하시오.

> [조건]
> 1. 사역동사 have와 말풍선 속 말을 이용할 것
> 2. 과거시제로 쓸 것

Jimin, write a diary in English.

Mr. Frank

(1) Mr. Frank _____ .

Sam, arrange the books on the bookshelf.

Ms. White

(2) Ms. White _____ .

Bora, read more science books.

Mr. Park

(3) Mr. Park _____ .

17 다음 문장을 괄호 안의 말을 강조하는 문장으로 다시 쓰시오.

Apollo 11 landed on the moon in 1969.

(1) (Apollo 11)

→ _____

(2) (on the moon)

→ _____

(3) (in 1969)

→ _____

18 다음 우리말과 같도록 괄호 안의 단어들을 순서대로 배열하여 문장을 쓰시오.

(1) 어머니는 내가 밤에 컴퓨터 게임을 하게 하지 않으신다.

(computer games, let, me, at night, my mother, doesn't, play)

→ _____

(2) 선생님은 학생들이 모든 수업에 제시간에 오게 하신다.

(has, be, the students, every class, on time, for, the teacher)

→ _____

고
/난도
19 다음 중 어법상 틀린 문장을 모두 골라 기호를 쓰고, 문장을 바르게 고쳐 쓰시오.

ⓐ She made me do the dishes.

ⓑ It is his backpack that Mark lost yesterday.

ⓒ It was in the science fair that I showed my robot.

ⓓ He let his son cooking dinner.

( ) → _____

( ) → _____

고
/난도
20 다음 학급 회의 결과를 보고, 질문에 답하시오.

Class Vote Results about Volunteer Work

• when: on Saturday

• where: in the nursing home

> [조건]
> 1. It ~ that 강조 구문으로 답할 것
> 2. 질문에 대한 답이 강조하는 말이 되도록 쓸 것

(1) When are they going to do volunteer work?

→ _____

(2) Where are they going to do volunteer work?

→ _____

다음 우리말과 일치하도록 각 문장을 바르게 영작하시오.

01
_____
안녕. 내 이름은 호민이야.

02
_____
벽화 앞에 있는 사람이 나야.

03
_____
날개가 예뻐, 그렇지 않니?

04
_____
☆ 많은 사람들이 벽화 앞에서 사진 찍는 것을 좋아해.

05
_____
그들(벽화)은 오래된 동네를 밝고 새롭게 만들어.

06
_____
지난달에 나는 여수에 있는 벽화 마을을 방문했어.

07
_____
☆ 내가 사진을 찍을 때 머릿속에 좋은 생각이 떠올랐어.

08
_____
'나는 학교 미술 동아리에 있잖아. 우리가 이것처럼 벽화를 그리면 어떨까?'라고 나는 생각했어.

09
_____
나는 이 아이디어를 그 다음 동아리 모임에서 제안했고, 동아리 부원들은 그것을 아주 좋아했어.

10
_____
우리는 인터넷에서 청소년 자원봉사 프로젝트를 찾았어.

11
_____
그 프로젝트는 우리 동네에 벽화를 그리는 것이었어.

12
_____
☆ 우리는 그 일에 지원했고, 2주 후에 우리 동아리가 선택되었어!

13
_____
마침내 프로젝트 날이 되었어.

14
_____
☆ 프로젝트 책임자는 우리를 오전 9시에 그림 그리는 곳에서 만나게 했어.

15
_____
벽은 상태가 별로 좋지 않았어.

16
_____
몇 군데에는 이상한 낙서와 그림이 있었어.

17

_____

다른 부분에는 오래된 포스터들이 붙어 있었어.

18

_____

우리는 먼저 포스터들을 제거하고 낙서와 그림을 흰색 페인트로 덧칠했어.

19

_____

☆ 책임자는 우리가 원하는 어떤 것이든 그리게 했어.

20

_____

우리는 그 벽이 초등학교 근처에 있어서 귀여운 뭔가를 그리기로 했어.

21

_____

☆ 우리는 세 그룹으로 나뉘어 그리기 시작했어.

22

_____

나는 민수, 지원이와 같은 그룹이었어.

23

_____

나는 내 구역을 정해서 내가 가장 좋아하는 영화 캐릭터를 그리기 시작했어.

24

_____

민수는 꽃 몇 송이를 그렸고 지원이는 배경 그림을 그렸어.

25

_____

우리 동아리는 약 다섯 시간 동안 그림을 그렸어.

26

_____

다 끝난 후에 우리는 모여서 그날의 경험을 함께 이야기했어.

27

_____

민수는 자신이 그린 꽃 그림을 정말 자랑스러워했어.

28

_____

그는 "내 꽃이 정말 진짜 같아서 벌이 꽃에 앉았어."라고 말했어.

29

_____

☆ 나는 "벽에 그리는 것이 종이에 그리는 것보다 훨씬 더 힘들었어."라고 말했어.

30

_____

우리 모두는 우리 벽화가 완벽하지는 않다는 것에 동의했어.

31

_____

하지만 그것은 중요하지 않았어.

32

_____

☆ 우리는 동네를 조금 더 밝고 행복하게 만들었어.

33

_____

우리는 스스로가 자랑스러웠어.

34

_____

우리는 그날 벽에 그림만 그린 게 아니었어.

35

_____

☆ 우리가 그린 것은 바로 더 나은 내일이었어.

고득점 맞기

[01-03] 다음 글을 읽고, 물음에 답하시오.

Hi. My name is Homin. This is me in front of the wall painting. The wings are pretty, _____ⓐ_____? Many people like to take pictures in front of wall paintings. They make old neighborhoods bright and new.

①Last month, I visited a village with wall paintings in Yeosu. ②As I was taking a picture, a light went on in my head. ③Light is most important to take pictures. I thought, "④I'm in the school art club. ⑤Why don't we do wall paintings like these?" I suggested this idea at the next club meeting, and the members loved it.

01 윗글의 빈칸 ⓐ에 들어갈 부가의문문을 두 단어로 쓰시오.

→ _____

02 윗글의 밑줄 친 ①~⑤ 중 글의 흐름상 어색한 것은?

①　②　③　④　⑤

03 윗글의 내용과 일치하지 않는 것은?

① Homin took pictures in front of wall paintings in Yeosu.
② While Homin was taking pictures, a good idea came to him.
③ Homin is a member of the school photo club.
④ Homin thinks that wall paintings make old neighborhoods bright and new.
⑤ Homin's club members thought Homin's suggestion was great.

[04-06] 다음 글을 읽고, 물음에 답하시오.

The day of the project finally came. The project manager _____ⓐ_____ at the painting site at 9 a.m. The wall was in very poor condition. There ⓑbe strange writings and drawings on some parts. Other parts had old posters on them. We removed the posters first and ©paint over the writings and drawings with white paint.

04 다음 영어 뜻풀이에 해당하는 단어 중 윗글에서 찾을 수 없는 것은?

① an area of a town or city
② the place where something is
③ someone who is in charge of a business, department, etc.
④ to move or take something away from a place
⑤ a large printed picture that you put on a wall to advertise something

05 윗글의 빈칸 ⓐ에 들어갈 말로 알맞은 것은?

① had us meet　　② had meet us
③ had us to meet　　④ make us meet
⑤ made meet us

06 윗글의 밑줄 친 ⓑ와 ©의 형태로 알맞은 것끼리 짝 지어진 것은?

① be – paint　　② was – paint
③ was – painted　　④ were – painted
⑤ were – to paint

[07-10] 다음 글을 읽고, 물음에 답하시오.

The manager let us ___@___ anything we wanted. We decided to paint something cute because the wall was near an elementary school. We divided into three groups and began ___ⓑ___. I was in the group with Minsu and Jiwon. I chose my spot and started to paint my favorite movie character. Minsu painted some flowers and Jiwon did some background drawings.

Our club painted for ⓒ대략 five hours. After we finished, we got together and shared the day's experiences. Minsu was very proud of his flower painting. He said, "My flower is so real that a bee landed on it." I said, "Drawing on a wall was ⓓ훨씬 harder than drawing on paper."

*I: Homin

07 윗글의 빈칸 @와 ⓑ에 들어갈 paint의 형태로 알맞은 것은?

① paint – paint
② paint – painting
③ painting – paint
④ painting – to paint
⑤ to paint – painting

08 윗글의 밑줄 친 ⓒ와 ⓓ의 영어 표현이 바르게 연결된 것은?

	ⓒ	ⓓ
①	at	– a lot
②	at	– much
③	in	– very
④	about	– much
⑤	about	– very

09 윗글의 내용과 일치하는 것은?

① The manager decided what to paint on the wall.
② They painted something cute in the elementary school.
③ Minsu and Jiwon were in Homin's group.
④ Minsu and Homin painted some flowers together.
⑤ Jiwon helped Minsu and Homin to paint.

10 윗글을 읽고 답할 수 없는 질문은?

① How long did the club members paint?
② What did the club members do after they finished?
③ What did Minsu paint?
④ How did Jiwon feel about her drawings?
⑤ Which was harder for Homin, drawing on a wall or drawing on paper?

11 다음 중 어법상 틀린 부분을 모두 찾아 바르게 고친 것은?

We all agreed @what our wall painting wasn't perfect. But it didn't matter. We made our neighborhood ⓑa few brighter and happier. We were proud of ⓒus. We didn't just paint pictures on a wall that day. ⓓIt was a better tomorrow ⓔthat we painted.

① @ → that   ⓒ → ourselves
② @ → that   ⓑ → a little   ⓒ → ourselves
③ ⓑ → few   ⓒ → ourselves   ⓓ → That
④ ⓒ → ourselves   ⓔ → when
⑤ @ → that   ⓑ → a little   ⓒ → ourselves
　 ⓓ → That   ⓔ → when

서술형

12 다음 글의 밑줄 친 우리말과 같도록 주어진 단어들을 활용하여 문장을 쓰시오.

> We found a teen volunteer project on the Internet. (1) 그 프로젝트는 우리 동네에 벽화를 그리는 것이었다. We applied for it, and two weeks later, our club was selected!
>
> The day of the project finally came. (2) 프로젝트 책임자는 우리를 오전 9시에 그림 그리는 곳에서 만나게 했다. The wall was in very poor condition. There were strange writings and drawings on some parts. Other parts had old posters on them. We removed the posters first and painted over the writings and drawings with white paint.

(1) do a wall painting, neighborhood

→ _____

_____

(2) manager, have, the painting site

→ _____

_____

13 다음 글에서 어법상 틀린 부분을 모두 골라 바르게 고쳐 쓰시오.

> The manager let paint anything we wanted. We decided to paint cute something because the wall was near an elementary school. We divided three groups and began painting. I was in the group with Minsu and Jiwon. I chose my spot and started to paint my favorite movie character. Minsu painted some flowers and Jiwon did some background drawings.

_____ → _____

_____ → _____

_____ → _____

[14-15] 다음 글을 읽고, 물음에 답하시오.

> Our club painted for about five hours. After we finished, we got together and shared the day's experiences. Minsu was very proud of his flower painting. He said, "내 꽃이 너무 진짜 같아서 벌이 그 위에 앉았어." I said, "Drawing on a wall was much harder than drawing on paper."
>
> We all agreed that our wall painting wasn't perfect. But it didn't matter. We made our neighborhood a little brighter and happier. We were proud of ourselves. We didn't just paint pictures on a wall that day. It was a better tomorrow that we painted.

14 윗글의 밑줄 친 우리말과 같도록 [조건]에 맞게 문장을 쓰시오.

[조건]
1. so ~ that 구문을 사용할 것
2. 주어진 단어 중 필요한 것만 골라서 쓸 것
3. 주어와 동사를 포함한 완전한 문장으로 쓸 것

flower, a bee, landed, my, your, is, are, real, really, on, in, it, that, this, so, very, much

→ _____

15 윗글의 내용과 일치하도록 다음 질문에 완전한 영어 문장으로 답하시오.

(1) How long did the club members paint?

→ _____

(2) How did Minsu feel about his flower painting?

→ _____

(3) How did the club members make their neighborhood?

→ _____

01 다음 영어 뜻풀이에 해당하는 단어를 쓰시오.

• a situation or subject you have to deal with or think about
• to be important

→ _____

02 괄호 안의 우리말과 같도록 빈칸에 알맞은 말을 쓰시오.

Do you _____ _____ _____ your friends?
(너는 네 친구들과 잘 지내니?)

03 다음 괄호 안의 단어들을 바르게 배열하여 자연스러운 대화가 되도록 쓰시오.

A: Can you help me?
B: Sure. _____?
(do, me, what, do, you, want, to)
A: Please move the chairs outside.

04 다음 대화의 빈칸에 알맞은 말을 괄호 안의 단어를 사용하여 쓰시오.

A: It's time to go home.
B: _____
(make sure, close the windows)
A: Okay, I will.

05 다음 글의 내용과 일치하도록 아래 대화를 완성하시오.

Somi is packing the books for the donation center. She needs Tony's help. She wants him to write the address on the boxes.

Tony: What are all these boxes and books for?
Somi: (1) _____
Can you give me a hand?
Tony: Sure. (2) _____
Somi: (3) _____
Tony: No problem.

06 다음 대화의 내용과 일치하도록 아래 글의 빈칸에 알맞은 말을 쓰시오.

A: Hi, I'm Minsu. I'm here for the volunteer work.
B: Thanks for coming, Minsu.
A: What do you want me to do today?
B: Please pick up trash on the street.
A: Okay. Is there anything to keep in mind?
B: Yes. Make sure you put cans and bottles in the recycling bin.
A: Okay, I will.

Minsu came here for the volunteer work. He will _____. There is one thing to keep in mind. He should _____ _____.

07 괄호 안의 우리말과 같도록 [조건]에 맞게 영작하시오.

> [조건] 1. 당부하는 표현을 반드시 포함할 것
> 2. 주어진 단어 중 필요한 것만 골라서 쓸 것
> 3. 주어진 단어 중 필요한 경우 두 번 이상 사용할 것

> give, make, feed, have, want, sure, certain, you, the dog, I, before, after, dinner

→ _____

(네가 저녁을 먹은 후에 반드시 개에게 먹이를 주렴.)

08 다음을 읽고, 이 수업의 규칙 두 가지를 우리말로 쓰시오.

> Hello, class. Make groups of four people and sit around the tables. Today we're going to make bacon and egg sandwiches. Keep in mind two rules for our class. First, make sure you wash your hands before you start. Second, be careful when you use a knife. All right, let's start.

(1) _____
(2) _____

09 다음 우리말과 같도록 [조건]에 맞게 영작하시오.

> [조건] 1. [보기]에서 알맞은 단어를 두 개씩 골라 쓸 것
> 2. 시제를 정확히 쓸 것

> [보기] let   make   move   touch

(1) 그는 우리가 그 뱀을 만지게 두었다.

→ _____

(2) 그녀는 그들에게 책상들을 옮기게 했다.

→ _____

10 다음 문장을 괄호 안의 부분을 강조하는 문장으로 바꿔 쓰시오.

> Sally bought a baseball cap two days ago at the mall.

(1) (a baseball cap)

→ _____

(2) (two days ago)

→ _____

(3) (at the mall)

→ _____

11 선생님이 각 학생에게 시키는 일을 [조건]에 맞게 완전한 문장으로 쓰시오.

> [조건] • have를 이용할 것
> • 현재시제로 쓸 것

Mia, clean the board.

Jinsu, share ideas with your group members.

John, be on time for every class.

Mr. Park

(1) _____
(2) _____
(3) _____

12 다음 대화의 빈칸에 알맞은 말을 쓰시오.

> A: Jimmy broke the window yesterday, didn't he?
> B: No, he didn't. _____ _____ a bird _____ _____ yesterday.

13 다음 중 어법상 **틀린** 문장을 두 개 골라 기호를 쓴 후, 문장을 바르게 고쳐 쓰시오.

> ⓐ She made the students lined up at the gym.
> ⓑ My father makes me read lots of books.
> ⓒ The librarian didn't let us talk in the library.
> ⓓ My cousin let me use his computer.
> ⓔ I had my sister to bring my gym uniform.

(   ) → _____

(   ) → _____

14 다음 인터넷 기사의 내용과 일치하도록 댓글을 완성하시오.

> Last weekend, Dream Middle School students painted the walls in the park. They painted famous movie characters.

Sena: They painted the walls this weekend. Great!
↳ **Paul:** No. It was (1) _____
     they painted the walls.

Jane: I can't believe they painted famous K-pop stars.
↳ **Mingi:** No. (2) _____
     they painted.

[15-17] 다음 글을 읽고, 물음에 답하시오.

> The manager <u>let</u> us paint anything we wanted. We decided to paint something cute because the wall was near an elementary school. We divided into three groups and began painting. I was in the group with Minsu and Jiwon. I chose my spot and started to paint my favorite movie character. Minsu painted some flowers and Jiwon did some background drawings.
>
> *I: Homin

15 고/난도 윗글의 밑줄 친 let과 의미와 쓰임이 같은 문장을 다음 [조건]을 참고하여 영작하시오.

[조건]
1. [보기]에 제시된 단어들을 활용하되, 중복해서 쓰지 말 것
2. 필요시 a(n), the, 소유격 대명사, 부정어 등의 단어를 추가할 것
3. 각 문장 내에서 시제와 수 일치에 주의할 것

[보기]

| teacher | manager | parents | my brother |
| use | go | watch | stay up |

(1) _____

_____

(2) _____

_____

(3) _____

_____

16 고/난도 다음 질문에 완전한 영어 문장으로 답하시오.

[조건]
1. 시제와 인칭 대명사를 적절히 변형할 것
2. 대소문자를 구별하고 문장 부호를 정확히 쓸 것

(1) What did they decide to paint? And why?
→ _____

_____

(2) How many groups did they divide into?
→ _____

_____

17 윗글의 내용과 일치하도록 다음 글의 빈칸에 알맞은 말을 쓰시오.

> Homin painted (1) _____,
> and Minsu painted (2) _____.
> Jiwon did (3) _____.

[18-21] 다음 글을 읽고, 물음에 답하시오.

Our club painted for about five hours. After we finished, we got together and shared the day's experiences. Minsu was very proud of his flower painting. He said, "(A)My flower is so real that a bee landed on it." I said, "(B)Drawing on a wall was much harder than drawing on paper."

We all agreed that our wall painting wasn't perfect. But ⓐit didn't matter. (C)We made our neighborhood a little brighter and happier. We were proud of ourselves. We didn't just paint pictures on a wall that day. ⓑ우리가 그린 것은 바로 더 나은 내일이었다.

18 What did they do after they finished painting?

→ _____

19 윗글의 밑줄 친 (A)~(C)를 우리말로 해석하시오.

(A) _____
(B) _____
(C) _____

20 윗글의 밑줄 친 ⓐit이 가리키는 것을 윗글에서 찾아 쓰시오.

→ _____

21 윗글의 밑줄 친 ⓑ의 우리말을 [조건]에 맞게 영작하시오.

[조건]　　1. It ~ that 강조 구문을 쓸 것
　　　　　2. 대소문자를 구별하고 문장 부호를 정확히 쓸 것

→ _____

22 다음 민수의 봉사 활동 일기를 읽고, 민수와 유진이의 대화를 완성하시오.

Volunteer Work Diary

Name: Minsu Kim

Date: Friday, May 3rd

　I volunteered at Dream Library. I read English books to children. I tried to read like a voice actor. The volunteer manager had me arrange the books on the shelves. The books were so heavy that I had to take a break every 30 minutes. After I finished, the shelves looked very neat. I felt very proud. It was a fun and rewarding experience.

Yujin: Minsu, where did you volunteer last Friday?
Minsu: (1) _____
Yujin: What did you do there?
Minsu: (2) _____
　　　　I tried to read like a voice actor.
Yujin: Sounds great! What else?
Minsu: (3) _____
　　　　The books were very heavy.
Yujin: How did you feel after you finished?
Minsu: (4) _____

01 다음 중 짝 지어진 단어의 관계가 나머지와 <u>다른</u> 것은? [3점]

① bright – dark   ② begin – finish

③ new – old   ④ young – elderly

⑤ select – choose

02 다음 영어 뜻풀이에 해당하는 단어가 쓰인 것은? [3점]

> to be important

① Please select one color from the sample.

② We promise to deliver within 1 hour.

③ The plane is about to land at the airport.

④ Remove the old wallpaper and paint the wall.

⑤ Safety is the thing that matters most to them.

서술형 **1**

03 괄호 안의 우리말과 같도록 빈칸에 알맞은 말을 쓰시오.
[각 2점]

(1) Try to _____ _____ _____ your new
friends and have fun.
(새 친구들과 잘 지내려고 노력하고 즐겁게 보내.)

(2) Sally _____ _____ the school bus and
sat next to Mina.
(Sally는 통학 버스를 타서 미나의 옆자리에 앉았다.)

04 다음 대화의 빈칸에 들어갈 말로 알맞은 것을 <u>모두</u> 고르면?
[3점]

> A: Make sure you lock the door before you leave.
> B: _____

① That's it.   ② No problem.

③ That's right.   ④ Okay, I will.

⑤ Sounds great!

05 다음 중 짝 지어진 대화가 자연스럽지 <u>않은</u> 것은? [4점]

① A: Hi. I'm here for the volunteer work.

   B: Thanks for coming.

② A: Can you help me?

   B: Sure. I want you to move the chairs outside.

③ A: Is there anything to keep in mind?

   B: Yes. Don't forget to greet the elderly politely.

④ A: What do you want me to do?

   B: Please teach English to the children.

⑤ A: It's time to go home.

   B: Yes. Make sure you close the windows.

[06-07] 다음 대화를 읽고, 물음에 답하시오.

> A: What are you doing, Susan?
> B: Hi, Tom. I'm packing for my move tomorrow.
> <u>Can you help me?</u>
> A: Sure. What do you want me to do?
> B: Please put the clothes into the box.
> A: No problem.

서술형 **2**

06 위 대화의 밑줄 친 말과 바꿔 쓸 수 있는 말을 괄호 안의 단어들을 사용하여 쓰시오. [4점]

→ _____

   (give, hand)

07 What will Tom do after the conversation? [4점]

① He will pack for his move.

② He will move with Susan.

③ He will carry the box for Susan.

④ He will put the clothes into the box.

⑤ He will bring some clothes to Susan.

[08-09] 다음 대화를 읽고, 물음에 답하시오.

Woman: Good morning. What can I do for you?
Tony: Hi. I'm here for the volunteer work.
Woman: Oh, you must be Tony. (①)
Tony: That's right. What do you want me to do today? (②)
Woman: Please read this book for the blind in the recording room. (③)
Tony: No problem. Should I go in now?
Woman: Yes. Please go into Room 7.
Tony: Okay. (④)
Woman: Yes. Make sure you read slowly and clearly.
Tony: Okay. I'll do my best. (⑤)

08 위 대화의 ①~⑤ 중 주어진 문장이 들어갈 알맞은 곳은? [4점]

Is there anything to keep in mind?

①   ②   ③   ④   ⑤

09 위 대화를 읽고 추론한 내용으로 알맞지 <u>않은</u> 것은? [4점]

① 민지: 여자는 자원봉사 관리자이고 Tony는 자원봉사를 하러 왔구나.

② 찬영: Tony는 여자의 말을 듣기 전까지는 오늘 구체적으로 어떤 일을 하는지 몰랐던 것 같아.

③ 예나: 여자와 Tony는 여러 번 만났던 사이구나.

④ 준성: 시각 장애인들을 위해 책을 녹음하면 그들이 책의 내용을 들을 수 있겠구나.

⑤ 소민: 녹음을 할 때는 속도를 천천히 하고 명확하게 발음하도록 노력해야 하는구나.

10 다음 중 글의 흐름과 관련 <u>없는</u> 문장은? [4점]

Hello, class. Make groups of four people and sit around the tables. ①Today we're going to make bacon and egg sandwiches. ②There are several kinds of sandwiches you can choose from. ③Keep in mind two rules for our class. ④First, make sure you wash your hands before you start. ⑤Second, be careful when you use a knife. All right, let's start.

①   ②   ③   ④   ⑤

11 다음 빈칸에 들어갈 수 있는 말로 묶여진 것은? [4점]

The coach _____ our team practice regularly.

① had, helped, made

② helped, get, had

③ made, gave, told

④ saw, heard, wanted

⑤ wanted, asked, told

12 밑줄 친 부분의 쓰임이 [보기]와 같은 것은? [4점]

[보기]   It was the amusement park <u>that</u> we chose for the picnic location.

① It is said <u>that</u> he is a good doctor.

② It is important <u>that</u> you exercise regularly.

③ It is so heavy <u>that</u> she can't carry it.

④ It was a bird <u>that</u> broke the window yesterday.

⑤ It is true <u>that</u> he didn't come to the party.

13 다음 우리말을 영작할 때, 다섯 번째로 오는 단어는? [4점]

> 그는 그의 남동생에게 그 방을 청소하게 했다.

① his   ② brother   ③ to
④ clean   ⑤ made

14 다음 중 어법상 틀린 문장은? [4점]

① It was a blue umbrella that I lost at the park.
② It was this morning that I saw Sora at the library.
③ It is my little brother that I have to look after him.
④ It is in the garden that my family grow vegetables.
⑤ It is the French movie that I'm going to watch tomorrow.

15 다음 중 어법상 옳은 문장을 모두 고르면? [4점]

① My grandmother made me call her.
② Ms. White let her son read comic books.
③ They didn't let the children running in the room.
④ The concert made us loved the singer.
⑤ The manager had us to pick up the trash on the street.

서술형 3

16 다음 문장의 밑줄 친 부분을 강조하는 문장을 쓰시오. [4점]

> [조건] 1. It과 that을 반드시 사용할 것
>   2. 시제에 유의할 것
>   3. 대소문자를 구별하고 문장 부호를 정확히 쓸 것

> Apollo 11 landed on the moon in 1969.

→ _____

서술형 4

17 다음 중 어법상 틀린 문장을 모두 골라 기호를 쓰고, 문장을 바르게 고쳐 쓰시오. [각 3점]

> ⓐ The teacher had us draw what we wanted.
> ⓑ Mr. Brown let his son going to Sam's birthday party.
> ⓒ My mom made me get up at 7 every morning.
> ⓓ It is a big tree that he painted on the wall yesterday.
> ⓔ It is action movies that I'm interested in.

(   ) → _____
(   ) → _____

[18-20] 다음 글을 읽고, 물음에 답하시오.

> Hi. My name is Homin. This is me in front of the wall painting. ⓐThe wings are pretty, aren't they? Many people like to take pictures in front of wall paintings. ⓑThey make old neighborhoods brightly and new.
> Last month, I visited a village with wall paintings in Yeosu. ⓒAs I was taking a picture, a light went on in my head. I thought, "I'm in the school art club. ⓓWhy don't we do wall paintings like these?" ⓔI suggested this idea at the next club meeting, and the members loved it.

18 윗글의 밑줄 친 ⓐ~ⓔ 중 어법상 틀린 것은? [4점]

① ⓐ   ② ⓑ   ③ ⓒ   ④ ⓓ   ⑤ ⓔ

19 윗글을 읽고 알 수 없는 것은? [4점]

① Homin visited Yeosu last month.
② Homin drew the wings on the wall.
③ Wall paintings make old neighborhoods new.
④ Homin is in the school art club.
⑤ The club members liked Homin's idea.

서술형 5

20 다음 질문에 우리말로 답하시오. [4점]

> What did Homin suggest at the club meeting?

→ _____

_____

[21-22] 다음 글을 읽고, 물음에 답하시오.

> The day of the project finally came. (A)(us, had, the project manager, at, 9 a.m., the painting site, meet, at) The wall was in very poor condition. There were strange writings and drawings on some parts. Other parts had old posters on them. We removed the posters first and painted over the writings and drawings with white paint.

서술형 6

21 윗글의 (A)의 괄호 안의 단어들을 바르게 배열하여 문장을 완성하시오. [4점]

> [조건]　1. 모든 단어를 사용할 것
>
> 　　　　2. 대소문자를 구별하고 문장 부호를 정확히 쓸 것

→ _____

_____

서술형 7

22 윗글을 읽고 답할 수 있는 질문을 모두 골라 기호를 쓰고, 완전한 영어 문장으로 답하시오. [5점]

> ⓐ What was the date of the wall painting?
>
> ⓑ How was the wall first?
>
> ⓒ What did they do first at the painting site?
>
> ⓓ Why did they choose white paint?

(　　　) → _____

_____

(　　　) → _____

_____

[23-25] 다음 글을 읽고, 물음에 답하시오.

> Our club painted for ⓐabout five hours. After we finished, we ⓑgot together and shared the day's experiences. Minsu was very proud of his flower painting. He said, "My flower is so real ___(A)___ a bee ⓒlanded on it." I said, "Drawing on a wall was much ⓓharder than drawing on paper."
>
> We all agreed that our wall painting wasn't perfect. But it ⓔdidn't matter. We made our neighborhood a little brighter and happier. We were proud of ourselves. We didn't just paint pictures on a wall that day. (B)It was a better tomorrow that we painted.

23 윗글의 빈칸 (A)에 들어갈 말로 알맞은 것은? [4점]

① what　　　② when　　　③ that

④ how　　　⑤ whether

24 윗글의 밑줄 친 ⓐ~ⓔ의 우리말 뜻이 알맞지 <u>않은</u> 것은? [4점]

① ⓐ 약, 대략　　　　　② ⓑ 모였다

③ ⓒ 내려앉았다　　　　④ ⓓ 더 열심히

⑤ ⓔ 중요하지 않았다

서술형 8

25 윗글의 밑줄 친 (B)를 우리말로 해석하시오. [4점]

→ _____

01 다음 중 영어 뜻풀이가 알맞지 <u>않은</u> 것은? [3점]

① spot: a particular space or area

② remove: to take something to a person or place

③ manager: someone who is in charge of a business, department, etc.

④ donation: something that you give to help a person or organization

⑤ background: the area that is behind the main thing that you are looking at

02 밑줄 친 단어가 같은 의미로 쓰인 것끼리 묶인 것은? [4점]

ⓐ When bees <u>land</u> on flowers, they move pollen.

ⓑ The <u>land</u> around here is quite flat.

ⓒ People in the village are worried about dry <u>land</u>.

ⓓ Don't worry. A fly will never <u>land</u> on your nose.

① ⓐ, ⓑ   ② ⓐ, ⓒ

③ ⓐ, ⓓ   ④ ⓑ, ⓒ, ⓓ

⑤ ⓒ, ⓓ

03 다음 밑줄 친 부분의 우리말 뜻이 알맞지 <u>않은</u> 것은? [3점]

① <u>Keep in mind</u> what I told you. (명심하다)

② We <u>get together</u> for a club meeting every Monday. (모이다)

③ She <u>gets along with</u> her sister. (~을 따라가다)

④ He is <u>proud of</u> his parents. (~을 자랑스러워하다)

⑤ I'll <u>do my best</u> to win in the singing contest. (최선을 다하다)

04 다음 중 짝 지어진 대화가 자연스럽지 <u>않은</u> 것은? [4점]

① A: What are all these boxes and books for?
   B: I'm packing the books for the donation center.

② A: Can you give me a hand?
   B: Sure. What do you want me to do?

③ A: What do you want to do?
   B: Make sure you brush the fur first.

④ A: Make sure you close the windows.
   B: Okay, I will.

⑤ A: What are you doing?
   B: I'm baking cookies for the children at the hospital.

05 자연스러운 대화가 되도록 순서대로 배열한 것은? [4점]

(A) Please put the clothes into the box.

(B) I'm packing for my move tomorrow. Can you help me?

(C) What are you doing?

(D) No problem.

(E) Sure. What do you want me to do?

① (A) – (B) – (C) – (D) – (E)

② (B) – (A) – (C) – (E) – (D)

③ (B) – (C) – (A) – (E) – (D)

④ (C) – (B) – (A) – (D) – (E)

⑤ (C) – (B) – (E) – (A) – (D)

[06-07] 다음 대화를 읽고, 물음에 답하시오.

A: Enjoy the concert, Mom.

B: Okay, I will. Thanks, Tony. Your dinner is on the table.

A: All right. Don't worry about me.

B: 네가 저녁을 먹은 후에 반드시 개에게 먹이를 주렴.

A: Okay. Mom, you should go now. Dad is waiting in the car.

서술형 1

06 위 대화의 밑줄 친 우리말과 같도록 괄호 안의 단어들을 사용하여 문장을 쓰시오. [4점]

→ _____

(sure, feed, after)

07 위 대화의 내용으로 추론할 수 없는 것은? [4점]

① Tony와 엄마의 대화이다.
② 대화를 나누고 있는 시점은 저녁 식사 전이다.
③ Tony는 스스로 저녁 식사를 차려 먹을 것이다.
④ Tony가 저녁을 먹은 후에 개에게 먹이를 줄 것이다.
⑤ 엄마는 아빠와 함께 갈 예정이다.

[08-10] 다음 대화를 읽고, 물음에 답하시오.

Boy: What is this mess?
Girl: ⓐI'm baking cookies.
Boy: ⓑWhy are you baking so many cookies?
Girl: They're for the people at the nursing home.
Boy: That's very nice of you. ⓒThe elderly don't like cookies.
Girl: ⓓCan you give me a hand?
Boy: Sure. 너는 내가 무엇을 하길 원하니?
Girl: Please put the cookies in the gift boxes. ⓔThree cookies in each box.
Boy: Okay.

08 위 대화의 밑줄 친 ⓐ~ⓔ 중 흐름상 어색한 것은? [4점]

① ⓐ　　② ⓑ　　③ ⓒ　　④ ⓓ　　⑤ ⓔ

서술형 2

09 위 대화의 밑줄 친 우리말과 같도록 [조건]에 맞게 영작하시오. [4점]

[조건]　1. what과 want를 반드시 포함할 것
　　　　2. 대소문자를 구별하고 문장 부호를 정확히 쓸 것

→ _____

10 위 대화를 읽고 답할 수 없는 질문은? [4점]

① What is the girl doing now?
② Who are the cookies for?
③ Where is the nursing home?
④ What will the boy do after the conversation?
⑤ How many cookies should be in each box?

11 다음 빈칸에 들어갈 말로 알맞은 것은? [3점]

It was gimbap that _____.

① made for Linda yesterday
② I made for Linda yesterday
③ I make for Linda yesterday
④ I did made for Linda yesterday
⑤ for me to make for Linda yesterday

12 다음 중 빈칸에 들어갈 수 있는 동사의 개수는? [3점]

Mr. Brown _____ me drive his car.

ⓐ let	ⓑ got	ⓒ had
ⓓ made	ⓔ told	ⓕ wanted

① 2개　　② 3개　　③ 4개
④ 5개　　⑤ 6개

13 다음 문장에 대한 설명으로 올바른 것은? [3점]

It was in the garden that my uncle planted some apple trees on April 5th.

① It은 지시대명사로 '그것'으로 해석한다.
② in the garden을 강조하는 문장이다.
③ that은 생략할 수 있다.
④ be동사는 시제와 관계없이 항상 was를 쓴다.
⑤ 원인과 결과를 나타내는 표현이다.

14 다음 빈칸에 들어갈 말이 의미와 어법상 바르게 짝 지어진 것은? [4점]

> ⓐ Daniel made his brother _____ the TV.
> ⓑ I didn't let my cousin _____ my bike.
> ⓒ The dentist had me _____ my mouth.
> ⓓ Ms. Johns let them _____ something cute.

	ⓐ	ⓑ	ⓒ	ⓓ
①	turn off	to ride	opening	paint
②	turn on	ride	to close	draw
③	turn on	sell	closing	to draw
④	turn off	ride	open	draw
⑤	turn off	sell	open	painted

서술형 3

15 다음 우리말과 같도록 괄호 안의 단어들을 배열하여 완전한 영어 문장으로 쓰시오. [4점]

> 내가 나의 첫 쿠키를 구운 것은 바로 어제였다.

→ _____

(yesterday, I, my, cookie, it, that, was, baked, first)

서술형 4

16 다음 학교 규칙을 보고, [조건]에 맞게 문장을 쓰시오. [각 2점]

> [조건]
> 1. Ms. Brown을 주어로 쓰고, 사역동사 let을 쓸 것
> 2. 동사는 현재시제로 쓸 것
> 3. 대소문자를 구별하고 문장 부호를 정확히 쓸 것

> **School Rules for Students**
> • You can play outside during lunch time.
> • Don't use smartphones in class.
> • Don't run in the classroom.
> – *The Principal, Sue Brown*

(1) _____

(2) _____

(3) _____

서술형 5

17 [조건]에 맞게 다음 대화를 완성하시오. [5점]

> [조건]
> 1. It ~ that 강조 구문을 반드시 포함할 것
> 2. 대소문자를 구별하고 문장 부호를 정확히 쓸 것

A: Minji's family planted trees in the neighborhood park last Sunday.

B: I didn't hear you. Did they plant trees in the National Park last Sunday?

A: No. _____

_____

[18-19] 다음 글을 읽고, 물음에 답하시오.

> We found a teen volunteer project on the Internet. The project was (A)⌐done / to do⌐ a wall painting in our neighborhood. We applied for it, and two weeks later, our club was selected!
>
> The day of the project finally came. The project manager had us (B)⌐meet / to meet⌐ at the painting site at 9 a.m. The wall was in very ___ⓐ___ condition. There (C)⌐was / were⌐ strange writings and drawings on some parts. Other parts had old posters on them. We removed the posters first and painted over the writings and drawings with white paint.

18 윗글의 (A)~(C)에 알맞은 것끼리 짝 지어진 것은? [4점]

	(A)	(B)	(C)
①	done	meet	was
②	done	to meet	were
③	to do	meet	was
④	to do	meet	were
⑤	to do	to meet	were

19 윗글의 빈칸 ⓐ에 들어갈 말로 알맞은 것은? [4점]

① good ② poor ③ perfect

④ worse ⑤ excellent

[20-21] 다음 글을 읽고, 물음에 답하시오.

> The manager let us ___ⓐ___ anything we wanted. We decided ___ⓑ___ something cute ___(A)___ the wall was near an elementary school. We divided into three groups and began painting. I was in the group with Minsu and Jiwon. I chose my spot and started ___ⓒ___ my favorite movie character. Minsu ___ⓓ___ some flowers and Jiwon did some background drawings.

20 윗글의 빈칸 ⓐ~ⓓ 중 to paint가 들어갈 수 있는 곳의 개수는? [4점]

① 0개 ② 1개 ③ 2개 ④ 3개 ⑤ 4개

21 윗글의 빈칸 (A)에 들어갈 단어가 사용된 문장은? [4점]

① Is it okay if I leave now?
② We waited for him until he came back.
③ Kevin played the guitar while I sang a song.
④ Susan went to bed early because she was tired.
⑤ I'll play badminton after I finish my homework.

[22-24] 다음 글을 읽고, 물음에 답하시오.

> Our club painted for about five hours. After we finished, we got together and shared the day's experiences. Minsu was very proud of his flower painting. He said, "My flower is so real that a bee landed on it." I said, "Drawing on a wall was much harder than drawing on paper."
>
> We all agreed that our wall painting wasn't perfect. But it didn't matter. We made our neighborhood a little brighter and happier. We were proud of ourselves. We didn't just paint pictures on a wall that day. We painted a better tomorrow.
>
> * I: Homin

서술형 **6**

22 How long did the club members paint? [4점]

→ _____

23 윗글의 내용과 일치하지 <u>않는</u> 것은? [4점]

① 벽화 그리기를 마친 후, 동아리 부원들은 그날의 경험을 함께 이야기했다.
② 민수는 자신의 꽃 그림이 실제 같아서 벌이 그 위에 앉았다고 했다.
③ 호민이는 벽에 그림을 그리는 것이 종이에 그림을 그리는 것보다 더 힘들었다고 생각한다.
④ 동아리 부원들은 완벽한 그림을 완성하는 것이 무엇보다 중요하다고 생각한다.
⑤ 벽화가 동네를 더 밝고 행복하게 만들었다.

서술형 **7**

24 윗글의 밑줄 친 문장을 [조건]에 맞게 바꿔 쓰시오. [4점]

> [조건]
> 1. a better tomorrow를 강조하는 문장으로 바꿔 쓸 것
> 2. 8단어로 쓸 것
> 3. 대소문자를 구별하고 문장 부호를 정확히 쓸 것

→ _____

서술형 **8**

25 다음 글을 읽고, 물음에 완전한 영어 문장으로 답하시오. [각 3점]

> I volunteered at Dream Library. I read English books to children. I tried to read like a voice actor. The volunteer manager had me arrange the books on the shelves. The books were so heavy that I had to take a break every 30 minutes. After I finished, the shelves looked very neat. I felt very proud. It was a fun and rewarding experience.

(1) Where did Minsu volunteer?

→ _____

(2) What did Minsu do there?

→ _____

01 다음 중 품사의 종류가 <u>다른</u> 하나는? [3점]

① slowly   ② clearly   ③ elderly
④ politely   ⑤ hardly

02 다음 빈칸에 쓰이지 <u>않는</u> 단어는? [4점]

> • Some old people live in a _____ because they need help.
> • The park is a good _____ for a picnic.
> • I could see the plane's _____ out of my window.
> • I'm sixteen years old, so I can join the _____ volunteer project.

① teen   ② wing   ③ spot
④ donation   ⑤ nursing home

03 다음 빈칸에 get을 쓸 수 <u>없는</u> 것은? [3점]

① I _____ up at 6 o'clock every morning.
② Try to _____ along with your friends.
③ She wants to _____ pictures with her pet.
④ We will _____ together and share our ideas.
⑤ We couldn't _____ on the bus because it was very crowded.

04 자연스러운 대화가 되도록 순서대로 배열한 것은? [3점]

> (A) It's time to go home.
> (B) Okay, I will. Anything else?
> (C) No, that's it. See you tomorrow.
> (D) Yes. Make sure you lock the doors.

① (A) – (B) – (C) – (D)   ② (A) – (C) – (B) – (D)
③ (A) – (C) – (D) – (B)   ④ (A) – (D) – (B) – (C)
⑤ (A) – (D) – (C) – (B)

[05-06] 다음 대화를 읽고, 물음에 답하시오.

> A: What are all these boxes and books _____ⓐ_____?
> B: I'm packing the books _____ⓑ_____ the donation center. ⓒCan you give me a hand?
> A: Sure. What do you want me to do?
> B: Please write the address on the boxes.
> A: No problem.

05 윗글의 빈칸 ⓐ와 ⓑ에 공통으로 들어갈 말로 알맞은 것은? [3점]

① of   ② with
③ for   ④ into
⑤ through

06 윗글의 밑줄 친 ⓒ와 바꿔 쓸 수 있는 것은? [3점]

① Can I help you?
② Can I ask you a favor?
③ Do you need some help?
④ What can I do for you?
⑤ Would you like some help?

07 다음 밑줄 친 ⓐ~ⓔ 중 어법상 <u>틀린</u> 것은? [3점]

> Hello, class. Make groups of four people and ⓐsit around the tables. Today we're going ⓑto make bacon and egg sandwiches. ⓒKeep in mind two rules for our class. First, make sure you ⓓto wash your hands before you start. Second, ⓔbe careful when you use a knife. All right, let's start.

① ⓐ   ② ⓑ   ③ ⓒ   ④ ⓓ   ⑤ ⓔ

[08-10] 다음 대화를 읽고, 물음에 답하시오.

> A: Good morning. _____
> B: Hi. I'm here for the volunteer work.
> A: Oh, you <u>must</u> be Tony.
> B: That's right. _____
> A: Please read this book for the blind in the recording room.
> B: No problem. _____
> A: Yes. Please go into Room 7.
> B: Okay. _____
> A: Yes. Make sure you read slowly and clearly.
> B: Okay. I'll do my best.

08 다음 중 위 대화의 빈칸에 쓰이지 <u>않는</u> 것은? [4점]

① Should I go in now?
② What can I do for you?
③ What are you doing now?
④ Is there anything to keep in mind?
⑤ What do you want me to do today?

09 위 대화의 밑줄 친 <u>must</u>와 같은 의미로 쓰인 것은? [4점]

① Teens <u>must</u> read this book.
② The kids <u>must</u> follow the rules.
③ You <u>must</u> be quiet in the library.
④ You <u>must</u> be hungry after all that walking.
⑤ I <u>must</u> write a letter to my parents every month.

서술형 1

10 위 대화의 내용과 일치하도록 다음 빈칸에 알맞은 말을 쓰시오. [4점]

> When Tony reads the book for the blind in the recording room, he should _____ _____ _____ _____.

11 다음 우리말을 영어로 쓸 때, 쓰이지 <u>않는</u> 것은? [3점]

> 그는 나에게 창문을 열게 했다.

① he   ② made   ③ opened
④ me   ⑤ window

12 다음 중 어법상 <u>틀린</u> 문장은? [4점]

① It is my cat Hope that makes me happy.
② It was a kite that made at school last Friday.
③ It was last June that the old man left the town.
④ It was *The Lion King* that I watched with my aunt last week.
⑤ It was a soccer ball that my parents bought for my birthday present.

13 다음 중 어법상 자연스러운 문장은? [4점]

① Tina helped me picking up the trash.
② She wants her sister feed the dogs.
③ Mr. White made them moved the boxes.
④ Dad had us prepare Paul's birthday party.
⑤ Grandmother let me playing computer games.

서술형 2

14 괄호 안의 단어들을 순서대로 배열하여 주어진 문장에 이어지는 문장을 쓰시오. [각 3점]

(1) I left my lunch box at home.
→ _____
(my brother, I, had, my lunch box, bring)

(2) I lost my baseball glove yesterday.
→ _____
(his baseball glove, me, my friend, wear, let)

서술형 3

15 주어진 [조건]에 맞게 문장을 바꿔 쓰시오. [각 2점]

> [조건] 1. 괄호 안의 말을 강조하는 문장으로 바꿔 쓸 것
> 2. 문장은 It으로 시작할 것
> 3. 대소문자를 구별하고 문장 부호를 정확히 쓸 것

> I met Nora in the library this morning.

(1) (in the library)

→ _____

(2) (this morning)

→ _____

서술형 4

16 엄마가 Ann에게 시킨 일의 목록을 보고, [조건]에 맞게 문장을 쓰시오. [각 2점]

> [조건] 1. 사역동사 make나 have를 이용할 것
> 2. Ann's mom으로 시작하고 동사는 과거시제로 쓸 것
> 3. 대소문자를 구별하고 문장 부호를 정확히 쓸 것

> • water the plants
> • take out the trash
> • arrange the books on the bookshelves

(1) _____

(2) _____

(3) _____

[17-18] 다음 글을 읽고, 물음에 답하시오.

> Hi. My name is Homin. This is me in front of the wall painting. @날개가 예뻐, 그렇지 않니? Many people like to take pictures in front of wall paintings. They make old neighborhoods bright and new.
>
> Last month, I visited a village with wall paintings in Yeosu. As I was taking a picture, a light went on in my head. I thought, "I'm in the school art club. Why don't we do wall paintings like these?" I suggested this idea at the next club meeting, and the members loved it.

서술형 5

17 윗글의 밑줄 친 @의 우리말을 영작하시오. [4점]

> [조건] 1. the wings를 꼭 사용할 것
> 2. 부가의문문을 꼭 포함할 것
> 3. 대소문자를 구별하고 문장 부호를 정확히 쓸 것

→ _____

18 윗글을 읽고 답할 수 <u>없는</u> 질문의 개수는? [4점]

> • Who painted the wings?
> • When did Homin visit Yeosu?
> • Which club is Homin in?
> • What did Homin suggest at the club meeting?
> • How many people are there in the school art club?

① 1개   ② 2개   ③ 3개

④ 4개   ⑤ 5개

[19-21] 다음 글을 읽고, 물음에 답하시오.

> We @found a teen volunteer project on the Internet. (①) The project was ⓑto do a wall painting in our neighborhood. (②) We applied for it, and two weeks later, our club ©selected! (③) The project manager had us ⓓto meet at the painting site at 9 a.m. (④) The wall was in very poor condition. (⑤) There were strange writings and drawings on some parts. Other parts had old posters on them. We removed the posters first and ⓔpainted over the writings and drawings with white paint.

19 윗글의 ①~⑤ 중 주어진 문장이 들어갈 알맞은 곳은? [4점]

> The day of the project finally came.

①   ②   ③   ④   ⑤

서술형6

20 윗글의 밑줄 친 ⓐ~ⓔ 중 어법상 **틀린** 것을 두 개 골라 바르게 고쳐 쓴 후, **틀린** 이유를 각각 우리말로 쓰시오. [각 3점]

(1) _____ → _____

틀린 이유: _____

_____

(2) _____ → _____

틀린 이유: _____

_____

서술형7

21 다음 질문에 완전한 영어 문장으로 답하시오. [각 3점]

(1) Where did they find a teen volunteer project?

→ _____

(2) What was the project?

→ _____

[22-25] 다음 글을 읽고, 물음에 답하시오.

The manager let us paint anything we wanted. We decided to paint something cute because the wall was near an elementary school. We divided into three groups and began painting. I was in the group with Minsu and Jiwon. I chose my spot and started to paint my favorite movie character. Minsu painted some flowers and Jiwon did some background drawings.

Our club painted for ___ⓐ___ five hours. After we finished, we got together and shared the day's experiences. Minsu was very proud ___ⓑ___ his flower painting. He said, "My flower is so real that a bee landed ___ⓒ___ it." I said, "Drawing on a wall was much harder ___ⓓ___ drawing on paper."

We all agreed that our wall painting wasn't perfect. But it didn't matter. We were proud ___ⓔ___ ourselves. 우리는 우리 동네를 조금 더 밝고 행복하게 만들었다. We didn't just paint pictures on a wall that day. It was a better tomorrow that we painted.

22 윗글의 빈칸 ⓐ~ⓔ에 쓰이지 **않는** 것은? [3점]

① on　　　　② of　　　　③ to

④ than　　　⑤ about

23 다음 중 윗글에 나오는 단어의 영어 뜻풀이를 **모두** 고르면? [4점]

① between 13 and 19 years old

② to be important

③ a particular space or area

④ a person who does a job without being paid

⑤ something that you give to help a person or organization

서술형8

24 윗글의 밑줄 친 우리말과 같도록 [조건]에 맞게 영작하시오. [4점]

> [조건]　1. neighborhood와 a little을 반드시 포함할 것
> 　　　　2. 동사의 시제와 비교급을 정확히 쓸 것
> 　　　　3. 대소문자를 구별하고 문장 부호를 정확히 쓸 것

→ _____

25 윗글의 내용과 일치하는 것은? [4점]

① The manager had them draw some flowers.

② They divided into four groups.

③ In Minsu's group, there were only Minsu and Jiwon.

④ Minsu helped Jiwon do some background drawings.

⑤ They didn't think their wall painting was perfect.

01 다음 중 밑줄 친 단어가 같은 의미로 쓰인 것은? [4점]

① Look at that pretty hat over there.
　 This horror movie made me pretty scared.
② She read a book like a voice actor.
　 Do you like to take pictures?
③ A bee landed on this flower.
　 The land is green after the rain.
④ I'm packing for my move tomorrow.
　 I can't move this box since it's too heavy.
⑤ What matters most to him is a healthy life.
　 It doesn't matter to us who did the work.

02 주어진 단어의 영어 뜻풀이에 해당하지 않는 것은? [3점]

arrange　 deliver　 neighborhood　 remove

① an area of a town or city
② to take something to a person or place
③ to move or take something away from a place
④ to choose something or someone
⑤ to put a group of things or people in a particular order or position

[03-04] 다음 대화를 읽고, 물음에 답하시오.

Boy: What is this mess?
Girl: I'm baking cookies.
Boy: (1) _____
Girl: They're for the people at the nursing home.
Boy: (2) _____
Girl: Can you give me a hand?
Boy: Sure. (3) _____
Girl: Please put the cookies in the gift boxes.
　　 (4) _____
Boy: Okay.

서술형 **1**

03 위 대화의 빈칸에 알맞은 말을 [보기]에서 골라 쓰시오. [5점]

[보기]　 • That's very nice of you.
• Can you help me?
• What do you want me to do?
• Three cookies in each box.
• Why are you baking so many cookies?

(1) _____
(2) _____
(3) _____
(4) _____

서술형 **2**

04 What will the boy do after the conversation? Write the answer as much detail as possible. [4점]

→ _____

서술형 **3**

05 다음 글의 내용과 일치하도록 대화를 완성하시오. [각 2점]

Susan is going to move out tomorrow, so she is packing now. Susan asks John to help her. John asks what Susan wants him to do. Susan tells him to take out the trash.

John:　What are you doing, Susan?
Susan: I'm packing for my move tomorrow.
　　　 (1) _____
John:　Sure. What do you want me to do?
Susan: (2) _____
John:　No problem.

06 다음 우리말을 영어로 바꿀 때, 네 번째로 오는 단어는? [3점]

그녀는 우리가 아이디어를 모둠 구성원들과 공유하게 한다.

① us　　　　　② to　　　　　③ share
④ has　　　　　⑤ ideas

07 다음 중 어법상 틀린 문장으로 묶인 것은? [4점]

ⓐ They helped me to do my homework.
ⓑ It is his dog that Kevin is looking for.
ⓒ My mom let me go to the beach.
ⓓ He made us to read lots of books.
ⓔ It was bought that he these shoes at this shop last weekend.

① ⓐ, ⓑ　　　② ⓐ, ⓑ, ⓓ　　　③ ⓒ, ⓓ
④ ⓒ, ⓓ, ⓔ　　　⑤ ⓓ, ⓔ

08 다음 문장에 대해 잘못 설명한 사람은? [3점]

It was Jeju-do that I visited last weekend.

① 민기: Jeju-do를 강조하는 말이구나.
② 시은: It ~ that 강조 구문을 사용했구나.
③ 지우: 과거시제라서 was를 썼구나.
④ 서연: Jeju-do는 장소이므로 앞에 전치사 in을 써야 해.
⑤ 선우: last weekend를 강조하고 싶으면 It was last weekend that I visited Jeju-do.로 쓰면 돼.

서술형 **4**

09 다음 우리말과 같도록 [조건]에 맞게 영작하시오. [4점]

[조건]　1. 적절한 사역동사를 사용할 것
　　　　2. 시제와 수 일치에 주의할 것

그녀는 그녀의 남동생이 그녀의 자전거를 타게 해 준다.

→ _____

서술형 **5**

10 It ~ that 강조 구문을 이용하여 다음 문장의 밑줄 친 부분을 강조하는 문장을 쓰시오. [각 2점]

(1) Jack played the guitar at the school festival yesterday.

→ _____

(2) Yuri left her baseball cap in the school gym.

→ _____

[11-14] 다음 글을 읽고, 물음에 답하시오.

　Hi. My name is Homin. This is me in front of the wall painting. The wings are pretty, aren't they? Many people like to take pictures in front of wall paintings. They make old neighborhoods bright and new.
　Last month, I visited a village with wall paintings in Yeosu. ⓐAs I was taking a picture, ⓑa light went on in my head. I thought, "I'm in the school art club. Why don't we do wall paintings like these?"
(A) We found a teen volunteer project on the Internet.
(B) The project was to do a wall painting in our neighborhood.
(C) I suggested this idea at the next club meeting, and the members loved it.
(D) We applied for it, and two weeks later, our club was selected!

11 윗글의 (A)~(D)를 글의 흐름에 맞게 배열한 것은? [4점]

① (A) – (D) – (B) – (C)　　　② (B) – (C) – (A) – (D)
③ (C) – (A) – (B) – (D)　　　④ (C) – (B) – (A) – (D)
⑤ (D) – (C) – (B) – (A)

12 윗글의 밑줄 친 ⓐ와 바꿔 쓸 수 있는 것은? [3점]

① If　　　② After　　　③ Before
④ While　　　⑤ Until

13 윗글의 밑줄 친 ⓑ의 의미로 알맞은 것은? [4점]

① I turned on the light.
② A great idea came to me.
③ I could see something bright.
④ I felt so good that I kept walking.
⑤ Something strange happened.

14 윗글의 내용과 일치하지 <u>않는</u> 것은? [4점]

① Homin visited Yeosu last month.

② Homin is the member of the school art club.

③ Homin took a picture in front of the wall painting.

④ Homin thought that his club members could do wall paintings.

⑤ Homin's club members did volunteer work in Yeosu.

[15-17] 다음 글을 읽고, 물음에 답하시오.

　　The day of the project finally came. The project manager (A)<u>had</u> us meet at the painting site at 9 a.m. The wall was in very ⓐ<u>poor</u> condition. There were strange writings and drawings on some parts. Other parts (B)<u>had</u> old posters on them. We removed the posters first and painted over the writings and drawings with white paint.

15 다음 [보기]에서 윗글의 밑줄 친 (A), (B)와 같은 의미로 쓰인 것이 바르게 짝 지어진 것은? [4점]

> [보기]
> ⓐ I went to the beach and <u>had</u> a good time.
> ⓑ This book <u>has</u> lots of pictures in it.
> ⓒ My family <u>had</u> dinner in the garden yesterday.
> ⓓ My uncle <u>had</u> us clean the house.

	(A)	(B)			(A)	(B)
①	ⓐ	–	ⓑ	②	ⓑ	–	ⓒ
③	ⓑ	–	ⓓ	④	ⓓ	–	ⓑ
⑤	ⓓ	–	ⓒ				

16 윗글의 밑줄 친 ⓐ<u>poor</u>와 같은 의미로 쓰인 것은? [4점]

① Andy is <u>poor</u> at math and science.

② The old man is too <u>poor</u> to buy a coat.

③ We donated money for the <u>poor</u> in Africa.

④ The roof of the house is in <u>poor</u> condition.

⑤ The family decided to take care of the <u>poor</u> dog.

서술형6

17 Answer the following questions in English. [각 2점]

(1) Where did they meet on the day of the project?

→ _____

(2) What did they do first at the painting site?

→ _____

(3) What did they do after they removed the posters?

→ _____

[18-20] 다음 글을 읽고, 물음에 답하시오.

　　(A)(the manager, we, paint, wanted, us, anything, let) ⓐ<u>We decided to paint cute something because the wall was near an elementary school.</u> ⓑ<u>We divided into three groups and began painting.</u> ⓒ<u>I was in the group with Minsu and Jiwon.</u> ⓓ<u>I chose my spot and started paint my favorite movie character.</u> ⓔ<u>Minsu painted some flowers and Jiwon do some background drawings.</u>

서술형7

18 윗글의 (A)의 괄호 안에 주어진 단어들을 바르게 배열하여 완전한 문장을 쓰시오. [4점]

→ _____

19 윗글의 밑줄 친 ⓐ~ⓔ 중 어법상 틀린 것끼리 묶인 것은? [4점]

① ⓐ, ⓑ　　　② ⓐ, ⓑ, ⓒ　　　③ ⓐ, ⓓ, ⓔ

④ ⓑ, ⓓ, ⓔ　　　⑤ ⓑ, ⓔ

서술형8

20 다음 영어 뜻풀이에 해당하는 단어를 윗글에서 찾아 쓰시오. [3점]

> the area that is behind the main thing that you are looking at

→ _____

[21-23] 다음 글을 읽고, 물음에 답하시오.

Our club painted for about five hours. After we finished, we got together and shared the day's experiences. Minsu was very proud of his flower painting. He said, "My flower is so real ___ⓐ___ a bee landed on it." I said, "Drawing on a wall was much harder ___ⓑ___ drawing on paper."

We all agreed ___ⓒ___ our wall painting wasn't perfect. But it didn't matter. We made our neighborhood a little brighter and happier. We were proud of ourselves. We didn't just paint pictures on a wall that day. It was a better tomorrow ___ⓓ___ we painted.

21 윗글의 빈칸 ⓐ~ⓓ에 들어갈 말이 같은 것끼리 묶인 것은? [4점]

① ⓐ, ⓑ ② ⓐ, ⓑ, ⓒ ③ ⓐ, ⓑ, ⓓ
④ ⓐ, ⓒ, ⓓ ⑤ ⓑ, ⓒ

22 윗글의 내용과 일치하지 <u>않는</u> 것은? [4점]

① It took about five hours to paint on the wall.
② Minsu was proud of his painting.
③ The writer thought drawing on a wall was not easy.
④ They thought that their wall painting should be perfect.
⑤ The wall painting made the neighborhood bright and happy.

서술형 9

23 윗글을 읽고 답할 수 있는 질문을 <u>모두</u> 골라 기호를 쓴 후, 완전한 영어 문장으로 답하시오. [5점]

ⓐ What did they do after they finished the wall painting?
ⓑ Why did Minsu choose to draw a flower?
ⓒ Why was drawing on a wall harder than drawing on paper?
ⓓ How did they feel about themselves?

(   ) → _____
(   ) → _____

서술형 10

24 다음 대화를 읽고, Alice의 일기를 완성하시오. [5점]

A: Hi, I'm Alice. I'm here for the volunteer work.
B: Thanks for coming, Alice.
A: What do you want me to do today?
B: Please deliver meals to the elderly.
A: Okay. Is there anything to keep in mind?
B: Yes. Make sure you greet them politely.
A: Okay, I will.

Today I did _____ _____ for the elderly. What I did was _____ _____ _____ _____ _____ _____. I had to _____ _____ _____. It was a rewarding experience.

서술형 11

25 각 선생님의 말을 읽고, [조건]에 맞게 문장을 쓰시오. [각 2점]

[조건]
1. 예시와 같이 문장을 쓸 것
2. have를 반드시 이용할 것
3. 필요시 동사의 형태를 바꿀 것

Mina, read two books every month.
Mr. Frank

Chris, be on time for school every day.
Ms. White

Yena, stretch your neck often.
Mr. Park

e.g. Mr. Frank has Mina read two books every month.

(1) _____
(2) _____

● 틀린 문항을 표시해 보세요.

● 부족한 영역을 점검해 보고 어떻게 더 학습할지 학습 계획을 적어 보세요.

〈1회〉대표 기출로 내신 **적중** 모의고사　　총점 _____ / 100

문항	영역	문항	영역	문항	영역
01	p.158(W)	10	p.163(L&S)	19	pp.178-179(R)
02	p.158(W)	11	p.170(G)	20	pp.178-179(R)
03	p.156(W)	12	p.171(G)	21	pp.178-179(R)
04	p.161(L&S)	13	p.170(G)	22	pp.178-179(R)
05	p.161(L&S)	14	p.171(G)	23	pp.178-179(R)
06	p.162(L&S)	15	p.170(G)	24	pp.178-179(R)
07	p.162(L&S)	16	p.171(G)	25	pp.178-179(R)
08	p.163(L&S)	17	pp.170-171(G)		
09	p.163(L&S)	18	pp.178-179(R)		

오답 공략
부족한 영역
학습 계획

〈2회〉대표 기출로 내신 **적중** 모의고사　　총점 _____ / 100

문항	영역	문항	영역	문항	영역
01	p.158(W)	10	p.162(L&S)	19	pp.178-179(R)
02	p.158(W)	11	p.171(G)	20	pp.178-179(R)
03	p.156(W)	12	p.170(G)	21	pp.178-179(R)
04	p.161(L&S)	13	p.171(G)	22	pp.178-179(R)
05	p.162(L&S)	14	p.170(G)	23	pp.178-179(R)
06	p.162(L&S)	15	p.171(G)	24	pp.178-179(R)
07	p.162(L&S)	16	p.170(G)	25	p.192(M)
08	p.162(L&S)	17	p.171(G)		
09	p.162(L&S)	18	pp.178-179(R)		

오답 공략
부족한 영역
학습 계획

〈3회〉대표 기출로 내신 **적중** 모의고사　　총점 _____ / 100

문항	영역	문항	영역	문항	영역
01	p.156(W)	10	p.163(L&S)	19	pp.178-179(R)
02	p.156(W)	11	p.170(G)	20	pp.178-179(R)
03	p.156(W)	12	p.171(G)	21	pp.178-179(R)
04	p.163(L&S)	13	p.170(G)	22	pp.178-179(R)
05	p.162(L&S)	14	p.170(G)	23	pp.178-179(R)
06	p.162(L&S)	15	p.171(G)	24	pp.178-179(R)
07	p.163(L&S)	16	p.170(G)	25	pp.178-179(R)
08	p.163(L&S)	17	pp.178-179(R)		
09	p.163(L&S)	18	pp.178-179(R)		

오답 공략
부족한 영역
학습 계획

〈4회〉고난도로 내신 **적중** 모의고사　　총점 _____ / 100

문항	영역	문항	영역	문항	영역
01	p.158(W)	10	p.171(G)	19	pp.178-179(R)
02	p.158(W)	11	pp.178-179(R)	20	pp.178-179(R)
03	p.162(L&S)	12	pp.178-179(R)	21	pp.178-179(R)
04	p.162(L&S)	13	pp.178-179(R)	22	pp.178-179(R)
05	p.162(L&S)	14	pp.178-179(R)	23	pp.178-179(R)
06	p.170(G)	15	pp.178-179(R)	24	p.163(L&S)
07	pp.170-171(G)	16	pp.178-179(R)	25	p.170(G)
08	p.171(G)	17	pp.178-179(R)		
09	p.170(G)	18	pp.178-179(R)		

오답 공략
부족한 영역
학습 계획

동아출판 영어 교재 가이드

영역	브랜드	초1~2	초3~4	초5~6	중1	중2	중3	고1	고2	고3
문법	[초·중등] 개념서 그래머 클리어 스타터 중학 영문법 클리어									
	[중등] 문법 문제서 그래머 클라우드 3000제									
	[중등] 실전 문제서 빠르게 통하는 영문법 핵심 1200제									
	[중등] 서술형 영문법 서술형에 더 강해지는 중학 영문법									
	[고등] 시험 영문법 시험에 더 강해지는 고등 영문법									
	[고등] 개념서 Supreme 고등 영문법									
어법	[고등] 기본서 Supreme 수능 어법 기본 실전									
쓰기	[중등] 영작 집중 훈련서 중학 문법+쓰기 클리어									

동아출판이 만든 진짜 기출예상문제집

특급기출

중간고사

중학 영어 3-1

이병민

정답 및 해설

동아출판

Lesson 1
I Can't, but We Can

STEP A

A **01** 바쁜
02 (경기 등에서) 득점
03 독감
04 (경연) 대회, 시합
05 (시간을) 보내다, (돈을) 쓰다
06 창의적으로
07 나누다
08 엉망인 상태
09 감다, 싸다
10 대화
11 갑작스러운
12 어려움, 곤경
13 가능한
14 퍼지다
15 (사물의) 맨 아래 부분
16 (해 볼 만한) 과제, 도전
17 막대기처럼 기다랗고 가는 것
18 제안하다
19 대회, 시합
20 떨어뜨리다, 떨어지다

B **21** close
22 pretty
23 teamwork
24 instead
25 try
26 triangle
27 tent
28 marshmallow
29 relationship
30 role
31 suddenly
32 time limit
33 stuck
34 lose
35 string
36 soon
37 later
38 expect
39 differently
40 still

C **01** 서둘러, 급히
02 스스로, 저절로
03 즉시, 바로
04 자세히, 상세하게
05 병이 나아지다, 몸을 회복하다
06 ~인 것으로 드러나다
07 고장 나다
08 여행을 가다

A **1** triangle, 삼각형 **2** stuck, 움직일 수 없는 **3** string, 끈, 줄
4 mess, 엉망인 상태 **5** teamwork, 팀워크, 협동 작업
6 hurry, 서두름, 급함 **7** creatively, 창의적으로
8 challenge, (해 볼 만한) 과제, 도전
B **1** base **2** lose **3** spend **4** creatively **5** suddenly
C **1** possible **2** instead **3** role **4** close **5** try
D **1** by itself **2** in a hurry **3** in detail
4 right away **5** break down

01 ② **02** ② **03** close **04** ① **05** ④ **06** ⑤
07 in detail

01 ② lose(지다)와 win(이기다)은 반의어 관계이고, 나머지는 모두 유의어 관계이다.

02 ② '아주 더럽거나 단정하지 않은 상태'라는 의미의 단어는 mess(엉망인 상태)이다.

03 첫 번째 문장에는 '닫다'라는 의미의 동사 close가 들어가고, 두 번째 문장에는 '막상막하의'라는 의미의 형용사 close가 들어간다.

04 ① '스스로, 저절로'는 by itself로 써야 한다.
|해석| ① 문이 저절로 열린다.
② 나는 네가 곧 낫길 바란다.
③ 그녀는 서둘러 숙제를 끝냈다.
④ 엘리베이터가 오늘 아침에 고장 났다.
⑤ 그 루머는 거짓으로 드러났다.

05 ⓒ friendly는 '친절한, 상냥한'이라는 뜻의 형용사이고, 나머지는 모두 부사이다.
|해석| 창의적으로 생각하는 것은 중요하다.
ⓐ 한 소년이 모퉁이에서 갑자기 나타났다.
ⓑ 고양이와 개는 다르게 행동한다.
ⓒ 유미는 따뜻하고 친절하다.
ⓓ 얼마나 빨리 너는 샌드위치를 좀 만들 수 있니?

06 ⑤ 주어진 문장의 pretty는 '예쁜, 귀여운'의 뜻을 나타내는 형용사로 ⑤의 pretty와 같은 의미이다. 나머지는 부사로 '꽤, 매우'라는 뜻을 나타낸다.
|해석| 나의 할머니는 나에게 예쁜 드레스를 사 주셨다.
① 밖이 꽤 춥다.
② 너의 영어는 꽤 좋다.
③ 그녀는 너에게 매우 화가 나 있다.
④ 우리는 오늘 밤 꽤 훌륭한 경기를 했다.
⑤ 그는 딸을 위한 예쁜 인형을 찾고 있다.

07 '자세히, 상세하게'는 in detail을 써서 표현한다.

Listen & Speak 만점 노트 pp. 14~15

Q1 독감에 걸렸기 때문이다.

Q2 진수는 피아노 경연 대회에 나갈 예정이다.

Q3 나는 네가 피아노를 치는지 몰랐다.

Q4 새 학급 친구들이 친절하기 때문이다.

Q5 그 말을 들으니 기뻐.

Q6 그 말을 들어서 유감이야.

Q7 Andy's team scored 79.

Q8 마라톤 경주에서 1등으로 들어왔기 때문이다.

Q9 친구와 싸웠기 때문이다.

Q10 She's been good.

Q11 나는 지금 바이올린 수업에 가야 해.

 Listen & Speak 빈칸 채우기 pp. 16~17

1 how have, great, have

2 How have you been, I've been great, piano competition, be good at, Good luck

3 have you been, I've been, So so

4 have any good news, best teamwork, I'm happy

5 I'm sorry to hear that, lost by one point, close, as a team

6 came in first, happy to hear, look upset, sorry to hear

7 Long time no see, How have you been, How about you, made many new friends, I'm happy to hear that, have to go, call you later, Have

 Listen & Speak 대화 순서 배열하기 pp. 18~19

1 ⓓ-ⓒ-ⓐ-ⓔ-ⓑ

2 ⓒ-ⓔ-ⓐ-ⓕ-ⓑ-ⓗ-ⓓ-ⓖ

3 ⓒ-ⓐ-ⓑ

4 ⓐ-ⓒ-ⓔ-ⓑ-ⓓ

5 ⓔ-ⓒ-ⓑ-ⓐ-ⓓ-ⓗ-ⓕ-ⓘ-ⓖ

6 ⓑ-ⓐ-ⓒ

7 ⓖ-ⓑ-ⓐ-ⓙ-ⓒ-ⓔ-ⓓ-ⓚ-ⓗ-ⓕ-ⓘ

 Listen & Speak 실전 TEST pp. 20~21

01 ④　**02** ④　**03** ②　**04** (B)-(D)-(C)-(A)　**05** ③

06 ③　**07** ⑤　**08** ②　**09** ③

[서술형]

10 (1) I've been great.

(2) I'm happy to hear that.

11 (1) How have you been? (2) How come? (3) That's a pity.

12 (1) you look excited

(2) Our team had the best teamwork.

01 I'm happy to hear that.은 '그 말을 들으니 기뻐.'라는 의미로 기쁨을 표현할 때 쓴다.

02 B가 잘 지냈다고 자신의 안부를 말하고 있으므로, A는 오랜만에 만난 사람에게 안부를 묻는 말을 건네야 한다.

03 상대방이 한 말에 대해 유감을 표현하면서 상대방을 위로할 때는 I'm sorry to hear that.으로 말한다.

04 오랜만에 만난 상대방에게 안부를 묻고(B) 이에 답한 후 상대방의 안부를 되묻고(D) 독감에 걸렸다고 말하자(C) 빨리 나으라고 말하는(A) 순서가 자연스럽다.

05 B가 농구 경기에서 졌다고 했으므로, A는 유감을 표현하는 말을 하는 것이 알맞다.

06 ⓑ '1점 차이로'의 뜻을 나타낼 수 있는 전치사 by가 알맞다.

ⓒ '~로서'라는 뜻의 자격이나 기능을 나타내는 전치사 as가 알맞다.

07 ⑤ Andy는 하나의 팀으로 경기를 정말 잘했다고 말했으므로, 팀워크가 부족했다는 것은 대화의 내용과 일치하지 않는다.

08 주어진 문장은 '너는 어때?'라는 뜻으로 상대방의 안부를 되묻기 위해 사용된 말이므로, Linda가 자신의 안부를 말한 뒤인 ②에 들어가는 것이 자연스럽다.

09 ③ Linda는 새 친구들을 많이 사귀었고, 그것에 대해 민호가 기쁨을 표현했다.

10 (1) How have you been?은 오랜만에 만나 안부를 묻는 말로, 이에 대한 대답은 I've been ~.으로 쓴다.

(2) 상대방의 말에 기쁨을 표현할 때는 I'm happy to hear that.을 쓴다.

11 (1) 상대방의 안부를 묻는 말이 알맞다.

(2) How come?은 '왜?'라는 뜻으로 이유를 물을 때 사용하는 표현이다.

(3) 손가락이 부러졌다는 상대방의 말에 유감을 나타내는 표현이 알맞다.

12 (1) '~해 보이다'라는 뜻은 「look+형용사」로 쓴다.

(2) '가장 좋은'이라는 뜻의 the best(the+최상급)를 써서 문장을 쓴다.

QUICK CHECK
1 (1) for   (2) of   (3) for
2 (1) for me   (2) of you   (3) for him

01 |해석| (1) 아빠가 연을 만드는 것은 쉽다.
    (2) 내가 그 프로젝트를 포기한 것은 어리석었다.
    (3) 그녀가 1분 안에 그 문제를 푸는 것은 불가능했다.
02 |해석| (1) 내가 그 건물을 찾는 것은 어려웠다.
    (2) 네가 그 책을 나에게 가져다주다니 친절하구나.
    (3) 그가 그 일을 끝마치는 것은 중요하다.

QUICK CHECK
1 (1) What   (2) what   (3) what
2 (1) What he heard from Andrea
    (2) what she is looking for
    (3) what I wanted to read

01 |해석| (1) 그가 원하는 것은 좀 쉬운 것이다.
    (2) 나는 그녀가 말한 것을 믿지 않는다.
    (3) 이 야구 모자는 내가 사고 싶은 것이다.
02 |해석| (1) 그가 Andrea에게 들은 것은 사실이다.
    (2) 그는 그녀가 찾고 있는 것을 안다.
    (3) 이 책은 내가 읽고 싶던 것이다.

A 1 It   2 for   3 of   4 him   5 her
B 1 for her   2 for me   3 for children
C 1 of him to give up his job
    2 wise of you to keep the secret
    3 interesting for me to read magazines
    4 easy for her to fly a drone
D 1 It was difficult for him to solve the problem.
    2 It is kind of her to help the old man.
    3 It was not easy for me to use chopsticks.

A |해석| 1. 내가 오직 하나만 고르는 것은 어렵다.
    2. 그녀가 로봇을 만드는 것이 가능하니?
    3. 네가 아프리카에 있는 가난한 아이들을 돕다니 친절하다.
    4. 그가 그렇게 말하다니 관대하다.
    5. 그녀가 학교에 늦은 것은 이상하다.

A 1 what he needs   2 What my mother said
    3 what is in your pocket
    4 what my brother wants to buy   5 what I want to say
B 1 That → What   2 Which → What   3 how → what
    4 if → what   5 which → what
C 1 what you know about her   2 what she gave me
    3 what you want to eat   4 what Jane needs now
    5 what Mr. Smith taught me
D 1 what he saw   2 What she wants
    3 what you know about Mars
    4 what my sister drew

A |해석| 1. 나는 그에게 그가 필요한 것을 사 주고 싶다.
    2. 엄마가 말씀하신 것이 옳았다.
    3. 네 주머니에 있는 것을 내게 보여줘.
    4. 나는 내 남동생이 사고 싶어하는 것을 알아.
    5. 그것이 내가 말하고 싶은 것이다.
B |해석| 1. 내가 점심으로 원하는 것은 샐러드이다.
    2. 그가 필요한 것은 약간의 수면이다.
    3. 나는 그녀가 말한 것을 이해하지 못한다.
    4. 그것이 정확히 내가 원했던 것이다.
    5. 그녀는 내가 말한 것을 듣지 않았다.
C |해석| 1. 그녀에 관해서 네가 아는 것을 내게 말해 줘.
    2. 나는 그녀가 내게 주었던 것을 기억할 수 없어.
    3. 네가 먹고 싶은 것을 내게 알려줘.
    4. 종이 가방은 Jane이 지금 필요한 것이다.
    5. 그것이 Smith 씨가 내게 가르쳐 주었던 것이다.

01 ④   02 ①   03 ③   04 ④   05 ③   06 ⑤   07 ④
08 ②   09 ③   10 ⑤   11 ③   12 ①, ⑤   13 that → what
14 for → of   15 ④   16 ④   17 ④   18 ④   19 ③, ⑤
20 ②   21 ③   22 ③
[서술형]
23 (1) what I mean
    (2) what he told me
    (3) What she needs
24 (1) It is important for you to keep your appointment.
    (2) It is exciting for me to live in a foreign country.
    (3) It is very kind of him to help sick people.

01 difficult가 사람의 성격이나 태도를 나타내는 형용사가 아니므로 to부정사의 의미상의 주어로 「for+목적격」이 와야 한다.

　 |해석| 나는 그 질문에 답하는 것이 어렵다.

02 선행사를 포함한 관계대명사 What이 와야 하며, What이 이끄는 절(What I need)이 문장의 주어이다.

　 |해석| 내가 필요한 것은 한 컵의 물이다.

03 to부정사의 의미상의 주어는 보통 「for+목적격」의 형태를 쓰지만, 사람의 성격이나 태도를 나타내는 형용사(foolish)가 온 경우에는 「of+목적격」의 형태를 쓴다.

　 |해석| • 그는 자전거를 타는 것이 쉽지 않다.

　 • 그녀가 숙제를 잊은 것은 어리석었다.

04 첫 번째 문장에는 주어 역할을 하며 '~하는 것'의 의미를 나타내는 선행사를 포함하는 관계대명사 What이 알맞다. 두 번째 문장에는 선행사 The dress를 수식하는 목적격 관계대명사 that이 알맞다.

　 |해석| • 내가 사고 싶은 것은 원피스이다.

　 • 그녀가 입고 있는 원피스는 비싸 보인다.

05 ③은 '무엇'이라는 뜻의 의문사로 쓰였고, 나머지는 모두 '~하는 것'이라는 뜻을 나타내는 관계대명사로 쓰였다.

　 |해석| ① 그가 말하는 것이 항상 진실은 아니다.

　 ② 나는 그녀가 말한 것을 믿지 않았다.

　 ③ 나는 그의 이름이 무엇인지 모른다.

　 ④ 그것이 그가 어제 나에게 말한 것이다.

　 ⑤ 내가 저녁으로 원하는 것은 샌드위치이다.

06 「It is+형용사+to부정사의 의미상의 주어+to부정사 ~.」의 형태로 문장을 구성하면 되는데, hard는 사람의 성격을 나타내는 형용사가 아니므로 to부정사의 의미상의 주어로 「for+목적격(me)」을 쓴다.

07 '~하는 것'을 표현하려면 선행사를 포함하는 관계대명사 what이 이끄는 절이 주어로 와야 한다. '마실 것'이라는 의미를 표현하려면 something을 수식하는 to부정사의 형용사적 용법의 to drink가 와야 하며, something처럼 -thing으로 끝나는 대명사는 형용사(cold)가 뒤에서 수식한다.

08 사람의 성격이나 태도를 나타내는 형용사가 쓰인 경우, to부정사(to say)의 의미상의 주어는 「of+목적격」으로 나타낸다.

09 ③은 비인칭 주어로 쓰였고, 나머지는 모두 가주어 It으로 쓰였다.

　 |해석| ① 그들은 그 일을 끝내는 것이 힘들었다.

　 ② 아빠가 그 기계를 고치는 것은 쉽다.

　 ③ 내가 음악을 들을 때 비가 내리고 있었다.

　 ④ 그가 그 아이를 돌보다니 친절하다.

　 ⑤ 그녀는 텔레비전 쇼를 보는 것이 지루하다.

10 ⑤ what은 선행사와 함께 쓸 수 없는 관계대명사이므로, what을 목적격 관계대명사 which나 that으로 고쳐야 한다.

　 |해석| ① 이것이 나의 남동생이 찾고 있는 것이다.

　 ② 그 결과는 우리가 예상했던 것이다.

　 ③ 그림 그리는 것이 내가 여가 시간에 하는 것이다.

　 ④ 네가 어제 들은 것을 나에게 말해 줘.

　 ⑤ 내가 지금 읽고 있는 책은 미나의 것이다.

11 ③ to부정사의 의미상의 주어는 「for+목적격」으로 쓰므로 for us로 고쳐야 한다.

12 to부정사의 의미상의 주어는 「for+목적격」으로 써야 하므로 빈칸에는 목적격인 me와 them이 들어갈 수 있다.

13 that 이하가 '~하는 것'이라는 의미로 문장의 목적어 역할을 해야 하는데, that 이하 절이 불완전하므로 that을 선행사를 포함하는 관계대명사 what으로 고쳐야 한다.

14 wise는 사람의 성격이나 태도를 나타내는 형용사이므로, to부정사의 의미상의 주어로 「of+목적격」을 써야 한다.

15 It이 가주어이므로 빈칸에는 to부정사의 의미상의 주어와 to부정사가 와야 한다. 형용사로 necessary가 왔으므로 to부정사의 의미상의 주어로 「for+목적격」을 쓴다.

16 ④ 빈칸에는 a boy를 수식하는 주격 관계대명사 that이나 who가 들어가야 한다. ①, ②, ③에는 모두 선행사를 포함하는 관계대명사 what이 들어가고, ⑤에는 의문사 What이 들어간다.

　 |해석| ① 그것이 내가 말하고 싶은 것이다.

　 ② 그는 그가 믿고 싶어 하는 것을 믿는다.

　 ③ 이것은 내가 기대했던 것과 다르다.

　 ④ 나는 금발 머리를 가진 한 소년을 만났다.

　 ⑤ 내일 학교에서 무슨 일이 일어날까?

17 「It was+형용사+의미상의 주어(for/of+목적격)+to부정사 ~.」의 형태가 되어야 하는데, easy가 사람의 성격이나 태도를 나타내는 형용사가 아니므로 to부정사의 의미상의 주어로 「for+목적격」을 사용해야 한다.

18 「It was+형용사(exciting)+의미상의 주어(for+목적격)+to부정사 ~.」 형태가 되어야 하므로 to ride가 알맞다.

19 ③ That 대신 '~하는 것'이라는 의미로 선행사를 포함하는 관계대명사 What이 쓰여야 한다.

　 ⑤ 선행사 The movie가 있으므로 what을 관계대명사 that(which)으로 고쳐야 한다.

　 |해석| ① 너는 그가 말한 것을 이해했니?

　 ② 나에게 길을 알려주다니 너는 친절하구나.

　 ③ 네가 먼저 해야 하는 것은 거실을 청소하는 것이다.

　 ④ Brown 씨는 그 회의에 참석할 필요가 있다.

　 ⑤ 우리가 어제 본 영화는 정말 감동적이었다.

20 문장은 Let me see what you bought.가 되어야 하므로 네 번째로 오는 단어는 what이다.

21 to부정사의 의미상의 주어는 일반적으로 「for+목적격」으로 쓰는데,

사람의 성격이나 태도를 나타내는 형용사가 쓰인 경우에는 「of+목적격」으로 나타낸다. ⓐ와 ⓓ에는 of가 들어가고, ⓑ와 ⓒ에는 for가 들어가야 한다.

|해석| ⓐ 진신을 말하다니 그녀는 정직하구나.

ⓑ 우리는 요가를 배우는 것이 쉽지 않다.

ⓒ 네가 최선을 다하는 것이 중요하다.

ⓓ 그가 그 기회를 놓친 것은 어리석었다.

22 ⓐ와 ⓓ는 '~하는 것'으로 해석하는 선행사를 포함하는 관계대명사 what이다.

ⓑ와 ⓒ는 '무엇'으로 해석하는 의문사 what이다.

|해석| ⓐ 내가 본 것은 나에게 충격을 주었다.

ⓑ 그녀는 무엇을 말해야 할지 모른다.

ⓒ 너는 저녁으로 무엇을 먹고 싶니?

ⓓ 나는 Chris가 교실에서 잃어버린 것을 찾았다.

23 '~하는 것'이라는 의미의 선행사를 포함하는 관계대명사 what을 이용하여 빈칸을 완성한다. 관계대명사 what이 이끄는 절은 문장에서 주어, 목적어, 보어 역할을 할 수 있다.

24 (1) to부정사의 의미상의 주어는 「for+목적격」의 형태를 사용하므로 소유격 your를 목적격 you로 고쳐야 한다.

(2) exciting은 사람의 성격이나 태도를 나타내는 형용사가 아니므로 to부정사의 의미상의 주어로 「for+목적격」을 사용한다.

(3) kind는 사람의 성격이나 태도를 나타내는 형용사이므로 to부정사의 의미상의 주어로 「of+목적격」을 사용한다.

25 「It was+형용사+to부정사의 의미상의 주어+to부정사 ~.」 형태의 문장이고, hard와 fun이 사람의 성격이나 태도를 나타내는 형용사가 아니므로 to부정사의 의미상의 주어로 「for+목적격」을 사용한다.

26 선행사를 포함하는 관계대명사 what은 '~하는 것'으로 해석한다.

27 (1) 「It was+형용사(difficult)+to부정사의 의미상의 주어(for+목적격)+to부정사 ~.」 형태가 되도록 단어를 배열한다. very는 형용사 difficult를 수식한다.

(2) '네가 한 것'이라는 의미로 선행사를 포함하는 관계대명사 what을 이용한 what you did가 sees의 목적어가 되도록 단어를 배열한다.

28 「It is/was+형용사+to부정사의 의미상의 주어(for+목적격)+to부정사 ~.」 형태로 자유롭게 문장을 완성한다.

ⓡ Reading 빈칸 채우기   pp.32~33

01 string   **02** Rules   **03** tallest   **04** on top   **05** by itself
06 limit   **07** Relationships   **08** marshmallow challenge
09 does, differently   **10** examples   **11** like   **12** act
13 ideas   **14** in detail   **15** to choose   **16** Suddenly
17 In a hurry   **18** wrapped, around   **19** stuck, big mess
20 left   **21** do   **22** spend, planning
23 building, right away   **24** looked like   **25** tall

---

26 again   **27** stand by itself   **28** it was possible
29 looked like   **30** what we wanted   **31** team
32 the best idea   **33** Instead, improved on
34 strong base   **35** Another, suggested   **36** divided up
37 as   **38** In the end

ⓡ Reading 바른 어휘·어법 고르기   pp.34~35

01 sticks   **02** has   **03** build   **04** be   **05** by   **06** is
07 Building, Creatively   **08** How   **09** does, differently
10 look at   **11** do   **12** act   **13** ideas   **14** about
15 for us   **16** Suddenly, left   **17** In a hurry   **18** wrapped
19 stuck   **20** left   **21** do   **22** on   **23** members
24 like   **25** tall   **26** tried   **27** couldn't stand   **28** for
29 like   **30** what   **31** team   **32** to choose   **33** Instead
34 base   **35** suggested   **36** as   **37** as   **38** In the end

---

ⓡ Reading 틀린 문장 고치기   pp.36~37

01 ×, stick → sticks
02 ×, Each teams has → Each team has   **03** ○
04 ×, must is → must be
05 ×, by themselves → by itself   **06** ○
07 ×, is good at → is good for   **08** ○
09 ×, Every teams do → Every team does   **10** ○   **11** ○
12 ○   **13** ×, good many ideas → many good ideas
14 ×, each ideas → each idea   **15** ×, of us → for us
16 ○   **17** ○   **18** ×, them around → around them
19 ○   **20** ×, With left one second → With one second left
21 ○   **22** ×, spend many time → spend much time
23 ○   **24** ×, looked a tent → looked like a tent   **25** ○
26 ×, tried to → tried   **27** ○
28 ×, for us possible → possible for us   **29** ○
30 ×, that we wanted → what we wanted   **31** ○
32 ×, tried to → didn't try to
33 ×, improve → improved   **34** ○   **35** ○
36 ×, didn't agree → agreed   **37** ○   **38** ○

01 ④   02 ②   03 challenge   04 ①   05 ②   06 ④

07 ③   08 ④   09 ⓐ 자세히, 상세하게 ⓑ 서둘러, 급히   10 ③

11 ③   12 ①   13 ⑤   14 ④   15 ④   16 made what
we wanted   17 ③   18 ⑤   19 ②   20 ①   21 ②

[서술형]

22 ⓐ 각 팀 ⓑ 꼭대기에 ⓒ 스스로 ⓓ 제한 시간

23 It was not easy for us to choose the best idea.

24 ⓑ → In a hurry

25 All the members started building the tower right
away.

26 It(The first tower) looked like a tent.

27 It(The final tower) looked like the Leaning Tower of
Pisa.

28 We all agreed and divided up the roles such as time
checker and tape cutter.

01 마시멜로 과제를 수행할 때 사용해야 할 것들이 나열되어 있으므로
ⓐ에는 ④ You need(여러분은 필요해요)가 알맞다.

02 ② 「each(각각의)+단수 명사(team)」는 단수 취급하여 동사 have도
단수형 has로 써야 한다.

03 '누군가의 능력과 기술을 시험하는 새롭거나 어려운 과제'는 challenge
(과제, 도전)의 영어 뜻풀이다.

04 ① be good for는 '~에 좋다'라는 뜻이다.

05 ② 빈칸은 동사 자리이고, 「every(모든)+단수 명사(team)」는 단수 취
급하므로 단수 동사 does가 와야 한다.

06 marshmallow challenge의 몇 가지 예를 살펴보자고 했으므로, 몇
가지 활동 사례가 다음에 이어질 것이다.

07 스파게티 면 둘레를 끈으로 감았다는 내용은 스파게티 면들을 테이프로
붙였다는 내용 다음에 와야 한다.

08 (A) many는 셀 수 있는 복수 명사를 수식하므로 복수 명사 ideas가
알맞다.

(B) 앞에 형용사 easy가 쓰였으므로 to부정사(to choose)의 의미상
의 주어로 「for+목적격」이 오는 것이 알맞다.

(C) 문장 전체를 수식하는 부사 Suddenly가 오는 것이 알맞다.

09 ⓐ in detail: 자세히, 상세하게

ⓑ In a hurry: 서둘러, 급히

10 ③ 선생님이 5분이 남았다고 말하기 전까지 여러 아이디어들을 이야기
하는 시간을 많이 가졌으므로 '행동하기 전에 생각해라.'가 가장 알맞다.

|해석| ① 우리는 최고다.

② 엉망으로 만들지 마.

③ 행동하기 전에 생각해라.

④ 시간은 중요하지 않다.

⑤ 말보다 행동이 중요하다.

11 ③ In a hurry, we taped the sticks of spaghetti together. 문
장으로 보아 5분 안에 과제를 끝내기 위해 서둘렀음을 알 수 있다.

12 spend는 '(시간을) 보내다' 또는 '(돈을) 쓰다'라는 뜻으로 쓰이는데, ⓐ
는 '(시간을) 보내다'라는 뜻으로 쓰였다. ①은 '(돈을) 쓰다'라는 뜻으로
쓰였고, 나머지는 '(시간을) 보내다'라는 뜻으로 쓰였다.

|해석| ① 그들은 돈을 현명하게 쓴다.

② 너는 여가 시간을 어떻게 보내니?

③ 나는 가족과 많은 시간을 보낸다.

④ 나는 휴가를 한국에서 보내고 싶다.

⑤ 그녀는 해변에서 하루 종일 보내는 것을 좋아한다.

13 spend A on B는 'A를 B에 쓰다'라는 뜻으로, B에는 명사나 동명사
가 온다. 따라서 동사 plan의 동명사 형태인 planning이 알맞다.

14 글에서 tower는 마시멜로 과제를 하며 만드는 것을 가리키는데, ④ '세
계에서 가장 높은 탑은 Burj Khalifa이다.'라는 문장은 글의 흐름상 어
색하다.

15 높았지만 스스로 서 있지 못했다고 해야 자연스러우므로 빈칸에는 but
이 들어가야 한다.

16 문장의 동사는 made이고, what we wanted(우리가 원했던 것)가
목적어 역할을 한다.

17 ⓐ 첫 번째 탑은 텐트 같다고 했다.

ⓑ 마지막에 만든 탑은 피사의 사탑 같다고 했다.

ⓓ 'The next tower'는 높았지만 스스로 서 있지 못했다고 했다.

|해석| ⓐ 첫 번째 탑은 어떻게 생겼나요?

ⓑ 마지막 탑은 어떻게 생겼나요?

ⓒ 마지막 탑의 높이는 얼마였나요?

ⓓ 그들이 '다음 탑'을 만든 후에 그들은 왜 다시 시도했나요?

18 결국 높은 탑을 만들었으므로 글의 흐름상 빈칸에는 In the end(마침
내)가 알맞다.

19 글의 밑줄 친 as와 ⓑ, ⓒ의 as는 전치사로 '~로(서)'라는 뜻으로 쓰였다.
ⓐ, ⓓ는 부사로 '~만큼'의 뜻으로 쓰였다.

|해석| ⓐ 그녀는 곧 그녀의 엄마만큼 키가 클 것이다.

ⓑ 나는 빈 병을 꽃병으로 사용했다.

ⓒ 나의 아버지는 선생님으로 일하고 계신다.

ⓓ 그들의 새집은 사진만큼 예쁘다.

20 좋은 아이디어(a good idea)를 선택하여 발전시켰고, 역할(role)을 나
누어 한 팀으로 함께 일했다.

21 ① 좋은 아이디어를 골라 발전시켰다.

③ 역할을 나누었다.

④ 밑받침으로 삼각형 모양을 선택했다.

⑤ 결국 높은 탑을 만들었다.

23 「It was+not+형용사(easy)+for+목적격(us)+to부정사 ~.」 형태
의 문장으로 완성한다.

24 ⓑ 선생님께서 5분 남았다고 했을 때, 서둘러서 탑을 만들다가 엉망진
창이 되었으므로 Slowly(천천히)가 아니라 In a hurry(서둘러)가 흐
름상 자연스럽다.

25 |해석| 계획하는 데 많은 시간을 보내는 대신 B팀은 무엇을 했나요?

26 |해석| B팀의 첫 번째 탑은 어떻게 생겼나요?

27 |해석| B팀의 마지막 탑은 어떻게 생겼나요?

28 동사 agreed와 divided up이 and로 연결된 구조의 문장을 완성한다.

01 서둘러   **02** ②   **03** ②   **04** ④   **05** ④

06 it is natural for us to ask someone's age

01 in a hurry: 서둘러, 급히

02 ② 뒤의 that이 이끄는 절이 문장의 진주어이므로, 가주어 It이 쓰여야 한다.

⑤ look 뒤에 형용사가 와야 하므로 looked strong으로 써야 한다. strongly는 '튼튼하게'라는 뜻의 부사이다.

03 ② B팀은 탑을 완성하기 위해 여러 번 시도를 했고, 글쓴이는 그것을 훌륭했다고 했다.

04 주어진 문장은 글쓴이가 맡은 역할을 언급하고 있으므로, 모둠이 역할을 나누었다는 문장 다음에 와야 한다.

05 ④ 만나는 시간을 정하는 것이 어려웠다고만 했고 언제 만났는지는 언급되어 있지 않다.

|해석| ① 모둠의 이름은 무엇이었나요?

② 모둠에는 몇 명의 모둠원이 있었나요?

③ 그들은 처음에 무엇을 했나요?

④ 그들은 언제 만났나요?

⑤ 필자는 프로젝트를 통해 무엇을 배웠나요?

06 「it is+형용사(natural)+for+목적격(us)+to부정사 ~」의 형태로 문장을 완성한다.

STEP B

01 ②   **02** (t)riangle   **03** ②   **04** ④   **05** in a hurry   **06** (1)
spend (2) score (3) role   **07** ⑤   **08** ⑤   **09** ⑤   **10** ①
11 ⑤   **12** ③   **13** ⑤   **14** (A) trip (B) teamwork (C) divide
15 ③

01 sudden(갑작스러운)만 형용사이고 나머지는 모두 부사인데, sudden의 부사형은 suddenly(갑자기)로 쓴다.

02 '세 개의 곧은 변을 가진 모양'은 triangle(삼각형)의 영어 뜻풀이다.

03 주어진 문장과 ②의 close는 형용사로 '막상막하의, 우열을 가리기 힘든'이라는 뜻으로 쓰였다.

① 형용사로 '(사이가) 가까운'의 뜻을 나타낸다.

③, ④, ⑤ 동사로 '닫다'의 뜻을 나타낸다.

|해석| 그것은 처음부터 끝까지 아주 막상막하의 경기였다.

① Tom과 John은 친한 친구 사이이다.

② 그 두 팀은 막상막하의 경기를 했다.

③ 창문을 닫아주시겠어요?

④ 오늘 언제 문을 닫으시나요?

⑤ 네가 갈 때 문을 닫아라.

04 ④ stuck은 '움직일 수 없는'이라는 뜻이다.

|해석| ① 나는 그 콘서트 티켓을 구하는 것이 가능하다고 생각한다.

② 그 식당은 음식이 매우 훌륭하다.

③ 이 케이크를 세 조각으로 나누자.

④ 내 발이 진흙에 빠져 꼼짝을 못했다.

⑤ 나는 학급 친구들과 좋은 관계로 지내고 있다.

05 '서둘러, 급히'는 in a hurry로 쓴다.

06 (1) spend: (시간을) 보내다

(2) score: (경기 등에서) 득점

(3) role: 역할

|해석| (1) Brown 씨는 그의 가족과 더 많은 시간을 보내고 싶어 한다.

(2) 오늘 경기의 최종 점수는 얼마였니?

(3) 그는 고대 이집트의 왕 역할을 연기했다.

07 string(끈, 줄)의 영어 뜻풀이는 'a long, thin piece of twisted thread'이고, ⑤에 제시된 내용은 stick(나무, 금속, 플라스틱 등으로 된 기다랗고 가는 것)의 영어 뜻풀이다.

08 ⑤ '자세히, 상세하게'는 in detail로 쓴다.

|해석| ① 너는 그 시험에 50분의 제한 시간이 있다.

② 그가 버튼을 눌렀을 때, 그 문은 저절로 열렸다.

③ 내가 그에게 당장 다시 전화할게.

④ 나는 네가 곧 낫기를 바라.

⑤ 나에게 그 뉴스에 관해 자세히 말해 줄 수 있니?

09 ⓐ, ⓑ, ⓓ는 유의어 관계이고, ⓒ, ⓔ, ⓕ는 반의어 관계이다.

10 첫 번째 문장에는 동사로 '~하려고 애쓰다'라는 뜻으로 쓰이는 try가 들어가고, 두 번째 문장에는 명사로 '시도'라는 뜻으로 쓰이는 try가 들어간다.

11 dialogue는 '대화'라는 뜻으로 conversation과 바꿔 쓸 수 있다.

12 ③ '다른'이라는 뜻의 형용사가 아니라 '다르게'라는 뜻으로 동사 think를 수식하는 부사가 쓰여야 하므로 differently가 되어야 한다.

|해석| ① 그 일을 빨리 시작하자.

② 너는 더 천천히 말해 줄 수 있니?

③ 우리는 그 문제에 대해 다르게 생각할 필요가 있다.

④ 과학에서 창의적인 생각은 중요하다.

⑤ 유리잔을 조심하세요.

13 '고장 나다'는 break down으로 쓰고, '~인 것으로 드러나다'는 turn out으로 쓴다.

|해석| • 버스가 도로 한복판에서 고장 났다.

- Emma가 전한 소식은 사실인 것으로 드러났다.

14 (A) go on a trip: 여행을 가다

(B) '팀워크, 협동 작업'이라는 뜻의 teamwork가 알맞다.

(C) divide up: 분담하다, 분배하다

|해석| · Brian의 가족은 이번 여름에 독일로 여행을 갈 예정이다.

· 우리 모둠은 팀워크가 가장 좋았다. 우리는 함께 정말 잘 해냈다.

· 우리는 그 일을 똑같이 나눌 필요가 있다.

15 '무언가를 가능성으로 언급하다'는 suggest(제안하다)에 대한 영어 뜻 풀이다.

|해석| ① 부엌이 아주 엉망진창이다.

② 드론을 만드는 것은 나에게 도전적인 일이다.

③ 너는 소풍을 가기에 좋은 장소를 제안해 줄 수 있니?

④ 우리는 이 크리스마스 선물들을 포장해야 한다.

⑤ 영화관에 코미디 영화가 없어서 그들은 대신 액션 영화를 보았다.

LS Listen & Speak 고득점 맞기 pp.50~51

01 ⑤ **02** ⑤ **03** ⑤ **04** ① **05** ④ **06** ②, ③

[서술형]

07 (1) I'm happy to hear that.

(2) I'm pleased to hear that.

08 Long time no see.

09 (1) How have you been?

(2) How's your new school?

(3) I'm happy to hear that.

10 She has to go to her violin lesson.

11 ⓐ by ⓑ as

12 Because the score was 80 to 79. Andy's team lost by one point.

01 How have you been?은 '(그동안) 어떻게 지냈니?'라는 뜻으로, 오랜만에 만난 사람에게 안부를 물을 때 사용하는 표현이므로 그에 대한 답을 해야 한다. ⑤는 '오랜만이야.'라는 뜻이다.

02 I'm sorry to hear that.은 '그 말을 들어서 유감이야.'라는 뜻으로 상대방이 한 말에 대해 유감을 표현하면서 상대방을 위로할 때 사용할 수 있는 표현이다.

|해석| ① 도움 요청하기

② 사람 찾기

③ 인사하기

④ 장소 소개하기

⑤ 좋지 않은 소식에 응답하기

03 ⑤ 할머니가 아프시다고 했는데 기쁨을 표현하는 말을 하는 것은 어색하다. 유감을 표현하는 I'm sorry to hear that. 등으로 답해야 한다.

|해석| ① A: 미나, 어떻게 지냈니?

B: 나는 잘 지냈어.

② A: Bob, 너 행복해 보여.

B: 나는 마라톤에서 1등으로 들어왔어.

③ A: 나는 친구와 싸웠어.

B: 유감이야.

④ A: 어떻게 지내니?

B: 아주 좋아. 나의 새 학급 친구들이 친절해.

⑤ A: 우리 할머니가 아프셔. 병원에 계셔.

B: 그 말을 들으니 기뻐.

04 A가 좋은 소식이 있는지 물어보는 것으로 보아 ①에 upset이 들어가면 Susan이 화가 나 보인다는 흐름이 되어 어색하다. excited 등의 말이 와야 한다.

05 ⓐ와 ④의 must는 '~임에 틀림없다'라는 뜻으로 쓰였고, 나머지는 모두 '~해야 한다'라는 뜻으로 쓰였다.

|해석| ① Amy는 피곤해 보여. 그녀는 좀 자야 해.

② 너는 이 편지를 다른 사람들에게 보여 주면 안 돼.

③ 우리는 부러진 의자를 고쳐야 한다.

④ Sam은 현재 거의 90세임에 틀림없어.

⑤ 나는 그 프로젝트를 내일까지 마쳐야 한다.

06 ② 진수는 피아노 경연 대회 준비로 바빴다고 했다.

③ 소라는 진수가 피아노를 친다는 사실을 몰랐다고 했다.

|해석| ① 소라와 진수는 같은 반이다.

② 진수는 3학년이기 때문에 최근에 매우 바빴다.

③ 소라는 진수가 피아노를 아주 잘 친다는 것을 알고 있다.

④ 진수는 5년간 피아노를 쳐 왔다.

⑤ 소라는 진수에게 경연에서의 행운을 빌어 주었다.

07 상대방의 좋은 소식을 들었을 때 I'm happy(pleased/glad) to hear that.으로 기쁨을 표현할 수 있다.

08 Long time no see.는 '오랜만이야.'라는 뜻이다.

09 (1) 오랜만에 만나서 그동안 어떻지 지냈는지 묻는 말이 알맞다.

(2) 학교생활이 어떤지 묻는 말이 알맞다.

(3) 상대방의 말에 기쁨을 표현하는 말이 알맞다.

10 Linda는 바이올린 수업에 가야 한다고 했다.

11 ⓐ by one point: 1점 차이로

ⓑ '~로서'라는 의미의 as가 알맞다.

12 1점 차이(80 대 79)로 Andy의 팀이 졌기 때문이다.

G Grammar 고득점 맞기 pp.52~54

01 ⑤ **02** ④, ⑤ **03** ④ **04** ② **05** ③ **06** ③ **07** ③

08 ③ **09** ③ **10** ④ **11** ④ **12** ⑤ **13** ④ **14** ③

[서술형]

15 (1) is interesting for Jim to fly a drone

(2) is exciting for us to prepare Ben's birthday party

(3) is kind of you to help Ella

16 (1) What I need most is your help.

(2) I can't believe what I heard from Sam.

(3) Show me what you found in the garden.

17 (1) [모범답] What I have in my pocket is my smartphone.

　　(2) [모범답] What I need now is a good night's sleep.

18 (1) [모범답] It is interesting for me to swim in the sea.

　　(2) [모범답] It is boring for me to fish in a lake.

　　(3) [모범답] It is exciting for me to learn new things.

19 (1) what Sora said

　　(2) what Tom bought for his sister

　　(3) What Bora wants to buy

---

01 「It was+형용사+for+목적격+to부정사 ~.」의 형태로 to부정사의 의미상의 주어를 바르게 쓴 문장은 ⑤이다.

① of me → for me

② for my → for me

③ That's → It's

④ for his → for him

|해석| ① 나는 규칙적으로 운동하는 것이 중요하다.

② 나는 올림픽 경기를 보는 것이 재미있다.

③ 그녀는 큰 개를 씻기는 것이 힘들다.

④ 그는 캠핑 음식을 요리하는 것이 쉬웠다.

⑤ 그는 호수에서 낚시를 하는 것이 흥미진진했다.

02 to부정사의 의미상의 주어 앞에 사람의 성격이나 태도를 나타내는 형용사(kind, nice, generous)가 올 때는 to부정사의 의미상의 주어를 「of+목적격」 형태로 나타낸다.

03 ④ 선행사를 포함하며 '~하는 것'이라는 뜻을 나타내는 관계대명사 what을 써야 한다.

|해석| A: 나는 직장 면접에 무엇을 입어야 할까?

B: 네 흰색 셔츠와 그것과 어울리는 검정색 바지가 어떠니?

A: 그게 정확히 내가 생각하고 있는 거야. 고마워.

B: 천만에. 행운을 빌어!

04 It이 가주어이므로 to부정사 형태의 진주어가 와야 하고, 형용사로 difficult(어려운)가 쓰이므로 to부정사의 의미상의 주어는 「for+목적격(her)」이 되어야 한다. 따라서 of 대신 for가 필요하다.

05 ③ to부정사의 의미상의 주어는 「for+목적격」의 형태로 써야 하므로, for 뒤의 their는 목적격 them으로 고쳐 써야 한다.

06 ③ what은 선행사를 포함하는 관계대명사이므로 앞에 선행사가 올 수 없다. 따라서 what을 선행사 the roses를 수식하는 목적격 관계대명사 that(which)으로 고쳐 써야 한다.

|해석| ① 그 모자는 내가 찾고 있는 것이 아니다.

② 나는 그녀가 나에게 말한 것을 믿을 수 없다.

③ 내가 심은 장미들을 봐.

④ 이건 내가 예상했던 것과 다르다.

⑤ 네 주머니에는 무엇이 있니?

07 ⓑ what은 선행사를 포함하는 관계대명사이므로 the thing을 삭제해야 한다.

ⓓ '~하는 것'의 의미가 되도록 선행사를 포함하는 관계대명사 What이 주어절을 이끌어야 한다. That → What

|해석| ⓐ 나에게 네 가방 안에 있는 것을 보여 줘.

ⓑ 나는 그가 한 일이 마음에 들지 않는다.

ⓒ 그 상점은 내가 원하는 것을 가지고 있지 않다.

ⓓ 우리가 본 것은 우리에게 충격을 주었다.

08 ① for him → of him

② keep → to keep

④ That → It

⑤ for they → for them

09 ③은 선행사를 포함하는 관계대명사 What이고, 나머지는 모두 의문사 What이다.

|해석| A: 무엇을 도와드릴까요?

B: 저는 아들을 위한 가방을 찾고 있어요.

A: 가방들은 여기에 있어요. 그는 무슨 색을 좋아하나요?

B: 그는 보라색을 좋아해요. 그가 사는 것은 항상 보라색이에요.

A: 이건 어떠세요? 옆 주머니가 있어요.

B: 오, 좋아 보이네요. 가격은 얼마인가요?

A: 5만 원입니다.

10 ④ 사람의 성격이나 태도를 나타내는 형용사가 왔을 때는 to부정사의 의미상의 주어로 「of+목적격」을 쓴다. careless는 '조심성 없는, 부주의한'이라는 뜻의 형용사이다.

|해석| ① 그녀는 혼자 텐트를 치는 것이 어렵다.

② 내가 다른 나라들로 여행을 가는 것은 멋지다.

③ 그들은 악기를 연주하는 것이 재미있다.

④ 그가 창문을 깬 것은 조심성이 없었다.

⑤ Jessica는 새로운 언어를 배우는 것이 재미있다.

11 ④의 빈칸에는 a pen을 수식하는 주격 관계대명사 which나 that이 들어가야 하고, 나머지 빈칸에는 모두 선행사를 포함하는 관계대명사 what(What)이 들어간다.

|해석| ① 네가 하고 싶은 것을 해라.

② 내가 가장 필요한 것은 너의 조언이다.

③ 네가 가진 것에 만족해라.

④ 나는 이탈리아에서 만들어진 펜이 있다.

⑤ 그녀가 말하고 있는 것을 들어 주세요.

12 「It is+형용사(fun)+for+목적격(me)+to부정사 ~.」의 형태로 바르게 쓴 문장은 ⑤이다.

13 ⓑ 선행사를 포함하는 관계대명사 what이 아니라 everything을 수식하는 목적격 관계대명사 that이 와야 한다.

|해석| ⓐ 그 상점은 내가 찾고 있는 것을 가지고 있다.

ⓑ 나는 네가 말한 모든 것을 믿는다.

ⓒ 그녀가 한 일은 모두를 놀라게 했다.

ⓓ 나는 내가 어젯밤에 본 것을 기억한다.

14 「It is+형용사(dangerous)+for+목적격+to부정사 ~.」의 형태로 써야 하므로, 의미상의 주어가 「for+목적격」이 되도록 your 대신 you가 들어가야 한다.

15 「It is+형용사+for/of+목적격+to부정사 ~.」의 형태로 각 문장을 완성한다. 이때 형용사가 kind와 같이 사람의 성격이나 태도를 나타내는 경우에는 to부정사의 의미상의 주어로 「of+목적격」을 쓴다.

16 선행사를 포함하는 관계대명사 what이 이끄는 절은 문장에서 주어, 목적어, 보어의 역할을 할 수 있다. what이 이끄는 절이 (1) 주어, (2)

목적어, (3) 직접목적어의 역할을 한다.

17 |해석| (1) 지금 주머니에 무엇을 가지고 있나요?

　　(2) 지금 무엇이 필요한가요?

18 「It is/was＋형용사＋for＋목적격＋to부정사 ~.」의 형태로 각 문장을 완성한다. 자신의 입장에서 써야 하므로 to부정사의 의미상의 주어는 for 뒤에 I의 목적격인 me를 쓰면 된다.

19 선행사를 포함하는 관계대명사 what이 이끄는 절은 문장에서 주어, 목적어, 보어의 역할을 할 수 있다.

　　(1) what이 이끄는 절이 동사 understood의 목적어 역할을 한다.

　　(2) what이 이끄는 절이 문장의 보어 역할을 한다.

　　(3) what이 이끄는 절이 문장의 주어 역할을 한다.

　　|해석| (1) 소라: 내가 말한 것을 이해했니?

　　　　민수: 응, 이해했어.

　　　　→ 민수는 소라가 말한 것을 이해했다.

　　(2) Ann: 너는 무엇을 샀니?

　　　　Tom: 축구공. 나의 여동생을 위한 거야.

　　　　→ 축구공은 Tom이 여동생을 위해 산 것이다.

　　(3) Nick: 너는 몰에서 무엇을 사고 싶니?

　　　　보라: 나는 안경을 사고 싶어.

　　　　→ 보라가 몰에서 사고 싶은 것은 안경이다.

ⓡ Reading 고득점 맞기　　　pp. 57~59

01 ②, ⑤　**02** ④　**03** ②, ⑤　**04** ①　**05** ②　**06** ②
07 ①　**08** ③, ⑤　**09** ⑤　**10** ③　**11** as　**12** ③　**13** for, to choose the best idea, in a hurry, didn't spend much time, like a tent, like the Leaning Tower of Pisa

[서술형]

14 (1) They talked about each idea in detail.

　　(2) It couldn't stand by itself.

15 대신에, 우리는 좋은 아이디어를 골라 그것을 발전시켰다.

16 (1) We worked together as a team.

　　(2) In the end, we built our tall tower!

---

01 ② tallest는 형용사의 최상급으로 the tallest로 쓴다.

　　⑤ Thinking을 수식하는 부사 Creatively(창의적으로)가 되어야 한다.

02 '~해야 한다'라는 뜻으로 '의무'를 나타내는 조동사는 must를 쓴다. '스스로'라는 뜻은 by itself를 쓴다.

03 마시멜로 과제의 준비물과 탑의 최소 높이는 글을 읽고 알 수 없다.

04 각 아이디어를 자세히 이야기하고 가장 좋은 아이디어를 선택하는 것이 쉽지 않았다는 것으로 보아, 좋은 아이디어가 많았다고 해야 자연스럽다.

05 「with＋명사＋분사」로 이루어진 구문은 '~한 채로, ~을 하고서'라는 뜻을 나타낸다.

　　①, ④ ~와 함께

　　③, ⑤ ~을 가지고 있는

|해석| ① 그는 부모님과 함께 산다.

② 그녀는 눈을 감은 채로 그곳에 앉았다.

③ 나는 공원에서 곱슬머리인 소녀를 만났다.

④ 너는 나와 함께 극장에 가고 싶니?

⑤ 나의 수학 선생님은 짧은 머리의 남성이다.

06 A팀은 선생님이 5분 남았다고 했을 때 탑을 만들기 시작하여 1초를 남기고 마시멜로를 꼭대기에 꽂았다.

07 주어진 문장은 모든 팀원이 탑을 바로 만들기 시작했다는 내용이므로, 첫 번째 탑의 모양에 대한 묘사가 나오기 전인 ①에 들어가는 것이 알맞다.

08 B팀이 만든 두 번째 탑은 높았지만 스스로 서 있지 못했고, 마지막 탑은 '피사의 사탑'처럼 생겼다고 했다.

　　|해석| ① B팀의 리더는 누구였나요?

② 첫 번째 탑을 만드는 데 얼마나 걸렸나요?

③ 두 번째 탑의 문제점은 무엇이었나요?

④ 그들의 마지막 탑의 높이는 얼마였나요?

⑤ 마지막 탑은 어떻게 생겼나요?

09 ⓔ that을 '~하는 것'이라는 의미의 선행사를 포함하는 관계대명사 what으로 고쳐야 한다. what we wanted가 동사 made의 목적어이다.

10 가장 좋은 아이디어를 고르는 대신에 좋은 아이디어를 골라 발전시켰고, 한 학생의 아이디어에 다른 학생이 아이디어를 더했다는 흐름이 되어야 자연스럽다.

11 ⓐ such as: ~과 같은

　　ⓑ as: ~로(서)

12 ③ 한 학생이 밑받침으로 삼각형 모양을 제안했고, 다들 동의했다고 했다.

　　|해석| ① C팀은 가장 좋은 아이디어를 선택했다.

② C팀은 역할을 나누지 않았다.

③ 탑의 밑받침은 삼각형 모양이었다.

④ 탑은 높지 않았다.

⑤ 탑은 스스로 서 있지 못했다.

13 A팀은 가장 좋은 아이디어를 고르는 것이 쉽지 않았고 5분밖에 남지 않았을 때 서둘러 탑을 완성했다. B팀은 계획하는 데 시간을 보내지 않고 탑 만들기를 여러 번 시도했다.

14 (1) A팀은 각 아이디어에 대해 자세히 이야기를 나눴다.

　　(2) B팀의 두 번째 탑은 스스로 서 있지 못했다.

　　|해석| (1) A팀은 무엇에 관해 자세히 이야기를 나눴나요?

　　(2) B팀의 두 번째 탑의 문제는 무엇이었나요?

16 (1) work together: 함께 일하다 / as a team: 하나의 팀으로

　　(2) in the end: 마침내

서술형 100% TEST　　　pp. 60~63

01 creatively

02 [모범답] It was a close game from start to finish.

03 (1) How have you been?

(2) I'm happy(pleased/glad) to hear that.

04 (1) Long time no see.

(2) How about you?

(3) I'm happy to hear that.

05 (1) She has been good.

(2) It's wonderful. She has made many new friends.

06 (1) I'm sorry to hear that

(2) We lost by one point

07 How have you been?

08 I'm happy(pleased/glad) to hear that.

09 (1) 모범답 I had a fight with my friend.

(2) 모범답 I bought a new bike.

10 (1) for him to eat 5 cookies at a time

(2) for us to stand on our heads for 20 minutes.

11 (1) What he said

(2) what she saw

(3) what I expected

12 (1) 모범답 for him to solve the quiz

(2) 모범답 for me to make a cake

(3) 모범답 of her to help me with my homework

13 (1) They had many good ideas, so they talked about each idea in detail.

(2) It was not easy for Team A to choose the best idea.

14 The string got stuck to the tape and it was a big mess.

15 not easy for us to choose the best idea, put the marshmallow on top

16 After many tries, it was possible for us to build a beautiful and tall tower.

17 (1) It looked like a tent.

(2) It wasn't very tall.

18 It couldn't stand by itself.

19 (1) We didn't try to choose the best idea.

(2) Another student suggested a triangle shape for the base.

20 (1) 모범답 My best group project was making a travel brochure about our town.

(2) 모범답 It was not easy for me to draw a map.

(3) 모범답 It was interesting for me to find pictures of our town.

(4) 모범답 We worked well together as a team.

01 '창의적으로'라는 뜻으로 쓰이는 부사 creatively가 알맞다.

02 주어진 문장의 close는 '막상막하의, 우열을 가리기 힘든'이라는 뜻의 형용사로 쓰였다.

03 (1) 오랜만에 만난 사람에게 안부를 물을 때는 How have you been?을 쓴다.

(2) 상대방이 한 말에 대해 기쁨을 표현할 때는 I'm happy(pleased /glad) to hear that.으로 말한다.

04 (1) 오랜만에 만난 친구를 보고 '오랜만이야.'라고 인사하는 말이 알맞다.

(2) 안부를 물어 본 친구에게 자신의 안부를 말한 다음, '너는 어때?'라고 친구의 안부를 되묻는 것이 자연스럽다.

(3) 새 친구들을 많이 사귀었다는 말을 듣고 기쁨을 표현하는 것이 알맞다.

06 (1) 상대방이 한 말에 대해 유감을 표현할 때는 I'm sorry to hear that.을 쓴다.

(2) Andy는 Jane에게 1점 차이로 졌다고 말했다.

|해석| 나는 어제 Jane을 만났다. 그녀는 농구 경기의 결과에 관해 물었다. 나는 우리가 1점 차이로 졌다고 말했다. 그녀는 그것을 유감스러워했다. 하지만 괜찮다. 정말 좋은 경기였다.

07 오랜만에 만난 사람에게 안부를 물을 때는 How have you been?을 쓴다.

|해석| 당신은 한동안 보지 못했던 친구를 만난다. 당신은 친구에게 뭐라고 말할 것인가?

08 상대방이 한 말에 대해 기쁨을 표현할 때는 I'm happy(pleased/ glad) to hear that.을 쓴다.

|해석| 당신의 친구가 댄스 오디션을 통과했다고 말한다. 당신은 친구에게 뭐라고 말할 것인가?

09 (1) 친구와 싸운 상황이다.

(2) 새 자전거를 산 상황이다.

10 「It is+형용사+for+목적격+to부정사 ~.」 형태로 문장을 바꿔 쓴다.

|해석| 그녀는 1분 안에 줄넘기를 100번 할 수 없다.

→ 그녀가 1분 안에 줄넘기를 100번 하는 것은 불가능하다.

(1) 그는 한 번에 5개의 쿠키를 먹을 수 있다.

→ 그가 한 번에 5개의 쿠키를 먹는 것은 가능하다.

(2) 우리는 20분 동안 물구나무를 설 수 없다.

→ 우리가 20분 동안 물구나무를 서는 것은 불가능하다.

11 '~하는 것'이라는 뜻으로 선행사를 포함하는 관계대명사 what을 이용하여 문장을 완성한다.

(1) What이 이끄는 절이 주어로 쓰였다.

(2), (3) what이 이끄는 절이 목적어로 쓰였다.

12 to부정사의 의미상의 주어는 일반적으로 「for+목적격」으로 쓰며, 앞에 사람의 성격이나 태도를 나타내는 형용사(kind)가 올 때는 「of+목적격」 형태로 쓴다.

13 (1) A팀은 좋은 아이디어가 많아서 각 아이디어에 대해 자세히 이야기했다.

(2) A팀은 가장 좋은 아이디어를 고르는 것이 쉽지 않았다.

|해석| (1) A팀은 먼저 무엇을 했나요?

(2) A팀은 무엇이 쉽지 않았나요?

14 got stuck은 '붙었다'라는 뜻을 나타내고, a big mess는 '아주 엉망진창인 상태'를 뜻한다.

15 A팀은 가장 좋은 아이디어를 고르는 것이 쉽지 않았으며, 마시멜로는 1초를 남겨 놓고 꼭대기에 꽂았다고 했다.

16 after가 '~ 후에'라는 뜻의 전치사로 쓰이면 뒤에는 명사(구)가 온다.

After로 시작하는 전치사구 뒤에, 「it was+형용사(possible)+for+목적격(us)+to부정사 ~.」 형태를 사용하여 문장을 완성한다.

17 첫 번째 탑은 텐트 같이 생겼는데 높지 않았다고 했다.

18 두 번째 탑은 높았지만 스스로 서 있지 못했다고 했다.

20 |해석| (1) 여러분이 한 최고의 모둠 과제는 무엇이었나요?

(2) 그 과제를 했을 때 무엇이 쉽지 않았나요?

(3) 그 과제를 했을 때 무엇이 재미있었나요?

(4) 팀워크는 어땠나요?

모의고사

01 ② **02** ② **03** ① **04** ③ **05** ② **06** ④ **07** ②
08 ② **09** ③ **10** She has to go to her violin lesson. **11** (1) I'm sorry to hear that. (2) I'm happy to hear that. **12** ③
13 ⑤ **14** what I'm saying **15** ④ **16** ⑤ **17** ③ **18** It was impossible for us to solve the quiz **19** It was not easy for us to choose the best idea. **20** ② **21** ⑤ **22** The next tower was tall but it couldn't stand by itself. **23** (A) took a good idea (B) divided up the roles (C) worked together **24** ⑤ **25** (1) of us → for us (2) are → is

01 ② stuck(움직일 수 없는)은 difficult or impossible to move from a position(어떤 위치로부터 움직이는 것이 어렵거나 불가능한)의 뜻을 나타낸다.

02 ② 첫 번째 문장은 '막상막하의'라는 뜻으로 쓰였고, 두 번째 문장은 '가까운'이라는 뜻으로 쓰였다.
① wrap: 싸다, 포장하다
③ improve: 향상시키다
④ spend: (시간을) 보내다
⑤ try: 시도
|해석| ① 나는 선물을 포장하고 싶다.
너는 음식을 냉동 보관용으로 포장해 줄 수 있니?
② 그것은 아주 막상막하의 경기였다.
Mike는 아주 친한 친구이다.
③ 너는 영어를 향상시킬 필요가 있니?
나는 기억하는 능력을 향상시키고 싶다.
④ 너는 네 숙제에 얼마나 오래 시간을 보내니?
나는 하루를 가족과 보내고 싶다.
⑤ 그것은 그녀의 세 번째 시도였지만, 그녀는 실패했다.
포기하지 마. 그냥 시도해 봐.

03 첫 번째 문장은 문장의 보어로 쓰이는 형용사 different(다른)가 알맞다. 두 번째 문장은 동사를 수식하는 부사 quickly(빨리)가 알맞다. 세

번째 문장은 동사를 수식하는 부사 suddenly(갑자기)가 알맞다. 네 번째 문장은 동사를 수식하는 부사 easily(쉽게)가 알맞다.
|해석| • 유미와 나는 가장 친한 친구이지만, 우리는 서로 다르다.
• 벌써 7시 30분이다. 나는 빨리 아침을 먹어야 한다.
• 버스가 오늘 아침에 갑자기 고장 나서 나는 학교에 늦었다.
• 민수는 수학을 잘한다. 그는 항상 수학 문제를 쉽게 푼다.

04 in detail: 자세히, 상세하게
in a hurry: 서둘러, 급히
|해석| • 나는 그 사고에 관해 자세히 안다.
• 너는 왜 서두르니?

05 안부를 묻는 말에 B가 새 학급 친구들이 친절하다고 답했으므로 대화의 흐름상 빈칸에는 '잘 지낸다'라는 의미를 가진 표현이 알맞다. ⓑ와 ⓔ는 잘 지내지 못할 때 사용하는 표현이며, ⓕ는 '그저 그래.'라는 뜻이다.

06 ④ Andy가 We played really well as a team.(우리는 하나의 팀으로 경기를 매우 잘했어.)이라고 말한 것으로 보아 ④는 대화의 내용과 일치하지 않는다.
|해석| ① Andy의 팀은 농구 경기에서 졌다.
② Andy는 농구 경기가 정말 좋은 경기였다고 생각한다.
③ 농구 경기는 정말 막상막하였다.
④ Andy의 팀은 팀워크에 문제가 있었다.
⑤ 소라는 Andy의 다음 경기를 보고 싶어 한다.

07 ② 새 자전거를 샀다는 말에는 I'm happy to hear that.과 같이 상대방이 한 말에 기쁨을 표현하는 것이 자연스럽다. That's too bad.는 유감을 표현하는 말이다.
|해석| ① A: Amy, 어떻게 지냈니?
B: 잘 지냈어! 너는 어때?
② A: 나는 새 자전거를 샀어.
B: 안됐구나.
③ A: Tom, 너는 행복해 보여.
B: 나는 학교 댄스 경연 대회에서 우승했어.
④ A: 나는 새 스마트폰을 떨어뜨렸어.
B: 그 말을 들어서 유감이야.
⑤ A: 우리 팀이 과학 프로젝트에서 A를 받았어.
B: 잘됐네!

08 ②의 다음 말에서 민호가 자신의 안부를 말하고 있으므로 ②에는 Linda가 민호의 안부를 되묻기 위한 How about you?(너는 어때?) 등이 들어가야 알맞다. How do you do that?은 '그건 어떻게 하니?'라는 의미의 표현이다.

09 ③ '새 학교가 어때?'라는 민호의 물음에 Linda가 It's wonderful.(정말 좋아.)이라고 답하고 있으므로 Linda가 새 학교를 좋아한다는 것을 추론할 수 있다.
|해석| ① 민호와 Linda는 가장 친한 친구였다.
② 민호는 방과 후에 바쁘다.
③ Linda는 그녀의 새 학교를 좋아한다.
④ Linda는 바이올린 연주를 정말 잘한다.
⑤ 민호는 그의 학교생활을 좋아한다.

10 Linda는 바이올린 수업에 가야 한다고 했다.

11 (1) 개를 잃어버렸다는 친구에게 할 수 있는 말은 유감을 표현하는 말이다.

(2) 마라톤 경주에서 1등으로 들어왔다는 친구에게 할 수 있는 말은 기쁨을 표현하는 말이다.

12 안부를 묻고(B) 그에 대한 답(A)을 들은 후, 방학이 어땠는지 묻고(E) 그에 대한 답(C)을 들은 다음, 그에 대해 기쁨을 표현하는(D) 것이 자연스럽다.

13 형용사 important와 easy가 앞에 있을 경우에는 to부정사의 의미상의 주어로 「for+목적격」을 사용하며, 사람의 성격이나 태도를 나타내는 형용사 kind가 있을 경우에는 의미상의 주어로 「of+목적격」을 사용한다.

14 선행사를 포함하는 관계대명사 what이 이끄는 절이 understand의 목적어 역할을 하도록 영작한다.

15 우리말을 영작하면 It was fun for him to swim in the sea.이므로 다섯 번째로 오는 단어는 him이다.

16 첫 번째 문장에 의미상의 주어(for me)가 있으므로, 진주어로 to부정사가 와야 한다. 두 번째 문장에서 generous처럼 사람의 성격이나 태도를 나타내는 형용사가 오면 to부정사(to visit)의 의미상의 주어는 「of+목적격(you)」 형태로 쓴다.

17 ① see와 you 사이에 관계대명사 what이 들어가야 한다.

② that 앞에 선행사가 없으므로, that 대신 관계대명사 what을 써야 한다.

④ which 앞에 선행사가 없으므로, which 대신 관계대명사 what을 써야 한다.

⑤ 관계대명사 what은 선행사를 포함하므로, something은 필요가 없다.

|해석| ① 네가 산 것을 내게 보여 줘.

② 너는 내가 찾고 있는 것을 가지고 있다.

③ 나는 Mark가 나에게 말한 것을 믿을 수 없다.

④ 이것은 내가 기대했던 것과 다르다.

⑤ 네가 그에 관해 알고 있는 것을 나에게 말해 줘.

18 「It was+형용사(impossible)+for+목적격(us)+to부정사 ~」의 형태로 문장을 완성한다.

19 '우리가 최고의 아이디어를 고르는 건 쉽지 않았다'는 내용이 되도록 「It was+not+형용사(easy)+for+목적격(us)+to부정사 ~」의 순서로 문장을 완성한다.

20 서둘러 스파게티 면들을 테이프로 붙이고 끈으로 감는 과정에서 끈이 테이프에 붙어버린 상황이므로 빈칸에는 '아주 엉망진창인 상태'를 나타내는 ②가 알맞다.

21 ⓓ 앞의 for us가 to부정사의 의미상의 주어이므로 to부정사인 to build로 고쳐야 한다.

ⓔ '~하는 것'이라는 뜻이 되도록 선행사를 포함하는 관계대명사 what으로 고쳐야 한다.

22 but으로 연결되는 두 절을 구성하며, '스스로, 저절로'라는 뜻의 by itself를 이용한다.

23 문맥에 맞는 표현을 고른 후, 글의 시제가 모두 과거이므로 동사를 모두 과거형으로 바꿔 쓰는 것에 유의한다.

24 ⑤ In the end는 '마침내, 결국'이라는 의미이다.

25 (1) to부정사의 의미상의 주어가 「of+목적격(us)」이 쓰일 때는 형용사가 사람의 성격이나 태도를 나타내는 경우인데 natural(자연스러운)은 그에 해당하지 않으므로 「for+목적격(us)」으로 고쳐야 한다.

(2) 동명사구 주어(asking someone their age)는 단수 취급하므로 복수 동사 are를 단수 동사 is로 고쳐야 한다.

제 2 회 대표 기출로 내신 **적중** 모의고사 pp.68~71

01 ② 02 ③ 03 ④ 04 I'm happy to hear that. 05 ②
06 (1) in the same class (2) a piano competition (3) good luck 07 ⑤ 08 ① 09 ⑤ 10 ⑤ 11 ⓑ → It was kind of him to help them. ⓓ → It is not easy for Amy to stay up late at night. ⓔ → It is interesting for them to watch movies. 12 ② 13 ③ 14 마시멜로 과제의 몇몇 예 15 ③ → It was not easy for us to choose the best idea. 16 ③
17 우리는 결국 우리가 원했던 것을 만들었다! 18 It wasn't very tall. 19 ② 20 (1) Think before you act. (2) Just do it.
21 ③ 22 ③ 23 ② 24 ⑤ 25 ③

01 첫 번째 문장의 빈칸에 들어가는 pretty는 '예쁜'의 뜻의 형용사이고, 두 번째 문장의 pretty는 '꽤, 매우'라는 뜻의 부사이다.

02 challenge는 '과제, 도전'이라는 뜻의 단어이므로, 어려운 과업을 의미한다.

03 ④ get well은 '병이 나아지다, 몸을 회복하다'라는 뜻이다.

|해석| ① 그 기계는 저절로 멈출 것이다.

② 회의를 즉시 시작하자.

③ 우리가 그 일을 어떻게 나눌까?

④ 나는 네가 곧 낫기를 바란다.

⑤ 네 오래된 컴퓨터는 언제 고장 났니?

04 B가 팀의 팀워크가 좋았다고 말했으므로 A는 happy를 이용해 그 말을 들어서 기쁘다는 말을 하는 것이 알맞다.

05 주어진 문장은 오랜만에 만난 상대방에게 안부를 묻는 표현이므로, 안부에 답하는 말(I've been great.) 앞에 오는 것이 알맞다.

06 소라와 또 같은 반이 된 진수는 다음 주에 피아노 경연 대회가 있다고 했고, 소라는 그런 진수에게 행운을 빌어 주었다.

07 ⑤ 진수는 5년 동안 피아노를 쳐 왔다고 했지만 피아노 경연 대회에서 상을 탔다는 것은 대화에 언급되지 않아 알 수 없다.

08 빈칸 앞에 선행사가 없으므로 '~하는 것'이라는 의미로 선행사를 포함하는 관계대명사 what을 써야 한다.

09 to부정사의 의미상의 주어가 「of+목적격(her)」으로 쓰일 때는 앞에 사람의 성격이나 태도를 나타내는 형용사가 온다.

10 ⑤ 빈칸 앞에 선행사(the hat)가 있으므로 목적격 관계대명사 which 또는 that이 들어가야 한다. 나머지는 선행사를 포함하는 관계대명사 what(What)이 들어간다.

|해석| ① 그가 말한 것은 거짓으로 판명되었다.

② 나는 내가 너를 위해 할 수 있는 것을 할 것이다.

③ 나는 그가 어제 한 일을 안다.

④ 네가 말하는 것은 나에게 상처를 주고 있어.

⑤ 그녀는 그녀가 어제 산 모자를 좋아한다.

11 ⓑ 사람의 성격을 나타내는 형용사(kind)가 있으므로 to부정사의 의미상의 주어로 「of+목적격」을 써야 한다.

ⓓ easy는 사람의 성격을 나타내는 형용사가 아니므로 to부정사의 의미상의 주어로 「for+목적격」을 써야 한다.

ⓔ It이 가주어이므로 watch는 진주어인 to부정사가 되어야 한다.

|해석| ⓐ 네가 혼자 여행하는 것은 위험하다.

ⓑ 그가 그들을 도와준 것은 친절했다.

ⓒ 그는 중국어를 배우는 것이 어렵다.

ⓓ Amy는 밤에 늦게까지 깨어 있는 것이 쉽지 않다.

ⓔ 그들은 영화를 보는 것이 재미있다.

12 (A) 「each+단수 명사(team)」 뒤에는 단수 동사가 온다.

(B) 조동사 must(~해야 한다) 뒤에는 동사원형이 온다. be동사의 원형은 be이다.

(C) 동사 does를 수식하는 부사 differently(다르게)가 알맞다.

13 ③ by itself는 '스스로, 저절로'라는 뜻을 나타낸다.

14 Let's look at some examples.의 some examples는 몇몇 팀이 수행한 마시멜로 과제의 예를 의미한다.

15 easy는 사람의 성격이나 태도를 나타내는 형용사가 아니므로 to부정사의 의미상의 주어로 「for+목적격」을 쓴다. (of us → for us)

16 첫 번째 탑은 텐트처럼 생겼고 마지막 탑은 피사의 사탑처럼 생겼다는 내용이 되어야 하므로 '~처럼 보이다〔생기다〕'의 의미를 나타내는 look like가 되도록 빈칸 ⓐ와 ⓑ에는 like가 알맞다.

17 관계대명사 what이 이끄는 절인 what we wanted(우리가 원했던 것)가 동사 made의 목적어 역할을 하고 있다.

18 B팀의 첫 번째 탑은 그다지 높지 않았다고 했다.

|해석| B팀의 첫 번째 탑의 문제점은 무엇이었나요?

19 ① A팀은 좋은 아이디어가 많았다고 했다.

③ A팀은 1초를 남겨 놓고 마시멜로를 꼭대기에 꽂았다.

④ B팀은 계획하는 데 많은 시간을 보내지 않았다고 했다.

⑤ B팀의 두 번째 탑이 아니라 마지막 탑이 그들이 원했던 것이라고 했다.

|해석| ① A팀은 좋은 아이디어가 없었다.

② A팀은 서둘러 과제를 했다.

③ A팀은 마시멜로를 꼭대기에 꽂지 못했다.

④ B팀은 계획하는 데 많은 시간을 보냈다.

⑤ B팀의 두 번째 탑은 그들이 원했던 것이었다.

20 (1) A팀은 탑을 만들기 전에 많은 아이디어를 내고 각 아이디어에 관해 상세히 이야기를 나눴다고 했다.

(2) B팀은 계획하는 데 시간을 보내지 않고, 바로 탑을 만들기 시작했다고 했다.

|해석| • 우리는 한 팀이다.

• 시간은 금이다.

• 그냥 해라.

• 두 사람이 한 사람보다 낫다.(백지장도 맞들면 낫다.)

• 행동하기 전에 생각해라.

21 ⓒ such는 '그런'의 뜻으로 앞에 언급했거나 곧 언급하려는 것을 가리키는데, ⓒ에는 흐름상 '~과 같은'의 뜻으로 예시를 제시하는 such as가 알맞다.

22 ③ Another student suggested a triangle shape for the base. 문장에서 밑받침으로 삼각형 모양이 제안되었다는 것을 알 수 있다.

|해석| ① C팀의 가장 좋은 아이디어는 무엇이었나요?

② C팀의 탑의 높이는 얼마였나요?

③ 밑받침에 어떤 모양이 제안되었나요?

④ C팀은 어떤 문제가 있었나요?

⑤ 글쓴이는 어떤 역할을 맡았나요?

23 ⓐ to set the meeting time이 진주어이므로 가주어 It이 알맞다.

ⓑ 동사 learned의 목적어 역할을 하는 접속사 that이 알맞다. 관계대명사 what도 목적어 역할을 할 수 있으나 관계대명사 what이 이끄는 절은 주어나 목적어가 없는 불완전한 문장이 온다. 여기는 완전한 문장이 왔으므로 접속사 that이 알맞다.

24 ⑤ 만날 시간을 정하기는 어려웠지만, 만든 영상은 훌륭했다고 했다.

25 ③ B팀은 아름답고 높은 탑을 만들었다고 했다.

① A팀은 좋은 아이디어가 많았다고 했다.

② A팀은 급하게 탑을 만들었다고 했다.

④ C팀은 좋은 아이디어를 골라 그것을 발전시켰다고 했다.

⑤ C팀은 모두가 역할을 맡았다고 했다.

|해석| ① A팀은 어떤 좋은 아이디어도 생각해 낼 수 없었다.

② A팀은 탑을 매우 천천히 만들었다.

③ B팀은 아름답고 높은 탑을 만든 것이 가능했다.

④ C팀은 최고의 탑을 만들기 위해 최고의 아이디어를 선택했다.

⑤ C팀은 역할 없이 함께 일했다.

제 3 회 대표 기출로 내신 **적중** 모의고사   pp.72~75

01 ④   02 ⑤   03 ②   04 ⑤   05 ④   06 (1) I'm sorry to hear that. (2) What was the score? (3) That was really close!   07 ④   08 (A) How have you been? (B) I'm happy to hear that.   09 (1) many new friends (2) really busy at school (3) had to go to her violin lesson (4) call Minho   10 ②   11 ②   12 what he said   13 (1) 모범답 for me to play baseball (2) 모범답 of Mina to help me with my history project   14 ⑤   15 ④   16 You have to build the tallest tower in your class.   17 ③   18 우리는 가장 좋은 아이디어를 고르는 것이 쉽지 않았다.   19 ③   20 ⑤   21 (1) tried (2) built(made) (3) looked like   22 ①   23 ⑤   24 They took a good idea and improved on it.   25 ②, ⑤

01 ④ '그 사고는 아주 갑자기 일어났다.'라는 뜻으로 동사 happened를 수식하는 부사 suddenly로 고쳐 써야 한다.

|해석| ① 그는 신중한 사람이다.

② 나는 내일 그것을 쉽게 끝낼 수 있다.

③ 우리는 서로 다르다.

④ 그 사고는 아주 갑자기 일어났다.

⑤ 그 소식은 마을 전체에 빠르게 퍼졌다.

02 첫 번째 빈칸에는 '끈, 줄'을 뜻하는 string이 알맞다. 두 번째 빈칸에는 '점수'를 뜻하는 score가 알맞다. 세 번째 빈칸에는 '역할'을 뜻하는 role이 알맞다.

|해석| • 그는 상자 둘레를 끈으로 묶었다.

• 최종 점수는 75 대 70이었다.

• 프로젝트에서 나의 역할은 발표를 하는 것이다.

03 break down: 고장 나다

by itself: 저절로, 스스로

|해석| • 나의 차는 집으로 오는 길에 고장 났다.

• 청소기는 저절로 작동을 시작할 것이다.

04 ⑤ 빈칸에는 모두 안부를 묻는 말에 대한 대답이 들어가야 하므로 자신의 안부를 말하는 말이 들어가야 한다. Long time no see.는 '오랜만이야.'라는 뜻으로 안부를 묻는 말에 대한 대답으로는 알맞지 않다.

05 ④ That's a pity.는 '그것 참 안됐구나.'라는 뜻으로 유감을 나타내거나 위로할 때 쓰는 표현이다. 따라서 I'm happy to hear that.과 함께 쓰는 것은 어색하다.

|해석| ① A: Kelly, 어떻게 지내니?

　 B: 아주 좋아. 나의 새 학급 친구들이 친절해.

② A: Bob, 어떻게 지냈니?

　 B: 나는 학교에서 꽤 바빴어.

③ A: 너는 신이 나 보여. 좋은 소식이 있니?

　 B: 우리 팀이 미술 프로젝트에서 A를 받았어.

④ A: 나는 방학 동안 스키 캠프에 참여했어.

　 B: 그것 참 안됐구나! 그 말을 들으니 기뻐.

⑤ A: 나는 너무 슬퍼. 나는 새 스마트폰을 떨어뜨렸어.

　 B: 오, 저런! 그 말을 들어서 유감이야.

06 첫 번째 빈칸은 경기에서 졌다는 말을 들었으므로 위로하는 표현이 들어가야 한다. 두 번째 빈칸은 경기의 점수를 묻는 말이 들어가야 한다. 마지막 빈칸에는 1점 차이로 졌다는 말을 들었으므로 정말 막상막하였다는 말이 알맞다.

07 「look+형용사」는 '~해 보이다'라는 뜻으로, '친구와 싸웠어.'라는 말이 이어지는 것으로 보아 '화가 나 보인다'는 뜻이 되도록 upset이 알맞다.

08 (A) 빈칸 뒤에 Linda가 자신의 안부를 말하고 있으므로 안부를 묻는 말이 알맞다.

(B) 새 친구들을 많이 사귀었다는 좋은 소식을 들었으므로 기쁨을 표현하는 말이 알맞다.

09 오랜만에 만난 민호와 Linda는 안부 인사를 나누었다. Linda는 (1) 새 친구들을 많이 사귀었다고 했고, (2) 민호는 학교에서 정말 바빴다고 했다. (3) Linda가 바이올린 수업에 가야 해서 (4) 나중에 민호에게 전화

하겠다고 말하고 두 사람은 헤어졌다.

10 ① he → him

③ Ann → for Ann

④ for → of

⑤ swimming → to swim

|해석| ① 그는 요가를 배우는 것이 어렵다.

② 나는 케이크를 만드는 것이 쉽다.

③ Ann은 그 프로젝트를 끝내는 것이 중요하다.

④ 나에게 네 책을 빌려주다니 너는 친절하구나.

⑤ 우리가 바다에서 수영을 하는 것은 위험하다.

11 ⓑ와 ⓓ는 '무엇'을 뜻하는 의문사로 쓰였고, 나머지는 '~하는 것'이라는 의미의 관계대명사로 쓰였다.

|해석| ⓐ 이것이 네가 사고 싶은 것이니?

ⓑ 나는 그녀가 그것에 관해 무엇을 말할지 모르겠다.

ⓒ 그것은 네가 예상하는 것보다 더 힘들 것이다.

ⓓ 너는 그 냄새가 무엇인지 추측할 수 있니?

ⓔ Mike는 그가 해야 하는 것을 끝내지 못했다.

12 문맥상 '그가 우리에게 말한 것'이라는 뜻이 자연스러우므로 선행사를 포함하는 관계대명사 what이 이끄는 절(what+주어+동사)이 와야 하는데 B의 말을 통해 주어는 he이고, 동사는 과거형(said)을 써야 함을 알 수 있다.

13 (1) 「It is+exciting+for+목적격+to부정사 ~.」의 형태로 문장을 완성한다.

(2) 「It is+kind+of+목적격+to부정사 ~.」의 형태로 문장을 완성한다.

사람의 이름 등 명사를 의미상의 주어로 쓸 수 있다. 명사의 경우 주격과 목적격의 형태가 같다.

14 빈칸에는 동사 think를 수식하는 부사가 쓰여야 한다. creatively는 '창의적으로'라는 뜻의 부사이다.

15 ④ 탑이 스스로 설 수 있도록 하는 방법은 글에 제시되어 있지 않아 답할 수 없다.

|해석| ① 수진: 나는 활동을 위해 무엇이 필요하니?

② 유나: 우리는 한 팀에 몇 명의 사람들이 필요하니?

③ Eric: 그 활동의 제한 시간은 얼마니?

④ Tim: 내가 어떻게 탑이 스스로 서 있게 할 수 있니?

⑤ Amy: 그 활동은 무엇에 좋니?

16 have to는 '~해야 한다'라는 뜻의 조동사로 뒤에는 동사원형(build)이 오며, 최상급 tallest 앞에는 the가 온다.

17 ⓐ in detail: 자세히, 상세하게

ⓑ in a hurry: 서둘러, 급히

ⓒ 「with+명사구(one second)+분사(left)」는 '~한 채로, ~을 하고서'의 뜻을 나타낸다. 명사구와 분사의 관계가 수동이기 때문에 동사 leave의 과거분사 left가 쓰였다.

18 It은 가주어이므로 해석하지 않으며, to부정사구(to choose the best idea)가 진주어이고, to부정사구의 의미상의 주어는 for us이다.

19 (A) right away: 즉시, 바로

(B) possible이 사람의 성격이나 태도를 나타내는 형용사가 아니므로 to부정사의 의미상의 주어로 「for+목적격(us)」을 사용한다.

(C) 동사 made 뒤에는 made의 목적어가 와야 하며, 관계대명사 what 이 이끄는 절(what we wanted)이 목적어 역할을 한다.

20 ⑤ After many tries ~. 문장을 통해 B팀은 높은 탑을 만들기 위해 많은 시도를 했음을 알 수 있다.

|해석| ① B팀은 탑을 계획할 시간이 많았다.

② B팀의 첫 번째 탑은 충분히 높았다.

③ B팀의 두 번째 탑은 텐트 같았다.

④ B팀의 두 번째 탑은 그들이 원했던 것이었다.

⑤ B팀은 탑을 만들기 위해 여러 번 시도했다.

21 B팀은 많은 시도를 했고(tried), 아름답고 높은 탑을 만들었다(built /made). 마지막 탑은 피사의 사탑처럼 생겼다(looked like)고 했다.

22 one은 여러 명 중 '한 명'을 가리키며, another는 '또 다른 한 명'을 가리킨다. The other는 둘 중 나머지 한 명을 가리킨다. others는 '다른 사람들'이라는 뜻의 대명사로 뒤에 명사 없이 쓰이므로 student 앞에 쓸 수 없다.

23 ⓒ와 ⑤의 as는 '~로(서)'라는 뜻의 자격을 나타내는 전치사이다.

① '~ 대로'라는 뜻의 접속사이다.

②, ③ '~만큼'이라는 뜻의 부사이다.

④ '~여서, ~ 때문에'라는 뜻의 접속사이다.

|해석| ① 너는 네가 좋아하는 대로 할 수 있다.

② 그녀는 그녀의 언니만큼 키가 크다.

③ 시골 생활은 네가 생각하는 만큼 항상 평화롭지는 않다.

④ 나는 오늘 아침에 늦게 일어나서 빨리 달렸다.

⑤ 그는 학급 회장으로서 잘하고 있다.

24 C팀은 가장 좋은 아이디어를 고르는 대신에 좋은 아이디어를 골라 그 것을 발전시켰다고 했다.

25 ② 먼저 대화문을 썼고, 그런 다음에 역할을 나누었다고 했다.

⑤ 글쓴이는 여러 사람이 한 사람보다 낫다는 것을 배웠다고 했다.

|해석| ① 그들은 왜 모둠의 이름을 'The Stars'라고 붙였나요?

② 그들은 대화문을 쓴 후에 무엇을 했나요?

③ 각 모둠원의 역할은 무엇이었나요?

④ 그들은 프로젝트를 위해 몇 번이나 만났나요?

⑤ 필자는 프로젝트를 통해 무엇을 배웠나요?

제 4 회　고난도로 내신 **적중** 모의고사　　pp.76~79

01 ②　**02** ③　**03** (1) differently (2) easy (3) Suddenly
04 (1) I've been great. (2) Not so good. (3) I'm sorry to hear that.　**05** How have you been?　**06** ⑤　**07** ③
08 basketball game, one point, great, as a team　**09** (1) It's been a long time. (2) How about you? (3) I'm happy to hear that.　**10** ④　**11** ④　**12** ①　**13** ④　**14** (1) It was difficult for Danny to ride a bike.　(2) It was interesting for Chris to read a book. (3) It was exciting for Julie to take pictures.　**15** ②　**16** ① → Each team has

four people. ④ → The tower must stand by itself.　**17** ⑤
18 (1) good ideas (2) was not easy for us to choose the best idea (3) a big mess　**19** ④　**20** ⑤　**21** ③　**22** ②
23 We finally made what we wanted!　**24** ⓐ → It wasn't very tall. ⓒ → It couldn't stand by itself.　**25** 모범답 (1) It is interesting for me to climb up the mountain. (2) 모범답 It was wise of her to listen to my advice.

01 ②는 wrap(감다, 싸다)의 영어 뜻풀이다.

① mess(엉망인 상태)의 영어 뜻풀이다.

③ divide(나누다)의 영어 뜻풀이다.

④ challenge((해 볼 만한) 과제, 도전)의 영어 뜻풀이다.

⑤ role(역할)의 영어 뜻풀이다.

02 첫 번째 문장: spend((시간을) 보내다)

두 번째 문장: stuck(움직일 수 없는)

세 번째 문장: try(시도하다, 먹어 보다)

네 번째 문장: close(막상막하의)

다섯 번째 문장: suggest(제안하다)

여섯 번째 문장: spend((돈을) 쓰다)

일곱 번째 문장: close(닫다)

|해석| • 나는 가족과 많은 시간을 보내고 싶다.

• 바퀴들이 진흙에 빠져 꼼짝을 못했다.

• 우리 새로운 이탈리아 요리를 먹어 보는 게 어때?

• 시합은 75 대 74였다. 그것은 정말 막상막하였다.

• 날씨가 아주 좋다. 나는 우리가 소풍을 가는 것을 제안한다.

• 너는 그녀의 선물에 얼마를 썼니?

• 창문을 닫아주시겠어요?

03 (1) 동사 thinks를 수식하는 부사 differently(다르게)가 알맞다.

(2) is의 보어이자 to부정사(to use)의 수식을 받는 형용사 easy(쉬운) 가 알맞다.

(3) 문장을 수식하는 부사 Suddenly(갑자기)가 알맞다.

|해석| (1) 그는 항상 내가 생각하는 방식과 다르게 생각한다.

(2) 이 기계는 놀랄 만큼 사용하기 쉽다. 너는 단지 이 단추를 누르기만 하면 된다.

(3) 갑자기 모든 불이 나갔고 우리는 초를 찾기 위해 노력했다.

04 (1) 보라는 잘 지냈다고 했다.

(2), (3) 기호는 그다지 잘 지내지 못했는데, 그 이유가 개를 잃어버렸기 때문이라는 말에 보라는 유감스러움을 느꼈다.

05 빈칸 다음에 A가 자신의 안부를 말하고 있으므로 빈칸에는 안부를 묻는 말이 들어간다.

06 ⑤ 진수가 I've played the piano for 5 years.라고 말했으므로 ⑤ 의 질문에 답할 수 있다.

|해석| ① 진수와 소라는 몇 학년인가요?

② 그들은 서로 얼마나 오래 알았나요?

③ 소라는 요즘 무엇을 하고 있나요?

④ 진수는 경연 대회에 관해 어떻게 느끼나요?

⑤ 진수는 얼마 동안 피아노를 쳐 왔나요?

07 농구 경기가 어땠는지 물었으므로, 졌다는 말(D)에 대한 유감의 표현 (B)이 이어진 후, 좋은 경기였다고 말하고(A), 점수를 묻는 말(E)에 대답을 해 주는(C) 흐름이 자연스럽다.

08 Andy는 농구 경기에서 1점 차이로 졌지만, 그의 팀이 하나의 팀으로서 경기를 잘 했기 때문에 그 경기가 좋았다고 생각하고 있다.

09 (1) '오랜만이야.'라는 뜻의 It's been a long time.이 알맞다.

(2) 상대방의 안부를 되묻는 How about you?가 알맞다.

(3) 상대방의 말에 기쁨을 표현하는 I'm happy to hear that.이 알맞다.

10 두 번째 문장의 that과 네 번째 문장의 which를 선행사를 포함하는 관계대명사 what으로 바꿔 써야 한다.

ㅣ해석ㅣ • 그 상점은 내가 원했던 것을 가지고 있었다.

• 내가 말하는 것을 주의 깊게 들어 줘.

• 네가 가지고 있는 것을 나에게 보여 줘.

• 네가 그 사건에 관해 아는 것을 우리에게 말해 줘.

• 나를 화나게 만드는 것은 그녀의 무례함이다.

11 ④ foolish와 같이 사람의 성격이나 태도를 나타내는 형용사가 오면 to부정사의 의미상의 주어는 「of+목적격(me)」을 쓰므로 빈칸에는 of가 들어간다. 나머지 빈칸에는 모두 for가 들어간다.

12 ①의 what은 '무엇'이라는 의미의 의문사이고, 나머지는 '~하는(한) 것'이라는 의미의 관계대명사 what이다.

ㅣ해석ㅣ ① 나는 저 소리가 무엇인지 궁금하다.

② 나는 그녀가 나에게 말한 것을 믿지 않는다.

③ 이 책은 내가 읽고 싶어 하는 것이 아니다.

④ 우리가 지금 필요한 것은 휴식을 좀 취하는 것이다.

⑤ 나의 할머니는 내가 그녀를 위해 요리한 것을 정말 좋아하셨다.

13 ① Which를 관계대명사 What으로 고쳐야 한다. What이 이끄는 절이 문장의 주어 역할을 한다.

② what 앞에 전치사 from이 필요하다. different from: ~과 다르다

③ 뒤의 to부정사구가 진주어이므로, That을 가주어인 It으로 고쳐야 한다.

⑤ to부정사의 의미상의 주어로 「for+목적격(her)」을 써야 한다.

14 「It was+형용사(difficult/interesting/exciting)+for+목적격+to부정사 ~.」 형태로 문장을 완성한다.

15 ② '탑이 반의 다른 어떤 탑보다 높아야 한다.'는 것은 반에서 가장 높은 탑을 만들어야 한다는 것과 같은 의미를 나타낸다.

ㅣ해석ㅣ ① 준하: 나는 그 활동을 하기 위해 네 모둠이 필요해.

② Jenny: 탑은 우리 반의 어떤 탑보다 높아야 해.

③ Sue: 나는 탑을 만드는 데 15분이 넘는 시간이 있어.

④ Amy: 나는 마시멜로를 탑의 밑받침에 사용할 수 있어.

⑤ Mike: 나는 탑을 무언가에 기대게 해야 해.

16 ① 「each+단수 명사(team)」는 단수 취급하므로 동사를 단수형인 has로 고쳐야 한다.

④ by 뒤의 재귀대명사는 앞의 The tower와 동일 대상이어야 하므로 themselves를 3인칭 단수 재귀대명사 형태인 itself로 고쳐야 한다.

17 ⑤ 「with+명사(구)+분사」는 '~한 채로, ~을 하고서'라는 뜻을 나타내며, 명사구(one second)와 분사의 관계가 수동이므로 과거분사 left로 고쳐야 한다.

① in detail: 자세히, 상세하게

② suddenly: 갑자기(부사)

③ in a hurry: 서둘러, 급히

④ the sticks of spaghetti: 스파게티 면들

18 A팀은 좋은 아이디어가 많아서 가장 좋은 아이디어를 고르는 것이 쉽지 않았고, 5분을 남기고 서둘러 만들어서 끈이 테이프에 붙는 등 엉망진창이었다고 했다.

19 주어진 문장은 다른 학생이 밑받침으로 삼각형 모양을 제안했다는 내용이므로 One student ~로 시작하는 문장 뒤, 모두가 그 제안에 동의했다는 문장 앞에 오는 것이 자연스럽다.

20 ⓒ 「it was+형용사(possible)+for+목적격(us)+to부정사 ~」의 형태가 되어야 하므로 build를 to build로 고쳐야 한다.

ⓔ 동사 agreed와 divide가 and에 의해 병렬 연결되어 있으므로 시제 일치가 되어야 한다. 따라서 divide를 과거형인 divided로 고쳐야 한다.

21 ③ 몇 번의 실패에도 B팀은 포기하지 않고 계속 시도해 원하는 탑을 만들었다.

ㅣ해석ㅣ ① B팀은 좋은 계획이 많았다.

② B팀의 두 번째 탑은 성공적이었다.

③ B팀은 탑을 세우는 것을 포기하지 않았다.

④ C팀은 높은 탑을 만들 수 없었다.

⑤ C팀은 그들의 탑을 위해 가장 좋은 아이디어를 선택했다.

22 C팀은 잘 화합하여 과제를 완성하는 모습을 보여 주었다.

ㅣ해석ㅣ ① 생각은 빠르게 하고 행동은 천천히 해라.

② 우리는 한 팀이다.

③ 빠를수록 좋다.

④ 생각하지 말고 그냥 해라.

⑤ 친절히 행동해라.

23 문장의 시제는 과거이고, '우리가 원했던 것'은 관계대명사 what이 이끄는 절인 what we wanted로 나타내며, 이 절이 동사(made)의 목적어 역할을 한다.

24 ⓐ 첫 번째 탑은 텐트 모양이었는데 그다지 높지 않았다고 했다.

ⓒ 두 번째 탑은 높았지만 스스로 서 있지 못했다고 했다.

ㅣ해석ㅣ ⓐ B팀의 첫 번째 탑은 어떤 문제가 있었나요?

ⓑ B팀의 두 번째 탑의 모양은 무엇이었나요?

ⓒ B팀의 두 번째 탑은 어떤 문제가 있었나요?

ⓓ C팀은 탑을 만드는 데 얼마나 걸렸나요?

25 제시된 단어들은 모두 형용사로, Ⓐ에서 고른 형용사는 「It is/was+형용사+for+목적격+to부정사 ~.」 형태로 문장을 완성하고, Ⓑ에서 고른 형용사는 「It is/was+형용사+of+목적격+to부정사 ~.」 형태로 문장을 완성한다.

Lesson 2
Go Green

STEP A

A 01 사라지다, 없어지다
02 막다, 예방하다
03 (조직적으로 벌이는) 운동, 움직임
04 환경
05 고대의
06 극단적으로, 극도로
07 수분 (작용)
08 오래가다, 지속되다
09 생산하다, (식물이 열매 등을) 맺다
10 어디든지, 어디에서(도)
11 쏟다, 흘리다
12 (설문) 조사하다, (설문) 조사
13 거북목 증후군
14 화학 물질, 화학 제품(약품)
15 인구, 개체 수
16 꽃가루, 화분
17 환경, 상황
18 과정
19 (건강에) 해로운, 유해한
20 ~을 야기하다, ~을 일으키다

B 21 survive
22 quarter
23 helpful
24 seed
25 polar bear
26 yellow dust
27 skip
28 text
29 terrible
30 provide
31 plant
32 reason
33 melt
34 crop
35 climate change
36 harmful
37 less
38 reduce
39 pollution
40 deliver

C 01 조치를 취하다, 행동에 옮기다
02 위험에 처한
03 (속도 · 진행을) 늦추다
04 다리가 부러지다
05 ~과 같은
06 ~을 찾아보다
07 ~를 실망시키다
08 ~에 참여하다

Words Plus 연습 문제 p.85

A 1 survive, 살아남다, 생존하다 2 global, 세계적인, 지구의
3 provide, 제공하다, 주다 4 ancient, 고대의
5 melt, 녹다, 녹이다 6 crop, 작물, 농작물
7 climate, 기후 8 pollen, 꽃가루, 화분

B 1 harmful 2 disappear 3 truly 4 insect
5 take part in

C 1 produce 2 extremely 3 spill 4 prevent
5 population

D 1 Slow down 2 let, down 3 in danger
4 participate in 5 take action

Words 실전 TEST p.86

01 ② 02 ④ 03 ② 04 ⑤ 05 ② 06 ④
07 such as

01 ② terrible과 awful은 '심한'이라는 뜻으로 유의어 관계이고, 나머지는 모두 반의어 관계이다.
l해석l ① 녹다 – 얼다 ③ 줄이다 – 증가시키다
④ 건강에 좋은 – 건강에 해로운 ⑤ 나타나다 – 사라지다

02 '어떤 장소에 살고 있는 사람들이나 특정 종류의 동물들의 무리'를 뜻하는 것은 population(인구, 개체 수)이다.

03 '컴퓨터 화면을 오랜 시간 보는 것은 눈에 해로울 수 있다.'라는 의미가 되는 것이 자연스러우므로, 빈칸에는 '해로운'을 뜻하는 harmful이 알맞다.
l해석l 컴퓨터 화면을 오랜 시간 보는 것은 눈에 해로울 수 있다.

04 ⑤ let ~ down은 '~를 실망시키다'라는 뜻이다.
l해석l ① 나는 내 삶이 위험에 처한 것처럼 느껴졌다.
② 나는 그녀에게 그 단어를 사전에서 찾아보라고 말했다.
③ 속도를 늦추시겠어요? 당신은 너무 빨리 걷고 있어요.
④ 우리는 지구를 구하기 위해 조치를 취해야 한다.
⑤ 걱정하지 마. 그는 우리를 실망시키지 않을 거야.

05 주어진 문장과 ②의 last는 '오래가다, 지속되다'라는 뜻의 동사로 쓰였다.
① '마지막으로'라는 뜻의 부사이다.
③ '지난'이라는 뜻의 형용사이다.
④, ⑤ '마지막의'라는 뜻의 형용사이다.
l해석l 이 좋은 날씨가 주말까지 이어지진 않을 것이다.
① 너는 그를 언제 마지막으로 보았니?
② 그 벽화는 오랜 시간 유지될 것이다.
③ 너는 어젯밤에 그 소식을 텔레비전에서 보았니?
④ 그는 마지막 순간에 마음을 바꾸었다.
⑤ 마지막 5년은 그에게 매우 어려운 시기였다.

06 ④ '꽃가루, 화분'을 뜻하는 pollen 대신 '씨, 씨앗'을 뜻하는 seeds가 들어가는 것이 알맞다.

|해석| • 미나는 하루 종일 나에게 전화를 하거나 문자를 보내지 않았다.

• 그는 덜 운전하고 더 자주 걸어야 한다.

• 이 식물들은 매우 추운 날씨에서는 살아남을 수 없다.

• 봄에 씨를 뿌리고 가을에 농작물을 수확해라.

• 오, 이런! 나 방금 바닥에 우유를 쏟았어.

07 빈칸 뒤에 농작물의 예가 제시되고 있으므로 빈칸에는 '~과 같은'을 뜻하는 such as가 알맞다.

 Listen & Speak 만점 노트 pp.88~89

Q1 he broke his leg

Q2 오늘 황사가 심하다.

Q3 No, they aren't. They will play another day.

Q4 플라스틱을 덜 사용하기

Q5 너는 그것을 예방하는 방법을 아니?

Q6 Their homes are melting away and their food is disappearing.

Q7 방에서 나갈 때 불 끄기

Q8 팀 프로젝트를 잘 하는 방법

Q9 나는 우리 지구가 걱정돼.

Q10 We turn off our lights together for an hour.

 Listen & Speak 빈칸 채우기 pp.90~91

1 the matter, broke his leg, worried about

2 Are you ready for, yellow dust, I'm worried about, another day

3 I'm worried about, What can we do, use less plastic

4 Be careful, Do you know how to, need to

5 in danger, It's because of, Do you know how to, by saving, turn off the lights

6 Do you know how to, listen carefully to others' opinions

7 I'm worried about, take action, Why don't we, Do you know how to, not sure, look, up

 Listen & Speak 대화 순서 배열하기 pp.92~93

1 ⓔ-ⓑ-ⓐ-ⓒ-ⓓ

2 ⓐ-ⓕ-ⓖ-ⓔ-ⓓ-ⓑ-ⓘ-ⓒ-ⓗ

3 ⓒ-ⓑ-ⓓ-ⓐ

4 ⓑ-ⓔ-ⓒ-ⓓ-ⓐ

5 ⓔ-ⓖ-ⓑ-ⓗ-ⓐ-ⓒ-ⓓ-ⓕ

6 ⓑ-ⓓ-ⓐ-ⓒ

7 ⓑ-ⓓ-ⓕ-ⓐ-ⓖ-ⓘ-ⓒ-ⓙ-ⓚ-ⓔ-ⓗ

 Listen & Speak 실전 TEST pp.94~95

01 ② **02** ② **03** ① **04** ④ **05** ④ **06** ③ **07** ⑤
08 ①, ② **09** ②

[서술형]

10 Do you know how to start this machine?

11 I'm worried about the singing contest.

12 (1) Did you know that polar bears are in danger?

(2) Do you know how to slow down global warming?

(3) We need to turn off the lights when we leave the room.

01 I'm worried about ~.은 걱정을 나타내는 표현이다.

02 방법을 물을 때 Do you know how to ~?로 말한다.

03 '나는 ~이 걱정돼.'는 I'm worried about ~.으로 나타내고, '사라지는 벌들'은 disappearing bees로 표현할 수 있다. 따라서 사용하지 않는 단어는 that이다.

04 ④ 거북목 증후군을 예방하는 방법을 묻는 말에 '스마트폰을 자주 사용해야 한다.'라는 대답은 예방하는 방법이 아니므로 어색하다.

05 아프리카의 굶주린 아이들을 걱정하는 말(D)에 동의하는 말(B)이 이어진 뒤, 도울 수 있는 방법을 묻고(A) 답하는 말(C)이 나오는 것이 자연스럽다.

06 주어진 문장은 it(= Earth Hour)에 참여하는 방법을 아는지 묻는 말이므로, 방법을 말해 주는 말 앞인 ③에 들어가는 것이 알맞다.

07 ⑤ Earth Hour의 날짜는 매년 다르다고 했다.

08 B가 물을 절약하는 방법에 대해 말하고 있으므로, A의 빈칸에는 물을 절약하는 방법을 묻는 말이 알맞다. B가 Sure.(물론이야.)로 대답을 시작하고 있으므로 의문사 How로 시작하는 질문 ①은 빈칸에 들어갈 수 없다. ②는 물을 절약해야 하는 이유를 묻는 말이다.

09 대화의 빈칸에는 팀 프로젝트를 잘 하는 방법을 묻는 말(Do you know how to do a team project well)이 들어가는 것이 알맞다. 이때 다섯 번째로 오는 단어는 to이다.

10 방법을 묻는 표현인 Do you know how to ~?를 사용하여 문장을 완성한다.

11 걱정을 나타내는 표현인 I'm worried about ~.을 사용하여 '나는 노래 경연 대회가 걱정돼.'라는 뜻의 문장을 완성한다.

12 (1) 기사에서 읽었다는 말이 이어지는 것으로 보아, 북극곰이 위험에 처해 있다는 사실을 알고 있었는지 묻는 말이 알맞다.

(2) 에너지를 절약함으로써 시작할 수 있다는 말이 이어지는 것으로 보아, 지구 온난화를 늦추는 방법을 아는지 묻는 말이 알맞다.

(3) 에너지를 절약해야 한다는 말에 동의한 뒤, 그 예로 방에서 나갈 때 불을 꺼야 한다고 말하는 것이 알맞다.

QUICK CHECK
1 (1) have　(2) is　(3) was
2 (1) were　(2) was　(3) spend

1 I해석I (1) 손님들 전부가 도착했다.
　(2) 그 국토의 3분의 2는 숲으로 덮여 있다.
　(3) 파이의 절반을 Kevin이 먹었다.
2 I해석I (1) 그의 가족 구성원들 중 일부는 행복하지 않았다.
　(2) 그 학생들 중 한 명은 수업에 늦었다.
　(3) 사람들의 40퍼센트가 그들의 대부분의 돈을 음식에 쓴다.

G Grammar 핵심 노트 2　　　　　p.97

QUICK CHECK
1 (1) can be used　(2) should be returned
　(3) will not be made
2 (1) will be given　(2) must be protected
　(3) can be cooked

1 I해석I (1) 그 카메라는 물속에서 사용될 수 있다.
　(2) 그 책은 내일까지 반납되어야 한다.
　(3) 결정은 다음 날 아침까지 내려지지 않을 것이다.
2 I해석I (1) 많은 정보가 너에게 주어질 것이다.
　(2) 네 피부는 태양으로부터 보호되어야 한다.
　(3) 그 수프는 3분 안에 요리될 수 있다.

G Grammar 연습 문제 1　　　　　p.98

A 1 are　2 is　3 are　4 is　5 is
B 1 take　2 are　3 have　4 is
C 1 was　2 love　3 was
D 1 Half of the students want to help children in Africa.
　2 70 percent of the students like this idea.
　3 Some of the money was spent to help the poor.
　4 One of my friends carries her own cup.

A I해석I 1. 학생들 전부가 그들의 학교를 자랑스러워한다.
　2. 그 돈의 절반은 너의 것이다.
　3. 내 책들의 4분의 3은 소설이다.
　4. 강의 대부분이 오염되어 있다.
　5. 내 친구들 중 한 명은 호주 출신이다.

B I해석I 1. 그 학생들의 절반이 일주일에 두 번 요가 수업을 받는다.
　2. 그 소녀들의 50퍼센트 정도가 15살 미만이다.
　3. 이 별들 중 일부는 그들만의 행성을 가지고 있다.
　4. 그의 자유 시간의 4분의 1이 게임을 하는 데 쓰인다.
C I해석I 1. 피자의 4분의 1을 Megan이 먹었다.
　2. 아이들 전부가 애니메이션을 정말 좋아한다.
　3. 바닥의 3분의 2가 더러운 물로 덮여 있었다.

G Grammar 연습 문제 2　　　　　p.99

A 1 This phone can be used by every visitor.
　2 A new house will be built by my grandfather.
　3 The door cannot be opened easily by children.
　4 The letter must be sent to this address by Jason.
B 1 The wall must be painted by next week.
　2 This plate can be broken easily.
　3 The pizza will be delivered to you at 7 p.m.
　4 The same mistake should not be made again.
C 1 The classroom must be cleaned every day.
　2 The box should not be opened by children.
　3 A lot of stars can be seen in the country.
D 1 This problem must be solved.
　2 English will be taught by Brian.
　3 The jacket can be washed in cold water.

A I해석I 1. 모든 방문객이 이 전화기를 사용할 수 있다.
　2. 할아버지께서는 새 집을 지으실 것이다.
　3. 아이들은 그 문을 쉽게 열 수 없다.
　4. Jason은 그 편지를 이 주소로 보내야 한다.
B I해석I 1. 그 벽은 다음 주에 칠해져야 한다.
　2. 이 접시는 쉽게 깨질 수 있다.
　3. 피자는 저녁 7시에 당신에게 배달될 것입니다.
　4. 같은 실수를 다시 해서는 안 된다.

G Grammar 실전 TEST　　　　pp.100~103

01 ③　02 ③　03 ①　04 ④　05 ③　06 ④　07 ②
08 be written　09 ③　10 ②　11 ③　12 ③　13 ②
14 ①, ③　15 ④　16 ②　17 ⑤　18 ②　19 ⑤　20 ④
[서술형]
21 are, is covered, spend
22 (1) will be loved by little children
　(2) cannot be carried by me
　(3) should be planted by us on April 5th

23 (1) Two-fifths, are (2) Half, is
24 (1) will be served (2) must be delivered
25 Three-fifths of the people were over the age of 70.
26 (1) This song will be loved by many people.
   (2) The bottle should be washed before you recycle it.

01 This room이 주어이므로 수동태 문장이 되어야 한다. 조동사가 포함된 수동태는 「조동사(will)+be+과거분사(cleaned)」의 형태가 되어야 한다.

02 「some of+명사」가 주어일 때 명사의 수에 따라 동사의 수가 결정된다. of 뒤에 복수 명사 the books가 쓰였으므로, be동사의 복수형 are가 들어가는 것이 알맞다.

03 주어진 문장을 수동태로 바꾸면 Every kind of food can be delivered by us.이다.

04 조동사가 포함된 수동태는 「조동사+be+과거분사」의 형태가 되어야 한다. 부정형은 조동사 뒤에 부정어(not)를 써서 「조동사(can)+not+be+과거분사(finished)」의 형태로 쓴다.

05 분수를 표현할 때 분자는 기수(three)로 분모는 서수(fourth)로 쓰고, 분자가 1보다 큰 경우 분모인 서수에 -s를 붙여 나타내므로, 4분의 3은 three-fourths로 표현한다. 「분수+of+명사」가 주어일 때 명사의 수에 따라 동사의 수가 결정되는데, of 뒤의 the house가 명사의 단수형이므로 동사도 단수형 was가 알맞다.

06 ④ 「some of+명사」가 주어일 때 명사의 수에 따라 동사의 수가 결정되는데, of 뒤의 명사가 복수형 the children이므로, 빈칸에는 be동사의 복수형 are가 들어간다.
ㅣ해석ㅣ ① 내 친구들 중 한 명은 멕시코 출신이다.
② 그 땅의 3분의 1은 토마토를 기르는 데 사용된다.
③ 그 지역의 3분의 2는 물 아래에 있다.
④ 아프리카의 아이들 중 일부는 여전히 배가 고프다.
⑤ 그 돈의 절반은 은행에 있다.

07 조동사(will)가 포함된 수동태의 부정형은 부정어(not)를 조동사 뒤에 써서 「조동사+not+be+과거분사」의 형태로 쓴다.

08 The answers가 주어이므로 수동태 문장이 되어야 한다. 조동사(must)가 포함된 수동태는 「조동사(must)+be+과거분사(written)」의 형태로 쓴다.

09 능동태 문장을 수동태로 바꿀 때 능동태 문장의 목적어(the song)가 수동태 문장의 주어가 되고, 능동태 문장의 주어(she)는 「by+목적격(her)」의 형태로 문장 뒤로 간다. 또한, 조동사(will)가 포함된 수동태의 동사는 「조동사(will)+be+과거분사(sung)」의 형태가 되어야 한다.

10 ② 주어가 「분수(two-thirds)+of+명사(the earth)」인 경우 동사는 of 뒤의 명사의 수에 일치시키는데, the earth는 단수 명사이므로 are를 is로 고쳐야 한다.
ㅣ해석ㅣ ① 그 이야기의 반은 사실이 아니다.
② 지구의 3분의 2는 물로 덮여 있다.
③ 동아리 부원들의 60퍼센트는 그 프로젝트를 좋아한다.
④ 대부분의 학생들이 그 새로운 계획에 동의하지 않는다.
⑤ 문장들의 일부가 편지에서 빠져 있다.

11 ③ 조동사가 포함된 수동태의 부정형은 부정어(not)를 조동사 뒤에 써서 「조동사+not+be+과거분사」의 형태로 쓰므로, will not be sent가 되어야 한다.
ㅣ해석ㅣ ① 문은 저녁 6시에 잠겨야 한다.
② 그 요리는 15분 안에 요리될 수 있다.
③ 그 책들은 아이들에게 보내지지 않을 것이다.
④ 결정이 지금 당장 날 수는 없다.
⑤ 딸기는 잼으로 만들어질 수 있다.

12 ③ 조동사가 포함된 수동태는 「조동사(+not)+be+과거분사」의 형태이므로, being을 be로 고쳐야 한다.
ㅣ해석ㅣ 부모님들은 7세 미만의 자녀들을 연주회에 데려올 수 없다.

13 첫 번째 문장: 「most of+복수 대명사(us)」 뒤에는 복수 동사(are)가 온다.
두 번째 문장: 「퍼센트+of+복수 명사(the people)」 뒤에는 복수 동사(are)가 온다.
ㅣ해석ㅣ • 우리들 대부분은 시험이 걱정스럽다.
• 그 사람들의 40퍼센트가 이탈리아 출신이다.
• 그 사과들 중 하나는 녹색이다.
• 케이크의 4분의 1이 Jane의 접시 위에 있다.
• 그 정보의 절반은 그들에게 새롭다.

14 「most of+명사」가 주어일 때 of 뒤의 명사가 복수형(the rooms)이면 동사도 복수형이 되어야 한다.
ㅣ해석ㅣ 대부분의 방들이 바다가 보인다.

15 ④ 조동사가 포함된 수동태의 부정형은 부정어 not을 조동사 뒤에 쓰므로 should not be로 고쳐야 한다.
ㅣ해석ㅣ ① 우리 중 한 명은 그 일을 해야 한다.
② 그 영웅은 영원히 기억될 것이다.
③ 모든 불이 꺼져야 한다.
④ 견과류는 많은 양을 먹어서는 안 된다.
⑤ 학교 학생들의 약 90퍼센트가 스마트폰을 사용한다.

16 「some of+명사」가 주어이고 of 뒤의 명사가 단수형 information이므로, 첫 번째 빈칸에는 be동사의 단수형 is가 알맞다. 「one of+복수 명사」는 단수 취급하므로 두 번째 빈칸에도 be동사의 단수형 is가 알맞다.
ㅣ해석ㅣ • 정보의 일부는 사실이 아니다.
• 지구상에서 가장 추운 곳 중 한 곳이 녹아 없어지고 있다.

17 두 문장 모두 주어가 동작을 받는 대상이므로 수동태로 나타내야 한다. 조동사 should와 will이 있으므로 조동사가 포함된 수동태 형태인 「조동사+be+과거분사」의 형태가 들어가야 한다.

18 「half/most+of+명사」가 주어일 때 of 뒤의 명사가 복수형(them, the students)이므로, (A)에는 be동사의 복수형 are가, (B)에는 know가 들어가는 것이 알맞다. 「one of+복수 명사」가 주어인 경우 단수 동사가 뒤따라야 하므로 (C)에는 단수 동사 is가 알맞다.

19 (A) 주어가 「분수+of+명사」이므로, of 뒤의 복수 명사 the houses에 따라 동사도 복수형 have가 알맞다.
(B) 주어가 「half of+명사」이므로, of 뒤의 복수 대명사 us에 따라 동사도 복수형 have가 알맞다.

(C) 주어가 「퍼센트+of+명사」이므로, of 뒤의 복수 명사 the customers에 따라 동사도 복수형 have가 알맞다.

|해석| • 그 집들의 5분의 2는 방이 세 개 이상이다.
• 우리들 중 절반은 영화를 볼 충분한 시간이 있다.
• 고객들의 10퍼센트는 자신의 장바구니를 가지고 있다.

20 ④ 문장의 주어가 「분수(a quarter)+of+명사」일 때 동사의 수는 of 뒤의 명사의 수에 일치시키는데 water는 셀 수 없는 명사로 단수 취급하므로 동사도 단수형 was가 들어가야 한다.

|해석| • 내 친구들 모두는 피자를 먹는 것을 좋아한다.
• 그 동물들의 일부가 없어졌다.
• 그 케이크의 절반 이상이 남아 있었다.
• 물의 4분의 1이 쏟아졌다.
• 그 꽃들 중 하나는 내가 좋아하는 것이다.

21 「half/분수/퍼센트+of+명사」가 주어로 쓰이면 of 뒤의 명사의 수에 동사의 수를 일치시킨다.

|해석| • 그 학생들의 약 절반 정도가 17세 미만이다.
• 그 땅의 3분의 2가 숲으로 덮여 있다.
• 그 사람들의 60퍼센트가 대부분의 돈을 음식에 쓴다.

22 각 문장의 목적어인 this book, these boxes and books, 20 trees가 주어 자리에 쓰였으므로 능동태 문장을 수동태 문장으로 바꿔 써야 한다. 능동태 문장을 수동태 문장으로 바꿀 때 능동태의 주어는 「by+목적격」의 형태로 문장 뒤로 보낸다. 조동사가 포함된 수동태는 「조동사+be+과거분사」의 형태로 쓴다.

|해석| (1) 어린아이들은 이 책을 좋아할 것이다.
(2) 나는 이 상자들과 책들을 옮길 수 없다.
(3) 우리는 4월 5일에 20그루의 나무를 심어야 한다.

23 (1) 분수를 표현할 때 분자는 기수로, 분모는 서수로 쓰는데, 분자가 1보다 큰 경우 분모인 서수에 -s를 붙여 나타내므로, '5분의 2'라는 분수는 two-fifths로 쓴다. 「분수+of+명사」가 주어이고 of 뒤의 명사가 복수 명사 the apples이므로 be동사도 복수형 are로 쓴다.
(2) 햄버거가 반만 남았으므로 「half of+명사」를 쓴다. 「half of+명사」가 주어이고 of 뒤의 the hamburger가 단수 명사이므로 be동사도 단수형 is로 쓴다.

24 두 문장의 주어가 모두 동작의 대상이므로 수동태를 써야 한다. 조동사 (will, must)가 포함된 수동태는 「조동사+be+과거분사」의 형태로 쓴다.

25 분수 '5분의 3'은 three-fifths로 표현하므로 주어는 Three-fifths of the people로 쓴다. 주어가 「분수+of+명사」이고 of 뒤의 명사가 복수 명사 the people이므로 be동사도 복수형 were가 되어야 한다. 70세가 넘었다고 했으므로 '~을 넘어'라는 의미의 전치사 over를 사용한다.

26 조동사(will, should)가 포함된 수동태는 「조동사+be+과거분사」의 형태로 쓴다.

---

pp.106~107

01 Where, gone　**02** to see　**03** are disappearing
04 a third　**05** even worse　**06** helpful to humans
07 us honey　**08** truly　**09** tastes great
10 last almost forever　**11** can be eaten
12 help produce, such as　**13** cannot be produced
14 help　**15** in the process　**16** How　**17** pollination
18 from, to　**19** pollen　**20** fine yellow powder　**21** Why
22 climate change　**23** Global warming　**24** conditions
25 harmful chemicals　**26** not only, but also　**27** to help
28 plant　**29** good environment　**30** slow down
31 must be stopped　**32** unhealthy for　**33** need
34 let, down

Reading 바른 어휘 • 어법 고르기　pp.108~109

01 have　**02** hard　**03** disappearing　**04** population
05 even　**06** helpful　**07** give　**08** wonderful　**09** great
10 last　**11** eaten　**12** crops　**13** cannot be　**14** need
15 process　**16** How　**17** pollination　**18** make　**19** What
20 produced　**21** Why　**22** is　**23** extremely　**24** cannot
25 harmful　**26** kill　**27** to help　**28** plant　**29** environment
30 slow　**31** stopped　**32** unhealthy　**33** help　**34** let

---

Reading 틀린 문장 고치기　pp.110~111

01 ×, going → gone　**02** ×, see → to see　**03** ○
04 ○　**05** ○　**06** ○
07 ×, honey us → us honey　**08** ○　**09** ×, taste → tastes
10 ×, lasts → last　**11** ○　**12** ○　**13** ×, being → be
14 ○　**15** ○　**16** ×, help bees → bees help　**17** ○
18 ○　**19** ×, pollen is → is pollen　**20** ○
21 ×, disappear → disappearing　**22** ○　**23** ○
24 ×, survives → survive　**25** ○
26 ×, as well as → but also　**27** ×, we can → can we
28 ○　**29** ○　**30** ○　**31** ×, is → be　**32** ○
33 ×, needing → need　**34** ×, let not → not let

01 ⓐ → gone ⓑ → disappearing　02 ④　03 ②　04 ④
05 ②　06 ④　07 ③　08 ②　09 conditions　10 ②
11 ⑤　12 ⑤　13 ③　14 ①　15 for bees to live in　16 ③
17 Bees are　18 ③　19 ③

[서술형]

20 Bees are very helpful to humans.

21 bees give us honey, bees help produce many crops
　such as apples and strawberries

22 extremely hot and cold weather

23 이 화학 물질은 해로운 곤충뿐만 아니라 벌과 같은 이로운 곤충도
　죽인다.

24 (1) disappearing
　(2) the harmful chemicals on crops
　(3) more flowers and trees
　(4) Stop the use of 또는 Stop using

01 ⓐ 현재완료가 쓰인 의문문이므로, go를 과거분사 gone으로 쓴다.
　ⓑ 현재진행형(be동사+동사원형-ing) 문장이므로 disappear를
　disappearing으로 쓴다.

02 This는 앞 문장에서 언급한 벌 개체 수의 약 3분의 1이 매년 죽는다는
　사실을 가리킨다.

03 벌이 인간에게 꿀을 제공하고 농작물의 생산에도 도움을 준다고 설명
　하고 있으므로, 벌이 인간에게 매우 도움이 된다(helpful)고 하는 것이
　알맞다.

04 주어진 문장은 고대 이집트 때의 꿀을 오늘날에도 먹을 수 있다는 내용
　이므로, 꿀이 거의 영원히 상하지 않을 수 있다는 문장 뒤인 ④에 오는
　것이 알맞다.

05 ⓑ의 주어가 3인칭 단수 대명사인 It(= honey)이므로 동사를 단수형
　인 tastes로 고쳐야 한다.

06 ④ 벌이 사과와 딸기 같은 농작물을 생산하는 데 도움을 준다고 했다.

07 씨를 만들기 위해 한 꽃에서 다른 꽃으로 꽃가루가 옮겨지는 것은 '수
　분 작용'에 대한 설명이므로 ⓐ에는 pollination이 알맞다. 꽃이 만들
　어내는 고운 노란색 가루는 '꽃가루'이므로 ⓑ에는 pollen이 알맞다.

08 '꽃에 의해 생산되는'이라는 수동의 의미로 앞에 나온 a fine yellow
　powder를 꾸며 주는 과거분사 produced가 알맞다.

09 '누군가나 무언가가 살고 일하는 상황'을 뜻하는 것은 conditions(환
　경, 상황)이다.

10 벌이 사라지고 있는 이유를 설명하는 글이므로, 빈칸에는 이유를 묻는
　의문사 Why가 들어가는 것이 알맞다.

11 (A) 글의 흐름상 지구 온난화가 극도로(extremely) 덥고 추운 날씨를
　가져왔다고 하는 것이 알맞다. hardly는 '거의 ~ 않다'라는 의미이다.
　(B) 이러한 환경에서 벌이 생존할(survive) 수 없다고 하는 것이 알맞다.
　(C) 벌이 사라지는 또 하나의 이유인 화학 물질은 해로운 곤충과 이로운
　곤충을 모두 죽일 정도로 해로운(harmful) 것이라고 하는 것이 알맞다.

12 벌들이 어떤 기후를 좋아하는지(ⓒ)와 농부들이 농작물에 해로운 화학

물질을 얼마나 자주 사용하는지(ⓓ)에 대한 답은 글에서 찾을 수 없다.
　|해석| ⓐ 벌이 사라지는 이유는 무엇인가요?
　ⓑ 지구 온난화는 무엇을 가져왔나요?
　ⓒ 벌은 어떤 기후를 좋아하나요?
　ⓓ 농부들은 얼마나 자주 해로운 화학 물질을 농작물에 사용하나요?

13 벌들을 돕기 위해 우리가 무엇을 할 수 있을지 물은 후(B), 첫 번째 실
　천 방안(D)과 두 번째 실천 방안(A)을 나열한 후, 벌들을 도와 그들을
　실망시키지 말자고(C) 글을 마무리하는 흐름이 자연스럽다.

14 our little yellow friends는 벌들(bees)을 가리킨다.

15 앞의 a good environment를 수식하여 '벌들이 살기 좋은 환경'이라
　는 의미가 되어야 하므로 to부정사인 to live in을 쓴다. for bees는
　to부정사(to live in)의 의미상의 주어로 to부정사 앞에 위치한다.

16 글쓴이는 벌들을 구하기 위해 두 가지의 방안을 실천하자고 독자를 설
　득하고 있다.

17 이 글은 벌이 사라지고 있다는 사실을 다룬 단락과 벌이 인간에게 매우
　도움이 된다는 내용을 설명한 단락으로 나눌 수 있다.

18 ⓐ의 to see와 ③의 to fly는 진주어로 쓰인 to부정사이다.
　① 명사적 용법(목적어 역할)　② 형용사적 용법(앞의 명사 수식)
　④ 부사적 용법(감정의 원인)　⑤ 부사적 용법(목적)
　|해석| ① 나는 마라톤에서 달리기를 희망한다.
　② 나는 말할 사람을 찾으려고 노력했다.
　③ 드론을 날리는 것은 신이 난다.
　④ 네가 즐거웠다고 들으니 기쁘다.
　⑤ 나는 당근을 좀 사러 시장에 갔다.

19 ③ '꿀이 오랫동안 상하지 않는다 하더라도, 고대 이집트 때의 꿀을 오
　늘날에는 먹을 수 없다.'는 B의 말은 글의 내용과 반대되는 말이다.
　|해석| ① A: 나는 벌이 인간에게 도움이 된다고 생각해.
　　B: 네 말이 맞아. 그들은 우리에게 꿀을 줘.
　② A: 나는 꿀이 좋아. 그것은 건강에 좋고 맛도 좋아.
　　B: 응. 그것은 정말 굉장한 음식이야.
　③ A: 나는 꿀이 오랫동안 상하지 않는다고 들었어.
　　B: 그럴지 모르지만, 고대 이집트 때의 꿀은 오늘날에는 먹을 수 없어.
　④ A: 많은 농작물이 벌의 도움이 필요한데 그것들은 스스로 생산될 수
　　없기 때문이야.
　　B: 벌은 수분 과정에서 중요한 역할을 해.
　⑤ A: 너는 벌이 사라지고 있다는 것을 알고 있었니?
　　B: 응, 나는 그것에 관해 기사에서 읽었어. 기사에서 벌 개체 수의
　　약 3분의 1 정도가 매년 죽는대.

20 벌이 인간에게 꿀을 제공하고 농작물 생산에 도움을 준다는 내용으로
　보아, 벌이 인간에게 매우 도움이 된다는 첫 번째 문장이 주제문으로
　알맞다.

21 벌이 인간에게 매우 도움이 되는 두 가지 예로 우리에게 꿀을 준다는
　것과 사과와 딸기 같은 많은 농작물을 생산하는 데 도움이 된다는 것을
　들고 있다.

22 these conditions(이런 환경)는 앞에 나온 극도로 덥고 추운 날씨
　(extremely hot and cold weather)를 가리킨다.

23 not only A but also B는 'A뿐만 아니라 B도'를 뜻하고, like bees
　는 '벌과 같이'의 의미를 나타낸다.

24 (1) 벌이 사라지고 있다는 것이 문제점이다.

(2) 그 원인 중 하나는 기후 변화이고, 다른 하나는 농작물에 해로운 화학 물질을 사용하는 것이다.

(3) 첫 번째 해결 방안은 더 많은 꽃과 나무를 심는 것이다.

(4) 두 번째 해결 방안은 농작물에 해로운 화학 물질을 사용하는 것을 멈추는 것이다.

M 기타 지문 **실전 TEST**　　　　　　　　p.119

01 ⓐ Problem ⓑ Causes ⓒ Solutions **02** ⑤ **03** (1) Four of them → Six of them (2) A quarter → Half (3) 10 percent → 20 percent **04** (1) finish the food on your plate (2) we throw away too much food

01 ⓐ는 벌 개체 수의 약 3분의 1 정도가 매년 죽는다는 문제점(problem)을, ⓑ는 기후 변화와 해로운 화학 물질의 사용이라는 문제점의 원인(causes)을, ⓒ는 문제의 해결 방안(solutions)을 다루고 있다.

02 ⑤ 의미상 '～하는 것을 멈추다'라는 의미가 되는 것이 알맞으므로 「stop+동명사」 형태인 Stop using으로 고쳐야 한다. 「stop+to부정사」는 '～하기 위해 멈추다'의 의미를 나타낸다.

03 (1) 5분 이내에 샤워를 한다는 사람은 10명 중 6명이다.

(2) 이를 닦을 때 물을 잠근다는 사람은 10명 중 5명으로 절반이다.

(3) 종이의 양면을 사용한다는 사람은 10명 중 2명으로 20퍼센트에 해당한다.

|해석| 환경 지키기에 관한 설문 조사

Q1. 당신은 방을 나갈 때 불을 끄나요?

Q2. 당신은 5분 내에 샤워를 하나요?

Q3. 당신은 양치질을 할 때 물을 잠그나요?

Q4. 당신은 플라스틱을 재활용하나요?

Q5. 당신은 종이의 양면을 사용하나요?

04 (1) '음식을 남기지 않는 날'에 어떻게 참여할 수 있는지 묻는 말에 '접시에 음식을 남기지 않으면 된다'고 말할 수 있다.

(2) 접시에 음식을 남기지 않아야 하는 이유는 우리가 음식을 너무 많이 버리기 때문이다.

STEP B

W Words **고득점 맞기**　　　　　　　pp.120~121

01 disappear **02** ⑤ **03** (c)limate **04** ① **05** ④ **06** ⑤ **07** ② **08** ① **09** ③ **10** ②, ④ **11** green **12** ⑤ **13** ⑤ **14** participate in **15** ⑤

01 more(더 많이, 더)와 less(더 적은, 덜)는 반의어 관계이므로, appear(나타나다)의 반의어 disappear(사라지다)가 알맞다.

02 extremely(극단적으로, 극도로)는 부사이고, 나머지는 모두 형용사이다.

03 '특정 지역의 보통의 날씨 조건'이라는 의미를 가진 단어는 climate(기후)이다.

04 truly는 '정말로'라는 뜻으로 really와 바꿔 쓸 수 있다.

|해석| 나는 이 결정이 옳은 결정이라고 정말로 믿는다.

05 첫 번째 문장은 '지구 온난화를 늦추다'라는 의미가 되어야 하므로 slow down이 알맞고, 두 번째 문장은 '나를 실망시켰다'라는 의미가 되어야 하므로 let me down이 알맞다.

|해석| • 너는 지구 온난화를 늦추는 방법을 아니?

• 그는 거짓말을 했고 그는 나를 실망시켰다.

06 '오래 전 과거에서 온'을 뜻하는 것은 ancient(고대의)이다.

|해석| ① 기후 변화는 세계적인 문제이다.

② 담배를 피우는 것은 네 건강에 매우 해롭다.

③ 이 화학 물질은 수영장을 청소하는 데 사용된다.

④ 스카이다이빙은 극도로 위험한 스포츠이다.

⑤ 그 박물관에는 고대 이집트에 관한 사진이 많다.

07 ⓐ '프로젝트에 도움(help)을 줘서 고맙다'는 의미가 적절하므로 help가 들어간다.

ⓑ '강한 햇빛은 피부에 해롭다(harmful)'는 의미가 적절하므로 harmful이 들어간다.

ⓒ '집에 가는 길에 조심해(be careful)'라는 의미가 적절하므로 careful이 들어간다.

ⓓ '빈 병의 새 용도(use)를 찾았다'는 의미가 적절하므로 use가 들어간다.

|해석| ⓐ 나의 프로젝트를 도와줘서 고마워.

ⓑ 강한 햇빛은 너의 피부에 해로울 수 있다.

ⓒ 집에 가는 길에 조심하세요.

ⓓ 나는 빈 병의 새 용도를 찾았어. 그것은 꽃병이야!

08 ⓐ '아이스크림이 무더운 날씨에 빨리 녹았다'는 의미가 적절하므로 melted(녹았다)가 알맞다.

ⓑ '그 땅의 대부분은 농작물을 재배하는 데 쓰였다'는 의미가 적절하므로 crops(농작물)가 알맞다.

ⓒ '음식이 냉장고에서 오래 지속될 수 있다'는 의미가 적절하므로 동사 last(지속되다, 오래가다)가 알맞다.

|해석| ⓐ 아이스크림이 무더운 날씨에 빨리 녹았다.

ⓑ 그 땅의 대부분이 농작물을 기르는 데 사용된다.

ⓒ 음식은 냉장고에서 오랫동안 지속될 수 있다.

09 ③ helpful(유용한)과 useful(유용한)은 유의어 관계이지만, careful(조심스러운)과 careless(부주의한)는 반의어 관계이다.

10 ② 첫 번째 문장에서는 '지속되다'라는 뜻의 동사로 쓰였고, 두 번째 문장에서는 '마지막의'라는 뜻의 형용사로 쓰였다.

④ 첫 번째 문장에서는 '~을 야기하다'라는 뜻의 동사로 쓰였고, 두 번째 문장에서는 '원인'이라는 뜻의 명사로 쓰였다.

① 화학 물질 ③ 환경, 상황 ⑤ 제공하다

|해석| ① 많은 화학 물질이 환경에 끔찍한 영향을 준다.

농부들은 곤충을 죽이기 위해 화학 물질을 사용한다.

② 나는 평화가 영원히 지속되길 바란다.

오늘은 그 공연을 취소할 마지막 날이다.

③ 이 꽃은 매우 건조한 환경에서 살 수 있다.

이곳의 작업 환경은 좋다.

④ 고온은 심각한 문제를 야기할 수 있다.

아무도 그 화재의 원인을 모른다.

⑤ 그 회사들은 근로자들에게 아침 식사를 제공한다.

나무는 살기에 더 좋은 환경을 제공한다.

11 '녹색'과 '환경 친화적인'이라는 의미를 모두 가지는 단어는 green이다.

|해석| • 신호등이 빨간색에서 녹색으로 바뀌었다.

• 나는 더 환경 친화적이고 더 재활용을 하기 위해 노력할 것이다.

12 '특정 결과를 얻기 위해 행해지는 일련의 일들'을 의미하는 것은 process(과정)이다.

13 ① turn off: ~을 끄다

② break one's leg: ~의 다리가 부러지다

③ these days: 요즘

④ be concerned about: ~을 걱정하다

|해석| ① 불을 꺼주시겠어요?

② 그녀는 얼음 위에서 미끄러져서 다리가 부러졌다.

③ 요즘에는 모든 사람이 자신의 스마트폰을 사용해서 영화를 만들 수 있다.

④ Sarah는 너의 안전을 걱정하고 있다.

⑤ 이 잡지들은 정원 가꾸기와 스포츠와 같은 모든 종류의 인기 있는 주제를 다룬다.

14 빈칸에는 '~에 참여하다'라는 뜻을 나타내는 participate in이 알맞다.

|해석| 지구 온난화가 점점 더 심각해지고 있다. 우리는 내일 그것을 늦추는 방법들을 논의할 것이다. 나는 많은 사람들이 이 논의에 참여하기를 바란다.

15 ⑤ '씨앗을 만드는 데 필요한 것으로 꽃에 의해 만들어지는 고운 가루'를 뜻하는 것은 pollen(꽃가루, 화분)이다.

---

01 ③, ④ **02** ④ **03** ④ **04** (C)-(B)-(D)-(A) **05** ⑤

06 ⑤

[서술형]

07 (1) I'm worried about water pollution

(2) Do you know how to reduce water pollution

08 It can cause many health problems.

09 yellow dust, our health, playing another day

10 Do you know how to save water?

11 I'm concerned about global warming.

01 걱정을 나타낼 때 쓰는 단어 worried와 바꿔 쓸 수 있는 것은 anxious와 concerned이다.

02 첫 번째 빈칸에는 danger가 들어가 in danger가 '위험에 처한'의 의미를 나타낸다. 두 번째 빈칸에는 because가 들어가 It's because of ~.가 '그것은 ~ 때문이다.'의 의미를 나타낸다. 세 번째 빈칸에는 disappearing이 들어가고, 마지막 빈칸에는 방법을 묻는 표현인 Do you know how to ~?가 되도록 how가 들어간다.

03 대화 첫 부분에 북극곰을 다룬 기사를 봤다는 내용이 나오지만 기사를 찾아본다거나 함께 읽어 볼 것이라는 내용은 유추할 수 없다.

|해석| ① 그들은 북극곰을 걱정하고 있다.

② 그들은 무엇이 북극곰을 위험에 처하게 하는지 안다.

③ 그들은 북극곰을 돕고 싶어 한다.

④ 그들은 지구 온난화에 관한 기사들을 찾아서 함께 읽을 것이다.

⑤ 그들은 방을 나갈 때 불을 끌 것이다.

04 '병든 행성'이라는 TV 프로그램을 봤는지 묻는 말에 긍정의 응답을 하면서 우리 행성이 걱정된다는 말(C)이 이어지고, 이에 동의하면서 지구를 구하기 위해 조치를 취해야 한다고 말하자(B) Earth Hour에 참여하는 것을 제안하고(D), 그것이 무엇인지 묻고(A) 답하는 흐름이 되는 것이 자연스럽다.

05 ⓐ~ⓓ는 Earth Hour를 가리키고, ⓔ는 Earth Hour의 날짜를 가리킨다.

06 ⑤ Earth Hour의 날짜가 매년 달라서 Linda도 모른다고 했다.

|해석| ① Linda는 '병든 행성'이라는 TV 프로그램을 보았다.

② 민호와 Linda는 지구가 걱정된다.

③ Earth Hour는 환경을 위한 세계적인 운동이다.

④ Linda는 Earth Hour에 참여하는 법을 안다.

⑤ Linda는 민호에게 Earth Hour의 날짜를 말해 주었다.

07 (1) 걱정을 나타내는 표현인 I'm worried about ~.을 사용하여 수질 오염(water pollution)을 걱정하는 말을 완성한다.

(2) '수질 오염을 줄이다'는 reduce water pollution으로 쓴다.

08 황사는 많은 건강상의 문제를 일으킬 수 있다고 했다.

09 대화에 따르면 Sam은 오늘 황사(yellow dust)가 심해서 축구를 다른 날 하자고 제안하는 메시지를 보낼 것이다.

10 B가 '이를 닦을 때 물을 잠가야 해.'라고 말하는 것으로 보아, 빈칸에는 물을 절약하는 방법을 묻는 말이 들어가야 한다.

11 걱정을 나타내는 표현인 I'm concerned about ~.을 사용하여 문장을 완성한다. 흐름상 지구 온난화를 걱정하는 말이 들어가는 것이 알맞다.

01 ④   **02** ②, ④   **03** ②   **04** ②   **05** ④   **06** ②   **07** ③
08 ③   **09** ③   **10** (1) must be corrected (2) can be heard
(3) will be invited   **11** ⑤   **12** ④
[서술형]
13 (1) can be fixed by him
    (2) can't(cannot) be kept
    (3) will be asked a lot of questions
14 (1) Half of the students are living in the dormitory.
    (2) A third(One-third) of the money was stolen.
    (3) About 90 percent of the students were present at the
        meeting.
15 (1) It can be used in water.
    (2) They will be sold out soon.
16 (1) Half of the students use their smartphones
    (2) 30 percent of the students read
    (3) One-fifth(A fifth) of the students play

01 우리말을 영어로 옮기면 Your package will be sent by mail.이다.
02 「all of+명사」가 주어인 경우 동사는 of 뒤의 명사의 수에 일치시키는데 the monitors가 복수형이므로 동사도 복수형 are나 were가 알맞다.
03 첫 번째 문장: can be solving → can be solved
세 번째 문장: were → was
네 번째 문장: should be not → should not be
마지막 문장: come → comes
|해석| ・그 문제들은 쉽게 해결될 수 있다.
・모든 어린이들이 그 뮤지컬을 좋아한다.
・우유의 약 3분의 2 정도가 쏟아졌다.
・환경이 우리에 의해 파괴되어서는 안 된다.
・그 나라의 에너지의 오직 10퍼센트만이 바람으로부터 생긴다.
04 ② 주어가 「퍼센트+of+명사」일 때 동사의 수는 of 뒤의 명사의 수에 일치시키는데 the classmates가 복수 명사이므로 동사도 복수형 are로 써야 한다.
|해석| ・그 돈의 절반이 음식에 쓰인다.
・학급 친구들의 10퍼센트가 안경을 쓰고 있다.
・저 차들의 대부분이 할인 판매 중이다.
・그녀가 가장 좋아하는 단어 중 하나는 '사랑'이었다.
・그 학생들의 일부는 축제를 준비해야 한다.
05 ④ 조동사(will)가 포함된 수동태는 「조동사+be+과거분사」의 형태가 되어야 하므로, will is cleaned를 will be cleaned로 고쳐야 한다.

06 ⓐ 주어가 「분수+of+명사」이고 of 뒤의 the tomatoes가 복수 명사이므로 빈칸에 were가 들어간다.
ⓑ 주어가 「퍼센트+of+명사」이고 of 뒤의 the soldiers가 복수 명사이므로 빈칸에 were가 들어간다.
ⓒ 주어가 「Half of+명사」이고 of 뒤의 the water는 단수 취급하므로 빈칸에 단수 동사 was나 is가 들어간다.
ⓓ 주어가 「All of+명사」이고 of 뒤의 the cars가 복수 명사이므로 빈칸에 were가 들어간다.
|해석| ⓐ 그 토마토들의 5분의 3이 썩었다.
ⓑ 군인들의 20퍼센트가 다쳤다.
ⓒ 물의 절반이 병에 남아 있다(있었다).
ⓓ 주차장의 차들 전부가 깨끗했다.
07 '여러분의 피부는 태양으로부터 보호되어야 한다.'라는 말이 되도록 첫 번째 빈칸에는 must be protected가 들어가는 것이 알맞다. '자외선 차단 크림을 발라라, 그렇지 않으면 여러분의 피부는 햇볕에 탈 수 있다.'라는 말이 되도록 두 번째 빈칸에는 can be burnt가 들어가는 것이 알맞다.
|해석| 여름이 오고 있습니다! 여러분의 피부는 태양으로부터 <u>보호되어야 합니다</u>. 자외선 차단 크림을 바르세요, 그렇지 않으면 여러분의 피부는 <u>햇볕에 탈 수 있습니다</u>.
08 ① cannot be answer → cannot be answered ② be → are
④ student was → students were ⑤ be → is
09 ③ 주어 the computer는 동작의 대상이므로 수동태로 써야 한다. 또한 조동사 can을 포함하고 있으므로 「조동사+be+과거분사」의 형태가 되어야 한다. 따라서 fix는 be fixed가 되는 것이 알맞다.
|해석| ・그 돈의 대부분을 썼다.
・회의는 취소되어야 한다.
・그 컴퓨터는 제시간에 고쳐질 수 있나요?
・그 학생들 중 한 명은 세 언어를 말할 수 있다.
・그 페이지들의 일부는 고학년 학생들에 의해 쓰였다.
10 (1) '답이 틀렸다.'라는 문장에 '그것은 너에 의해 고쳐져야 한다.'라는 문장이 이어지는 것이 자연스럽다.
(2) '음악이 너무 시끄럽다.'라는 문장에 '그것은 멀리 떨어진 곳에서도 들릴 수 있다.'라는 문장이 이어지는 것이 자연스럽다.
(3) '우리는 학교에서 연주회를 열 것이다.'라는 문장에 '학생들 모두가 초대될 것이다.'라는 문장이 이어지는 것이 자연스럽다.
11 도표에 따르면, 학생들의 4분의 3인 75%는 하루에 한두 시간 스마트폰을 사용한다. 따라서 ⑤ '학생들의 4분의 3은 하루에 세 시간 넘게 스마트폰을 사용한다.'는 도표의 내용과 일치하지 않는다.
|해석| ① 학생들 전부는 스마트폰을 사용한다.
② 학생들의 5퍼센트는 스마트폰을 하루에 세 시간 넘게 사용한다.
③ 학생들의 5분의 1은 스마트폰을 하루에 한 시간 미만 사용한다.
④ 학생들의 75퍼센트는 스마트폰을 하루에 한두 시간 사용한다.
⑤ 학생들의 4분의 3은 스마트폰을 하루에 세 시간 넘게 사용한다.
12 ④ 주어가 「퍼센트+of+명사」이고 of 뒤의 명사(them)가 복수 대명사이므로 동사도 복수형 use가 되어야 한다.
13 (1) '~될 수 있다'를 뜻하는 「can be+과거분사」 형태로 문장을 완성한다.

(2) '~될 수 없다'를 뜻하는 「can't(cannot) be+과거분사」 형태로 문장을 완성한다.

(3) '~될 것이다'를 뜻하는 「will be+과거분사」 형태로 문장을 완성한다.

14 (1) '~의 절반'은 half of ~로 나타내므로 주어는 Half of the students 이고, the students는 복수형이므로 복수 동사 are를 쓴다.

(2) 주어는 A third(One-third) of the money이고, the money는 단수 취급하므로 단수 동사 was를 쓴다.

(3) 주어는 About 90 percent of the students이고 the students 는 복수형이므로 복수 동사 were를 쓴다.

15 「조동사(can/will)+be+과거분사」 형태의 문장이 되도록 고쳐 쓴다.

|해석| 이것은 여러분을 위한 새로운 카메라입니다!

어디서든 사진을 찍으세요!

이것은 물속에서도 사용될 수 있습니다.

카메라는 특별 가격에 제공됩니다.

서두르세요!

곧 매진될 것입니다.

16 「half/percent/분수+of+명사」가 주어인 문장을 완성한다. 이때 of 뒤의 명사가 the students로 복수형이므로, 동사도 복수형으로 쓴다.

(1) 그래프에 따르면 전체 학생 중 절반은 자유 시간에 스마트폰을 사용한다.

(2) 학생들 중 30퍼센트는 자유 시간에 독서를 한다.

(3) 학생들 중 5분의 1은 자유 시간에 스포츠를 한다.

R Reading 고득점 맞기   pp.131~133

01 ④   02 ②   03 ②   04 ④   05 ②   06 ⑤   07 ③
08 ②   09 ②   10 Then what can   11 ②

[서술형]

12 (1) About a third of the bee population dies every year.
   (2) First, bees give us honey. Second, bees help produce many crops such as apples and strawberries.

13 moving pollen from one flower to another

14 (1) 기후 변화(또는 지구 온난화)
   (2) 농부들이 농작물에 사용하는 해로운 화학 물질

15 the use of harmful chemicals on crops must be stopped

---

01 '대부분의 벌은 작은 일벌들이다.'라는 뜻의 문장 ④는 벌이 사라지고 있다는 내용의 전체 글의 흐름과 어울리지 않는다.

02 ② '어떤 장소에서 살고 있는 특정 종류의 동물의 무리'가 '개체 수'를 뜻하는 population의 영어 뜻풀이로 알맞다.
① honey(꿀)의 영어 뜻풀이다.
③ seed(씨, 씨앗)의 영어 뜻풀이다.
④ process(과정)의 영어 뜻풀이다.
⑤ pollination(수분 작용)의 영어 뜻풀이다.

03 very는 비교급(worse)을 수식할 수 없다.

04 벌이 인간에게 어떤 도움을 주는지를 설명하고 있는 글이다.
|해석| ① 벌을 구하는 방법
② 벌은 모두 어디에 있는가?
③ 벌이 직면하고 있는 문제들
④ 벌은 인간을 위해 무엇을 하는가
⑤ 벌은 왜 사라지고 있는가

05 ③ help의 목적어로 to부정사나 to가 생략된 동사원형이 올 수 있다.
ⓑ 조동사(cannot)가 포함된 수동태는 「조동사+be+과거분사」의 형태로 쓴다.

06 벌이 수분 과정에서 돕는다고 하였으므로, '벌이 모두 사라지면 어떤 일이 벌어질까?'라는 질문에 알맞은 답은 ⑤ '많은 농작물이 수분 과정에서 어려움을 겪게 될 것이다.'이다.
|해석| 벌이 모두 사라지면 어떤 일이 벌어질까?
① 모든 나무와 꽃도 사라질 것이다.
② 사람들은 고대 이집트 때의 꿀을 먹을 것이다.
③ 벌이 수분 과정에서 역할을 할 것이다.
④ 사람들이 더 이상 살 수 없을 것이다.
⑤ 많은 농작물이 수분 과정에서 어려움을 겪게 될 것이다.

07 (A) '꿀벌들이 모두 어디로 갔을까?'라는 질문으로 글이 시작된 것으로 보아, 벌을 보기 힘들다(hard)는 뜻이 되는 것이 알맞다.
(B) 벌이 사라지고 있다고 하였으므로, 매년 벌 개체 수의 약 3분의 1 정도가 죽는다(dies)고 하는 것이 알맞다.
(C) 벌이 인간에게 꿀을 제공하고, 농작물의 수분 과정에서 도움을 준다는 내용이 이어지는 것으로 보아, 벌이 인간에게 매우 도움이 된다(helpful)고 하는 것이 알맞다.

08 꿀이 거의 영원히 상하지 않을 수 있다고 하였으므로, 이집트 때의 꿀을 지금도 먹을 수 있다(can be eaten)고 하는 것이 알맞다.

09 기후 변화와 농작물에 사용하는 해로운 화학 물질이 이유라고 이야기하고 있는 것으로 보아, 빈칸에는 '벌은 왜 사라지고 있을까?'라는 질문이 들어가는 것이 알맞다.
|해석| ① 벌은 얼마나 멀리 나는가?
② 벌은 왜 사라지고 있을까?
③ 벌은 인간을 위해 무엇을 하는가?
④ 우리는 벌을 구하기 위해 무엇을 할 수 있는가?
⑤ 벌은 서로 의사소통을 어떻게 하는가?

10 첫 번째 단락은 벌이 사라지고 있는 이유를 서술하고 있고, 두 번째 단락은 벌을 돕기 위해 우리가 할 수 있는 일을 나열하고 있다.

11 벌이 사라지고 있는 이유 중 하나는 지구 온난화로 인한 극심한 기후 변화이며(재훈), 글에서 벌을 돕기 위해 제시한 방법 중 하나는 해로운 화학 물질의 사용을 멈추는 것이다(한비).

12 (1) 얼마나 많은 벌이 매년 죽는지는 첫 번째 단락의 About a third of the bee population dies every year. 문장에 나와 있다.
(2) 벌이 인간에게 도움이 되는 이유는 두 번째 단락에 First와 Second로 제시하고 있다.

13 벌이 수분 과정에서 도움을 준다고 하였고 수분 과정이 꽃가루를 이 꽃에서 저 꽃으로 옮기는 것이라고 하였으므로, 수분 과정에서 벌이 꽃가루를 이 꽃에서 저 꽃으로 옮기는 역할을 하는 것임을 추론할 수 있다.

14 첫 번째 단락에서 벌들이 사라지는 이유로 기후 변화와 농부들이 농작물에 사용하는 해로운 화학 물질이라고 언급했다.

15 조동사가 포함된 수동태는 「조동사(must)+be+과거분사(stopped)」 형태로 쓴다.

---

pp.134~137

서술형 100% TEST

01 (1) help (2) helpful (3) harm (4) harmful

02 (1) I'm worried about land pollution

(2) Do you know how to reduce land pollution

03 (1) Do you know how to prevent it(text neck)

(2) You need to stretch your neck often

04 (1) global warming

(2) their food is disappearing

(3) how to slow down global warming

(4) turn off the lights

05 (1) I'm worried about our planet.

(2) Do you know how to take part in it?

06 (1) soccer game

(2) yellow dust

(3) many health problems

(4) their health

(5) text the other team members

07 (1) Plastic Bag Free Day

(2) doesn't break down easily

(3) How can I take part in it

(4) It's July 3

08 They are worried about disappearing bees

09 (1) This homework must be finished by tomorrow.

(2) This movie will be loved by many people.

10 ⓒ → This cheese should be sold by August 10th.

11 (1) Half, are (2) One, is (3) Three-fourths, are

12 (1) will be made

(2) will be decorated with balloons

(3) will be read

13 (1) Most of the students walk or ride a bike to school.

(2) Two-fifths of the students don't carry their own cups.

(3) 75 percent of the students recycle plastic.

14 will be loved by many children

15 ② → even(much, still, far, a lot)

④ → can be eaten

16 climate change, the harmful chemicals farmers use on crops

17 Global warming has brought extremely hot and cold weather.

18 help slow down global warming

19 Let's not let them down!

01 (1) '도움에 감사한다'는 의미가 되도록 명사 help(도움)가 알맞다.

(2) '언어를 공부하는 데 매우 도움이 된다'는 의미가 되도록 형용사 helpful(도움이 되는)이 알맞다.

(3) '해를 끼칠 의도는 아니었다'는 의미가 되도록 명사 harm(해)이 알맞다.

(4) '강한 햇빛은 피부에 매우 해롭다'는 의미가 되도록 형용사 harmful(해로운)이 알맞다.

|해석| • 모든 도움에 감사드립니다.

• 사전은 언어를 공부하는 데 매우 도움이 된다.

• 나는 너에게 어떤 해도 끼칠 의도는 아니었다.

• 강한 햇빛은 피부에 매우 해롭다.

02 (1) 걱정을 나타내는 표현인 I'm worried about ~.을 사용하여 토양 오염(land pollution)을 걱정하는 말을 완성한다.

(2) '너는 토양 오염을 줄일 수 있는 방법을 아니?'라고 방법을 묻는 말을 완성한다.

03 (1) Do you know how to ~?를 사용하여 거북목 증상을 예방하는 방법을 묻는 것이 알맞다.

(2) 그림에서 목을 스트레칭하고 있으므로 '목을 자주 스트레칭해야 한다.'라는 말이 들어가는 것이 알맞다.

04 (1) 북극곰이 위험에 처한 원인은 지구 온난화 때문이다.

(2) 북극곰의 서식지가 녹아 없어지고 있고 먹이가 사라지고 있다.

(3) 지구 온난화를 늦추는 방법을 아는지 묻는 표현이 알맞다.

(4) 방을 나갈 때 전등을 꺼야 한다고 말하는 것이 알맞다.

05 (1) '나는 우리 행성(지구)이 걱정돼.'라는 말이 되도록 쓴다.

(2) '너는 그것에 참여하는 방법을 아니?'라고 묻는 말이 되도록 쓴다.

06 오늘 축구 경기를 할 예정이었지만 황사가 심해 건강이 걱정되어 경기를 다른 날로 미루려고 한다.

07 (1) '비닐봉지를 쓰지 않는 날(Plastic Bag Free Day)'에 참여하자고 제안하는 것이 알맞다.

(2) 비닐봉지가 쉽게 분해되지 않기 때문에 큰 문제라고 하는 것이 알맞다.

(3) How can I ~?를 사용하여 Plastic Bag Free Day에 참여하는 방법을 묻는 것이 알맞다.

(4) 포스터에 제시되어 있는 날짜는 7월 3일이다.

08 대화 속 두 사람은 사라지고 있는 벌을 걱정하고 있다.

09 (1) 「조동사(must)+be+과거분사(finished)」의 형태를 이용하여 문장을 쓴다.

(2) 「조동사(will)+be+과거분사(loved)」의 형태를 이용하여 문장을 쓴다.

10 ⓒ '이 치즈는 8월 10일까지 팔려야 한다.'라는 말이 되어야 하므로, 조동사(should)가 포함된 수동태 「조동사(should)+be+과거분사(sold)」 형태가 되어야 한다.

|해석| ⓐ 그 땅의 3분의 2는 눈으로 덮여 있다.

ⓑ 그 편지는 잘못된 주소로 보내져서는 안 된다.

ⓒ 이 치즈는 8월 10일까지 팔려야 한다.

ⓓ 그 사람들 중 절반이 애완동물을 기른다.

11 (1) 검은색 고양이가 6마리로 12마리의 절반이므로 Half를 쓰고 of 뒤의 the cats가 복수형이므로 동사도 복수형 are를 쓴다.

(2) 흰색 고양이가 한 마리이므로 One을 쓰고 「one of+복수 명사(the cats)」가 주어인 경우 동사는 단수형 is를 쓴다.

(3) 리본을 달고 있는 고양이는 9마리로 12마리의 4분의 3이므로 Three-fourths를 쓰고 of 뒤의 the cats가 복수형이므로 동사도 복수형 are를 쓴다.

|해석| (1) 고양이들의 절반이 검은색이다.

(2) 고양이들 중 한 마리는 흰색이다.

(3) 고양이들의 4분의 3이 리본을 달고 있다.

12 각각 A big cake, The living room, A letter가 주어인 수동태 문장을 완성한다. 조동사 will이 모두 포함되어야 하므로 「조동사(will)+be+과거분사」의 형태로 쓴다.

|해석| 엄마의 생신이 이번 주 금요일이다. 온 가족이 엄마를 위한 생일 파티를 하려고 계획한다. Mike는 파티를 위해 커다란 케이크를 만들 것이다. Jessie는 거실을 풍선으로 장식할 것이다. 아빠는 엄마에게 편지를 읽어 줄 것이다.

13 (1) 「most of+명사(the students)」를 주어로 하여 문장을 쓴다.

(2) 「분수(two-fifths)+of+명사(the students)」를 주어로 하여 문장을 쓴다.

(3) 「퍼센트(75 percent)+of+명사(the students)」를 주어로 하여 문장을 쓴다.

14 It이 This book을 가리키므로, [보기]의 말을 이용해 수동태 문장을 완성한다. 조동사 will이 있으므로 조동사가 포함된 수동태 형태인 「조동사+be+과거분사」의 형태로 쓴다.

15 ② very는 비교급(worse)을 강조할 수 없다.

④ 동작의 대상인 honey가 주어이므로 수동태를 써야 하는데 조동사 can이 있으므로 can be eaten이 되어야 한다.

16 벌이 사라지고 있는 이유로 '기후 변화'와 '농부들이 농작물에 사용하는 해로운 화학 물질'이 언급되었다.

17 현재완료 시제는 「have+과거분사」 형태로 쓴다. 주어(Global warming)가 단수 명사이므로 has brought로 쓴다.

18 나무는 지구 온난화를 늦추는 데 도움이 된다고 했다.

19 '~하지 말자.'는 「Let's not+동사원형 ~.」으로 쓴다. let ~ down은 '~를 실망시키다'라는 뜻으로, 목적어인 대명사 them을 let과 down 사이에 넣는다.

01 ④ **02** ④ **03** ⑤ **04** ④ **05** ④ **06** ⑤ **07** (1) I'm worried about my math test next week. (2) Do you know how to make bibimbap **08** ② **09** play soccer, the yellow dust **10** ④ **11** ④, ⑤ **12** (1) 20 percent of the students skip breakfast. (2) About one-third(a third) of the milk was spilled. **13** (1) This puzzle can be solved by her. (2) This project must be finished by our group. **14** Two-thirds of the country is covered, 40 percent of the people spend **15** 벌 개체 수의 약 3분의 1이 매년 죽는 것 **16** ③ **17** ② **18** ② **19** ⓒ → Bees give humans honey and they help produce many crops such as apples and strawberries. **20** ③ **21** ⑤ **22** ④ **23** ① **24** ⑤ **25** (A) for bees to live in (B) must be stopped

01 'use(사용)–useful(유용한)'과 'health(건강)–healthy(건강에 좋은)'는 「명사–형용사」의 관계이다.

02 ④ '가열의 결과로 액체가 되다'를 뜻하는 단어는 melt(녹다)이다.

03 let ~ down: ~를 실망시키다

slow down: (속도·진행 등을) 늦추다

|해석| • 내가 그들을 실망시켜서 유감이다.

• 너는 지구 온난화를 늦추는 법을 아니?

04 ⓐ '영어를 공부하는 데 도움이 되는(helpful)'이 되어야 한다.

ⓑ '많은 해(harm)를 끼친다'가 되어야 한다.

ⓒ '로봇의 사용(use)이 우리의 삶을 더 편안하게 만들 것이다'가 되어야 한다.

ⓓ Be careful not to ~.가 '~하지 않도록 조심해라.'라는 의미를 나타낸다.

|해석| ⓐ 사전은 영어를 공부하는 데 매우 도움이 된다.

ⓑ 황사는 네 몸에 많은 해를 끼친다.

ⓒ 로봇의 사용은 우리의 삶을 더 편안하게 만들 것이다.

ⓓ 아기를 깨우지 않도록 조심해라.

05 대화의 흐름으로 보아 남동생을 걱정하는 말이 되어야 하므로, '걱정하는'을 뜻하는 worried가 들어가는 것이 알맞다.

06 ⑤ 건강을 유지하는 법을 아는지 물었는데 '응. 너는 패스트푸드 먹는 것을 좋아하잖아.'라고 답하는 것은 어색하다.

|해석| ① A: 너는 나에게 이 기계를 사용하는 방법을 말해 줄 수 있니?

B: 미안하지만, 나는 그것을 어떻게 사용하는지 몰라.

② A: 무슨 일 있니?

B: 아빠가 아프셔. 나는 아빠가 걱정돼.

③ A: 우리는 아프리카의 굶주린 아이들을 돕기 위해 무엇을 할 수 있을까?

B: 우리는 그들에게 돈을 기부할 수 있어.

④ A: 나는 북극곰이 걱정돼.
　　B: 나도 그래. 그들의 서식지는 지구 온난화 때문에 녹아 없어지고 있어.
⑤ A: 너는 건강을 유지하는 법을 아니?
　　B: 응. 너는 패스트푸드 먹는 것을 좋아하잖아.

07 (1) 걱정을 나타내는 말인 I'm worried about ~.을 이용해 대화를 완성한다.
(2) 방법을 묻는 말인 Do you know how to ~?를 이용해 대화를 완성한다.

08 주어진 문장의 it은 the news를 가리키고 뉴스의 내용을 묻고 있으므로, 뉴스의 내용을 말하는 말 앞인 ②에 들어가는 것이 알맞다.

09 Sam과 Kathy는 황사가 심해서 오늘 하기로 한 축구 경기를 다른 날 하려고 한다.

10 조동사(should)가 포함된 수동태는 「조동사+be+과거분사」의 형태로 쓰고 부정어 not은 조동사 뒤에 쓴다.
|해석| 이 스웨터는 뜨거운 물로 세탁되어서는 안 된다.

11 ④ 엽서가 '배달되는' 것이므로 수동태로 나타내야 한다. 조동사 must가 있으므로 「조동사(must)+be+과거분사(delivered)」인 must be delivered로 써야 한다.
⑤ 주어가 「Half of+명사」이면 동사는 of 뒤의 명사의 수에 일치시키는데 money는 단수 취급하므로 are를 단수 동사 is로 고쳐 써야 한다.
|해석| ① 피자의 절반이 식탁 위에 남아 있었다.
② 그 달걀들 대부분이 요리되었다.
③ 그 영웅은 사람들에게 영원히 사랑받을 것이다.
④ 이 엽서는 내일까지 배달되어야 한다.
⑤ 내 지갑에서 돈의 절반이 사라졌다.

12 (1) 주어는 20 percent of the students이고, the students는 복수 명사이므로 복수 동사 skip을 써서 문장을 완성한다.
(2) 주어는 one-third(a third) of the milk이고, milk는 단수 취급하므로 단수 동사를 써야 하며 '쏟아졌다'는 과거시제로 써야 하므로 was spilled를 쓴다.

13 조동사(can, must)가 포함된 수동태는 「조동사+be+과거분사」의 형태로 쓴다.

14 • 주어는 Two-thirds of the country로 나타내고, the country가 단수 명사이므로 단수 동사 is covered를 쓴다.
• 주어는 40 percent of the people로 나타내고, the people이 복수 명사이므로 동사도 복수형 spend를 쓴다.

15 밑줄 친 This는 바로 앞 문장의 내용을 가리킨다.

16 비교급(worse)을 수식하는 부사 even과 바꿔 쓸 수 있는 것은 a lot이다.

17 ② taste는 자동사로 형용사를 보어로 취한다. 따라서 부사 greatly를 형용사 great로 고쳐 써야 한다.

18 ② harmful(해로운)의 영어 뜻풀이로, 글에 나오지 않는 단어이다.
① ancient(고대의)의 영어 뜻풀이다.
③ honey(꿀)의 영어 뜻풀이다.
④ pollination(수분, 수분 과정)의 영어 뜻풀이다.
⑤ process(과정)의 영어 뜻풀이다.

19 ⓒ '벌은 인간을 어떻게 돕는가?'라는 질문에 '벌은 인간에게 꿀을 주고 사과와 딸기 같은 많은 농작물을 생산하는 데 도움을 준다.'라고 답할 수 있다. 나머지 질문에 대한 답은 글에서 찾을 수 없다.
|해석| ⓐ 벌은 꿀을 어떻게 모으는가?
ⓑ 벌은 인간에게 얼마나 많은 꿀을 주는가?
ⓒ 벌은 인간을 어떻게 돕는가?
ⓓ 수분 작용은 얼마나 걸리는가?

20 ③ 꿀은 거의 영원히 상하지 않아 고대 이집트 때의 꿀을 오늘날에도 먹을 수 있다고 하였으므로, '우리가 고대 이집트 때의 꿀을 먹는 것은 불가능하다.'라고 말한 하윤이가 글을 바르게 이해하지 못했다.
|해석| ① 지민: 벌은 꿀의 생산자야.
② 태영: 꿀은 건강에 좋은 음식이야.
③ 하윤: 우리가 고대 이집트 때의 꿀을 먹는 것은 불가능해.
④ 준하: 벌은 수분 과정에서 중요한 역할을 해.
⑤ 수지: 많은 농작물이 벌 없이는 생산될 수 없어.

21 벌이 사라지고 있는 이유를 묻는 질문으로 시작하는 글이므로, One of the reasons ~로 첫 번째 이유가 먼저 나오고, Another reason ~으로 두 번째 이유가 오도록 배열한다. (E) 뒤에 climate change를 설명하는 (B)가 이어지고, (B)에 언급된 날씨가 (C)의 these conditions로 이어진다. (D)의 These chemicals가 (A)의 Another reason ~의 the harmful chemicals를 말하므로, (D)는 (A) 뒤에 온다.

22 ⓐ와 ④의 like는 '~처럼, ~같이'라는 뜻의 전치사로 쓰였다. 나머지는 '좋아하다'라는 뜻의 동사로 쓰였다.
|해석| ① 나는 클래식 음악을 좋아하지 않는다.
② 나의 여동생과 나는 매운 음식을 정말 좋아한다.
③ 너는 그 영화의 어떤 점이 좋았니?
④ 그는 그의 아버지처럼 행동하고 말한다.
⑤ 그녀는 주말에 테니스를 치는 것을 좋아한다.

23 Our little yellow friends 즉 벌을 돕기 위한 방법을 말하고 있는 글이므로, ① '벌을 구하는 방법'이 글의 제목으로 알맞다.
|해석| ① 벌을 구하는 방법
② 벌이 인간을 위해 무엇을 하는가
③ 벌을 위한 좋은 환경
④ 벌이 사라지고 있는 이유
⑤ 지구 온난화를 늦추는 방법

24 ⓔ let ~ down은 '~를 실망시키다'라는 뜻이다.

25 (A) to live in은 앞의 a good environment를 수식하는 형용사적 용법의 to부정사이고, bees가 to부정사의 의미상의 주어이다. to부정사의 의미상의 주어는 「for+목적격」으로 to부정사 앞에 써야 하므로 for bees to live in이 되어야 한다.
(B) 주어인 the use가 멈춰져야 하는 것이므로 수동태 문장이 되어야 한다. 조동사(must)가 포함된 수동태는 「조동사+be+과거분사」 형태로 쓴다.

01 ② **02** ⑤ **03** ③ **04** ③ **05** ④ **06** Their homes are melting away and their food is disappearing. **07** (1) matter (2) sorry (3) worried (4) worry (5) okay **08** Do you know how to save water **09** (1) participate in Earth Hour (2) We turn off our lights together for an hour. **10** ② **11** ③ **12** should be sold **13** (1) 90 percent of the students agree with this plan. (2) This box must be moved carefully. **14** ④ **15** ⑤ **16** ⑤ **17** ② **18** ④ **19** They kill not only bad insects, but also good insets, like bees. **20** ④ **21** ③ **22** ③ **23** plant more flowers and trees, using(the use of) harmful chemicals on crops **24** ③ **25** ③ → Half of them turn off the water when they brush their teeth. ⑤ → They should think about the environment more.

01 첫 번째 빈칸에는 '식물'을 뜻하는 명사 plant가 들어가고, 두 번째 빈칸에는 '(식물을) 심다'를 뜻하는 동사 plant가 들어간다.
|해석| • 식물에 일주일에 두 번 물을 주세요.
 • 나는 뒤뜰에 채소를 좀 심을 것이다.

02 ① provide(제공하다, 주다)가 아니라, cause(~을 야기하다)의 영어 뜻풀이다.
② survive(살아남다)가 아니라, provide(제공하다, 주다)의 영어 뜻풀이다.
③ cause(~을 야기하다)가 아니라, ancient(고대의)의 영어 뜻풀이다.
④ seed(씨, 씨앗)가 아니라, honey(꿀)의 영어 뜻풀이다.

03 ③ '태양이 나오자 얼음이 녹기 시작했다.'라는 뜻이 되는 것이 자연스러우므로, freeze(얼다) 대신 melt(녹다)를 쓰는 것이 알맞다.
|해석| ① 모두가 담배를 피우는 것이 건강에 좋지 않다는 것을 안다.
② 그녀는 남부 캘리포니아의 건조한 기후를 좋아한다.
③ 태양이 나오자 얼음이 얼기(→ 녹기) 시작했다.
④ 그 섬이 언젠가 사라질지도 모른다는 것은 사실이다.
⑤ 벌은 한 꽃에서 다른 꽃으로 꽃가루를 옮긴다.

04 목이 아프다는 상대방에게 거북목 증후군이 생기지 않도록 조심하라는 말(B)이 이어진 뒤, 그 방법을 묻고(D) 답한 후(A), 그 방법대로 하겠다는 말(C)이 나오는 것이 자연스럽다.

05 ④ 대화의 흐름상 지구 온난화를 늦추는 방법을 아는지 묻는 말이 되어야 하므로 Do you know how to slow down global warming? 으로 말해야 알맞다.

06 지구 온난화로 인해 북극곰의 서식지가 녹아 없어지고 있고 그들의 먹이가 사라지고 있다고 했다.

07 무슨 일이 있는지 묻고, 남동생이 다리가 부러졌다는 상대방에게 유감을 표현하는 것이 알맞다. 또한 남동생을 걱정하는 말에 걱정하지 말라고 위로하는 말을 하는 것이 알맞다.

08 B가 이를 닦을 때 물을 잠그라고 말하는 것으로 보아, A는 물을 절약하는 방법을 아는지 묻는 말을 하는 것이 알맞다.

09 (1) Linda는 민호에게 Earth Hour에 참여하자고 제안한다.
(2) Linda의 말에 따르면, 한 시간 동안 함께 불을 끔으로써 Earth Hour에 참여할 수 있다.

10 ② 주어가 「Half of+명사」이면 동사는 of 뒤의 명사의 수에 일치시키는데 apples는 복수 명사이므로 복수 동사 are가 들어간다.
①, ③, ④ 주어가 「All/분수(A quarter, Three-fourths)+of+명사」이면 동사는 of 뒤의 명사의 수에 일치시킨다. olive oil과 money는 단수 취급하고, mountain은 단수 명사이므로 모두 단수 동사 is가 들어간다.
⑤ 주어가 「One of+복수 명사」이면 동사는 One에 맞춰 단수 동사가 쓰이므로 is가 들어간다.
|해석| ① 올리브유 전부가 요리를 위한 것이다.
② 사과들의 절반이 녹색이다.
③ 그 돈의 4분의 1이 내 지갑 안에 있다.
④ 그 산의 4분의 3이 눈으로 덮여 있다.
⑤ 가장 빠른 달리기 주자들 중 한 명이 Kevin이다.

11 ⓑ 조동사가 포함된 수동태의 부정형은 「조동사+not+be+과거분사」의 형태가 되어야 하므로, will not be sung으로 고쳐야 한다.
ⓒ Half of 뒤의 the teens가 복수 명사이므로 동사의 복수형 have가 되어야 한다.
|해석| ⓐ 이 보고서는 내일까지 끝마쳐져야 한다.
ⓑ 그 노래는 우리에 의해 불리지 않을 것이다.
ⓒ 십 대들의 절반이 자신의 방을 가지고 있다.
ⓓ 이 사무실의 사람들 중 일부는 짧은 머리이다.

12 '이 치즈는 5월 31일까지 팔려야 한다.'라는 말이 되도록 조동사 should가 포함된 수동태 「조동사(should)+be+과거분사(sold)」로 쓴다.

13 (1) 「퍼센트+of+명사」 형태로 주어를 쓰고, of 뒤의 명사가 복수형(students)이므로 동사의 복수형 agree를 쓴다.
(2) 조동사(must)가 포함된 수동태는 「조동사+be+과거분사」의 형태로 쓴다.

14 ⓐ와 ④는 진주어로 쓰인 to부정사이다.
① 원인을 나타내는 to부정사(부사적 용법)
② 목적어로 쓰인 to부정사(명사적 용법)
③ 앞의 대명사(something)를 수식하는 to부정사(형용사적 용법)
⑤ '~하기 위해'라는 의미의 목적을 나타내는 to부정사(부사적 용법)
|해석| ① 나는 너를 보게 되어 기뻐.
② 세미는 농구를 하는 것을 좋아한다.
③ 우리는 마실 것이 필요하다.
④ 네가 아침을 먹는 것이 중요하다.
⑤ Tom은 첫 기차를 타기 위해 역으로 달렸다.

15 벌이 모두 어디로 갔는지 묻고 있고 벌을 보는 것이 어렵다는 말로 보아, 벌이 사라지고 있다는 말(disappearing)이 알맞다.

16 벌이 인간에게 어떤 도움을 주는지 설명하는 단락과 벌이 사라지는 이유를 설명하는 단락으로 나눌 수 있다.

17 (A) 벌이 인간에게 꿀을 제공하고 농작물의 수분 과정에서 도움을 준다는 내용이 이어지는 것으로 보아, helpful(도움이 되는)이 들어가는 것이 알맞다.

(B) 해로운 곤충뿐만 아니라 이로운 곤충도 죽인다고 하였으므로 화학 물질이 해롭다(harmful)고 하는 것이 알맞다.

18 ⓓ by themselves는 '스스로, 그들만의 힘으로'라는 의미를 나타낸다.

19 농작물에 사용되는 해로운 화학 물질은 해로운 곤충뿐만 아니라 벌과 같은 이로운 곤충도 죽인다고 했다.

20 ④ 지구 온난화로 인해 극도로 덥고 추운 날씨를 초래하여 벌이 사라지고 있다고 하였으므로, 지구 온난화가 벌의 생존에 미치는 영향이 작다고 볼 수 없다.

21 ⓒ를 제외한 나머지는 모두 '벌들'을 가리킨다.

22 벌을 돕기 위해 우리가 할 수 있는 일을 설명하는 글이므로 요지로 적절한 것은 ③ '인간은 벌을 보호하기 위해 무언가를 해야 한다.'가 알맞다.

|해석| ① 인간은 더 많은 벌을 길러야 한다.

② 인간은 해로운 화학 물질을 연구해야 한다.

③ 인간은 벌을 보호하기 위해 무언가를 해야 한다.

④ 인간은 위험한 환경에서 살아남아야 한다.

⑤ 인간은 미래를 위해 더 많은 농작물을 생산하려고 노력해야 한다.

23 벌을 돕기 위해 우리가 할 수 있는 일로 언급된 것은 더 많은 꽃과 나무를 심는 것이고, 멈춰야 하는 일로 언급된 것은 농작물에 해로운 화학 물질을 사용하는 것이다.

24 빈칸에 들어갈 말로 알맞은 것은 green으로 '환경 친화적인'이라는 뜻의 형용사이다.

25 ③ Half of them이 주어이고 of 뒤의 them은 복수 대명사이므로, 동사도 복수형 turn으로 고쳐 써야 한다.

⑤ 주어인 They는 설문 조사를 한 10명의 학급 친구들로, 그들이 '생각하는' 것이므로 수동태가 아니라 능동태인 should think로 고쳐 써야 한다.

---

01 ②   **02** ③   **03** ④   **04** ③   **05** ④   **06** ③   **07** Do you know how to save the environment?   **08** (1) I'm worried about air pollution. (2) We need to use public transportation.   **09** ⑤   **10** [모범답] 축구팀의 다른 팀원들에게 축구 경기를 연기하는 것이 어떤지 의견을 묻는 문자를 보낼 것이다.   **11** (1) All of my friends like eating cakes. (2) Some of the information was not true.   **12** (1) A plastic bag should not be used (on this day). (2) We should bring our own shopping bags (on this day).   **13** ③   **14** ④   **15** cannot be produced   **16** ④   **17** ③   **18** ④   **19** [모범답] One of the reasons is the climate change. Another reason is the harmful chemicals farmers use on crops.   **20** ⑤   **21** ⑤   **22** ①, ⑤   **23** must is stopping → must be stopped   **24** ④   **25** ⓐ 벌 개체 수의 약 3분의 1이 매년 죽는다. ⓑ 벌에게 좋은 환경을 제공하기 위해 더 많은 꽃과 나무를 심어라.

01 '연필꽂이라는 새로운 용도(use)'라는 의미가 적절하므로 빈칸에 알맞은 것은 use이다.

02 ③ let ~ down은 '~를 실망시키다'라는 뜻을 나타낸다.

|해석| ① 방을 나갈 때 불을 꺼 주세요.

② Green Day 캠페인에 참여하자.

③ 나는 Susan이 우리를 실망시키지 않을 거라고 확신한다.

④ 우리는 위험에 처한 야생 동물들을 구해야 한다.

⑤ 그 그룹의 사람들은 숲을 보호하기 위해 조치를 취하고 싶어 한다.

03 ④ process(과정)가 아니라 provide(제공하다, 주다)가 들어가는 것이 알맞다.

|해석| • 이 책은 고대 로마에 관한 것이다.

• 그 질병의 원인은 알기 어렵다.

• 사막은 극도로 덥다.

• 유리와 나라는 종종 길고양이들에게 먹이를 제공한다.

• 농부들은 봄에 씨앗을 심는다.

04 무슨 일이 있는지 묻는 말(C)에 남동생의 팔이 부러졌다고 답을 하고 (E), 그 말에 유감을 표현하는 말(A)이 이어진 뒤, 동생을 걱정하는 말(D)과 괜찮을 거라며 위로하는 말(B)이 나오는 흐름이 자연스럽다.

05 방법을 물을 때 Do you know how to ~? 또는 Can you tell me how to ~?로 말할 수 있다.

06 ① 그곳에 가는 방법을 물었는데 규칙적으로 운동해야 한다고 답하는 것은 어색하다.

② 쿠키를 만드는 법을 아는지 물었는데, 안다고 답한 후 나에게 쿠키를 만들어 달라고 덧붙이는 것은 어색하다.

④ 질문을 해도 되는지 물었는데, 그러라고 답한 후 누구냐고 묻는 것은 어색하다.

⑤ 자신의 개가 전혀 먹지 않는다고 걱정하는 말에 기쁨을 표현하는 말을 하는 것은 어색하다.

|해석| ① A: 제가 어떻게 그곳에 갈 수 있나요?

B: 당신은 규칙적으로 운동해야 합니다.

　② A: 너는 쿠키를 만드는 법을 아니?

　　B: 물론이야. 나에게 쿠키를 좀 만들어 줘.

　③ A: 나는 사라지는 벌들이 걱정돼.

　　B: 나도 그래. 그건 심해.

　④ A: 뭐 좀 물어봐도 될까?

　　B: 물론이지. 누군데?

　⑤ A: 나의 개가 전혀 먹지 않아. 나는 개가 걱정돼.

　　B: 오, 그 말을 들으니 기쁘구나.

07 「Do you know how to+동사원형 ~?」을 사용하여 방법을 묻는 말을 완성한다.

08 (1) '나는 ~이 걱정돼.'는 I'm worried about ~.을 이용해 영작한다.

(2) A가 대기 오염을 줄이는 방법을 아는지 물었으므로 「We need to+동사원형 ~.」을 이용해 방법을 답하는 문장을 쓴다.

09 ⑤ Kathy는 다른 날 축구를 할 수 있다고 했고, 체육관에서 축구를 하자고 제안하지는 않았다.

|해석| ① 그녀는 오늘 축구를 할 계획이 있었다.

② 그녀는 뉴스를 보지 못했다.

③ 그녀는 황사가 신체에 주는 영향을 안다.

④ 그녀는 그들이 다른 날에 경기를 하면 된다고 생각한다.

⑤ 그녀는 그들이 체육관에서 축구를 하자고 제안한다.

10 Kathy가 다른 날 축구를 하면 된다고 하자, Sam이 이에 동의하며 다른 팀원들에게 문자를 보내겠다고 했다.

11 「all/some of+명사」가 주어인 문장을 완성한다.

12 (1) 포스터를 보면 이 날에는 비닐봉지가 사용되어서는 안 된다.

(2) 이 날에는 자신의 장바구니를 가져와야 한다.

13 ① can use → can be used

② is → are

④ must being protected → must be protected

⑤ is → are

|해석| ① 이 카메라는 물속에서 사용될 수 있다.

② 나의 책들 중 절반은 판타지 소설이다.

③ 당신의 식사가 곧 나올 거예요.

④ 여러분의 피부는 태양으로부터 보호되어야 한다.

⑤ 아이들의 약 3분의 1 정도가 밖에서 놀고 있다.

14 꿀이 거의 영원히 상하지 않을 수 있다는 말에 대한 구체적인 사례이므로, ④에 들어가는 것이 알맞다.

15 동작의 대상인 농작물(crops)이 주어이므로 '스스로 생산될 수 없다'라는 의미의 수동태를 써야 한다. 조동사 cannot을 써야 하므로 「조동사(cannot)+be+과거분사(produced)」 형태인 cannot be produced로 쓴다.

16 ④ 벌의 생산물인 꿀은 건강에 좋고 맛도 좋다고 했다.

17 (B) pollination(수분)이 무엇인지 설명하는 문장이 이어지고 있다.

(C) pollen(꽃가루, 화분)이 무엇인지 설명하는 문장이 이어지고 있다.

|해석| ⓐ 꽃가루가 무엇인가요?

ⓑ 수분이 무엇인가요?

ⓒ 벌이 수분을 위해 무엇을 하나요?

ⓓ 벌이 어떻게 수분을 돕나요?

18 (A) 형용사 hot and cold를 수식하는 부사 extremely(극도로)가 알맞다.

(B) 농부들이 농작물에 사용하는 화학 물질이 해로운 곤충뿐만 아니라 이로운 곤충도 죽인다고 하였으므로 '해로운(harmful)' 화학 물질이 되는 것이 알맞다.

(C) not only A but also B는 'A뿐만 아니라 B도'라는 의미를 나타낸다.

19 벌이 사라지고 있는 이유로 두 가지가 언급되었으며, 그 중 하나는 '기후 변화'이고, 다른 하나는 '농부들이 농작물에 사용하는 해로운 화학 물질'이라고 했다.

20 ⓐ와 ⑤는 '~하기 위해'라는 의미의 목적을 나타내는 to부정사(부사적 용법)이다.

① 주격 보어로 쓰인 to부정사(명사적 용법)

② 가주어 It에 대한 진주어로 쓰인 to부정사

③, ④ 목적어로 쓰인 to부정사(명사적 용법)

|해석| ① 그녀의 꿈은 작가가 되는 것이다.

② 그는 스파게티를 요리하는 것이 쉽다.

③ 나의 여동생은 새 자전거를 갖고 싶어 했다.

④ 나의 가족은 부산으로 이사 가기로 결정했다.

⑤ 소라는 책을 빌리기 위해 도서관에 갔다.

21 slow down: (속도 · 진행을) 늦추다

let ~ down: ~를 실망시키다

22 벌을 도울 수 있는 방법으로 더 많은 꽃과 나무를 심는 것과 농작물에 해로운 화학 물질의 사용을 멈추는 것을 언급했다.

23 다섯 번째 문장에서 the use of harmful chemicals on crops가 주어인 것으로 보아 수동태 문장이 되어야 한다. 조동사가 포함된 수동태는 「조동사+be+과거분사」로 쓰므로 must is stopping은 must be stopped로 고쳐야 한다.

24 (A) 다음 문장은 벌 개체 수의 약 3분의 1이 매년 죽는다는 문제점(problem)을 다루고 있고, (B) 다음의 1번과 2번은 문제점의 원인(causes)을 다루고 있으며, (C) 다음의 1번과 2번은 해결 방안(solutions)을 다루고 있다.

25 ⓐ About a third of the bee population은 '벌 개체 수의 약 3분의 1'로 해석한다.

ⓑ 동사원형(Plant)으로 시작하는 명령문으로, '~해라.'로 해석한다. to provide는 '제공하기 위해'라는 뜻의 목적의 의미를 나타내는 to부정사이다.

01 ③　**02** ②　**03** ⑤　**04** (1) Be careful not to get text neck. (2) You need to stretch your neck often.　**05** ③
06 (1) Polar bears (2) are melting away (3) global warming (4) slow down global warming (5) turn off the lights when we leave the room　**07** ⑤　**08** (1) I'm worried about air pollution. (2) Do you know how to reduce it(air pollution)?　**09** Let's look it up on the Internet.　**10** They turn off their lights together for an hour.　**11** ③　**12** (1) The survey were → The survey was (2) Only 10 percent of them uses → Only 10 percent of them use　**13** (1) must not be used (2) will be shown
14 ③　**15** These crops cannot be produced by themselves.
16 ⑤　**17** ②　**18** bees give us honey, bees help produce many crops such as apples and strawberries
19 ⑤　**20** ③　**21** ⑤　**22** survive　**23** ③　**24** ⓑ → Global warming has brought extremely hot and cold weather. ⓓ → The use of harmful chemicals on crops must be stopped.　**25** (1) 80 percent of the students recycle plastic. (2) Two-fifths of the students carry their own shopping bags. (3) Half of the students take a shower in less than 5 minutes.

01 ③ '~을 야기하다, ~을 일으키다'라는 뜻의 동사 cause로 쓰였다.
　① 마지막의 〈형용사〉 / 지속되다, 오래가다 〈동사〉
　② 거르다, 건너뛰다 〈동사〉 / 줄넘기를 하다 〈동사〉
　④ 화학의, 화학적인 〈형용사〉 / 화학 물질 〈명사〉
　⑤ (나무를) 심다 〈동사〉 / 식물 〈명사〉
　|해석| ① 나의 마지막 수업은 4시에 끝난다.
　　　그 음식은 무더운 날씨에 오래가지 않을 것이다.
　② 살을 빼기 위해 식사를 거르지 마.
　　　운동장에서 줄넘기를 하자.
　③ 지진이 큰 피해를 일으켰다.
　　　거북목 증후군은 내 목에 고통을 야기했다.
　④ 그것은 화학적 변화를 일으켰다.
　　　많은 세탁 제품이 해로운 화학 물질을 포함하고 있다.
　⑤ 우리는 정원에 토마토와 당근을 심을 것이다.
　　　이 식물은 충분한 물과 햇빛이 필요하다.
02 ② produce(생산하다, (식물이 열매 등을) 맺다)의 영어 뜻풀이다.
　① ancient(고대의)의 영어 뜻풀이다.
　③ process(과정)의 영어 뜻풀이다.
　④ population(인구, 개체 수)의 영어 뜻풀이다.
　⑤ conditions(환경, 상황)의 영어 뜻풀이다.
03 ⑤ 모르는 단어를 사전에서 '찾아봤다'라는 의미가 되어야 하므로, slowed it down을 looked it up으로 고쳐야 한다.
　|해석| ① 북극곰은 왜 위험에 처해 있나요?

② 나는 요즘 책을 읽을 시간이 없다.
③ 나는 노래 경연 대회에 참가할 것이다.
④ 우리는 환경을 위해 조치를 취해야 한다!
⑤ 나는 그 단어를 몰라서 사전에서 늦추었다(→ 찾아보았다).
04 목이 아프다는 말에 거북목이 되지 않도록 주의하라고 한 뒤, 예방법을 묻고 답하는 대화로 이어지는 것이 알맞다.
05 A가 건강을 걱정하자 B가 하이킹을 다른 날 가자고 제안한 것으로 보아, 빈칸에는 '오늘 황사가 심해.'라는 말이 들어가는 것이 알맞다.
06 (1) 대화에서 두 사람은 위험에 처한 북극곰에 대해 이야기하고 있다.
　(2) 북극곰의 집은 녹아 없어지고 있고, (3) 북극곰이 위기에 처한 것은 지구 온난화 때문이다. (4) 지구 온난화를 늦추기 위한 방법으로 에너지 절약을 이야기했고, (5) 에너지를 절약하는 한 방법으로 방을 나갈 때 불을 끄는 것을 이야기했다.
07 ⑤ 방에서 나갈 때 불을 꺼야 한다고 말한 사람은 진수(B)가 아니라 A이다.
　|해석| ① 진수는 기사에서 북극곰에 관해 읽었다.
　② 두 사람 모두 북극곰이 위험에 처해 있다는 것을 안다.
　③ 지구 온난화 때문에 북극곰의 먹이가 사라지고 있다.
　④ 진수는 그들이 지구 온난화를 늦추기 위해 에너지를 절약해야 한다고 생각한다.
　⑤ 진수는 그들이 방을 나갈 때 불을 꺼야 한다고 제안한다.
08 (1) 그림이 나타내는 것은 대기 오염(air pollution)이므로 I'm worried about ~.을 사용하여 대기 오염을 걱정하는 말을 쓴다.
　(2) A의 마지막 말이 대기 오염을 줄이는 방법에 관한 것이므로 Do you know how to ~?를 사용하여 대기 오염을 줄이는 방법을 묻는 말을 쓴다.
09 '~ 하자'는 Let's를 사용하고, '찾아보다'라는 의미인 look up을 사용해서 문장을 쓴다.
10 대화에 따르면, 매년 사람들이 세계적인 환경 운동인 Earth Hour에 참여하여 1시간 동안 함께 불을 끈다고 했다.
11 ⓑ 「one of+명사」는 단수 취급하므로, 동사의 단수형 has가 들어가야 한다.
　ⓓ 조동사(will)가 포함된 수동태는 「조동사+be+과거분사」의 형태로 써야 하므로, 과거분사 loved가 되어야 한다.
　ⓔ 「one quarter of+명사」가 주어이고 of 뒤의 명사 the people이 복수 명사이므로 동사도 복수형 live가 되어야 한다.
12 (1) 두 번째 문장의 주어 The survey는 단수 명사이므로 동사도 단수형인 was로 고쳐 써야 한다.
　(2) 일곱 번째 문장의 주어가 「퍼센트(10 percent)+of+명사(them)」이므로 동사는 of 뒤의 복수 대명사 them에 맞춰 복수형 use로 고쳐 써야 한다.
13 (1) 물속에서 사진을 찍어도 되는지 묻는 말에 I'm sorry.라고 답한 것으로 보아, '이 카메라는 물속에서 사용되어서는 안 된다.'라는 말이 되는 것이 자연스럽다. 금지를 나타내는 must not을 써서 「조동사(must)+not+be+과거분사(used)」의 형태로 쓴다.
　(2) 다음 영화가 언제인지 묻는 말에 '다음 영화는 오후 7시에 상영될 것이다.'라고 답하는 것이 자연스럽다. 앞으로의 일을 나타내므로 조동사 will을 써서 「조동사(will)+be+과거분사(shown)」의 형태로 쓴다.

|해석| (1) A: 제가 이 카메라로 물속에서 사진을 찍을 수 있나요?

B: 죄송합니다. 이 카메라는 물속에서 <u>사용되어서는 안 됩니다.</u>

(2) A: 다음 영화는 언제인가요?

B: <u>다음 영화는 저녁 7시에 상영될 것입니다.</u>

14 음식으로서 꿀의 좋은 점을 언급한 후 ③ '이번 주 목요일 오전 10시에 꿀 시식회가 있다.'는 문장은 글의 흐름상 어색하다.

15 '생산될 수 없다'는 cannot이 포함된 수동의 의미를 나타내므로 「조동사(cannot)+be+과거분사(produced)」로 쓴다. '(그들) 스스로'는 by themselves로 쓴다.

16 '씨를 만들기 위해 이 꽃에서 저 꽃으로 꽃가루를 옮기는 것'은 pollination(수분)이다.

17 ② 벌 개체 수의 약 3분 1이 매년 죽는다고 하였으므로, 벌의 수가 늘고 있는(increasing) 것이 아니라 줄고 있음(decreasing)을 알 수 있다.

|해석| 틀린 것은 어느 것인가요?

① 오늘날 우리는 꿀벌을 쉽게 볼 수 없다.

② 벌의 수는 매년 증가하고 있다.

③ 꿀은 건강에 좋은 음식이다.

④ 꿀은 거의 영원히 유지될 수 있다.

⑤ 벌은 수분 과정에서 도움을 주는 자이다.

18 벌이 인간에게 매우 도움이 된다며 두 가지를 예로 들고 있다. 첫 번째는 우리에게 꿀을 주는 것이고, 두 번째는 사과와 딸기 같은 많은 농작물을 생산하는 데 도움이 되는 것이다.

19 첫 번째 단락은 벌이 사라지는 문제의 원인에 대해 설명하고 있고, 두 번째 단락은 그 해결 방안에 대해 설명하고 있다.

20 (A) 「one of+복수 명사」는 단수 취급하므로 단수 동사 is가 알맞다.

(B) to live in의 의미상의 주어로 「for+목적격」이 되어야 한다.

(C) 조동사(must)가 포함된 수동태는 「조동사(must)+be+과거분사(stopped)」 형태로 쓴다.

21 ⑤ These chemicals는 앞 문장의 농작물에 사용하는 해로운 화학 물질을 가리키므로, 벌과 사람에게 해롭다(unhealthy)고 하는 것이 알맞다.

22 '인간은 음식과 물 없이는 살아남을(survive) 수 없다.'는 뜻의 문장이 되는 것이 알맞다.

23 ③ 해충에 대한 언급은 글에 없다.

24 ⓑ 극도로 덥고 추운 날씨를 가져온 것은 지구 온난화이다.

ⓓ 벌을 돕기 위해 멈춰야 하는 것은 농작물에 해로운 화학 물질을 사용하는 것이다.

|해석| ⓐ 벌이 농작물을 어떻게 돕나요?

ⓑ 무엇이 극도로 덥고 추운 날씨를 가져왔나요?

ⓒ 어떤 화학 물질이 벌에게 안전한가요?

ⓓ 벌을 돕기 위해 무엇이 멈춰져야 하나요?

25 (1) 20명 중 16명은 80퍼센트이므로, 80 percent of the students를 주어로 답을 완성한다.

(2) 20명 중 8명은 5분의 2이므로 Two-fifths of the students를 주어로 답을 완성한다.

(3) 10명은 20명의 절반이므로 Half of the students를 주어로 답을 완성한다.

Lesson 3
Heal the World

STEP A

W Words 연습 문제
p.157

A 01 정리하다
02 목욕
03 또렷하게, 분명히
04 없애다, 제거하다
05 녹음, 녹화
06 (짐을) 싸다, 포장하다
07 (경치, 그림, 무대의) 배경
08 함께 나누다, 공유하다
09 (특정한) 장소, 자리
10 근처, 이웃
11 마을
12 (동물의) 털
13 선택하다, 선정하다
14 현장, 장소
15 인사하다
16 천천히, 느리게
17 운영자, 관리자
18 양로원
19 중요하다, 문제 되다
20 먹이를 주다

B 21 address
22 wing
23 brush
24 land
25 deliver
26 politely
27 select
28 mess
29 bright
30 agree
31 blind
32 trash
33 volunteer
34 before
35 elderly
36 rewarding
37 vote
38 donation
39 teen
40 rule

C 01 명심하다
02 모이다
03 ~으로 나누다
04 ~에게 도움을 주다
05 ~와 잘 지내다
06 ~을 자랑스러워하다
07 ~의 앞에
08 최선을 다하다

W Words Plus 연습 문제
p.159

A 1 spot, 장소, 자리　2 teen, 십 대의, 십 대
3 matter, 중요하다, 문제 되다　4 volunteer, 자원봉사자
5 wing, 날개　6 donation, 기부, 기증
7 bath, 목욕　8 background, 배경

B 1 politely　2 rewarding　3 clearly　4 slowly

C 1 agree 2 pack 3 elderly 4 neighborhood 5 remove
D 1 was proud of 2 did her best 3 keep in mind
    4 apply for 5 get together 6 get along with

 Words 실전 TEST   p.160

01 ③	02 (d)eliver	03 ①	04 ③	05 ④	06 ④

07 give, a hand 08 in front of

---

01 ③은 형용사이고, 나머지는 모두 부사이다.
|해석| ① 분명히 ② 공손히 ③ 연세가 드신
④ 느리게 ⑤ 마침내

02 '무언가를 누군가에게 또는 어떤 장소로 가져가는 것'은 deliver(배달하다)에 대한 영어 뜻풀이다.

03 첫 번째 문장의 빈칸에는 '착륙하다'라는 뜻의 동사 land가 들어가고, 두 번째 문장의 빈칸에는 '땅'이라는 뜻의 명사 land가 들어간다.
|해석| • 비행기가 공항에 착륙하려 한다.
• 개구리들은 물속과 땅 위 양쪽에서 살 수 있다.

04 ③ divide into는 '~으로 나누다'라는 의미이다.
|해석| ① 나는 시험에 통과하기 위해 최선을 다할 것이다.
② 키 순서에 따라 줄을 서세요.
③ 선생님께서는 우리를 세 모둠으로 나눌 것이다.
④ 만약 네가 일찍 일어난다면, 너는 학교에 늦지 않을 것이다.
⑤ 엄마는 내가 나의 학급 친구들과 잘 지내기를 바라신다.

05 '정리하다'라는 의미를 나타내는 단어는 arrange이다.

06 주어진 문장과 ④는 '중요하다'라는 의미의 동사로 쓰였고, 나머지는 모두 '문제, 일'을 의미하는 명사로 쓰였다.
|해석| 네가 몇 살인지는 중요하지 않다.
① 그 문제는 우리에게 중요하다.
② 그것은 이제 시간의 문제이다.
③ 그것은 쉬운 문제가 아니었다.
④ 이런 경우, 돈은 중요하지 않다.
⑤ 그들은 의논할 중요한 문제가 있었다.

07 give ~ a hand는 '~에게 도움을 주다'라는 의미이다.

08 in front of는 '~의 앞에'라는 의미이다.

 Listen & Speak 만점 노트   pp.162~163

Q1 소녀는 소년에게 상자에 주소를 써 달라고 부탁하고 있다.
Q2 She is baking cookies (for the people at the nursing home).
Q3 He will put three cookies in each box.
Q4 Can you help me?
Q5 feed the dog

Q6 수업에서는 베이컨 달걀 샌드위치를 만들 것이다.
Q7 They should wash their hands.
Q8 반드시 문을 잠그렴.
Q9 그는 봉사 활동을 하러 왔다.
Q10 He should read slowly and clearly.

 Listen & Speak 빈칸 채우기   pp.164~165

1 What, for, give me a hand, write the address
2 baking cookies, nursing home, What do you want me to do, each box
3 packing for my move, put the clothes into
4 Enjoy, on the table, Don't worry about me, Make sure you feed the dog
5 Make groups of four people, Keep in mind, make sure you wash your hands, be careful
6 It's time to go home, lock the doors, Anything else
7 volunteer work, want me to do, for the blind, go into, slowly and clearly, do my best

---

 Listen & Speak 대화 순서 배열하기   pp.166~167

1 ⓒ-ⓔ-ⓑ-ⓓ-ⓐ
2 ⓓ-ⓑ-ⓕ-ⓗ-ⓒ-ⓐ-ⓔ-ⓘ-ⓖ
3 ⓑ-ⓔ-ⓓ-ⓐ-ⓒ
4 ⓐ-ⓓ-ⓑ-ⓔ-ⓒ
5 ⓕ-ⓒ-ⓐ-ⓔ-ⓓ-ⓑ
6 ⓑ-ⓐ-ⓓ-ⓒ
7 ⓓ-ⓘ-ⓕ-ⓗ-ⓐ-ⓖ-ⓔ-ⓒ-ⓘ-ⓑ

 Listen & Speak 실전 TEST   pp.168~169

01 ⑤	02 ③	03 ③	04 ③	05 ②	06 ③	07 ④

08 ④ 09 ④

[서술형]
10 (1) Why are you baking so many cookies?
(2) Can you give me a hand?
(3) What do you want me to do?
11 He will put the cookies in the gift boxes. / He will put three cookies in each (gift) box.
12 (1) 시작하기 전에 손을 씻어야 한다.
(2) 칼을 사용할 때는 조심해야 한다.

---

01 B가 쓰레기를 버려 달라고 요청하고 있으므로 빈칸에는 A가 B에게 무엇을 해 주길 원하는지 묻는 말이 들어가는 것이 자연스럽다.

02 '반드시 ~해라'라는 의미로 당부를 나타내는 Make sure가 들어가는 것이 자연스럽다.

03 상자와 책들의 용도를 묻는 말(C)에 기부 센터에 보내려 한다며 도와줄 수 있는지 물으면(A), 무슨 도움이 필요한지 묻고(D), 구체적으로 도움을 요청하고(B) 답하는(E) 흐름이 자연스럽다.

04 Make sure ~.는 당부할 때 사용하는 표현이다.

05 ② Can you give me a hand?은 상대방에게 도움을 요청하는 표현이므로 B는 무엇을 도와주면 될지 묻는 것이 자연스럽다.

|해석| ① A: 너는 지금 무엇을 하고 있니?

　　B: 나는 내일 이사를 위해 짐을 싸고 있어.

② A: 나 좀 도와줄래?

　　B: 응. 상자를 테이프로 붙여 줘.

③ A: 너는 무엇을 하고 싶니?

　　B: 나는 아이들에게 영어를 가르치고 싶어.

④ A: 안녕하세요, 저는 여기에 봉사 활동을 하러 왔어요.

　　B: 와 줘서 고마워요.

⑤ A: 명심해야 할 것이 있나요?

　　B: 네. 반드시 그들에게 공손하게 인사해 주세요.

06 ⓒ Don't worry about ~.은 '~에 대해 걱정하지 마.'라는 뜻이다. 부정 명령문이므로 Don't 뒤에는 동사원형이 와야 한다.

07 Make sure you feed the dog ~.에 엄마가 Jimmy에게 당부하는 내용이 담겨 있다.

08 ④ 시각 장애인들을 위한 책을 읽어 달라는 여자의 말에 Tony가 지금 녹음실에 들어가는지 물었으므로 Sorry, I can't.라고 거절하는 말은 어색하다. No problem. 등으로 알겠다고 답하는 것이 자연스럽다.

09 ④ 여자는 Tony에게 천천히 그리고 명확하게 읽어 달라고 당부했고 Tony는 알겠다고 답했다.

10 (1)에는 많은 쿠키를 굽는 이유를 묻는 마지막 문장이 들어간다.

(2)에는 도움을 요청하는 첫 번째 문장이 들어간다.

(3)에는 어떤 도움이 필요한지 묻는 두 번째 문장이 들어간다.

11 Jane이 쿠키를 선물 상자에 넣어 달라고 부탁하자 Tom은 그렇게 하겠다고 했다.

12 Keep in mind ~.는 '~을 명심하세요.'라는 뜻으로, 이 문장 뒤에 명심해야 하는 것이 First, ~.와 Second, ~.로 제시되고 있다.

 Grammar 핵심 노트 1　　　　p.170

QUICK CHECK

1 (1) clean　(2) ride　(3) write

2 (1) play　(2) 옳음　(3) read

1 |해석| (1) 그녀는 여동생이 식탁을 치우게 했다.

(2) Tom은 내가 그의 자전거를 타게 했다.

(3) White 씨는 그녀의 학생들이 일기를 쓰게 했다.

---

2 |해석| (1) 우리는 아이들이 장난감을 가지고 놀게 했다.

(2) 치과 의사는 그녀가 입을 벌리게 했다.

(3) 아버지께서는 내가 많은 책을 읽게 하셨다.

Grammar 핵심 노트 2　　　　p.171

QUICK CHECK

1 (1) that　(2) It　(3) was

2 (1) It　(2) that　(3) is

1 |해석| (1) 그녀가 어제 올라간 것은 바로 커다란 나무였다.

(2) 내가 영어를 배우기 시작한 것은 바로 5월이었다.

(3) 새 한 마리가 내 방으로 날아 들어온 것은 바로 오늘 아침이었다.

2 |해석| (1) 내가 민지에게 그 사실을 말한 것은 바로 지난주 금요일이었다.

(2) 내가 그를 본 것은 바로 공원에서였다.

(3) 내가 정말 보고 싶은 것은 바로 펭귄이다.

Grammar 연습 문제 1　　　　p.172

A 1 clean　2 wash　3 play　4 eat　5 fix

B 1 sing　2 watch　3 take out　4 옳음　5 laugh

C 1 She made me do my homework.

　2 He let Mark drive his car.

　3 I had my sister carry the bag.

D 1 He made his son wash the dishes.

　2 She let us take pictures of the house.

　3 The teacher had them read many books.

A |해석| 1. 나는 여동생이 방을 청소하게 할 것이다.

2. 아버지께서는 내가 그의 차를 세차하게 하셨다.

3. 김 선생님은 학생들이 운동장에서 축구를 하게 했다.

4. Johns 씨는 가끔 그의 아이들이 사탕을 먹게 했다.

5. 소라는 Ben이 그녀의 컴퓨터를 고치게 했다.

B |해석| 1. 그녀는 내가 학생들 앞에서 노래를 부르게 했다.

2. 엄마는 우리가 밤에 텔레비전을 보게 하신다.

3. 선생님께서는 Kevin이 쓰레기를 버리게 하셨다.

4. Mike는 내 여동생이 영어를 공부하는 것을 도와주었다.

5. 남동생은 항상 나를 웃게 한다.

G Grammar 연습 문제 2

p.173

A 1 yesterday 2 a vase 3 in the garden
 4 *Charlotte's Web*

B 1 It was a blue bird that Jina saw in the garden yesterday.
 2 It was in the garden that Jina saw a blue bird yesterday.
 3 It was yesterday that Jina saw a blue bird in the garden.

C 1 It was a sunflower that I planted in the backyard.
 2 It was the movie that made me cry.

D 1 It was New York that I visited last year.
 2 It was my group that planted the big tree.
 3 It was at the bus stop that I met a famous singer.

A |해석| 1. 내가 나의 첫 쿠키를 구운 것은 바로 어제였다.
 2. 내가 오늘 아침에 떨어뜨린 것은 바로 꽃병이었다.
 3. 내가 남동생과 꽃을 심은 곳은 바로 정원이었다.
 4. Tommy가 학교 도서관에서 빌린 것은 바로 '샬롯의 거미줄'이었다.

B |해석| 지나는 어제 정원에서 파랑새를 보았다.

C |해석| 1. 내가 뒤뜰에 심은 것은 바로 해바라기였다.
 2. 나를 울게 만든 것은 바로 그 영화였다.

G Grammar 실전 TEST

pp.174~177

01 ①   02 ①   03 ③   04 ②, ③   05 ①, ④   06 ⑤
07 ③   08 ④   09 ⑤   10 made   11 that   12 ②   13 ③
14 ①   15 ②   16 ③   17 ④   18 ②, ③   19 ①, ③   20 ③
21 ④

[서술형]

22 (1) I had John bring my books.
 (2) He made us read the book many times.
 (3) She let me use her smartphone.

23 (1) It was a cheesecake that my sister made at school yesterday.
 (2) It was at school that my sister made a cheesecake yesterday.
 (3) It was yesterday that my sister made a cheesecake at school.

24 made me clean my room first
 made me finish my homework
 made me walk the dog

25 (1) It was last Friday that they planted trees.
 (2) It was in the neighborhood park that they planted trees.

01 사역동사 let은 목적격보어로 동사원형을 쓴다.
 |해석| 나의 할아버지께서는 가끔 그의 개가 자신의 침대에서 자도록 두신다.

02 have가 사역동사로 쓰인 경우에는 목적격보어로 동사원형을 쓴다.
 |해석| 그녀는 아들이 물을 가져오게 했다.

03 It ~ that 강조 구문은 It is/was와 that 사이에 강조하고 싶은 말(a bird)을 쓴다.
 |해석| 어제 창문을 깬 것은 바로 새 한 마리였다.

04 목적격보어로 동사원형(arrange)이 쓰였으므로 빈칸에는 사역동사를 쓸 수 있다. tell, want, allow는 목적격보어로 to부정사를 쓴다.
 |해석| White 선생님은 우리가 책장을 정리하게 했다.

05 help는 준사역동사로 동사원형과 to부정사를 모두 목적격보어로 쓸 수 있다.
 |해석| 나는 삼촌이 차를 세차하는 것을 도왔다.

06 작년을 강조하고 있으므로 It was와 that 사이에 last year를 쓰고 나머지 부분을 that 다음에 쓴다.

07 「let+목적어(me)+목적격보어(ride)」의 어순으로 쓰고 목적격보어는 동사원형을 쓴다.

08 ④는 선행사를 포함하는 관계대명사 What이 들어가고, 나머지는 모두 It이 들어간다.
 ① 가주어 It이 들어간다. to get there in time이 진주어이다.
 ② 날씨를 나타내는 비인칭주어 It이 들어간다.
 ③, ⑤ It ~ that 강조 구문에 쓰인 It이 들어간다.
 |해석| ① 그곳에 늦지 않게 도착하는 것은 불가능하다.
 ② 오늘 아침에 비가 내리고 있었다.
 ③ 우리 가족이 지난 주말에 방문한 곳은 바로 삼촌의 농장이었다.
 ④ 그가 필요한 것은 새 운동화 한 켤레이다.
 ⑤ 그녀가 그 소식을 들은 것은 바로 3주 뒤였다.

09 He had us taste his new food.이므로 네 번째로 오는 단어는 taste이다.

10 첫 번째 빈칸에는 사역동사로 '~하게 했다'라는 의미의 made가 알맞고, 두 번째 빈칸에는 수여동사로 '~에게 …을 만들어 주었다'라는 의미의 made가 알맞다.
 |해석| • 선생님께서는 우리가 교실에서 규칙을 따르게 하셨다.
 • 나의 할아버지께서는 지난달에 나에게 의자를 만들어 주셨다.

11 첫 번째 빈칸에는 a rose를 강조하는 It ~ that 강조 구문의 that이 필요하고, 두 번째 빈칸에는 동사 think의 목적어 역할을 하는 명사절을 이끄는 접속사 that이 들어간다.
 |해석| • 미아가 정원에 심은 것은 바로 장미 한 송이였다.
 • 나는 Susan이 훌륭한 가수라고 생각한다.

12 It was ~ that 강조 구문에서 강조하는 부분은 It was와 that 사이에 있는 부분이다.
 |해석| Jimmy가 나에게 꽃을 준 것은 바로 이틀 전이었다.

13 ③ want는 목적격보어로 to부정사를 쓰므로 빈칸에 to go가 들어간다. ①의 let, ②의 made, ④의 had는 사역동사로, 목적격보어로 동사원형을 쓴다. help는 준사역동사로, 목적격보어로 동사원형이나 to부정사를 둘 다 쓸 수 있다.

|해석| ① 엄마께서는 내가 파티에 가지 못하게 하셨다.

② 그는 아이들이 일찍 잠자리에 들게 했다.

③ 그의 부모님은 그가 캠핑을 가는 것을 원치 않으신다.

④ 그 선생님께서는 우리가 도서관에 가게 하셨다.

⑤ 나는 할머니께서 위층으로 올라가시는 것을 도왔다.

14 빈칸에는 made us line up이 들어가므로 to는 쓰이지 않는다.

15 빈칸에는 It was yesterday that이 들어가므로 did는 쓰이지 않는다.

16 ① let not → doesn't let

② my gym uniform bring to my sister → my sister bring my gym uniform

④ has us on time → has us be on time

⑤ to ask → ask

|해석| ① 그는 내가 그의 컴퓨터를 사용하지 못하게 했다.

② 나는 나의 여동생이 내 체육복을 가져오게 했다.

③ 그녀는 우리가 많은 책을 읽게 하실 것이다.

④ Frank 선생님은 우리가 모든 수업에 제시간에 오게 하신다.

⑤ 박 선생님은 우리가 수업 중에 질문을 많이 하게 하신다.

17 첫 번째 문장은 It was ~ that 강조 구문이 되어야 하므로 what을 that으로 고쳐야 한다.

|해석| • Bob이 통학 버스를 놓친 것은 바로 오늘 아침이었다.

• 이 사진은 내가 어린 시절을 생각나게 한다.

• 나는 나의 여동생이 나의 사진을 찍게 했다.

• 그 암탉이 지난주에 두 개의 알을 낳은 것은 바로 지붕 위에서였다.

18 ② It was ~ that 강조 구문이 되도록 That은 It으로 고치고, it은 that으로 고쳐야 한다.

③ It was ~ that 강조 구문이 되도록 what을 that으로 고쳐야 한다.

|해석| ① 그들은 소풍 장소, 봉사 활동 그리고 파티 음식에 투표했다.

② 그들이 소풍 장소로 선택한 것은 바로 놀이공원이었다.

③ 그들이 봉사 활동으로 선정한 것은 바로 공원 청소였다.

④ 그들이 봉사 활동을 하려는 곳은 바로 공원에서이다.

⑤ 그들이 파티 음식으로 최종적으로 선택한 것은 바로 감자 피자였다.

19 sad movies를 강조한 It ~ that 강조 구문이고, yesterday(어제)가 있으므로 동사는 과거시제인 was로 써야 한다.

20 ③ have가 사역동사로 쓰였으므로 목적격보어는 동사원형을 써야 한다. → clean

|해석| ① 나에게 당신의 이름을 알려주세요.

② 그녀는 우리가 그 일을 하게 했다.

③ 나는 내 남동생이 그 방을 청소하게 할 것이다.

④ 그녀는 네가 그 일을 하는 것을 도울 것이다.

⑤ 나는 Mike가 나의 집을 짓게 했다.

21 ⓐ와 ⓒ는 옳은 문장이다.

ⓑ 미나가 드론을 날린 것은 지난주 금요일로 과거의 일이므로 동사 fly를 과거형 flew로 고쳐야 한다.

ⓓ had는 사역동사이고 목적격보어로 동사원형이 오므로 to open을 open으로 고쳐야 한다.

|해석| ⓐ 나의 어머니는 내가 밤에 텔레비전을 보지 못하게 하신다.

ⓑ 미나가 지난주 금요일에 학교에서 날린 것은 바로 드론이었다.

ⓒ 내가 지난주에 가입한 것은 바로 학교 미술 동아리였다.

ⓓ 그 치과의사는 내가 입을 열게 했다.

22 사역동사 have, make, let은 「have/make/let+목적어+목적격보어(동사원형)」의 형태로 쓴다. 세 문장 모두 과거시제이므로, 동사를 과거형으로 쓰는 것에 유의한다.

23 It is/was ~ that 강조 구문에서 강조하는 부분은 It is/was와 that 사이에 넣고, 나머지 부분을 that 뒤에 쓴다. 주어진 문장의 시제가 과거이므로, It was ~ that을 이용해 각 문장을 완성한다.

24 사역동사 make는 「make+목적어+목적격보어(동사원형)」의 형태로 쓴다. Tim의 엄마, 누나 Judy, 아빠가 Tim에게 시킨 일을 이용해 빈칸을 채운다.

|해석| Tim: 엄마, 저는 오늘 오후에 Brian의 생일 파티에 가고 싶어요.

엄마: 좋아, Tim. 하지만 파티에 가기 전에 네 방을 먼저 청소하렴.

Judy: 반드시 네 숙제를 끝마치렴.

아빠: 또한 너는 개를 산책시켜야 한단다.

Tim: 네, 그럴게요.

25 질문의 의문사 when(언제)과 where(어디에)에 해당하는 정보를 찾아 It was와 that 사이에 넣어 답한다.

|해석| 지난주 금요일에, 드림중학교 학생들은 동네 공원에 20그루의 나무를 심었다. 그들은 매년 나무를 심기로 계획한다.

(1) 드림중학교 학생들은 언제 나무를 심었나요?

(2) 그들은 어디에 나무를 심었나요?

Ⓡ **Reading 빈칸 채우기**　　pp.180~181

01 name　**02** in front of　**03** aren't they

04 take pictures, wall paintings　**05** make, bright, new

06 a village　**07** As, a light went on　**08** Why don't we

09 suggested this idea　**10** teen volunteer project

11 to do, neighborhood　**12** applied for, was selected

13 finally came　**14** had, meet, painting site

15 poor condition　**16** There were, some

17 Other parts　**18** removed, painted over, with

19 let, paint　**20** something cute, near　**21** divided into

22 in　**23** spot, character　**24** background drawings

25 for about five hours　**26** After, got together, shared

27 proud of　**28** so, that, landed

29 much harder than　**30** agreed, perfect　**31** matter

32 a little, happier　**33** ourselves　**34** paint, that day

35 better, that

01 is 02 me 03 aren't 04 to take 05 make
06 visited, with 07 taking, went 08 in, do 09 next
10 found 11 to do 12 applied, selected 13 came
14 meet 15 poor 16 were, some 17 Other 18 over
19 paint 20 something cute, near 21 painting 22 in
23 to paint 24 did 25 for 26 got 27 proud 28 so
29 much 30 that 31 didn't matter 32 our
33 ourselves 34 that day 35 that

01 ○   02 ×, in front → in front of
03 ×, they aren't → aren't they 04 ○
05 ×, brightly and newly → bright and new
06 ×, visited to a village → visited a village 07 ○
08 ×, Why do we do → Why don't we do 09 ○ 10 ○
11 ×, to doing → to do 12 ×, selected → was selected
13 ○ 14 ×, meeting → meet
15 ×, very good → very poor
16 ×, There was → There were 17 ○ 18 ○
19 ×, let us painting → let us paint
20 ×, cute something → something cute
21 ×, divided three groups → divided into three groups
22 ○ 23 ×, paint → to paint 24 ×, does → did
25 ×, about for five hours → for about five hours 26 ○
27 ○ 28 ×, which → that
29 ×, very harder → much harder 30 ○
31 ×, mattered → matter
32 ×, a little brighter and happier our neighborhood →
our neighborhood a little brighter and happier
33 ×, us → ourselves 34 ○ 35 ×, That → It

01 ④ 02 wall paintings 03 ③ 04 ② 05 ③ 06 벽
화를 그리는 것 07 ④ 08 ③ 09 ② 10 ① 11 ② 12 ④
13 ④ 14 ④ 15 spot 16 ④ 17 ④ 18 ⑤ 19 ①
20 that
[서술형]
21 우리 동네에 벽화를 그리는 것
22 at 9 a.m., very poor condition, remove the posters,
paint over the writings and drawings with white paint

23 The manager let us paint anything we wanted.
24 his favorite movie character, some flowers
25 us → ourselves
26 It was a better tomorrow that we painted.

01 부가의문문은 앞 문장이 긍정이면 부정으로 쓰고, 부정이면 긍정으로
쓴다. 앞 문장의 동사가 be동사의 긍정(are)이므로 부가의문문은 「be
동사(are)+not+대명사 주어」의 어순으로 쓴다. be동사 are와 not
은 축약형으로 쓴다.
02 앞 문장에 나온 벽화를 가리킨다.
03 ⓒ와 ③의 make는 '~을 …하게 만들다'라는 의미의 5형식 동사로 쓰
였다.
①, ⑤ 만들다(3형식)
② ~에게 …을 만들어 주다(4형식)
④ ~가 …하게 하다(5형식 사역동사)
|해석| ① 나는 파티를 위한 나의 원피스를 만들 거야.
② 나의 아버지께서는 나에게 연을 만들어 주셨다.
③ 그 소식은 그를 매우 행복하게 만들 것이다.
④ 그는 내가 그 탁자를 옮기게 했다.
⑤ 나의 어머니께서는 나에게 케이크를 만들어 주셨다.
04 a light went on in my head는 '머릿속에 좋은 생각이 떠올랐다'라
는 의미이다.
05 ⓑ와 ③은 '~처럼, ~같이'라는 의미의 전치사이다.
① 마실 것을 권하는 표현에 쓰는 동사이다.
②, ④ '좋아하다'라는 의미의 동사이다.
⑤ '좋아하는 것들'이라는 의미의 명사이다.
|해석| ① 마실 것을 드시겠어요?
② 나는 바나나보다 사과를 더 좋아한다.
③ 아이들이 천사들처럼 노래했다.
④ 내 여동생과 나는 주말에 산책하는 것을 좋아한다.
⑤ 우리 모두는 좋아하는 것들이 다르다.
06 앞 문장의 do wall paintings (like these)를 의미한다.
07 동아리 부원들이 호민이의 제안을 좋아했다고만 제시되어 있어 부원의
수를 묻는 네 번째 질문에는 답할 수 없다.
|해석| • 호민이는 지난달에 어디를 방문했나요?
• 호민이는 어느 동아리에 속해 있나요?
• 호민이는 동아리 모임에서 무엇을 제안했나요?
• 호민이의 동아리에는 몇 명의 부원들이 있나요?
• 부원들은 호민이의 아이디어를 어떻게 생각했나요?
08 자원봉사 프로젝트를 찾고(C), 찾은 프로젝트의 내용을 말하고(B), 프
로젝트에 지원해서 선정되고(D), 그 뒤에 프로젝트 날이 마침내 되었다
(A)는 내용이 이어지는 것이 자연스럽다.
09 ⓐ와 ②는 보어로 쓰인 명사적 용법의 to부정사이다.
①은 원인을 나타내는 부사적 용법의 to부정사이다.
③은 명사를 수식하는 형용사적 용법의 to부정사이다.
④는 목적을 나타내는 부사적 용법의 to부정사이다.
⑤는 이유 · 판단의 근거를 나타내는 부사적 용법의 to부정사이다.

|해석| ① 나는 그것을 해서 기뻤다.

② 나의 계획은 최선을 다하는 것이다.

③ 해야 할 많은 일들이 있다.

④ 나는 숙제를 하기 위해 도서관에 갔다.

⑤ 그런 일을 하다니 너는 바보임에 틀림없다.

10 사역동사 have는 목적격보어로 동사원형을 쓰므로 meet이 알맞다.

11 전체 중에 일부를 지칭할 때는 some, 또 다른 일부를 지칭할 때는 other를 쓴다.

12 ④ 먼저 오래된 포스터들을 제거한 후 덧칠을 했다고 했다.

13 ⓐ는 사역동사 let의 목적격보어이므로 동사원형만 쓸 수 있어 paint가 들어간다.

ⓓ는 문장의 동사가 들어가는 자리로 과거형인 painted가 알맞다.

ⓑ는 decide는 to부정사를 목적어로 취하는 동사이므로 to paint가 들어간다.

ⓒ 동사 start는 to부정사를 목적어로 쓸 수 있으므로 to paint가 들어갈 수 있다.

14 세 번째 행의 because 뒤에서 귀여운 것을 그리기로 결정한 이유를 설명하고 있다.

|해석| 그들은 왜 귀여운 뭔가를 그리기로 결정했나요?

① 그들은 귀여운 것을 좋아한다.

② 귀여운 것은 그리기 쉽다.

③ 그들은 귀여운 것을 그리는 것을 잘한다.

④ 그 벽은 초등학교 근처에 있었다.

⑤ 책임자는 그들에게 귀여운 뭔가를 그리라고 요청했다.

15 '특정한 장소나 구역'을 의미하는 단어는 spot이다.

16 첫 번째 빈칸에는 for, 두 번째 빈칸에는 of, 세 번째 빈칸에는 on, 마지막 빈칸에는 than이 들어간다.

17 ⓐ와 ④의 much는 비교급을 수식하는 부사로 '훨씬'의 의미로 쓰였다.

|해석| ① 그 재킷은 얼마인가요?

② 나의 부모님께서는 나를 너무 걱정하신다.

③ 정말 감사합니다.

④ 나는 오늘 훨씬 더 기분이 좋다.

⑤ 나는 돈이 많지 않다.

18 ⑤ 호민이는 벽에 그림을 그리는 것이 종이에 그리는 것보다 더 어려웠다고 했다.

19 주어진 문장은 우리의 벽화가 완벽하지는 않다는 말 다음에 나오는 것이 자연스럽다.

20 ⓐ 동사 agreed의 목적어로 쓰인 명사절을 이끄는 접속사 that이 들어간다.

ⓑ It ~ that 강조 구문으로 쓰인 that이 들어간다.

21 The project was to do a wall painting in our neighborhood.에서 알 수 있다.

22 호민이는 프로젝트 책임자에게 만나는 시간과 구체적으로 어떤 활동을 하게 되는지 묻고 있다.

|해석| 호민: 우리 동아리가 그 프로젝트에 선택되었어요. 우리 부원들이 내일 몇 시에 만나야 할까요?

책임자: 여러분은 그림 그리는 곳에서 오전 9시에 만나야 합니다.

호민: 알겠습니다. 우리는 그곳에서 어떤 일을 해야 하나요?

책임자: 벽이 상태가 별로 좋지 않습니다. 먼저, 여러분은 포스터를 제거해야 합니다. 그런 다음에 여러분은 낙서와 그림을 흰색 페인트로 덧칠해야 합니다.

호민: 알겠습니다. 내일 뵙겠습니다.

23 '~하게 하다'라는 의미의 let은 목적어(us) 다음에 목적격보어로 동사원형(paint)을 쓴다. anything과 we wanted 사이에 관계대명사가 생략되어 있는 것에 유의한다.

24 호민이는 가장 좋아하는 영화 캐릭터를 그렸고, 민수는 꽃을 그렸다고 했다.

|해석| 호민이와 민수는 무엇을 그렸나요?

호민이는 가장 좋아하는 영화 캐릭터를 그렸고 민수는 꽃을 그렸습니다.

25 We were proud of us.는 우리 자신이 자랑스러웠다는 의미가 되어야 하므로, us가 아니라 we의 재귀대명사인 ourselves를 써야 한다.

26 It was와 that 사이에 강조하고 싶은 부분인 a better tomorrow를 쓰고, that 뒤에 나머지 부분을 쓴다.

ⓜ 기타 지문 **실전 TEST**　　　　　　　p.193

01 ③　**02** ④　**03** ④　**04** ③　**05** ④

[서술형]

06 The books were so heavy that I had to take a break every 30 minutes.

07 (1) He read English books to children.

(2) He arranged the books on the shelves.

01 ③ 벽화를 그린 장소가 구체적으로 어디인지는 제시되지 않았다.

|해석| ① 호민이의 미술 동아리는 무엇에 지원했나요?

② 호민이의 미술 동아리 부원들은 언제 만났나요?

③ 그림 그리는 곳은 어디였나요?

④ 호민이는 무엇을 그렸나요?

⑤ 호민이의 동아리 부원들은 자원봉사 활동 후에 무엇을 했나요?

02 ④ 날짜와 시간, 자원봉사에서 할 일 등을 설명하고 있는 것으로 보아 벽화를 그릴 자원봉사자를 모집하는 광고문임을 알 수 있다.

03 ④ remove와 and로 연결되어 있으므로 동사원형인 paint로 써야 한다.

04 ③ 프로젝트를 시행하는 구체적인 장소는 알 수 없다.

05 ④ 감각동사 look 다음에는 형용사를 보어로 쓴다. 우리말로 '~하게'라고 해석되지만 형용사(neat)를 쓰는 것에 유의한다. neatly(깔끔하게)는 부사이다.

06 '매우 ~해서 …하다'는 「so+형용사+that+주어+동사」의 구조로 쓴다.

07 민수는 아이들에게 영어 책을 읽어 주었고, 책장에 책을 정리했다고 했다.

Words 고득점 맞기				pp.194~195

01 ②　02 ⑤　03 do　04 ⑤　05 ⑤　06 ①　07 ②
08 ①　09 ①　10 ③, ④　11 get together　12 ④
13 (A) for (B) divided (C) take　14 ④

---

01 ② elder는 '나이가 더 많은'이라는 뜻의 형용사이고, elderly는 '연세가 드신'의 뜻으로 부사가 아닌 형용사이다. 나머지는 모두 형용사와 부사의 관계이다.

02 matter는 '중요하다'라는 뜻이므로 빈칸에는 important(중요한)가 알맞다.

03 do one's best: 최선을 다하다
do a wall painting: 벽화를 그리다
|해석| • 네가 최선을 다한다면 너는 성공할 거야.
• 학생들이 벽화를 그리는 것은 쉽지 않았다.

04 ⑤ say goodbye to: ~에게 작별 인사를 하다
|해석| ① 나는 박물관에 여러 번 방문했다.
② 반드시 저녁 9시까지 집에 오렴.
③ 나는 어르신들을 돕기 위해 매달 양로원을 방문한다.
④ 너는 녹음실에서 아이들을 위한 책을 읽을 것이다.
⑤ 네 친구들에게 작별 인사를 할 시간이다.

05 '없애다, 제거하다'라는 뜻의 remove가 알맞다.
|해석| 이 비누는 어떤 것이든 지울 수 있습니다. 여러분이 이 비누를 사용하면, 여러분의 셔츠는 깨끗해질 것입니다.

06 ① spot(장소, 자리)의 영어 뜻풀이는 a particular space or area이고, a small town in the country는 village(마을)의 영어 뜻풀이다.

07 '~에게 음식을 주다'라는 뜻의 단어는 feed이다.
|해석| 나는 사촌에게 나의 고양이에게 먹이를 주라고 부탁했다.

08 명사로 쓰일 때는 '땅의 한 지역'을 의미하고, 동사로 쓰일 때는 '땅이나 다른 표면으로 공중을 통해 밑으로 내려오다'라는 뜻을 나타내는 단어는 land(땅, 내려앉다)이다.

09 ① keep in mind는 '명심하다'라는 뜻으로 to remember something that is important가 되어야 한다. to keep one's promise는 '약속을 지키다'라는 뜻이다.
|해석| ① 너의 아버지께서 하신 말씀을 명심해라.
(약속을 지키다)
② 최선을 다해라, 그러면 너는 시험에 통과할 것이다.
(무언가를 성취하기 위해 할 수 있는 한 열심히 노력하다)
③ 며칠 내로 동아리 회의를 위해 모이자.
(무언가를 함께 하거나 함께 시간을 보내기 위해 만나다)
④ 운동장에 있는 모든 학생들은 줄을 설 것이다.
(사람들이나 사물들을 일렬로 두다)
⑤ 우리는 네가 자랑스럽다.
(연관된 사람들의 성취에 관해 기쁨을 느끼다)

10 첫 번째 빈칸에는 '일어났다'라는 의미의 got up이 들어가고, 두 번째 빈칸에는 '~와 잘 지내다'라는 의미의 get along with가 들어가며, 마지막 빈칸에는 '탔다'라는 의미의 got on이 들어간다.
|해석| Sally는 일찍 일어나 학교 갈 준비를 했다. 그녀는 그녀의 엄마에게 작별 인사를 했다. 그녀의 엄마는 "친구들과 잘 지내려고 노력하고 즐겁게 보내렴."이라고 말씀하셨다. Sally는 "알겠어요, 그럴게요."라고 대답하고 통학 버스를 탔다.

11 '모이다'라는 의미를 나타낼 때는 get together를 쓴다.

12 ④ 두 문장 모두 '(영화, 연극, 책 속의) 인물, 캐릭터'의 의미로 쓰였다.
① 문제, 일(명사) / 중요하다(동사)
② 착륙하다(동사) / 땅(명사)
③ 열심히(부사) / 힘든(형용사)
⑤ ~에게 …을 만들어 주다 / ~를 …하게 하다
|해석| ① 네게 사적인 문제에 관해 말해도 될까?
날씨가 나쁜 것은 중요하지 않았다.
② 비행기는 안전하게 착륙할 것이다.
땅은 무더운 여름 후에 매우 건조했다.
③ 그는 양로원에서 열심히 일했다.
벽에 그리는 것은 힘들었다.
④ 스파이더맨은 내가 가장 좋아하는 캐릭터(등장인물)이다.
나는 저 책의 주요 등장인물을 좋아하지 않았다.
⑤ 나의 어머니께서는 나에게 아름다운 인형을 만들어 주셨다.
선생님께서는 우리가 그 책을 읽게 하셨다.

13 (A) apply for: ~에 지원하다
(B) divide into: ~으로 나누다
(C) take pictures: 사진을 찍다
|해석| • 그는 청소년 자원봉사 프로젝트에 지원할 것이다.
• 프로젝트 책임자는 우리를 여러 팀으로 나누었다.
• 많은 사람들이 꽃 앞에서 사진을 찍는 것을 좋아한다.

14 주어진 영어 뜻풀이는 select(선택하다, 고르다)에 대한 설명이다.
|해석| ① 나는 여행을 위한 가방을 쌌다.
② 반드시 먼저 털을 빗질하세요.
③ 길에 쓰레기를 버리지 마세요.
④ 벽에 걸 가장 좋은 그림을 선택해 주세요.
⑤ 그 새는 날개가 부러져서 날 수 없었다.

01 ②, ④   **02** ④   **03** ④   **04** ④   **05** ④   **06** ⑤

[서술형]

07 What do you want me to do?

08 Make sure you feed the dog after you have dinner.

09 (1) He will deliver meals to the elderly.

  (2) Yes. He should greet the elderly politely.

10 What do you want me to do today?

11 (1) What can I do for you?

  (2) What do you want me to do today?

  (3) Is there anything to keep in mind?

12 the blind, slowly, clearly

01 빈칸에는 도움을 요청하는 말이 들어가야 한다. ②와 ④는 도움을 요청하는 표현이고, 나머지는 모두 도움이 필요한지 묻는 표현이다.

02 ④ Sue는 기부 센터에 보내려고 책을 싸고 있는 Tom을 돕고자 하는 것으로 그녀 자신의 책을 보내겠다는 내용은 없다.

|해석| ① Tom은 책을 싸고 있다.

② Tom은 책을 기부하고 싶어 한다.

③ Tom은 Sue가 그를 도와주길 원한다.

④ Sue는 기부 센터에 보내기 위해 그녀의 책을 쌀 것이다.

⑤ Sue는 상자에 주소를 쓸 것이다.

03 밑줄 친 말은 반드시 칠판을 닦으라고 당부하는 말이다.

04 무엇을 하면 될지 묻는 말(B)에 개를 목욕시켜 달라고 답하고(D), 명심해야 할 것이 있는지 묻는 말(A)에 먼저 털을 빗질해 달라고 당부하는 말(C)이 이어지는 것이 자연스럽다.

05 첫 번째 빈칸과 세 번째 빈칸에는 make가 들어가고, 두 번째 빈칸에는 Keep이 들어간다. 네 번째 빈칸에는 be가 들어가고, 마지막 빈칸에는 start가 들어간다.

06 ⑤ 칼을 보관하는 방법은 언급되어 있지 않다.

07 도움을 요청하는 말에 도와줄 수 있다고 했으므로, 필요로 하는 도움이 무엇인지 묻는 표현인 What do you want me to do?가 알맞다.

08 '반드시 ~해라'라는 의미의 Make sure를 먼저 쓰고, 그 뒤에 주어와 동사로 이루어진 절이 오는 것에 유의한다. after는 '~한 후에'라는 뜻의 접속사로, after 뒤에는 주어와 동사로 이루어진 절이 온다.

09 민수가 자신이 무엇을 하길 원하는지 묻자, 어르신들께 식사를 배달해 달라고 했다. 유념해야 할 것이 있는지 묻자 어르신들께 공손히 인사하라는 당부를 들었다.

|해석| (1) 민수는 봉사 활동으로 무엇을 할 것인가요?

(2) 민수가 명심해야 할 것이 있나요?

10 want는 목적격보어로 to부정사를 쓰므로 doing이 아니라 to do가 되어야 한다.

11 (1) 무엇을 도와줄지 묻는 말이 알맞다.

(2) 자신이 무엇을 하길 원하는지 묻는 말이 알맞다.

(3) 명심해야 할 것이 있는지 묻는 말이 알맞다.

12 Tony는 시각 장애인들을 위해 책을 읽어 주는 자원봉사를 했고 책을

천천히 그리고 명확하게 읽어달라는 당부를 받았다.

|해석| 오늘 나는 봉사 활동을 했다. 나는 녹음실에서 시각 장애인들을 위한 책을 읽었다. 나는 천천히 그리고 명확하게 읽어야 했다.

01 ③   **02** ②   **03** ②   **04** ①, ④   **05** ③   **06** ③   **07** ⑤

08 ⑤   **09** ⑤   **10** ②   **11** ③   **12** ①, ④   **13** ⑤   **14** ②

15 ③

[서술형]

16 (1) had Jimin write a diary in English

  (2) had Sam arrange the books on the bookshelf

  (3) had Bora read more science books

17 (1) It was Apollo 11 that landed on the moon in 1969.

  (2) It was on the moon that Apollo 11 landed in 1969.

  (3) It was in 1969 that Apollo 11 landed on the moon.

18 (1) My mother doesn't let me play computer games at night.

  (2) The teacher has the students be on time for every class.

19 ⓑ It was his backpack that Mark lost yesterday.

  ⓓ He let his son cook dinner.

20 (1) It is on Saturday that they are going to do volunteer work.

  (2) It is in the nursing home that they are going to do volunteer work.

01 목적격보어 자리에 동사원형(decorate)이 있으므로 사역동사 have, let, make 또는 준사역동사 help 등이 들어갈 수 있다.

02 last Friday를 강조하는 It ~ that 강조 구문이다.

03 사역동사 let은 「let+목적어(us)+목적격보어(use)」의 형태로 쓴다.

04 일반동사는 It ~ that 구문으로 강조할 수 없으며 동사를 강조하고 싶을 때는 동사 앞에 do를 사용한다.

|해석| • 미나는 어제 공원에서 야구를 했다.

• John은 오늘 아침에 유리잔을 깼다.

05 첫 번째 빈칸에는 '~에게 …을 만들어 주었다'라는 의미의 made가 알맞고, 두 번째 빈칸에는 '~가 …하게 했다'라는 의미의 사역동사 made가 알맞다.

|해석| • 그녀의 이모는 그녀에게 종이비행기를 만들어 주었다.

• 나의 선생님께서는 내가 식물에 물을 주게 하셨다.

06 ⓐ, ⓓ It~ that 강조 구문에 쓰인 that이다.

ⓑ 접속사 that이 이끄는 명사절이 문장의 진주어이다.

ⓒ 주격 관계대명사로, 선행사는 these special shoes이다.

ⓔ 뒤의 명사 money를 수식하는 지시형용사이다.

|해석| ⓐ 내가 지난주에 심은 것은 바로 빨간 장미였다.

ⓑ 그녀가 이 그림을 그린 것이 가능했다.

ⓒ 너는 너를 날 수 있게 만드는 이 특별한 신발을 가지고 싶니?

ⓓ 그가 계단에서 넘어진 것은 바로 오늘 아침이었다.

ⓔ 내가 지난주에 너에게 빌려준 그 돈에 관해서 잊어버렸니?

07 사역동사 make, let, have는 「make/let/have+목적어+목적격보어(동사원형)」 형태로 쓴다.

① to study → study

② rode → ride

③ to wash → wash

④ brought → bring

|해석| ① 그녀는 Tom이 공부를 열심히 하게 했다.

② 유나는 그녀의 남동생이 그녀의 자전거를 타게 했다.

③ 박 선생님은 그들이 손을 씻게 했다.

④ 나는 여동생이 내 체육복을 가져오게 했다.

⑤ 부모님께서는 내가 어르신들께 예의 바르게 행동하게 하신다.

08 It was the blue sneakers that Mia wanted to wear.이므로 다섯 번째로 오는 단어는 sneakers이다.

09 ⑤ 동사 want는 목적격보어로 to부정사를 쓰므로 빈칸에 to sing이 들어간다.

|해석| ① 나는 Sue가 공원에서 노래하는 것을 들었다.

② Jane은 우리가 경연 대회에서 노래하는 것을 도왔다.

③ 어머니께서는 내가 나의 방에서 노래하게 하신다.

④ 그들은 그가 파티에서 노래를 부르게 했다.

⑤ 그의 팬들은 그가 콘서트에서 노래하기를 원했다.

10 지난 토요일에 일어난 일이므로 동사는 과거시제인 was로 써야 한다.

11 He had me carry the box.이므로 to는 쓰이지 않는다.

12 help는 준사역동사로 동사원형과 to부정사를 모두 목적격보어로 쓸 수 있다.

13 ⑤ It ~ that 강조 구문의 that이므로 생략하지 않는다.

14 세 번째 문장은 It ~ that 강조 구문이 되어야 자연스러우므로 what을 that으로 고쳐야 한다.

|해석| • 아버지께서는 내가 개에게 먹이를 주게 하셨다.

• 책임자는 우리가 어르신들께 음식을 배달하게 했다.

• 내가 찾고 있었던 것은 책 'Frindle'이었다.

• 내 방으로 달려 들어온 것은 바로 작은 고양이였다.

15 ⓐ he를 삭제해야 한다.

ⓓ 사역동사 had는 「had+목적어+목적격보어(동사원형)」의 형태로 쓰므로 to paint를 paint로 고쳐야 한다.

ⓔ 금요일에 일어날 일은 과거시제(was)로 나타낼 수 없으므로 was를 is로 고쳐야 한다.

|해석| ⓐ 꽃병을 깬 것은 바로 나의 개였다.

ⓑ 그는 학생들이 체육관에서 줄을 서게 했다.

ⓒ 내가 내 개를 찾은 것은 바로 상자 안에서였다.

ⓓ 그녀는 우리 모둠 구성원들이 벽을 칠하게 했다.

ⓔ 내가 서울로 떠나는 것은 바로 금요일이다.

16 사역동사 have의 과거형은 had로 「had+목적어+목적격보어」의 어순으로 쓰고, 목적격보어는 동사원형으로 쓴다.

17 강조하는 부분을 It was와 that 사이에 쓰고, 문장의 나머지 부분을 that 뒤에 쓴다.

|해석| 아폴로 11호는 1969년에 달에 착륙했다.

18 사역동사 let과 have는 「let/have+목적어+목적격보어」의 어순으로 쓰고, 목적격보어는 동사원형으로 쓴다.

19 ⓑ 과거시제(yesterday)이므로 is를 was로 고쳐야 한다.

ⓓ 사역동사 let은 「let+목적어+목적격보어(동사원형)」의 형태로 쓰므로 cooking을 동사원형인 cook으로 고쳐야 한다.

|해석| ⓐ 그녀는 내가 설거지를 하게 했다.

ⓑ Mark가 어제 잃어버린 것은 바로 그의 배낭이었다.

ⓒ 내가 나의 로봇을 보여 준 것은 바로 과학 박람회에서였다.

ⓓ 그는 그의 아들이 저녁을 요리하게 했다.

20 It ~ that 강조 구문은 It is와 that 사이에 강조하고 싶은 말을 넣는다.

|해석| 봉사 활동에 관한 학급 투표 결과

• 언제: 토요일에

• 어디서: 양로원에서

(1) 그들은 언제 봉사 활동을 할 것인가요?

(2) 그들은 어디에서 봉사 활동을 할 것인가요?

R **Reading 고득점 맞기** pp.205~207

01 aren't they **02** ③ **03** ③ **04** ① **05** ① **06** ④
07 ② **08** ④ **09** ③ **10** ④ **11** ②

[서술형]

12 (1) The project was to do a wall painting in our neighborhood.

(2) The project manager had us meet at the painting site at 9 a.m.

13 let paint → let us paint

cute something → something cute

divided → divided into

14 My flower is so real that a bee landed on it.

15 (1) They painted for about five hours.

(2) He was very proud of it(his flower painting).

(3) They made their neighborhood a little brighter and happier.

---

01 부가의문문은 앞 문장이 긍정이면 부정으로 쓰고, 부정이면 긍정으로 쓴다. 앞 문장의 동사가 be동사의 긍정(are)이므로 부가의문문은 be동사의 부정을 이용해 「be동사(are)+not+대명사 주어」의 어순으로 쓴다. be동사 are와 not은 축약형으로 쓴다.

02 ③ 벽화 앞에서 사진을 찍다 떠오른 생각을 이야기하는 글의 흐름상 빛이 사진을 찍기 위해서는 가장 중요하다는 말은 어울리지 않는다.

03 ③ 호민이는 학교 사진 동아리의 부원이 아니라, 학교 미술 동아리의 부원이다.

|해석| ① 호민이는 여수에 있는 벽화 앞에서 사진을 찍었다.

② 호민이는 사진을 찍는 동안에 좋은 생각이 떠올랐다.

③ 호민이는 학교 사진 동아리의 부원이다.

④ 호민이는 벽화가 오래된 동네를 밝고 새롭게 만든다고 생각한다.

⑤ 호민이의 동아리 부원들은 호민이의 제안이 아주 좋다고 생각했다.

04 ① 은 neighborhood(근처, 이웃)의 영어 뜻풀이다.

② site(현장, 장소)의 영어 뜻풀이다.

③ manager(운영자, 관리자)의 영어 뜻풀이다.

④ remove(없애다, 제거하다)의 영어 뜻풀이다.

⑤ poster(포스터)의 영어 뜻풀이다.

05 사역동사 had나 made 다음에는 목적어 us가 오고 목적격보어로 동사원형인 meet을 써야 한다.

06 ⓑ 「There+be동사」에서 be동사는 뒤에 이어지는 주어의 수에 맞추어 쓴다. 과거시제이고 주어가 복수이므로 were를 써야 한다.

ⓒ 전체 글이 과거시제이고, 동사 removed와 ⓒ의 동사가 and에 의해 연결되고 있으므로 과거형인 painted가 알맞다.

07 ⓐ 사역동사 let의 목적격보어는 동사원형을 쓰므로 paint가 알맞다.

ⓑ 동사 begin은 to부정사와 동명사를 모두 목적어로 쓸 수 있다.

08 ⓒ '약, 대략'의 의미를 나타낼 때는 about을 쓴다.

ⓓ 비교급(harder)을 강조하여 '훨씬'의 의미를 나타낼 때는 much를 쓴다.

09 ① 책임자는 우리가 그리고 싶은 것을 그릴 수 있게 해 주었다.

② 초등학교 근처에 있는 벽에 그림을 그렸다.

④ 민수는 꽃을 그리고 호민이는 좋아하는 영화 캐릭터를 그렸다.

⑤ 지원이는 배경 그림을 그렸다.

|해석| ① 책임자가 벽에 무엇을 그릴지 결정했다.

② 그들은 초등학교에 귀여운 뭔가를 그렸다.

③ 민수와 지원이가 호민이의 그룹에 있었다.

④ 민수와 호민이는 함께 꽃을 그렸다.

⑤ 지원이는 민수와 호민이가 그리는 것을 도왔다.

10 ④ 지원이가 자신의 그림에 대해 어떻게 느끼는지는 글에 제시되어 있지 않다.

|해석| ① 동아리 부원들은 얼마의 시간 동안 그렸나요?

② 동아리 부원들은 끝낸 후에 무엇을 했나요?

③ 민수는 무엇을 그렸나요?

④ 지원이는 자신의 그림에 대해 어떻게 느꼈나요?

⑤ 호민이는 벽에 그리는 것과 종이에 그리는 것 중 무엇이 더 힘들었나요?

11 ⓐ 동사 agreed의 목적어로 쓰인 명사절을 이끄는 접속사 that이 쓰여야 한다.

ⓑ 정도를 나타내는 '조금'의 의미이므로 a little이 쓰여야 한다.

ⓒ 주어가 We이므로 we의 재귀대명사인 ourselves가 쓰여야 한다.

12 (1) 동사는 과거시제로 쓰고, be동사 뒤에는 주격보어로 to부정사를 써서 표현한다.

(2) 사역동사 have의 과거형 had 다음에 목적어(us)를 쓰고, 목적격보어로 동사원형(meet)을 쓴다.

13 let은 사역동사로 「let+목적어+목적격보어」의 어순으로 쓰므로 목적어(us)가 필요하다.

something과 같이 -thing으로 끝나는 단어는 형용사(cute)가 뒤에서 수식한다.

'~으로 나누다'라는 의미를 나타낼 때는 divide into를 쓴다.

14 '매우 ~해서 …하다'는 「so+형용사(real)+that+주어+동사」의 어순으로 쓴다.

15 (1) 얼마나 오래 그림을 그렸는지는 첫 번째 단락의 첫 문장(Our club painted for about five hours.)에 나와 있다.

(2) 민수가 자신의 꽃 그림에 대해 어떻게 느끼는지는 첫 번째 단락의 세 번째 문장(Minsu was very proud of his flower painting.)에 나와 있다.

(3) 동아리 부원들이 동네를 어떻게 만들었는지는 두 번째 단락(We made ~ happier.)에 나와 있다.

|해석| (1) 동아리 부원들은 얼마의 시간 동안 그렸나요?

(2) 민수는 자신의 꽃 그림에 대해 어떻게 느꼈나요?

(3) 동아리 부원들은 그들의 동네를 어떻게 만들었나요?

서술형 100% TEST
pp.208~211

01 matter

02 get along with

03 What do you want me to do

04 Make sure you close the windows.

05 (1) I'm packing the books for the donation center.

(2) What do you want me to do?

(3) Please write the address on the boxes.

06 pick up trash on the street

put cans and bottles in the recycling bin

07 Make sure you feed the dog after you have dinner.

08 (1) 시작하기 전에 손을 씻어라.

(2) 칼을 사용할 때 조심해라.

09 (1) He let us touch the snake.

(2) She made them move the desks.

10 (1) It was a baseball cap that Sally bought two days ago at the mall.

(2) It was two days ago that Sally bought a baseball cap at the mall.

(3) It was at the mall that Sally bought a baseball cap two days ago.

11 (1) Mr. Park has Mia clean the board.

(2) Mr. Park has Jinsu share ideas with his group members.

(3) Mr. Park has John be on time for every class.

12 It was, that broke the window

13 ⓐ → She made the students line up at the gym.

ⓔ → I had my sister bring my gym uniform.

14 (1) last weekend that

(2) It was famous movie characters that

15 (1) [모범답] The teacher lets his students go to the restroom during class.

16 (1) They decided to paint something cute because the
　　wall was near an elementary school.
　　(2) They divided into three groups.
17 (1) his favorite movie character
　　(2) some flowers
　　(3) some background drawings
18 They got together and shared the day's experiences.
19 (A) 내 꽃이 너무 진짜 같아서 벌이 꽃에 앉았다.
　　(B) 벽에 그리는 것이 종이에 그리는 것보다 훨씬 더 힘들었다.
　　(C) 우리는 우리 동네를 조금 더 밝고 행복하게 만들었다.
20 our wall painting wasn't perfect
21 It was a better tomorrow that we painted.
22 (1) I volunteered at Dream Library.
　　(2) I read English books to children.
　　(3) I arranged the books on the shelves.
　　(4) I felt very proud.

01 '다루거나 고려해야만 하는 상황이나 문제'라는 의미의 명사 또는 '중요
　　하다'라는 의미의 동사를 나타내는 단어는 matter(일, 문제/중요하다,
　　문제 되다)이다.
02 get along with: ~와 잘 지내다
03 도와줄 수 있다는 B의 말에 A가 무엇을 해야 할지 알려주는 것으로 보
　　아 빈칸에는 자신이 무엇을 하길 원하는지 묻는 표현이 들어가야 한다.
04 당부하는 표현은 Make sure 다음에 「주어+동사 ~」를 쓴다.
05 (1) 소미는 기부 센터에 보낼 책을 싸고 있다고 했다.
　　(2) 어떻게 도와주면 될지 구체적으로 원하는 행동을 묻는 표현이 알맞다.
　　(3) 구체적으로 할 일(상자에 주소 쓰기)을 말해 주는 표현이 들어가는
　　것이 자연스럽다.
　　|해석| 소미는 기부 센터에 보내려고 책을 싸고 있다. 그녀는 Tony의
　　도움이 필요하다. 그녀는 그가 상자에 주소를 써 주길 원한다.
06 민수는 거리에서 쓰레기를 줍는 자원봉사 활동을 할 것이고, 유념해야
　　할 점은 캔과 병을 분리수거함에 넣는 것이다.
　　|해석| 민수는 여기에 자원봉사 활동을 하러 왔다. 그는 거리에서 쓰레
　　기를 주울 것이다. 명심해야 할 것이 하나 있다. 그는 캔과 병을 분리수
　　거함에 넣어야 한다.
07 당부하는 표현은 Make sure 다음에 「주어+동사 ~」를 쓰고, '~한 후
　　에'는 접속사 after 뒤에 「주어+동사 ~」를 쓴다.
08 First와 Second 다음에 이어지는 내용이 수업에서 명심해야 할 두 가
　　지 규칙이다.
09 (1) '~하게 두다'라는 의미일 때는 사역동사 let을 쓰고 목적격보어로
　　동사원형(touch)을 쓴다. let은 현재형과 과거형의 형태가 같다.
　　(2) '~하게 하다'라는 의미를 나타낼 때는 사역동사 make를 쓰고 목
　　적격보어로 동사원형(move)을 쓴다. 동사는 과거형으로 바꿔 쓴다.

10 It is/was ~ that 강조 구문은 It is/was와 that 사이에 강조하고 싶
　　은 부분을 쓰고 that 뒤에 나머지 부분을 쓴다. 주어진 문장의 시제가
　　과거형이므로 It was ~ that을 이용한다.
11 주어 Mr. Park이 3인칭 단수형이므로 동사 have는 has로 바꿔 쓰
　　고, 「has+목적어+동사원형」의 어순으로 쓴다.
12 It ~ that 강조 구문을 사용하고 시제가 과거이므로 동사는 was를 쓴다.
13 사역동사 make, have, let이 쓰인 경우에는 목적격보어로 동사원형
　　을 쓴다.
　　|해석| ⓐ 그녀는 학생들이 체육관에서 줄을 서게 했다.
　　ⓑ 아버지께서는 내가 책을 많이 읽게 하신다.
　　ⓒ 사서는 우리가 도서관에서 떠들지 못하게 한다.
　　ⓓ 나의 사촌은 내가 그의 컴퓨터를 사용하게 둔다.
　　ⓔ 나는 여동생이 내 체육복을 가져오게 했다.
14 It was와 that 사이에 인터넷 기사와 다르게 말한 부분을 정정해 주는
　　내용을 쓴다.
　　|해석| 지난 주말에 드림중학교 학생들은 공원에서 벽에 그림을 그렸다.
　　그들은 유명한 영화 캐릭터들을 그렸다.
　　세나: 그들은 이번 주말에 벽에 그림을 그렸어. 멋지다!
　　→ Paul: 아니야. 그들이 벽에 그림을 그린 것은 지난 주말이었어.
　　Jane: 나는 그들이 유명한 케이팝 스타들을 그린 것이 믿기지 않아.
　　→ 민기: 아니야. 그들이 그린 것은 유명한 영화 캐릭터였어.
15 윗글의 밑줄 친 let은 '(목적어)가 ~하게 (허락)하다'라는 의미로 쓰인
　　사역동사이다. 따라서 「주어+let+목적어+목적격보어(동사원형) ~」
　　의 형태로 문장을 영작한다. 부정문은 let 앞에 don't/doesn't/didn't
　　를 쓴다.
16 (1) 그들이 무엇을 그리기로 결심했는지와 그 이유는 두 번째 문장(We
　　decided to paint something cute because ~.)에 나와 있다.
　　(2) 몇 개의 그룹으로 나뉘었는지는 세 번째 문장(We divided into
　　three groups ~.)에 나와 있다.
　　|해석| (1) 그들은 무엇을 그리기로 결정했나요? 그리고 왜 그런가요?
　　(2) 그들은 몇 개의 그룹으로 나뉘었나요?
17 호민이는 가장 좋아하는 영화 캐릭터를 그렸고, 민수는 꽃을 그렸으며,
　　지원이는 배경 그림을 그렸다고 했다.
18 그림을 그린 후 무엇을 했는지 묻는 질문이므로 두 번째 문장에서
　　After we finished 뒤에 나오는 내용으로 답을 쓴다.
19 (A) 「so+형용사(real)+that+주어(a bee)+동사(landed) ~」는 '너
　　무[매우] ~해서 …하다'라는 뜻을 나타낸다.
　　(B) 동명사구(Drawing on a wall)가 문장의 주어이고, 「비교급
　　(harder)+than」은 '~보다 더 …한'이라는 뜻을 나타낸다. much는
　　'훨씬'이라는 뜻으로 비교급을 강조하는 부사이다.
　　(C) 「make+목적어+목적격보어(형용사)」는 '(목적어)를 ~하게 만들
　　다'라는 뜻을 나타낸다. 비교급 형용사 brighter와 happier가 등위접
　　속사 and로 연결되어 있으며, a little(조금)이 뒤의 두 형용사를 수식
　　한다.
20 it은 앞 문장의 our wall painting wasn't perfect를 의미한다.
21 문장의 시제가 과거이므로 It was ~ that을 이용하여 문장을 영작한
　　다. It was와 that 사이에 강조하는 부분(a better tomorrow)을 넣
　　고, 나머지 부분을 that 뒤에 쓴다.

22 민수는 드림 도서관에서 봉사 활동을 했다. 민수가 한 일은 아이들에게 영어 책을 읽어 준 것과 책을 책장에 정리한 것이다. 민수는 스스로가 매우 자랑스러웠다.

모의고사

제 **1** 회 　대표 기출로 내신 **적중** 모의고사　　pp.212~215

01 ⑤　**02** ⑤　**03** (1) get along with (2) got on　**04** ②, ④
05 ②　**06** Can you give me a hand?　**07** ④　**08** ④
09 ③　**10** ②　**11** ①　**12** ④　**13** ④　**14** ③　**15** ①, ②
16 It was Apollo 11 that landed on the moon in 1969.
17 ⓑ → Mr. Brown let his son go to Sam's birthday party.
ⓓ → It was a big tree that he painted on the wall yesterday.
18 ②　**19** ②　**20** 호민이는 동아리 모임에서 동아리 부원들에게 벽화를 그리는 것을 제안했다.　**21** The project manager had us meet at the painting site at 9 a.m.　**22** ⓑ It was in very poor condition. (There were strange writings and drawings on some parts. Other parts had old posters on them.) ⓒ They removed the posters first.　**23** ③　**24** ④
25 우리가 그린 것은 바로 더 나은 내일이었다.

01 ⑤는 유의어 관계이고, 나머지는 모두 반의어 관계이다.
02 '중요하다'라는 의미를 나타내는 matter의 영어 뜻풀이다.
　|해석| ① 샘플에서 한 가지 색을 골라 주세요.
　② 우리는 한 시간 내에 배달할 것을 약속합니다.
　③ 비행기가 공항에 착륙하려 한다.
　④ 낡은 벽지를 제거하고 벽을 페인트칠하세요.
　⑤ 안전은 그들에게 가장 중요한 것입니다.
03 (1) get along with: ~와 잘 지내다
　(2) get on: (탈것에) 타다
04 Make sure ~.는 '반드시 ~해라.'라는 뜻으로 상대방에게 어떤 일을 잊지 말고 꼭 할 것을 당부하는 표현이다. 이에 대한 대답은 No problem. 또는 Okay, I will.로 말할 수 있다.
05 ② 도움을 요청하는 말에 Sure.라고 승낙한 후, 자신이 필요한 도움을 말하는 것은 어색하다. 상대방이 필요로 하는 도움이 무엇인지를 묻는 말이 와야 한다.
　|해석| ① A: 안녕하세요. 저는 여기에 봉사 활동을 하러 왔어요.
　　B: 와 줘서 고마워요.
　② A: 나를 좀 도와줄래?
　　B: 물론이야. 나는 네가 의자를 밖으로 옮겨 주었으면 해.
　③ A: 명심해야 할 것이 있나요?
　　B: 네. 어르신들께 공손하게 인사하는 것을 잊지 마세요.

　④ A: 너는 내가 무엇을 하길 원하니?
　　B: 아이들에게 영어를 가르쳐 줘.
　⑤ A: 집에 갈 시간이에요.
　　B: 그래. 반드시 창문을 닫으렴.
06 Can you give me a hand?는 '나를 도와줄 수 있니?'라는 뜻으로 도움을 요청할 때 쓰는 표현이다.
07 Tom은 상자에 옷을 넣어 달라는 Susan의 말에 알겠다는 긍정의 답을 했다.
　|해석| Tom은 대화 후에 무엇을 할 것인가요?
　① 그는 자신의 이사를 위해 짐을 쌀 것이다.
　② 그는 Susan과 이사를 갈 것이다.
　③ 그는 Susan을 위해 상자를 옮길 것이다.
　④ 그는 상자에 옷을 넣을 것이다.
　⑤ 그는 Susan에게 옷을 가져올 것이다.
08 주어진 문장은 유념해야 할 점이 있는지 묻는 말이므로, 여자가 당부하는 말 앞에 위치하는 것이 자연스럽다.
09 ③ 여자가 Oh, you must be Tony.라고 말하는 것으로 보아 두 사람은 오늘 처음 만나는 사이임을 알 수 있다.
10 ② 베이컨 달걀 샌드위치를 만드는 수업에서 명심해야 할 규칙을 알려 주는 글로, '여러분이 선택할 수 있는 샌드위치의 종류가 여러 개 있습니다.'라는 내용은 흐름상 어색하다.
11 문장의 목적격보어가 동사원형(practice)이므로 빈칸에는 사역동사 had, let, made가 들어갈 수 있다. 또한 목적격보어로 동사원형과 to부정사를 모두 쓸 수 있는 helped도 들어갈 수 있다.
12 [보기]와 ④는 It ~ that 강조 구문이다.
　①, ②, ⑤는 가주어 It과 진주어인 명사절을 이끄는 that이다.
　③은 '매우 ~해서 …하다'라는 뜻의 so ~ that이 쓰인 문장으로, It은 대명사이고 that은 접속사이다.
　|해석| [보기] 우리가 소풍 장소로 정한 곳은 바로 놀이공원이었다.
　① 그는 좋은 의사라고 한다.
　② 네가 규칙적으로 운동하는 것이 중요하다.
　③ 그것은 매우 무거워서 그녀는 그것을 옮길 수 없다.
　④ 어제 창문을 깬 것은 바로 새였다.
　⑤ 그가 파티에 오지 않은 것은 사실이다.
13 He made his brother clean the room.이므로 다섯 번째로 오는 단어는 clean이다.
14 ③ It is와 that 사이에 있는 내용이 강조하고 싶은 부분으로, that 뒤에 나오는 부분과 이 부분이 합쳐져서 완전한 문장이 된다. 따라서 문장 끝의 him은 삭제해야 한다.
　|해석| ① 내가 공원에서 잃어버린 것은 바로 파란색 우산이었다.
　② 내가 소라를 도서관에서 본 것은 바로 오늘 아침이었다.
　③ 내가 돌봐야 하는 것은 바로 나의 남동생이다.
　④ 나의 가족이 채소를 기르는 곳은 바로 정원이다.
　⑤ 내가 내일 보려는 것은 바로 프랑스 영화이다.
15 사역동사 made, let, had가 쓰인 경우에는 목적격보어로 동사원형을 쓴다.
　③ running → run
　④ loved → love

⑤ to pick up → pick up

|해석| ① 나의 할머니는 내가 그녀에게 전화하게 하셨다.

② White 씨는 그녀의 아들이 만화책을 읽게 둔다.

③ 그들은 아이들이 방에서 뛰게 두지 않는다.

④ 그 공연은 우리가 그 가수를 아주 좋아하게 만들었다.

⑤ 그 책임자는 우리가 거리에서 쓰레기를 줍게 했다.

16 강조하고 싶은 부분(Apollo 11)을 It was와 that 사이에 쓰고 나머지 부분을 that 뒤에 쓴다.

17 ⓑ let은 목적격보어로 동사원형이 오므로 going을 go로 고쳐야 한다.

ⓓ 과거시제의 문장이므로 is를 was로 고쳐야 한다.

|해석| ⓐ 선생님께서는 우리가 원하는 것을 그리게 하셨다.

ⓑ Brown 씨는 그의 아들이 Sam의 생일 파티에 가게 했다.

ⓒ 엄마는 내가 매일 아침 7시에 일어나게 하셨다.

ⓓ 그가 어제 벽에 그린 것은 바로 커다란 나무 한 그루였다.

ⓔ 내가 관심 있는 것은 바로 액션 영화이다.

18 ⓑ 「make+목적어+목적격보어(형용사)」는 '(목적어)를 ~하게 만들다'라는 의미를 나타낸다. brightly(밝게)는 부사이므로 형용사 bright로 고쳐 써야 한다. 두 형용사 bright와 new가 and로 연결된 구조이다.

19 ② 호민이는 날개 그림의 벽화 앞에서 사진을 찍은 것이고, 날개를 직접 그렸는지는 알 수 없다.

|해석| ① 호민이는 지난달에 여수를 방문했다.

② 호민이는 벽에 날개를 그렸다.

③ 벽화는 오래된 동네를 새롭게 만든다.

④ 호민이는 학교 미술 동아리에 속해 있다.

⑤ 동아리 부원들은 호민이의 아이디어를 좋아했다.

20 호민이는 동아리 부원들에게 벽화를 그리는 것을 제안했다고 했다.

21 주어는 The project manager이고 동사는 사역동사 had이다. had 뒤에는 「목적어(us)+목적격보어(meet) ~」의 어순으로 쓴다.

22 ⓑ 벽은 상태가 별로 좋지 않았다. (몇 군데에는 이상한 낙서와 그림이 있었고 다른 부분에는 오래된 포스터들이 붙어 있었다.)

ⓒ 먼저 포스터들을 제거했다고 했다.

|해석| ⓐ 벽화를 그린 날짜는 언제였나요?

ⓑ 벽은 처음에 어땠나요?

ⓒ 그들은 그림 그리는 곳에서 먼저 무엇을 했나요?

ⓓ 그들은 왜 하얀색 페인트를 선택했나요?

23 「so+형용사(real)+that+주어(a bee)+동사(landed) ~」는 '매우(너무) ~해서 …하다'의 의미를 나타내므로 빈칸에는 that이 알맞다.

24 ⓓ harder는 '힘든, 어려운'의 의미를 나타내는 형용사 hard의 비교급으로 쓰였다.

25 a better tomorrow를 강조하고 있는 문장으로, It은 해석하지 않는 것에 유의한다.

01 ② **02** ③ **03** ③ **04** ③ **05** ⑤ **06** Make sure you feed the dog after you have dinner. **07** ③ **08** ③ **09** What do you want me to do? **10** ③ **11** ② **12** ② **13** ② **14** ④ **15** It was yesterday that I baked my first cookie. **16** (1) Ms. Brown lets students play outside during lunch time. (2) Ms. Brown doesn't let students use smartphones in class. (3) Ms. Brown doesn't let students run in the classroom. **17** It was in the neighborhood park that they planted trees last Sunday. **18** ④ **19** ② **20** ③ **21** ④ **22** They painted for about five hours. **23** ④ **24** It was a better tomorrow that we painted. **25** (1) He volunteered at Dream Library. (2) He read English books to children and arranged the books on the shelves.

01 ② remove는 '제거하다'라는 의미로 to move or take something away from a place로 설명할 수 있다. 어떤 사람이나 장소로 무언가를 가져다 주는 것은 deliver(배달하다)의 영어 뜻풀이다.

02 ②ⓐ, ⓓ '내려앉다'라는 뜻의 동사로 쓰였다.

ⓑ, ⓒ '땅, 육지'라는 뜻의 명사로 쓰였다.

|해석| ⓐ 벌은 꽃에 내려앉을 때 꽃가루를 옮긴다.

ⓑ 여기 주변의 땅은 상당히 평평하다.

ⓒ 마을 사람들은 마른 땅에 대해 걱정스러워한다.

ⓓ 걱정하지 마. 파리는 결코 네 코에 내려앉지 않을 거야.

03 ③ get along with: ~와 잘 지내다

|해석| ① 내가 너에게 말한 것을 명심해.

② 우리는 월요일마다 동아리 모임을 위해 모인다.

③ 그녀는 그녀의 여동생과 잘 지낸다.

④ 그는 부모님을 자랑스러워한다.

⑤ 나는 노래 경연 대회에서 우승하기 위해 최선을 다할 것이다.

04 ③ 무엇을 하고 싶은지 묻는 말에 당부의 말을 하는 것은 어색하다.

|해석| ① A: 이 상자와 책들은 다 무엇에 쓰려는 거니?

B: 나는 기부 센터에 보내려고 책을 싸고 있어.

② A: 나를 좀 도와줄래?

B: 물론이야. 내가 무엇을 하길 원하니?

③ A: 너는 무엇을 하고 싶니?

B: 반드시 먼저 털을 빗질하도록 해.

④ A: 반드시 창문을 닫으렴.

B: 네, 그럴게요.

⑤ A: 너는 무엇을 하고 있니?

B: 나는 병원에 있는 아이들을 위해 쿠키를 굽고 있어.

05 무엇을 하고 있는지 묻는 말(C)에 이사를 위한 짐을 싸고 있다며 도와줄 수 있는지 묻고(B), 무엇을 도와주면 될지 묻는 말(E)에 할 일을 말해 주고(A) 알겠다는 응답(D)이 이어지는 것이 자연스럽다.

06 '반드시 ~하렴.'이라고 꼭 해야 할 일을 당부할 때는 「Make sure+주

어+동사 ～.로 나타내고, '～한 후에'는 접속사 after 뒤에 「주어+동사 ～」를 쓴다.

07 ③ 엄마는 Tony에게 Tony의 저녁 식사가 식탁 위에 있다고 했다.

08 ⓒ 양로원에 계신 분들을 위한 쿠키를 굽고 있는데 어르신들은 쿠키를 좋아하지 않는다고 말하는 것은 대화의 흐름상 어색하다.

09 What do you want me to do?는 상대방에게 자신이 무엇을 하길 원하는지 묻는 표현이다.

10 ③ 양로원이 어디에 있는지는 위 대화를 통해서는 알 수 없다.
|해석| ① 소녀는 지금 무엇을 하고 있나요?
② 쿠키는 누구를 위한 것인가요?
③ 양로원은 어디에 있나요?
④ 소년은 대화 후에 무엇을 할 것인가요?
⑤ 각 상자에는 몇 개의 쿠키가 들어가야 하나요?

11 It ～ that 강조 구문에서 that 다음에는 강조하는 부분을 제외한 나머지 부분을 그대로 써 주면 된다.

12 목적격보어로 동사원형(drive)이 왔으므로 빈칸에는 사역동사 let, had, made를 쓸 수 있다.

13 주어진 문장은 It was ～ that 강조 구문으로, It was와 that 사이에 있는 in the garden을 강조하고 있는 문장이다.

14 의미상 ①～⑤에 제시된 동사는 모두 가능하지만, 어법상 made, let, had는 사역동사로, 목적격보어로 동사원형을 쓴다.
ⓐ turn off the TV: 텔레비전을 끄다
turn on the TV: 텔레비전을 켜다
ⓑ ride / sell my bike: 나의 자전거를 타다 / 팔다
ⓒ open / close my mouth: 나의 입을 벌리다 / 다물다
ⓓ draw: (연필 등으로) 그리다 / paint: (그림물감으로) 그리다
|해석| ⓐ Daniel은 그의 남동생이 텔레비전을 끄게 했다.
ⓑ 나는 나의 사촌이 나의 자전거를 타지 못하게 했다.
ⓒ 그 치과의사는 내가 입을 벌리게 했다.
ⓓ Johns 씨는 그들이 귀여운 뭔가를 그리게 했다.

15 '어제(yesterday)'를 강조하고 있는 문장이다. It was와 that 사이에 강조하는 부분인 yesterday를 쓴 후, that 뒤에 나머지 부분을 쓴다.

16 Brown 교장 선생님이 허락한 일은 Ms. Brown lets students ～.로 문장을 쓰고, 허락하지 않은 일은 let 앞에 부정어 doesn't를 포함하여 Ms. Brown doesn't let students ～.로 문장을 쓴다.

17 It was와 that 사이에 B가 틀리게 말한 부분을 바르게 넣어 문장을 완성한다.

18 (A) 문장의 주격보어로 쓸 수 있는 것은 to부정사이다.
(B) 사역동사 had의 목적격보어로 동사원형이 알맞다.
(C) There was 뒤에는 단수 명사가 오고, There were 뒤에는 복수 명사가 온다.

19 낙서와 포스터들로 상태가 좋지 않음을 알 수 있다. 앞에 very가 있으므로 비교급 worse는 쓸 수 없다.

20 ⓑ decide는 to부정사를 목적어로 취하는 동사이다.
ⓒ start는 to부정사를 목적어로 취할 수 있는 동사이다.
ⓓ 사역동사 let의 목적격보어가 들어가는 자리로 동사원형 paint가 들어간다.

ⓔ 문장의 동사가 들어가는 자리로 과거형 painted가 들어간다.

21 빈칸 (A)는 접속사가 들어가는 자리이며, 귀여운 무언가를 그리기로 결정한 이유를 설명하고 있으므로 이유를 나타내는 접속사 because가 알맞다.
|해석| ① 제가 지금 가도 될까요?
② 우리는 그가 돌아올 때까지 그를 기다렸다.
③ Kevin은 내가 노래를 부르는 동안 기타를 쳤다.
④ Susan은 피곤했기 때문에 일찍 잠자리에 들었다.
⑤ 나는 숙제를 마친 후 배드민턴을 칠 것이다.

22 대략 5시간 동안 그랬다고 했다.
|해석| 동아리 부원들은 얼마나 오래 그렸나요?

23 ④ 동아리 부원들은 그들의 벽화가 완벽하지 않다는 것에 동의했고, 그것은 중요하지 않다고 했다.

24 문장은 과거시제로 써야 하며, It was와 that 사이에 강조하는 말 a better tomorrow를 넣고 that 뒤에 나머지 부분을 쓴다.

25 (1) 민수는 드림 도서관에서 봉사 활동을 했다.
(2) 민수는 아이들에게 영어 책을 읽어 주었고 책을 책장에 정리했다.
|해석| (1) 민수는 어디에서 봉사 활동을 했나요?
(2) 민수는 그곳에서 무엇을 했나요?

제3회 대표 기출로 내신 **적중** 모의고사   pp.220~223

01 ③   **02** ④   **03** ③   **04** ④   **05** ③   **06** ②   **07** ④
08 ③   **09** ④   **10** read slowly and clearly   **11** ③   **12** ②
13 ④   **14** [1] I had my brother bring my lunch box.
[2] My friend let me wear his baseball glove.   **15** [1] It was in the library that I met Nora this morning. [2] It was this morning that I met Nora in the library.   **16** [1] Ann's mom made(had) Ann water the plants. [2] Ann's mom made(had) Ann take out the trash. [3] Ann's mom made(had) Ann arrange the books on the bookshelves.
17 The wings are pretty, aren't they?   **18** ②   **19** ③
20 [1] selected → was selected 틀린 이유: 우리 동아리가 선택되었다는 수동의 의미가 되어야 하므로 수동태로 써야 한다. [2] to meet → meet 틀린 이유: 문장의 동사 had가 '～하게 했다'는 뜻의 사역동사이므로 목적격보어는 동사원형을 써야 한다.   **21** [1] They found it on the Internet. [2] It was to do a wall painting in their neighborhood.   **22** ③   **23** ②, ③
24 We made our neighborhood a little brighter and happier.   **25** ⑤

01 slowly(천천히), clearly(명확하게), politely(공손히), hardly(거의 ～ 않다)는 부사이고, elderly(연세가 드신)는 형용사이다.

02 순서대로 nursing home(양로원), spot(장소), wing(날개), teen(십대의)이 들어간다.

|해석| • 일부 어르신들은 도움이 필요하기 때문에 양로원에서 사신다.

• 공원은 소풍을 가기 위한 좋은 장소이다.

• 나는 창문으로 비행기의 날개를 볼 수 있었다.

• 나는 16살이어서 청소년 자원봉사 프로젝트에 참여할 수 있다.

03 ③ take pictures: 사진을 찍다

① get up: 일어나다

② get along with: ~와 잘 지내다

④ get together: 모이다

⑤ get on: (탈것에) 타다

|해석| ① 나는 매일 아침 6시에 일어난다.

② 친구들과 잘 지내려고 노력해라.

③ 그녀는 그녀의 애완동물과 사진을 찍고 싶어 한다.

④ 우리는 모여서 우리의 아이디어를 공유할 것이다.

⑤ 버스에 사람이 아주 많아서 우리는 버스에 탈 수 없었다.

04 집에 갈 시간이라는 말(A)에 문을 잠그라고 당부하고(D) 또 당부할 것이 있는지 묻는 말(B)에 없다고 답하는 것(C)이 자연스럽다.

05 ⓐ What ~ for?는 목적이나 용도를 묻는 표현이다.

ⓑ for가 '~을 위한'의 의미를 나타내는 전치사로 쓰였다.

06 ⓒ는 상대방에게 자신을 도와줄 수 있는지 묻는 표현이다. 따라서 도움을 요청하는 표현인 ②와 바꿔 쓸 수 있다. ②를 제외한 나머지는 모두 상대방에게 도움이 필요한지 묻는 표현이다.

07 ⓓ 당부하는 표현은 「Make sure+주어+동사 ~.」로 쓰므로 to wash를 wash로 고쳐 써야 한다.

08 순서대로 ②, ⑤, ①, ④가 들어간다.

09 대화의 must는 '~임에 틀림없다'라는 강한 추측을 나타내는 의미로 쓰였다. ④는 강한 추측을 나타내고, 나머지는 모두 '~해야 한다'라는 뜻의 의무를 나타낸다.

|해석| ① 청소년들은 이 책을 읽어야 한다.

② 아이들은 규칙을 따라야 한다.

③ 너는 도서관에서 조용히 해야 한다.

④ 너는 그렇게 걸은 후 배고플 게 틀림없다.

⑤ 나는 매달 부모님께 편지를 써야 한다.

10 Tony는 시각 장애인을 위한 책을 읽어 주는 녹음을 할 때 천천히 그리고 명확하게 읽어 달라는 당부를 받았다.

11 He made me open the window.이므로 과거분사 opened는 쓰이지 않는다.

12 ② that 뒤에 주어가 없어 불완전한 문장이므로 주어가 포함되어야 한다.

|해석| ① 나를 행복하게 만드는 것은 바로 나의 고양이 Hope이다.

③ 그 노인이 마을을 떠난 것은 바로 지난 6월이었다.

④ 내가 지난주에 이모와 함께 본 것은 바로 '라이언킹'이었다.

⑤ 부모님께서 나의 생일 선물로 사 주신 것은 바로 축구공이었다.

13 ① 동사 help는 목적격보어로 동사원형이나 to부정사가 온다.

picking → pick 또는 to pick

② 동사 want는 목적격보어로 to부정사가 온다. feed → to feed

③ make가 사역동사로 쓰일 때 목적격보어는 동사원형이 온다.

moved → move

⑤ 사역동사 let의 목적격보어는 동사원형을 쓴다. playing → play

|해석| ① Tina는 내가 쓰레기를 줍는 것을 도왔다.

② 그녀는 그녀의 여동생이 개에게 먹이를 주길 원한다.

③ White 씨는 그들이 상자를 옮기게 했다.

④ 아빠는 우리가 Paul의 생일 파티를 준비하게 하셨다.

⑤ 할머니께서는 내가 컴퓨터 게임을 하게 하셨다.

14 (1) 집에 점심 도시락을 두고 왔으므로 남동생에게 가져오게 했다는 의미가 되도록 문장을 완성한다. 「had(사역동사)+목적어(my brother)+목적격보어(bring)」의 어순에 유의한다.

(2) 야구 글러브를 잃어버려서 친구가 자신의 야구 글러브를 끼게 (허락)했다는 의미가 되도록 문장을 완성한다. 「let(사역동사)+목적어(me)+목적격보어(wear)」의 어순에 유의한다.

15 It ~ that 강조 구문을 사용해야 하므로, It was와 that 사이에 강조하는 말을 넣고, that 뒤에 나머지 부분을 쓴다.

16 「made/had+목적어(Ann)+목적격보어(동사원형)」의 어순이 되도록 문장을 완성한다.

17 문장의 주어는 The wings이고, 동사는 현재시제를 써서 are가 된다. 부가의문문은 be동사(are)가 긍정일 때 「be동사의 부정형(aren't)+주어를 지칭하는 대명사(they)」로 쓰고 물음표(?)를 붙인다.

18 첫 번째 질문(날개 벽화를 그린 사람이 누구인지)과 다섯 번째 질문(동아리 부원 수)은 이 글을 통해서는 알 수 없다.

|해석| • 누가 날개를 그렸나요?

• 호민이는 언제 여수를 방문했나요?

• 호민이는 어떤 동아리에 속해 있나요?

• 호민이는 동아리 모임에서 무엇을 제안했나요?

• 학교 미술 동아리에는 몇 명이 있나요?

19 주어진 문장은 동아리가 프로젝트에 선정된 다음에, 그리고 프로젝트 책임자를 만나기 전에 들어가야 하므로 ③이 알맞다.

21 (1) 글의 첫 문장에 인터넷에서 청소년 자원봉사 프로젝트를 찾았다고 제시되어 있다.

(2) 그 프로젝트는 동네에 벽화를 그리는 것이라고 했다.

|해석| (1) 그들은 청소년 자원봉사 프로젝트를 어디에서 찾았나요?

(2) 그 프로젝트는 무엇이었나요?

22 ⓐ about: 대략

ⓑ, ⓔ be proud of: ~을 자랑스러워하다

ⓒ land on: ~에 내려앉다

ⓓ 비교급(harder)+than: ~보다 더 …한

23 글에 등장하는 단어는 ② matter(중요하다)와 ③ spot(장소, 자리)이다.

① teen(십 대)의 영어 뜻풀이다.

④ volunteer(자원봉사자)의 영어 뜻풀이다.

⑤ donation(기부)의 영어 뜻풀이다.

24 문장의 시제는 과거이므로 과거시제 made를 쓰고, 「made+목적어(our neighborhood)+목적격보어(형용사)」의 어순이 되도록 쓴다. 우리말 뜻과 같도록 형용사는 비교급(brighter and happier)으로 쓰고, a little(조금)은 형용사의 비교급 앞에 쓴다.

25 ⑤ We all agreed that our wall painting wasn't perfect.에서 자신들이 그린 벽화가 완벽하다고 생각하진 않았음을 알 수 있다.

|해석| ① 그 책임자는 그들이 꽃을 그리게 했다.

② 그들은 네 그룹으로 나뉘었다.

③ 민수의 그룹에 민수와 지원이만 있었다.

④ 민수는 지원이가 배경 그림을 그리는 것을 도왔다.

⑤ 그들은 그들의 벽화가 완벽하다고 생각하지는 않았다.

제 4 회 고난도로 내신 적중 모의고사   pp.224~227

01 ⑤   02 ④   03 (1) Why are you baking so many cookies? (2) That's very nice of you. (3) What do you want me to do? (4) Three cookies in each box.   04 He will put three cookies in each (gift) box.   05 (1) Can you help me? / Can you give me a hand? / Can I ask you a favor? (2) Please take out the trash.   06 ③   07 ⑤   08 ④   09 She lets her brother ride her bike.   10 (1) It was the guitar that Jack played at the school festival yesterday. (2) It was in the school gym that Yuri left her baseball cap.   11 ③   12 ④   13 ②   14 ⑤   15 ④   16 ④   17 (1) They met at the painting site. (2) They removed the posters. (3) They painted over the writings and drawings with white paint.   18 The manager let us paint anything we wanted.   19 ③   20 background   21 ④   22 ④   23 ⓐ → They got together and shared the day's experiences. ⓓ → They were proud of themselves.   24 volunteer work, to deliver meals to the elderly, greet them politely   25 (1) Ms. White has Chris be on time for school every day. (2) Mr. Park has Yena stretch her neck often.

01 ① 예쁜 〈형용사〉 / 꽤, 매우 〈부사〉

② ~처럼, ~ 같이 〈전치사〉 / 좋아하다 〈동사〉

③ 내려앉다 〈동사〉 / 땅 〈명사〉

④ 이사 〈명사〉 / 옮기다 〈동사〉

⑤ 중요하다 〈동사〉

|해석| ① 저쪽에 있는 예쁜 모자를 봐.

이 공포 영화는 나를 꽤 겁먹게 만들었다.

② 그녀는 성우처럼 책을 읽었다.

너는 사진 찍는 것을 좋아하니?

③ 벌이 이 꽃 위에 내려앉았다.

그 땅은 비가 온 후 초록빛이다.

④ 나는 내일 이사를 위해 짐을 싸고 있다.

나는 이 상자가 너무 무거워서 옮길 수 없다.

⑤ 그에게 가장 중요한 것은 건강한 삶이다.

누가 그 일을 했는지는 우리에게 중요하지 않다.

02 ④ select(선택하다, 선정하다)의 영어 뜻풀이다.

① neighborhood(근처, 이웃)의 영어 뜻풀이다.

② deliver(배달하다)의 영어 뜻풀이다.

③ remove(없애다, 제거하다)의 영어 뜻풀이다.

⑤ arrange(정리하다)의 영어 뜻풀이다.

04 소년은 소녀가 부탁한 대로 각 선물 상자에 쿠키를 세 개씩 넣을 것이다.

|해석| 소년은 대화 후에 무엇을 할까요? 가능한 한 상세하게 답을 쓰시오.

05 도움을 요청하는 표현으로는 Can you help me? 또는 Can you give me a hand? 또는 Can I ask you a favor?를 쓴다. Susan은 쓰레기를 버려달라고 요청했으므로 「Please+동사원형 ~.」으로 원하는 바를 말한다.

06 She has us share ideas with our group members.이므로 네 번째로 오는 단어는 share이다.

07 ⓓ made가 사역동사로 쓰였으므로 목적격보어는 동사원형으로 고쳐야 한다. to read → read

ⓔ 동사는 It ~ that 강조 구문으로 강조할 수 없다.

|해석| ⓐ 그들은 내가 숙제를 하는 것을 도와주었다.

ⓑ Kevin이 찾고 있는 것은 바로 그의 개다.

ⓒ 엄마는 내가 해변에 가게 하셨다.

ⓓ 그는 우리가 많은 책을 읽게 했다.

08 ④ visit는 목적어를 취하는 타동사이며 Jeju-do가 목적어로 쓰였으므로 전치사 in을 쓸 필요가 없다.

09 허락의 의미를 가진 사역동사 let을 사용하여 「let+목적어+동사원형」의 어순으로 쓴다. 현재시제이고 3인칭 단수 주어이므로 lets로 쓰는 것에 유의한다.

10 두 문장 다 과거시제이므로 동사는 was를 써서 It was와 that 사이에 강조하고자 하는 밑줄 친 부분을 넣고, 나머지 부분을 that 뒤에 쓰면 된다.

11 벽화를 그리자는 아이디어를 동아리 부원들에게 제안하여 모두 좋아했고(C) 자원봉사 프로젝트를 인터넷에서 찾았는데(A) 동네에 벽화를 그리는 것이었으며(B), 그 프로젝트에 지원하여 우리 동아리가 선택되었다는(D) 흐름이 자연스럽다.

12 As는 '~하는 동안에'라는 의미의 시간을 나타내는 접속사로 While과 바꿔 쓸 수 있다.

13 ⓑ는 '머릿속에 좋은 생각이 떠올랐다'라는 의미의 표현이다.

|해석| ① 나는 전등을 켰다.

② 나에게 좋은 생각이 떠올랐다.

③ 나는 빛나는 무언가를 볼 수 있었다.

④ 나는 기분이 매우 좋아서 계속 걸었다.

⑤ 뭔가 이상한 일이 발생했다.

14 ⑤ 여수는 동아리 부원들이 봉사 활동을 한 곳이 아니라 호민이가 방문했던 곳이다.

|해석| ① 호민이는 지난달에 여수를 방문했다.

② 호민이는 학교 미술 동아리의 부원이다.

③ 호민이는 벽화 앞에서 사진을 찍었다.

④ 호민이는 그의 동아리 부원들이 벽화를 그릴 수 있을 거라고 생각했다.

⑤ 호민이의 동아리 부원들은 여수에서 봉사 활동을 했다.

15 (A) '(목적어)가 ~하게 했다'라는 의미의 사역동사이다.

(B) '가지고 있다, 있다'라는 뜻의 동사 have의 과거형이다.

ⓐ '(경험을) 겪다[하다]'라는 뜻의 동사 have의 과거형

ⓑ 가지고 있다, 있다

ⓒ '먹다'라는 뜻의 동사 have의 과거형

ⓓ '(목적어)가 ~하게 했다'라는 의미의 사역동사

|해석| ⓐ 나는 해변에 가서 좋은 시간을 보냈다.

ⓑ 이 책은 사진이 안에 많이 있다.

ⓒ 우리 가족은 어제 정원에서 저녁을 먹었다.

ⓓ 삼촌은 우리가 집을 청소하게 했다.

16 ⓐ와 ④의 poor는 '(상태가) 좋지 않은'의 의미이다.

① 은 '잘 못하는'의 의미를 나타낸다.

② 는 '가난한'의 의미를 나타낸다.

③ 의 the poor는 '가난한 사람들'의 의미를 나타낸다.

⑤ 는 '불쌍한'의 의미를 나타낸다.

|해석| ① Andy는 수학과 과학을 잘 하지 못한다.

② 그 노인은 너무 가난해서 코트를 살 수 없다.

③ 우리는 아프리카의 가난한 사람들을 위해 돈을 기부했다.

④ 그 집의 지붕은 상태가 좋지 않다.

⑤ 그 가족은 그 불쌍한 개를 돌보기로 결정했다.

17 (1) 그들은 그림 그리는 곳에서 만났다고 했다.

(2) 그들은 먼저 포스터를 제거했다고 했다.

(3) 포스터를 제거한 후 한 일은 낙서와 그림을 흰색 페인트로 덧칠한 것이다.

|해석| 다음 질문에 영어로 답하시오.

(1) 그들은 프로젝트를 하는 날에 어디에서 만났나요?

(2) 그들은 그림 그리는 곳에서 먼저 무엇을 했나요?

(3) 그들은 포스터를 제거한 후에 무엇을 했나요?

18 주어는 The manager이고, 사역동사 let이 동사로 쓰인 문장이다. 「let(사역동사)+목적어(us)+목적격보어(paint)」의 어순으로 쓰며, anything we wanted는 목적격보어인 paint의 목적어에 해당한다.

19 ⓐ something과 같이 -thing으로 끝나는 대명사는 형용사(cute)가 뒤에서 수식한다. (cute something → something cute)

ⓓ 동사 start는 목적어로 to부정사나 동명사가 온다. (paint → to paint/painting)

ⓔ 문장에서 동사 painted와 do가 and로 연결되어 있는데, 전체 글의 시제가 과거이므로 뒤의 동사도 과거시제로 써야 한다. (do → did)

20 '당신이 바라보는 주요한 것 뒤에 있는 부분'을 가리키는 단어는 background(배경)이다.

21 ⓐ, ⓒ, ⓓ에는 that이 들어가고, ⓑ에는 비교급(harder)과 함께 쓰이는 than이 들어간다.

22 ④ 벽화를 완벽하게 그렸는지가 중요한 것은 아니라고 했다.

|해석| ① 벽에 그리는 데 5시간 정도가 걸렸다.

② 민수는 자신의 그림을 자랑스러워했다.

③ 필자는 벽에 그리는 것이 쉽지 않다고 생각했다.

④ 그들은 그들의 벽화가 완벽해야 한다고 생각했다.

⑤ 벽화는 동네를 밝고 행복하게 만들었다.

23 ⓑ 글을 통해서는 민수가 꽃을 그렸다는 것만 알 수 있고 꽃을 그린 이유에 대해서는 알 수 없다.

ⓒ 벽에 그리는 것이 종이에 그리는 것보다 더 힘들었다는 내용만 제시되어 있고 그 이유는 제시되어 있지 않아 알 수 없다.

|해석| ⓐ 그들은 벽화를 그리는 것을 마친 후에 무엇을 했나요?

ⓑ 민수는 왜 꽃을 그리는 것을 선택했나요?

ⓒ 왜 벽에 그리는 것이 종이에 그리는 것보다 더 힘들었나요?

ⓓ 그들은 자신들에 대해 어떻게 느꼈나요?

24 |해석| 오늘 나는 어르신들을 위해 봉사 활동을 했다. 내가 한 일은 어르신들께 식사를 배달하는 것이었다. 나는 그분들께 공손하게 인사해야 했다. 보람된 경험이었다.

25 말풍선 안의 말은 각 학생에게 특정한 활동을 하게 하는 말이므로, 「주어+have(사역동사)+목적어(Chris/Yena)+목적격보어(동사원형)~.」의 형태로 문장을 쓴다. 주어가 3인칭 단수이므로, have는 has로 쓴다.

특급기출

기출예상문제집
중학 영어 3-1 중간고사 이병민

정답 및 해설

영역	브랜드	초1~2	초3~4	초5~6	중1	중2	중3	고1	고2	고3
독해	[중등] 기본서 READING CLEAR									
	[고등] 기본서 Supreme 구문독해 / 유형독해									
	[중·고등] 문장독해 공식으로 통하는 문장독해 기본 완성									
듣기	[중등] 듣기모의고사 LISTENING CLEAR 중학영어 듣기모의고사									
	[고등] 듣기모의고사 Supreme 수능 영어 듣기 모의고사 기본 실전									
기출	[중등] 기출예상문제집 특급기출 (중간, 기말) 윤정미, 이병민									
어휘	[초·중·고등] 영단어, 영숙어 뜯어먹는 시리즈									
	[중·고등] 영단어 보카클리어